인식론적 장애 예방을 위한

초등수학의 진단과 처방

김용태 지음

Diagnostics and Prescription in Elementary Math

KYOWOO

인식론(Epistemology)은 인식 일반의 근본 문제를 다루는 철학의 한 부문이며 지식론이라고도 불린다. 인식론은 고대 그리스어의 episteme(지식 또는 인식)와 logos(이론)을 합친 데에서 비롯된 철학의 한 분야이며 진리나 지식의 성질과 기원 그리고 범위(사람이 이해할 수 있는 한계 등)등을 고찰하는 학문이다. '인식'이란 알고자 하는 과정 혹은 아는 상태를 뜻하며 인식론은 지식에 관한 탐구활동과 이론체계를 말한다. 따라서 인식론은 진리라고 주장할 수 있는 지식의 본질적 특성과 방법적 조건을 밝혀주는 철학적 탐구의 한 영역이며, 교육은 지식을 획득하고 진리를 추구하는 활동을 가장 중요하고 기본적인 내용으로 삼고 있으므로 인식론과 교육은 불과분의 관계에 있다고 할 수 있다.

인식론은 교육을 통하여 지식을 획득하는 심리적 과정, 사회적 배경, 방법적 가능성 등을 포괄적으로 고려한 지식의 선택 조직, 활동, 생산 등을 관심의 대상으로 삼는다. (교육학용어사전, 1995) '인식론적 장애'라는 용어는 1938년에 바슐라르의 저서인 '과학정신의 형성(Bachelard, 2002)'에 처음으로 소개되었으며, 인식론적 장애를 과학사 특히 전−과학시대(pre-scientific era)의 연구에 매우 유용한 도구로 보고 있다. '과학정신의 형성'에서 그는 과학의 진보를 방해할 뿐만 아니라 과학의 퇴보와 일탈을 초래하는 주요 요인을 바슐라르는 과학이 다루는 대상의 복잡성, 난해성이나 인간 정신의 취약성에 있는 것이 아니라 인식 행위 자체 안에 숨어있는 어떤 무의식적 요소라고 하였다. 즉, 그 자체로는 의식되거나 개념화되지 않으면서 개념적 사유를 일정한 테두리 안에 제한하는 심리적인 요인과 과학적 사유 속의 반−사유를 인식론적 장애의 본질로 보았다.

이러한 인식론적 장애를 수학을 배우고 가르치는 상황으로 도입한 사람은 프랑스의 수학교육자인 브루소(Brousseau, 1997)이다. 브루소는 교수 체계에서 나타나는 장애는 학습 개념에서 나오는 결과이며 인식론적 장애의 관념은 교수의 오류, 주체의 불충분함, 지식의 내재적인 어려움 등에서 기인하기 때문에 다음과 같은 교수학적 장애를 갖는다고 하였다.

첫째, 개체 발생적 기원을 가진 장애

이는 주체가 성장해 가는 동안에 주체의 신경생리학인 한계 때문에 생기는 것들로 특정 나이에 적합한 능력과 목적에 부합된 지식을 발달시키는 것과 관련된다.

둘째, 교수학적 기원을 가진 장애

이는 교육체계 내에서 어떤 선택이나 계획에 의해서, 즉 교수과정에서 생기는 장애들이다. 예를 들어, 현재와 같은 소수는 1960년대 유용성에 의해 가능한 한 빨리 모든 사람에게 가르쳐지게 되었다. 처음에 측정체계와 결합되고, 단위가 바뀐 자연 정수로 지도되어 소수 개념은 '자연수'이며 '측정수'의 성질을 갖게 되어 실수의 이해에 장애로 작용하게 되는데, 이는 교수학적 장애이며 또한 사회문화적 장애이기도 하다.

셋째, 인식론적 기원을 가진 장애

이는 지식의 탐구과정에서 형성되는 피할 수 없는 장애이며, 개념의 역사에서 발견된다.

수학에서의 인식론적 장애의 기원은 다음과 같다. BC 5세기 파르메니데스(Parmenides)의 제자이자 엘레아(Elea)학파의 일원이었던 그리스의 철학자 제논(Zeno of Elea, B.C. 490−430년 경)이 파르메니데스의 신념인 '모든 것은 하나이다.' 따라서 복수(plurality)나 변화란 있을 수 없다는 일원론적 철학에 반대하는 어떠한 주장도 모순과 불합리에 이를 수밖에 없음을 보여주려고 내놓은 최초로 귀류법(reduction ad absurdum)을 사용한 40여개의 제논의 역설이다.

그중에서 현재까지 알려진 4개의 역설은 아리스토텔레스의 설명에서 따온 이름으로, 소크라테스의 변증술의 모태가 된 이분법(Dichotomy), 아킬레스(Achiles), 화살(Arrow), 주로(Stadium)만이 남아있으며, 이 역설이 고대 그리스 수학자들의 전형적인 인식론적 장애의 시작일 것이다.

제논의 역설에서 찾을 수 있는 그 당시 수학자들의 인식론적 장애는 무한, 무한소, 연속, 극한의 관념이었다. 즉, 수학에서의 인식론적 장애는 무한, 무한소, 연속, 극한과 관련된 내용에서부터 출발하였으며, 현재에도 대부분의 아동들은 물론 성인들까지도 그 것들과 관련된 수학내용에서 심각한 장애를 보이고 있다. 즉, 아동이 가지고 있는 수학적 장애 중에서 첫째와 둘째는 아동 개인의 내적 외적 장애이며 셋째는 개인의 처지와는 무관한 수학자체가 품고 있는 어려움에 기인한 장애이다.

아동들의 수학학습 장애문제를 해결하기 위한 집단적, 체계적인 노력의 일환으로 1970년대에 미국 펜실베니아주의 교육부에서 수학교사와 아동들을 위하여 10여 년간 현장연구를 통해서 '진단과 처방수학(Diagnostic and Prescriptive Mathematics)'을 제작하여, 자연수와 분수 그리고 소수의 사칙연산에 어려움을 느끼는 아동들이 범하는 오류를 유형별로 분류하고, 다양한 교구를 사용하는 처방지도 방법을 제안하였다. 이 책에서는 아동이 타고난 환경 또는 학습 환경보다는 수학 그 자체에서 발생하는 문제점을 해결하도록 도와주는 데에 있다.

이 책에서는 아동들이 겪는 그러한 인식론적 장애의 충격을 완화하거나 또는 예방하려는 목적으로, III장에서는 진단과 처방수학과 더불어 국내외에서 발간된 책자와 논문을 분석하여 도출한 아동들이 나타낸 오류유형을 우리나라 수학과 교육과정에 따른 영역별, 개념별로 정리하였다.

IV장에서는 수학을 가르치는 초등학교 교사에게 새로운 아이디어를 제공하고, 단순히 계산방법만을 가르치는 것이 아니라, 초등학교 수준에서 학생 스스로 지식체계를 구성하는 데에 필요한 수모형, 띠, 퀴즈네어 색 막대, 모눈종이, 계산판, 기하판, 전개도, 입체모형 등의 구체적 조작물 등의 여러 가지 교구를 사용하여 아동으로 하여금 수학의 본질을 이해하도록 지도하는 데에 도움이 되는 수학학습심리학을 수록하였다.

V장에서는 수학의 본질을 지도하는 데에 도움이 되는 내용을 정리하였으며, III장에서 도출한 진단 결과를 근거로 하여 아동이 지니고 있는 오류를 교정하는 방안을 계획하고, 오류유형과 관련되는 내용에서 오류를 처방하는 방안을 구체적으로 조작교구를 활용한 면담을 통한 처방지도 방안을 알아보기로 한다.

특히, 고대로부터의 수학자체가 품고 있는 어려움으로 인하여 아동들이 겪고 있는 인식론적인 장애의 요인을 극복하기 위하여, 수학적 개념의 역사발생을 소개하고 그에 따른 처방지도 방안을 영역별로 정리하였으며, 또한 처방지도의 필수적인 요소로서 적절한 시기에 적합한 교구를 사용할 수 있도록, 아동들의 오류를 처방하는 모든 과정에서 교사가 수학개념과 기능을 지도하는데 가장 유용하다고 생각되는 학습 보조 자료의 사용법을 설명하였다.

마지막으로 VI 장에서는 교사가 실제적으로 아동이 범하는 오류를 교정할 수 있는 아동들과의 면담 방법과 면담에 필요한 게임을 설명하여 아동의 인식론적 장애를 교정할 수 있도록 하였다. 여러 가지 문헌과 논문을 참조하였으나 저자의 무지로 인하여 야기될 수 있는 오류가 나타낼 때마다 아낌없이 채찍을 보내주시기를 기대한다.

2015년 풍향골에서 저자

차례

CHAPTER
01 수학의 인식론적 장애

1. 인식론이란 무엇인가?

인식론(Epistemology)은 인식 일반의 근본 문제를 다루는 철학의 한 분야이며 지식론이라고도 불린다. 인식론은 고대 그리스어의 episteme(지식 또는 인식)와 logos(이론)을 합친 데에서 비롯된 철학의 한 분야이며 진리나 지식의 성질과 기원 그리고 범위(사람이 이해할 수 있는 한계 등)에 대하여 고찰한다.

인식적인 연구는 그리스·중세에도 있었으나, 철학의 중심적인 과제가 된 것은 근세, 특히 로크부터이다. 인식의 기원에 관한 주장으로는 이성론과 경험론이 있다. 근세에 와서 이성론은 주로 유럽에서 그리고 경험론은 영국에서 발달했다.

영국에서는 중세기 이후 경험론의 전통이 있었으며 로크 이후에는 더욱더 치밀해졌다. 칸트는 이 양자를 종합하려고 선험적 관념론을 주장했다. 다음으로 인식의 본질에 관해서는 '인식의 대상'이 관념적이라는 관념론과 실재적이라는 실재론이 대립한다.

칸트의 비판주의는 인식이 경험적 실재론인 동시에 선험적 관념론이라 하여, 이 양자를 종합하려 했으나 충분히 종합되었다고는 할 수 없다. 그 후 철학도 복잡해짐에 따라 인식론도 복잡해졌다. 신칸트주의, 그리고 현상학에서는 인식론이 철학의 방법으로 간주하고 있다. (Encyclopedia of Philosophy, 1967)

데카르트적 인식을 가진 합리주의자로서 바슐라르(Gaston Bachelard, 1884－1962)는 인식론에서 논하고 있는 일반적 지식을 "과학적 지식"으로 대치하여, 오류는 단지 부정 또는 착각이며, 과학적으로는 진실이란 긴 오류의 역사적 교정이고, 경험은 공통적이고 근원적인 착각의 교정이라고 생각하였다.

인식론의 역할은 개념의 과학적 제시의 역사를 보여주는 것이지만, 이 개념들은 단지 이론적 제안만이 하는 것이 아니라 추상적이면서 구체적인 양면을 가지고 있으며, 기술적이며 교육학적인 활동을 포함한다. 따라서 인식론이 작동하는 원리를 알기 위해서는 과학적 지식을 거쳐 지나가야 한다. 인식론은 과학적 추리를 정당화하는 것을 목표로 하는 일반적인 철학이 아니다. 대신에 인식론은 과학사의 한 부분을 제시해 준다.

2. 인식론적 장애

"인식론적 장애"라는 용어는 1938년에 바슐라르의 저서인 "과학정신의 형성(Bachelard, 2002)"에 처음으로 소개되었으며, 인식론적 장애를 과학사 특히 전-과학시대(pre-scientific era)의 연구에 매우 유용한 도구로 보고 있다.

"과학정신의 형성"에서 그는 과학의 진보를 방해할 뿐만 아니라 과학의 퇴보와 일탈을 초래하는 주요 요인을 바슐라르는 과학이 다루는 대상의 복잡성, 난해성이나 인간 정신의 취약성에 있는 것이 아니라 인식 행위 자체 안에 숨어있는 어떤 무의식적 요소라고 하였다. (Bachelard, 2002) 즉, 그 자체로는 의식되거나 개념화되지 않으면서 개념적 사유를 일정한 테두리 안에 제한하는 심리적인 요인과 과학적 사유 속의 반-사유를 인식론적 장애의 본질로 보았다.

바슐라르는 인식론적 장애의 주요 원천을 상식의 인식론에서 찾는다. (Biographical Dictionary, 1996) 상식적 심성은 이미지에 의존하여 사고하는 주체이다. 헤겔의 용어로 옮기면 상식은 표상의 수준에 머물러 있다. 이미지에 의존하는 한에서 상식적 심성은 현대 과학의 순수 추상의 세계로 나아갈 수 없다.

비유클리트 기하학이나 하이젠베르크의 물리학은 이미지 없는 사유를 요구한다. 바슐라르의 과학철학은 새로운 과학정신의 인식론적 함축과 과학문화의 형성 조건을 묻는다. 그리고 그런 물음 속에서 헤겔의 정신철학이 싸우던 동일한 적과 싸운다. 동일한 적과 싸운다는 것은 동일한 사유를 추구한다는 것과 같다.

이 두 철학자에게 학문적 사유는 언제나 교정된 오류이며 극복된 장애이다. 진리는 언제나 사유를 지배하던 무의식적 가상이나 착오를 깨뜨리면서 현상한다. 그러므로 학문의 역사가 진리 발견의 역사라면, 그것은 또한 오류 발견의 역사이다.

역사 속에서 진리가 진화해왔다면, 그 만큼 오류 또한 진화해왔다. 진리는 변신하는 오류의 궤적을 따라, 그 오류의 속도를 앞지를 때야 비로소 다시 태어난다. 바슐라르의 "과학정신의 형성"은 이런 변증법적인 관점에서 과학의 역사를 바라보고 있으며 과학의 역사는 진리 발견의 역사가 아닌 오류 극복의 역사라고 주장하고 있다.

또한 구팅(Gutting, 2002)은 과학에서는 같은 학문내에서도 어떤 내용이 형성된 이론적인 맥락과 그의 개념적 내용의 일부분의 맥락에서의 창조적 돌파구가 장애가 될 수도 있다고 한다.

3. 수학의 인식론적 장애의 기원

BC 5세기 파르메니데스(Parmenides)의 제자이자 엘레아(Elea)학파의 일원이었던 그리스의 철학자 제논(Zeno of Elea, B.C. 490−430년 경)이 파르메니데스의 신념인 '모든 것은 하나이다.' 따라서 복수(plurality)나 변화란 있을 수 없다는 일원론적 철학에 반대하는 어떠한 주장도 모순과 불합리에 이를 수밖에 없음을 보여주려고 내놓은 최초로 귀류법(reduction ad absurdum)을 사용한 40여개의 제논의 역설이다. 그중에서 현재까지 알려진 4개의 역설은 아리스토텔레스의 설명에서 따온 이름으로, 소크라테스의 변증술의 모태가 된 이분법(Dichotomy), 아킬레스(Achiles), 화살(Arrow), 주로(Stadium)만이 남아있으며, 이 역설이 고대 그리스 수학자들의 전형적인 인식론적 장애의 시작일 것이다.

① 아킬레스의 역설은 달리기 경주에서 보다 빨리 달리는 사람이 보다 느리게 달리는 사람을 결코 앞지를 수 없다는 것을 증명하기 위해 고안된 것이고,

② 이분법의 역설은 어떤 물체가 결코 종착점에 도달하지 못한다는 것을 증명하기 위해 고안된 것이다. 이분법의 역설에 따르면 어떤 움직이는 물체는 종착점에 도달하기 전에 반드시 경주로의 중간 지점을 통과해야 한다. 그런데 무한한 수의 중간지점이 있기 때문에 움직이는 물체는 유한한 시간 안에는 종착점에 결코 도달하지 못한다.

③ 화살의 역설은 어떤 움직이는 물체가 실제로는 정지하고 있다는 점을 증명하려는 시도이다.

④ 경기장의 역설은 똑같은 속도로 달리는 물체들의 집합 2 개 가운데 하나가 다른 하나보다 똑같은 시간에 2배 멀리 간다는 것을 증명하려 한다. 즉, 사람들이 두 줄로 서있다. 각 줄은 같은 크기의 사람들이 같은 수로 구성되어 있다.
그들은 경기장 주로에서 서로 반대방향으로 같은 속도로 지나갈 때, 서로 한 사람씩 지나간다. 한 줄은 주로의 종점에서 중점까지 나열해 있고, 다른 줄은 주로의 중점에서 출발점까지 나열해 있다. 그러면 주어진 시간의 반절은 그 반절의 두 배와 같다. (주어진 시간과 같다)

이 문제를 아리스토텔레스는 다음과 같은 바퀴의 역설로 대체하였다. 즉, 반지름이 다른 두 동심원은 한 바퀴 돌리면 같은 거리를 간다.

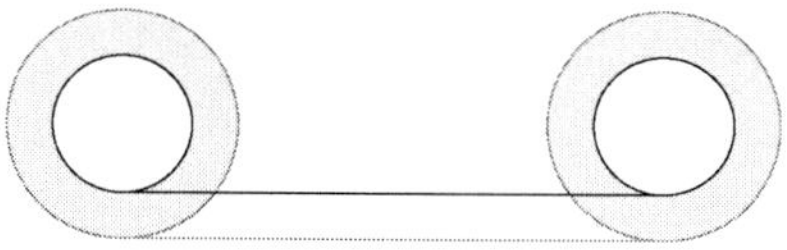

〈그림 1〉

만일 각각의 경우에서 결론이 필연적이지만 거짓으로 보인다면, 운동이 존재하거나 실재한다는 전제는 반박되고 운동이 존재하지 않는다는 정반대의 전제가 참인 것으로 보일 것이다. 물론 운동이 실재한다는 주장은 바로 파르메니데스가 부인했던 주장이다.

4. 인식론적 장애와 수학교육

'인식'이란 알고자 하는 과정 혹은 아는 상태를 뜻하며 인식론은 지식에 관한 탐구활동과 이론체계를 말한다. 따라서 인식론은 진리라고 주장할 수 있는 지식의 본질적 특성과 방법적 조건을 밝혀주는 철학적 탐구의 한 영역이며, 교육은 지식을 획득하고 진리를 추구하는 활동을 가장 중요하고 기본적인 내용으로 삼고 있으므로 인식론과 교육은 불가분의 관계에 있다고 할 수 있다.

인식론은 교육을 통하여 지식을 획득하는 심리적 과정, 사회적 배경, 방법적 가능성 등을 포괄적으로 고려한 지식의 선택 조직, 활동, 생산 등을 관심의 대상으로 삼는다. (교육학용어사전, 1995)

수학교육에서는 인식론의 문제로 야기되는 수학학습에서의 장애와 관련한 다음과 같은 의문점이 제기되고 있다.

- 수학에서 인식론적 장애는 존재하는가?
- 이후의 학습에 장애가 되는 지식들이 있는가?
- 이러한 장애는 어떻게 해서 생겨난 것인가?
- 수학 교수학은 왜 인식론적 장애에 관심을 갖는가?
- 인식론적 장애를 다룰 수 있는 바람직한 교수학적 기술은 존재하는가?

위와 같은 의문을 해소하기 위해 먼저 인식론적 장애와 수학에의 문제와 관련성을 알아보고 인식론적 장애와 수학교육에 대한 관계를 알아보자.

4.1 수학교육에서의 인식론적 장애

수학에서의 인식론에 관한 연구는 바슐라르와 유사한 조건 속에서 Althusser, Badiou, Houzel 등에 의해서 시작되었으며, 장애관념은 인식론의 영역 밖으로 교수학이나, 심리학, 심리생리학 등으로 확장되어 갔다.

수학에서 장애는 오류에 의해 드러나는데, 앎의 방식, 특징적인 개념, 정확하지 않는 일관성 있는 개념, 어느 한 행동 영역에서 내내 성공적이었던 오래된 지식에 의해 서로 관련지어져 한 주체 내에 존재하고 있다.

이러한 오류들은 우연에 의해 생겨난 것이 아니며, 빨리 지나가고, 불규칙적이며 재생가능하고 계속 지속되기도 한다. 즉, 장애는 여러 가지 면에서 지식과 똑같은 성질을 가지므로, 장애의 극복은 지식을 적용하는 것과 똑같은 일을 요구한다.

부르소(Brousseau, 1997)는 교수 체계에서 나타나는 장애는 학습 개념에서 나오는 결과이며 인식론적 장애의 관념은 교수의 오류, 주체의 불충분함, 지식의 내재적인 어려움 등에서 기인하기 때문에 다음과 같은 교수학적 장애를 갖는다고 하였다.

첫째, 개체 발생적 기원을 가진 장애

이는 주체가 성장해 가는 동안에 주체의 신경생리학인 한계 때문에 생기는 것들로 특정 나이에 적합한 능력과 목적에 부합된 지식을 발달시키는 것과 관련된다.

둘째, 교수학적 기원을 가진 장애

이는 교육체계 내에서 어떤 선택이나 계획에 의해서, 즉 교수과정에서 생기는 장애들이다. 예를 들어, 현재와 같은 소수는 1960년대 유용성에 의해 가능한 한 빨리 모든 사람에게 가르쳐지게 되었다. 처음에 측정체계와 결합되고, 단위가 바뀐 자연 정수로 지도되어 소수 개념은 '자연수' 이며 '측정수'의 성질을 갖게 되어 실수의 이해에 장애로 작용하게 되는데, 이는 교수학적 장애이며 또한 사회문화적 장애이기도 하다.

셋째, 인식론적 기원을 가진 장애

이는 지식의 탐구과정에서 형성되는 피할 수 없는 장애이며, 개념의 역사에서 발견된다.

위와 같이 다양한 기원을 가진 교수학적 장애의 극복을 위해서 교사는 제기하는 문제에 학생들의 질문이 일어나고, 새로운 지식의 획득이나 구성을 뒷받침을 이끌어낼 상황으로 이끌어 가는 것이다. 상황의 전개는 원시수학적 개념, 범수학적 개념, 수학적 개념들로 발전해 나가도록 상황이 전개되어야 하며, 장애의 극복과정은 학생과 환경 사이의 일련의 상호작용에 따라서 행동의 문제, 형식화의 문제, 타당화의 문제들이 작용하는 교육적 상황 속에서 자발적이고 내적으로 내적인 동기유발이 되어야 한다.

4.2 인식론적 장애의 발생

학생들은 비약에 의한 진전으로 특정한 지식을 창조하는 것이지만, 부적합한 일시적인 개념이 발생하여 지속되기 때문에 종종 인지적 단절을 일으킬 수밖에 없다. 따라서 교사는 학생들이 가지게 되는 인식론적 장애를 발견해야 하며, 발견된 장애를 수학교수에 긍정적인 방향으로 활용하거나 제거해야 한다.

❑ 인식론적 장애의 요인

지식의 역사가 입시에만 전념하여 학생들은 합격하기 위하여 그 지식을 뜻도 모르는 채 암기만 할 때, 인식론적 장애가 되는 개념이 발생하여 지속된다. 학생들이 획득하는 지식은 그 지식이 정당화할 수 있는 상황에서 행하는 학습의 결과이며, 서로 다른 지식 및 서로 다른 복잡성을 가진 과제 수행의 결과이어야 한다. 이러한 관점에서 Gonseth는 입기 등과 유사한 부적절한 환경에 의해서 학습이 인지적 단절을 일으키게 된다고 보았으며, Salin은 학생들의 범하는 오류에 대한 해석과 그 오류들의 생성 방식을 재검토해야 한다고 주장하였다. (Brousseau, 1997) 즉, 인식론적 장애는 개체 발생의 기원, 교수-학습 방법뿐 아니라 지식의 역사적 발생 자체에서도 발생하고 있다.

❑ 수학의 인식론적 장애의 종류

부르소(Brousseau, 1997)는 수학에 인식론적 장애가 다음과 같은 측면에서 확인된다고 하였다.

첫째, 반복되는 오류

예를 들어 $(a+b)^2=a^2+b^2$, $0\times a=0$, $\sqrt{a^2}=a$ … 등이다.

이 경우에는 Ratsimba-Rajhn(1981)는 장애가 되는 지식과 '참'인 지식이 어떻게 서로 한 학생에게 공존하고, 충분한 정보의 비약이 있었음에도 불구하고 장애가 되는 개념이 오히려 보강될 수 있는지를 관찰해야 한다고 하였다.

둘째, 수학의 역사에 기인한 장애.

Glaeser는 수학사에서도 인지적 단절 현상이 관찰된다고 하였다.

셋째, 학습내용과 역사적 사실과의 간극

따라서 교사는 두 사실을 비교해 보고, 인식론적인 특징을 정립해야 할 것이다.

❑ 수학의 인식론적 장애의 특징

Duroux는 수학의 인식론적 장애는 다음과 같은 특징을 갖는다고 하였다.

- 장애는 지식이나 개념이지, 어려움이나 지식의 결여가 아니다.
- 이 지식은 빈번하게 경험되는 특정한 상황 안에서는 적합한 반응을 생산해 내지만 그 상황 밖에서는 틀린 응답을 생성해낸다.
- 장애가 되는 지식은 때때로 더 나은 지식의 확립에 저항한다.
- 장애가 되는 지식의 부정확성이 인식된 후에도, 그것은 미숙하고 완고한 형태로 계속해서 나타난다.

따라서 수학의 역사에서 발생하는 장애와 학습과정에서 발생하는 장애를 비교하여 목록화하고, 그것들의 관계를 조사하여, 그 원인을 밝혀야 할 것이다. 결과적으로 인지적 장애는 그들의 기원과 진화 방식에 따르면, 존재론적, 인식론적, 교수학적, 문화적이라고 할 수 있다.

4.3 인식론적 장애에 대한 역사적 접근

교수학이 역사적 문제를 이해하려는 것은 지식 창조에 대한 역사에서 알려진 모든 관련된 조건을 고려한 상황 모델을 만들기 위함이다. 또한, 수학, 심리학, 사회학, 인간 환경공학의 요구 조건 및 이들 사이에서 지식을 재생산하는 경험과 비교될 수 있는 논리에 따라 상황을 조직하기 위해서이다.

예를 들면 고대 이집트에서 분수는 오로지 단위 분수만을 사용했는데 오늘날에는 연습 문제로 가끔 등장한다. 이는 고대 이집트라는 생태학적 조건이 사라졌기 때문이다. 즉 그들은 화폐가 없었으며, 중앙 집중화를 위한 정치적인 특권계급을 위해 마련된 것으로 단위분수만의 사용을 지탱해주는 사회적, 경제적, 기술적 맥락의 이해로부터 시작되어야 한다. 그들은 물물교환이나 저장된 수확량을 측정하기 위해 필경사들의 노력으로 분수를 비의 개념으로 서로의 물건의 가치를 알고 바꿀 수 있었을 것이다.

이는 고대 이집트인들이 양의 표현을 위해 '실제적인' 십진법인 자연수와 이진분수의 두 진법체계를 알고 있었으며, 모든 양을 가장 작은 단위를 선택해서라도 자연수로 나타내도록 하는 분할과 수세기 방법을 사용한 것이다.

그들은 모든 양의 계산을 그의 거듭제곱한 수와 단위 분수간의 조작으로 오늘날보다는 더 어려워 보이는 복잡한 과정을 거쳐 계산을 하므로 처음에 문제로 등장한 단위 분수보다 더 큰 단위분수가 되는 답을 허락하지 않았다.

이러한 고대 이집트인들의 절차는 기원전 2세기까지 그리스 천문학자들이 사용하였고, 아랍 문명에서 관리, 측량기사, 상인들에게서 12세기까지 흔적이 발견되었다.

단위 분수 체계의 예는 인식의 과정에서 잘못된 설명에 의해 만들어진 것이 아니며, 정확한 조건을 정당화시키고, 그들 문화에 적합한 것이었다. 그렇지만 단위 분수 체계는 오랫동안 일반화된 소수 체계의 도입과 보편적인 도량형 체계의 채택을 방해한 인식론적 장애가 되고, 이를 통해 수학의 역사에서 장애의 흔적을 찾아볼 수 있다.

4.4 학교 상황으로부터 장애의 탐색

자연수가 유리수와 소수 개념에 대한 장애가 되고 있는 상황을 학교 수학에서 살펴볼 수 있다.

3과 0을 곱하는 수를 예를 들면, 0×3은 0을 3번 택하는 것으로 0×0×0=0으로 잘 이해되나, 3×0은 어떻게 이해할 수 있을까? '3×0'과 같은 오류는 지금까지 곱을 획득하는 과정에서 실재 양을 가진 상황 하에서 학습되었기 때문에 '3이라는 양을 0번 택하는 것'이라고 사고하게 되고 이를 해결할 수 없게 된다. 이는 문화나 교수 공학이 자연수 집합을 더 큰 집합으로 확대시켜 모든 수에 대해 참인 성질에 이르게 하도록 가르칠 수 없는 점이다. 또한, 학생들은 개인적으로 이해하는 수단을 발명해서 이후의 학습에도 적용하려는 것이다. 이를 해결하기 위해 '0을 3배하는 것은 1을 3배하는 것보다 작다, 0은 1빼기 1이다, 3×0=0×3=0'와 같은 수단을 제공할 수도 있겠지만 어느 것도 직접적인 오류개념을 변형시켜 주지 못한다.

자연수의 성질이 소수로 확장될 때, 학생들은 소수를 자연수 영역으로 거꾸로 끌어들이려는 시도로, 수를 분할함으로써 그 문제를 이해하려고 애쓴다. 예를 들어 35.75리터에 135.40프랑을 지불한다는 문제를 학생들은 35리터에 135프랑을 지불한다면 1리터의 가격은 얼마인지 구하는 계산만 하고 0.4프랑으로 0.75리터를 사는 상황을 생각하지 않는다. 또한 어떤 수를 0을 나누는 상황이 되면, 동수누감이나 곱의 역연산과 측정, 스칼라 곱과 마찬가지로 그 값을 수로 표현하려 하기 때문에 모순을 일으켜 당황하게 된다. 이는 교수학적 관점에서 인식론적 장애이다. (Brousseau, 1997)

따라서, 학생들에게서 관찰되는 오류는 수학의 역사적인 실제 속에서처럼 특수한 것 주변이나 매우 일반적인 개념 주변에 모여 있다. 교수학은 이러한 장애로 작용하는 학생들이 갖는 개념을 확인해야 하며, 심리학적이고 인지적인 측면 이상으로 장애의 사회적, 문화적 특성도 함께 연구되어야 한다. 그리고 교수학적 변환의 기울기가 커질수록 환경과 지식 사이의 차이도 커질 것이며 인식론적 장애로써 작용할 위험도 더 커질 것이라 예측할 수 있다.

4.5 인식론적 장애와 교수 공학

1994년 미국 교육공학회(AECT)에서는 교수공학이란 "학습을 위한 과정과 자원의 설계, 개발, 활용, 관리 및 평가에 관한 이론과 실제"로서 설계, 개발, 관리, 평가의 다섯 가지 영역으로 구성된다고 하였다. (교육학용어사전, 1995) 교수공학과 관련하여 장애에 대한 몇 가지 의문점을 생각할 수 있다.

❑ 수업에서 확인된 인식론적 장애를 어떻게 다루어져야 하는가? 그들을 어떻게 극복할 수 있을까?

학자들의 주장에 의하면 인식론적 장애는 피할 수도 없고 사라지게 할 수도 없으며 어떻게 극복할 수 있는지 표준적인 해법이 없다는 것을 알 수 있었다. 그러나 부르소(Brousseau, 1997)는 장애를 피하기 위해서는 교수학적 상황과 비교수학적 상황을 동시에 확립하는 것이 필요하다고 하였다. 먼저, 타당화의 상황은 개인적인 통합을 할 수 있게 해주며 형식화의 상황에서는 장애를 유도할 수 있다고 하였다.

그러나 장애는 암묵적인 모델의 수준에서도 나타나므로 의식적인 수준에서 적합한 지식 항목임에도 불구하고 행동의 비교수학적 상황도 마찬가지로 중요하다. 또한 수업에서 행하는 여러 절차동안 교사라는 매개체를 통해 수학적 문화의 개입이 되므로 교수학적 상황도 필요하다. 마지막으로 인식론적 장애의 협상의 변증법도 중요하다고 하였다.

❑ 교육과정에서 어떤 장애가 피해질 수 있고 어떤 것이 받아들여질 수 있는가?

장애를 무시하여 가르치는 것은 어떤 지식을 정의할 때 학생들이 쉽게 받아들일 것 같고 불완전한 지식의 작용으로 더 많은 어려움을 일으키는 장애와 일시적인 문화를 만들뿐이다. 또, 지식을 정의할 때 언어가 학생들의 발달 수준에 적합하지 않을 경우에 그 의미를 빼앗은 체 형식적인 용법을 가진 언어의 조직화와 한정적인 형태로 지식을 정의하도록 선택할 수는 없다.

따라서 장애를 고려한다는 것은 학생들 스스로 만들어 낼 수 있는 발생을 선택하는 것을 의미한다. 이 발생은 어떤 장애는 관심을 가지고, 어떤 장애는 무시하므로 그것들 사이에 적절히 선택하여 장애를 다룰 수 있어야 한다. 예를 들면, 자연수는 소수 개념에 장애를 형성하는데 문자와 구조의 유사성 때문에 유리수 개념에 제기 되었던 장애보다도 극복하기가 더 어려운 이유는 다음과 같다. (Brousseau, 1997)

- 나눗셈에 의해서 증가가 얻어질 수 있고, 곱셈에 의해 감소가 얻어질 수 있음을 받아들이기 어렵다.
- 두 스칼라 소수의 곱을 생각하기 어려움
- 소수의 '이중표기' 예를 들어 1.5와 1.49999999……를 받아들이기 어려움.
- 새로운 유형의 나눗셈을 생각하기 어려움.

4.6 장애와 기본적인 교수학

장애는 또한 교수학적인 문제를 제기한다. 학생의 수학적 지식의 습득이 고전적 모델에 의해 정당화된 교수학적 실제가 복습되거나 기각되어야 한다. 그러나 고전적 모델은 교육과정을 가르치는데 있어서 교육체계와의 내적인 (학급 내에서와 학급 사이에서)협상에 영향을 준다. 수업의 기능은 새로운 지식을 도입하여 이전에 배워서 사용되고 있지만 새 지식과 양립할 수 없는 오래된 개념은 잊어버리거나 기각하도록 격려하는 것이다. 이를 위해서는 오류의 진단, 설명, 기술의 수정, 교사와 학생 사이의 의무와 책임을 다시 재고해야 한다.

인식론적 장애는 제도화된 지식의 형식화 안에 들어 있는 것이 아니라, 교사가 지식의 이해와 기능을 확실히 하기 위해 구성된 표현 안에 들어 있으므로, 교수는 지식을 상황과 연계시키고, 제도화시키는 과정이 필요하다. 그러므로 학생은 그가 배우는 지식과 학습 상황을 기억해야 하고, 그 자신의 방법으로 기억을 조직해야 한다.

학생들의 내적인 관계와 과거의 지식을 무시한 채 지식을 가르칠 수는 없다. 인식론적 장애에 대한 인식과 교수학적인 관계 속에서 공식적으로 다루어야 할 것은 학생의 발달의 역사, 학생의 지식의 역사성과 입장을 인식해야 한다. 이러한 관점은 교사 자신의 인식론을 수정할 필요성과 대중 전체와의 noosphere(지적 사고의 총체)를 형성하는 것과 교사와 학생 사이의 협상을 위한 토대로 유용하다.

CHAPTER

02 수학의 인식론적 장애의 진단

1. 진단과 처방의 의미

학교수학에서 수학의 인식론적 장애의 진단이란 아동의 심리발달에 적합한 수학내용을 제시하여, 아동의 인식론적 장애에 따른 오류를 파악하는 것이고 처방이란 진단평가에서 얻은 자료를 통하여 오류유형을 분류한 다음 교사가 면담을 통하여 아동으로 하여금 오류를 교정하는 과정을 말한다.

처방 시에는 반드시 위에서 제안한 주제에 적절한 교구를 투입하는 것이 중요하다. 또한 학생들이 이해하지 못하는 수학적 개념과 기능, 학생들이 수학문제를 푸는데 사용하는 사고과정과 전략, 수학에 대한 학생들의 태도, 학생들의 학습형태 등을 조사하여 발달심리학과 역사발생 원리를 적용하기로 한다. 수학교육에서의 수학사 활용 의의는 다음과 같다.

- 알고리즘적인 계산 수학을 반성하여 개념적 사고를 고취하는 데 이용할 수 있다.
- 교육과정 구성에서 자연스러운 내용 배열의 준거가 되면, 학습－지도에서 수학적 아이디어의 발달과정을 따름으로써 자연스럽게 그 이해를 도울 수 있다.
- 수학의 역사적 발달 과정에 소급해 봄으로써 수학적 사고의 인간적인 모습을 접해 보게 하여, 학습 동기를 유발하고 수학 학습에 생기를 불어 넣을 방안을 찾을 수 있다.
- 현대 기술 문명의 발달에서의 수학의 중심적인 역할과 수학의 문화적인 역할, 특히 인간관과 세계관 형성에 미친 수학의 역할을 이해함으로써 수학에 대한 학생들의 인식을 바꿀 수 있다.

진단과 처방은 다음과 같은 지침을 마련한 다음 그 절차에 따라 수행한다.

- 각각의 개념을 이해시키기 위한 조직적인 지도 방법
- 진단할 때 사용하는 교구사용에 대한 구체적인 지도방법
- 학생들의 오류유형 분석 지침

• 진단에 유용한 게임에 대한 설명
• 교실에서 이루어지는 진단과 처방에 필요한 모든 요소의 운영 지침 등을 마련

2. 진단 평가

진단평가의 목적은 연속적인 지필평가와 면담으로 구성하여 아동의 능력을 점진적이고 포괄적으로 분석하여 아동의 이해정도와 계산능력에 관한 자료를 수집하는데 있다.

2.1 진단평가의 시행

진단평가 문항을 투여할 때는 다음사항을 유념해야 한다.

1) 전체 학급에 투여 할 것인지 또는 소집단이나 개인에게 투여할 것인지를 결정한다.
2) 현재 가르치고 있는 내용과 평가하고자 하는 학생의 수준에 적합한 문제를 출제한다,
3) 가급적이면 시간제한을 두지 말아야 한다.
4) 아동에게 두 쪽 이상의 시험지를 배포하지 않는다.
5) 아동이 시험지를 작성할 때 유심히 지켜보고 참고사항을 메모한다.
6) 아동이 너무 어려워하는 문제는 풀지 않도록 한다.
7) 아동이 오답을 적은 경우에는 한 두 문제의 결과에서 아동의 오류유형을 분석하기 곤란하므로 개념과 기능을 평가할 수 있는 난이도가 주어진 유사문항을 5개 정도 출제한다.

2.2 채점

진단평가지의 채점 시 다음 사항을 유념해야 한다.

1) 전체 학급이나 아동이 속한 집단에 대한 어떠한 기준(예를 들면 집단의 평균 등)은 감안하지 않는다.
2) 각 학생의 점수를 부록에 제시한 학생 기록 카드에 옮겨 적는다.

2.3 오류 유형 분석

1) 목 적

수학문제를 푸는 과정에서 어떤 오류들은 단순한 실수 이거나 알고리즘 자체에 체계적으로

발생하는 오류이다. 학생들이 단순한 실수를 자주할 때는 문제를 풀 때 더욱 집중하고 세밀한 부분까지 신경을 쓰도록 지도해야 한다. 따라서 오류 유형에 관한 충분한 정보를 제공해서 교사들로 하여금 오류유형의 발견의 주요성을 강조하고 오류 유형을 확인 하는 법을 배우도록 도와주는 것이다.

2) 오류 유형의 분류

오류 유형은 크게 두 가지로 나뉘고 다음의 다섯 가지로 구분된다.

가) 오류 유형

첫 번째는 규칙적 오류로서 다음 세 가지로 분류된다.

a. 다른 연산 또는 공식 오류 : 학생은 문제를 푸는데 요구되는 연산 또는 공식과 다른 연산 또는 공식을 사용한다.

b. 기초 사실 기억 오류 : 적절한 연산 또는 공식은 사용했으나 기초 사실 기억에서 오류 $(2 + 3 = 6$ 등)가 생겼다.

c. 잘못된 알고리즘 : 학생이 정확한 연산 또는 공식은 실행하나 연산과정에서 잘못된 알고리즘을 사용한다.

d. 인식론적 장애에 의한 오류 : 개념 자체에 내재되어 있는 어려움에 기인한 오류

두 번째는

e. 실수에 의한 오류 : 이것은 비슷한 여러 개의 계산과정에서 일관적으로 발생하지 않는 오류.

처음의 두 가지 오류인 다른 연산 또는 공식 오류와 기초 사실 기억 오류는 학생들의 계산과정에서 유형을 찾아볼 수 있다. 다섯 번째 실수에 의한 오류는 자주 발생하지도 않고 그 종류도 많아서 체계화하는 것은 거의 불가능하다.

그러나 잘못된 알고리즘은 정확하게 다시 가르쳐야 한다. 그러나 다른 오류는 그렇게 쉽게 발견되지도 않고 쉽게 정정할 수도 없다. 여기에서 가장 중요하고 우리의 주된 관심이 되는 오류는 c와 d의 오류이다.

2.4 면담(interview)

면담은 진단 평가의 핵심이다. 면담은 처방 지도에 앞서 시행되며, 진단평가를 시행한 후에 실시한다. 면담은 학생의 사고 과정과 수학적 개념 발전 상황을 알아볼 수 있는 좋은 기회를 제공하게 된다.

1) 면담의 목적

면담을 통하여 다음과 같은 내용을 포함하는 아동의 정보를 얻는 것이 중요하다.

- 학생들이 생각하고 있는 것
- 사고 과정의 다양성
- 학생들이 문제를 해결하는 데 사용하는 전략들 : 주로 일반적인 풀이법에 아동 자신이 창안한 방법이 합성된 형태.
- 선호하는 수학적인 구체적 모델
- 수학적 능력 : 성숙의 수준

2) 면담의 과정

면담을 실시할 때 구체적인 학습 보조 자료를 사용하고, 구체적 학습 보조 자료 ⇒ 그림 ⇒ 기호나 계산 알고리즘 순으로 지도한다. 면담은 학습지도 과정이 아니다. 다만 학생에게 그 개념에 대한 지도가 더 필요한지를 알아보기 위해서 충분한 대화를 나누는 것이다.

(ⅰ) 시행방법

① 면담전

단계1 : 학생들이 진단평가에서 이해하지 못한 개념을 확인한다.

단계2 : 학습보조자료를 준비한다. 지필은 대부분의 면담과정에서 필요하다.

단계3 : 방해 요소가 없고 조용한 장소를 택한다.

단계4 : 면담하는 각 학생에 대해 최소한 30분씩 시간 계획을 한다.

단계5 : 다음에 나오는 '면담 시행을 위한 지침'을 자세히 읽는다. 이 지침은 면담시간을 효과적으로 사용하는 데 많은 도움이 될 것이다.

② 면담 중

단계6 : 학생들에게 학습보조자료를 위한 안내서에 제시된 '준비활동'을 하게 함으로써 구체적 학습보조자료와 친숙해질 기회를 제공한다.

단계7 : 학생들의 반응을 수용하면서 면담 지시 사항을 따른다. 여기서는 학생이가지고 있는 개념의 오류를 고치려고 해서는 안 된다. 질문을 다른 식으 로 표현하거나 좀 더 쉬운 예를 제시하되 가르치면 안 된다. 왜냐하면 이단계는 단지 자료를 수집하는 단계이기 때문이다.

단계8 : 면담을 어디서 시작하고 얼마나 오래동안 할 것인지를 결정한다. 학생들 이 아는 부분은 그냥 넘어 가고 이 개념에서 지도가 필요하다고 생각되었을 때 멈춘다.

③ 면담 후

단계 9 : 학생 기록 카드에 면담에서 얻은 정보를 기록한다. 학생의 오류 유형이나 개인적 실수를 확인하고, 구체적 모델이나 그림 또는 기호로 표현했을 때 수행능력을 기록한다. 이 기록 카드는 차후 처방 지도 시 지도가 필요한 주제를 고르거나 지도방법을 개발하는 데 사용된다.

(ii) 면담 실행을 위한 지침

① 편안한 분위기를 조성한다.
자연스럽게 학생과 가까워지도록 한다. 학생을 아는 것은 학생을 돕는 첫 단계이다.

② 학생의 수준에 맞춘다.
면담의 목적과 교사가 이를 통해서 무엇을 알기를 원하는지 설명한다. 학생들 자신의 문제가 무엇인지를 알고 있는 지의 여부를 알아 본다.

③ 자료를 수집하되 가르치면 안 된다.
교사는 면담하는 동안 학생의 생각을 듣고, 활동을 관찰하고, 적절한 질문을 하고 필요한 사항은 기록해야 한다. 음 흠, 좋아 등으로 답한다.

④ 학생을 인격적으로 대해야 한다.
면담을 통해서 학생들에게서 얻은 정보를 학생의 성적을 산출하는 데 사용하지 않도록 조심해야 한다.

⑤ 철저해야 한다.
학생들이 좀 더 높은 수준의 과업을 수행할 수 있다고 해서 모든 기초 개념들이 완벽하다고 결론지어서는 안 된다.

⑥ 오류 유형을 알아내야 한다.
학생들이 범하는 대부분의 오류는 단지 부주의의 결과가 아닌 불완전한 알고리즘에 기인한다. 학생의 오류 유형을 발견해 내기만 하면 한 번에 많은 오류를 고칠 수 있다.

⑦ 다양한 형태의 질문을 해야 한다.
열린 질문으로 다양한 답을 얻어야 한다.

3. 면담에 필요한 교구

면담을 할 때에는 반드시 다음과 같은 교구를 준비한다.

3.1 가르기 모으기 판

10 이하의 수를 가르고 모으는 활동판

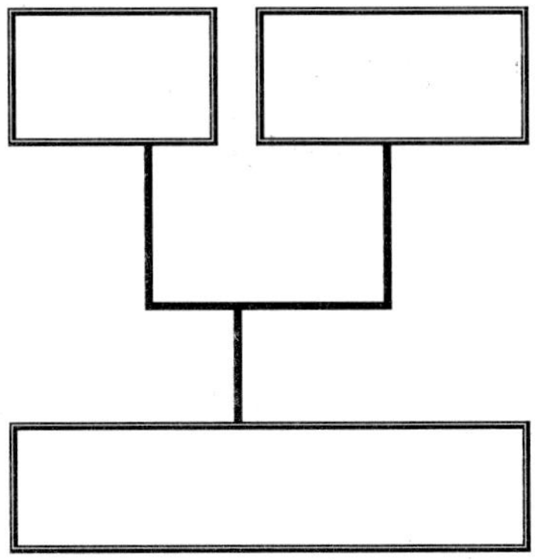

3.2 수모형

십진법으로서의 자연수와 그들의 덧셈, 뺄셈, 곱셈을 지도하는 데에 가장 적절한 교구는 수모형(base ten blocks)이다. 수모형 대신 모눈종이를 사용해도 좋다.

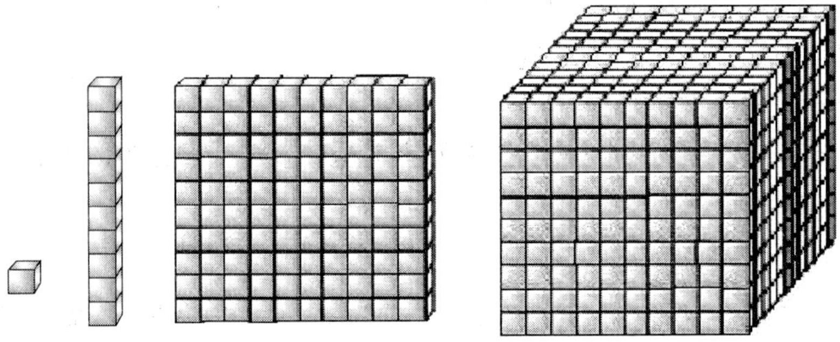

3.3 백 자리까지의 덧셈, 뺄셈 활동판

1) 활동판의 사용방법

① 백의자리까지의 덧셈 또는 뺄셈 문제가 주어지면, 그 수들을 활동판의 왼쪽에 문제를 세로로 적은 다음, 오른쪽에 문제의 수만큼 수모형을 세로로 정렬한다.

② 덧셈인 경우에는 수모형을 모으면서 그 과정을 그대로 숫자로 적는다. 뺄셈인 경우에는 수모형을 제거하면서 그 과정을 숫자로 적는다.

활동판(B4, 사이즈가 적당함

조작 활동판			수의 세계		
백의 나라	십의 나라	일의 나라	백의 나라	십의 나라	일의 나라

3.4 숫자 카드

7 6 5 4 3 2 1 0

3.5 모눈종이

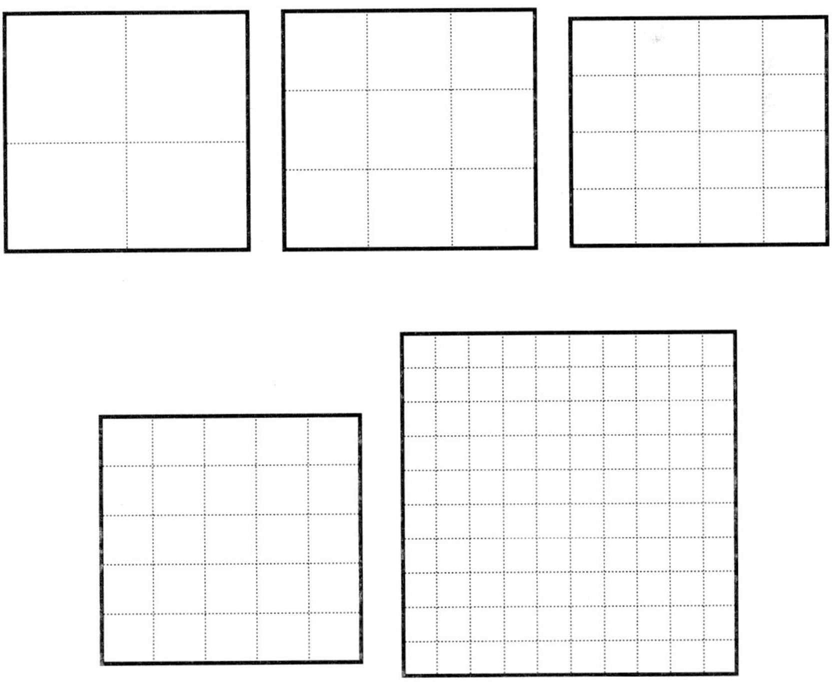

3.6 달력

일	월	화	수	목	금	토
						1
2	3	4	5	6	7	8
9	**10**	11	12	13	14	15
16	17	18	19	20	21	22
23	24	25	26	27	28	29
30						

3.7 분수막대

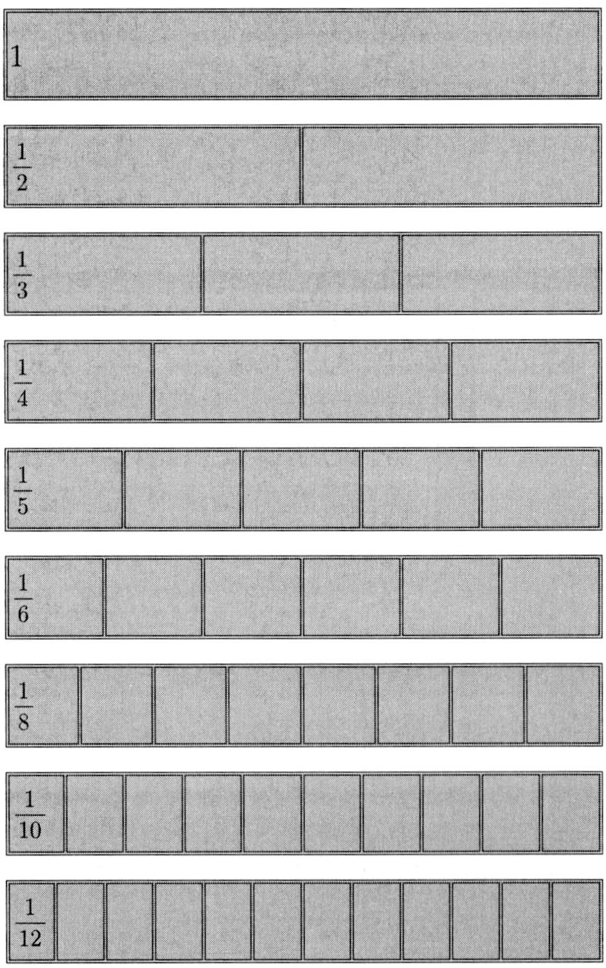

3.8 분수 원

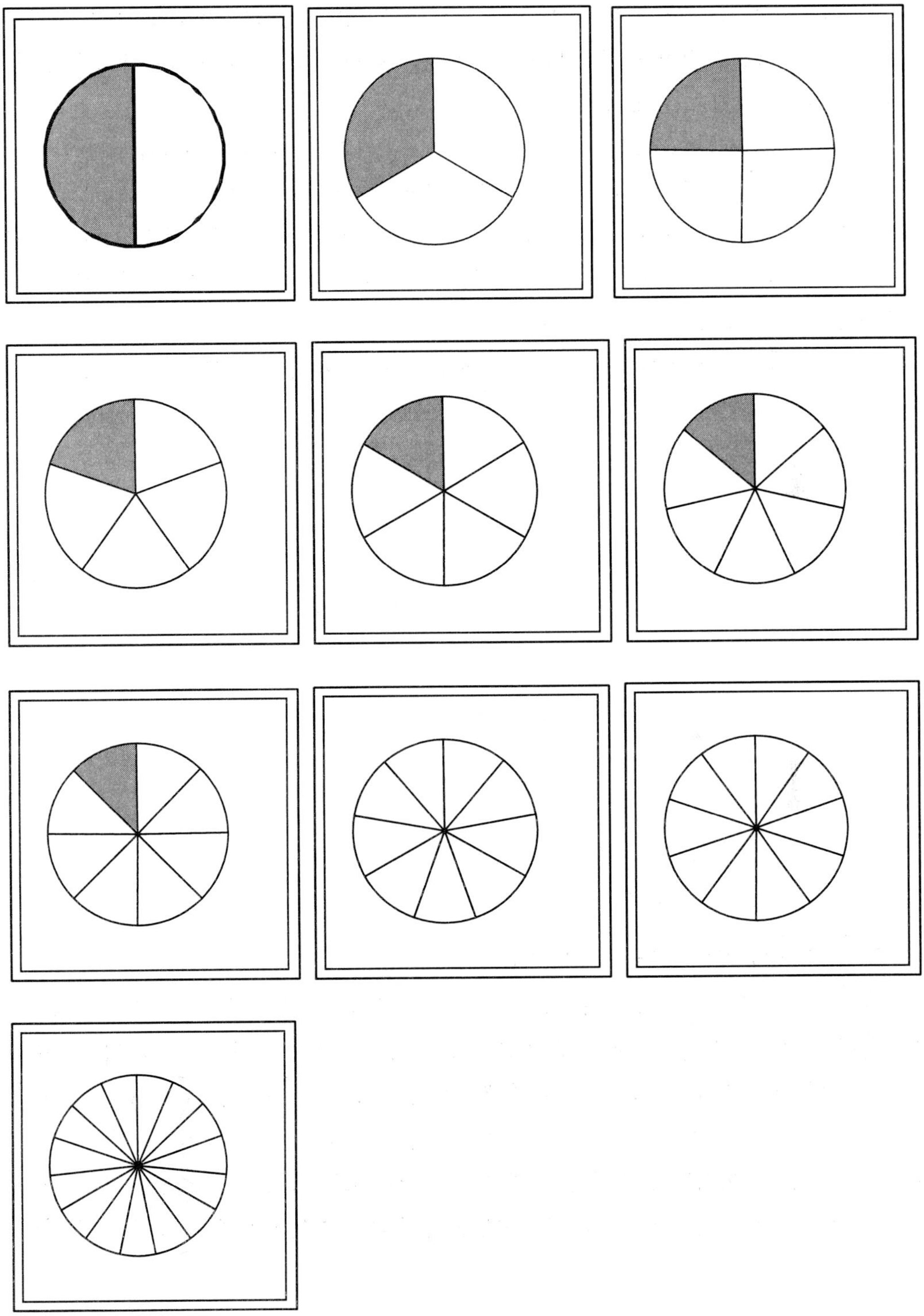

3.9 퀴즈네어 색 막대

벨기에의 초등학교 교사인 퀴즈네어가 고안한 퀴즈네어(Georges Cuisenaire, 1891∼1976) 색 막대는 아래 그림과 같이, 크기와 색이 각각 다른 직육면체 모양으로 구성되어 있으며, 재질은 나무, 또는 플라스틱이 있다.

각 퀴즈네어 색 막대의 크기는 밑면이 1cm로 같고 높이가 1∼10cm 인 10개의 색막대로 구성되어 있으며, 막대의 길이에 따라 서로 다른 색이 칠해져 있다. 즉, 높이가 1cm인 막대부터 흰색, 빨간색, 연두색, 보라색, 노란색, 초록색, 검정색, 갈색, 파란색, 주황색으로 이루어져 있으며, 퀴즈네어 막대 한 세트는 주황, 파랑, 갈색, 검정, 녹색, 노랑 4개, 보라 6개, 연두 10개, 빨강 12개, 흰색 22개로 구성되어 있다.

아래 그림은 퀴즈네어 막대의 길이를 구별하기 위하여 평면상에 나타낸 그림이다.

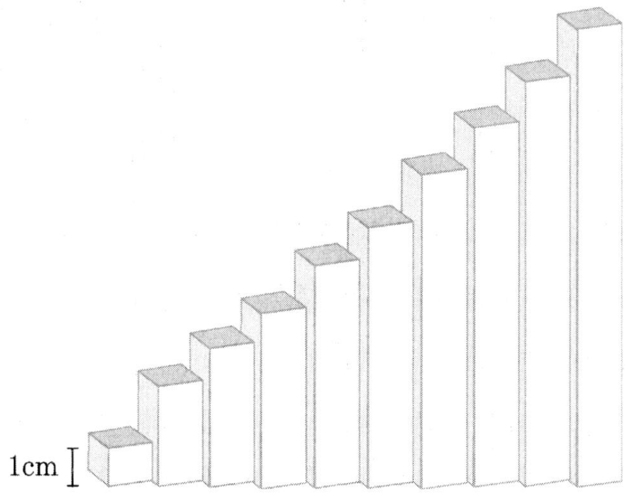

1) 퀴즈네어 막대 활용이 가능한 학습 내용

분수의 연산지도의 알고리즘 형성은 연산의 계산 원리 이해와 일련의 규칙성과 절차의 파악이 구체물 조작활동을 통해 학생 스스로 지식의 정리와 조합으로 연결될 때 가능하다고 볼 때, 퀴즈네어 막대의 활용은 학생들에게 수학적 개념을 발달시키고 수학적인 사고와 추론의 기회를 제공하여 수학학습에 대한 흥미와 공간 지각능력을 향상시키는데 많은 도움이 된다. 이처럼 퀴즈네어 색 막대는 수학과 모든 영역에 적용되나, 특히 다양한 조작 교구 중 퀴즈네어 색 막대로 활용했을 때 효과가 있는 영역별 학습 주제를 정리하였다.

학습 내용	영역	해당 학년
자연수의 덧셈과 뺄셈, 수 개념지도(수 가르기와 모으기)	수와 연산	1~2학년
긴 것과 짧은 것 비교하기, 막대를 이용해 주어진 공간 채우기	측정	1~2학년
곱셈의 기초(묶어세기), 곱셈구구	수와 연산	2학년
길이재기 및 어림하기, 쌓기나무	측정, 도형	2학년
자연수의 곱셈과 나눗셈, 분수로 나타내기	수와 연산	3학년
규칙 찾기	규칙성과 함수	1~3학년
동치분수 찾기, 동분모 분수의 덧셈과 뺄셈	수와 연산	4학년
분수의 크기 비교, 분수의 곱셈과 나눗셈, 약분과 통분 이분모 분수의 덧셈과 뺄셈, 분수의 곱셈	수와 연산	5학년
선대칭 도형 익히기	도형	5학년
직사각형, 정사각형 넓이 구하기	측정	5학년
평균의 이해와 구하기, 확률의 이해	확률과 통계	5~6학년
직육면체의 부피 구하기, 비와 비율	측정, 규칙성과 함수	6학년

2) 분수지도용 조작도구의 활용에 관한 비교 분석표

구분		분수막대	분수원	퀴즈네어 막대	수모형
장점	제작	• 제작이 가장 쉽다. • 제작시 다양한 재료를 사용할 수 있다.	• 평면적인 도구는 만들기 쉽다.		• 기성제품이 많이 보급되었다.
	활용	• 직관적, 시각적이다. • 활용 방법이 가장 쉽다.	• 분수막대보다 더 직관적, 시각적이다. • 어림하기 쉽다. • 활용방법이 쉽다.	• 비의 개념지도에 적합하다 • 수 조작의 자발적 구성을 유도한다.	• 자연수 학습이 많이 다루므로 특별한 조작 방법 지도가 필요 없다. • 활용 방법 후속학습인 소수 지도에 직접 연관된다. • 분리량의 등분할에 적합하다.
단점	제작		• 투명한 재료로 제작해야 하므로 재료가 한정된다. • 입체로 제작시 어렵다. • 제작방법이 어렵다.	• 다양한 색깔로 제작하기 어렵다.	

구분	분수막대	분수원	퀴즈네어 막대	수모형
단점 활용	• 비의 개념지도에 눈금이 방해된다.	• 비의 개념지도에 눈금이 방해된다.	• 색깔로 인한 고착 가능성 우려가 있다. • 조작활동이 장시간, 많은 노력을 요구한다.	• 분수 지도는 어렵다.
활용상 특징	• 초급단계의 아동에게 적합하다. • 눈금이 있는 도구에서 점차 없는 도구로 단계적으로 활용하면 효과적이다.	• 초급단계에 아동에게 적당하다. • 눈금이 있는 도구에서 점차 없는 도구로 단계적으로 활용하면 효과적이다.	• 중급이상의 아동에 적합하다.	• 십진분수지도와 소수 지도에 적합하다. • 몫, 비율 분수 개념지도에 적합하다.

3.10 직육면체와 정육면체 모형

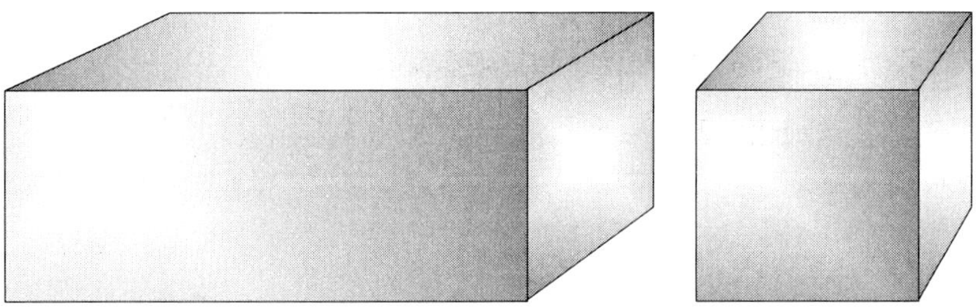

3.11 각 기둥 모형

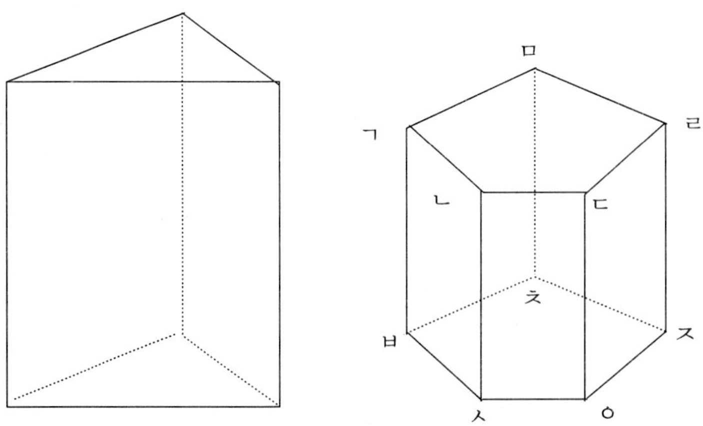

기둥이라는 용어는 유클리드 원론의 XII장에 나타나지만 현재의 용어는 1600년대부터 사용하기 시작하였다. 직육면체는 고대 이집트와 고대 바빌론 수학에서 다루어 졌지만 직육면체와 관련된 계산문제는 KAHUN 파피루스에서 처음 발견되었다. 런던 박물관에 소장되어 있는 KAHUN 파피루스 문제 55, 4에는 2원 일차 연립 방정식의 해법에 관한 것이다. 즉, 그런데 이 문제에는 직육면체의 곡물창고의 부피에 관한 내용이 수록되어 있다. 즉, 직육면체 모양의 곡물 창고에 90 hinu 들이 바구니 40개 만큼의 곡물을 부었더니 깊이가 d만큼 되었다. 창고의 가로, 세로의 길이를 구하는 문제이다. 또한 고대 이집트인들은 피라미드의 부피를 직육면체의 $\frac{1}{3}$로 구하고 있었으며, 피라미드을 쌓기 위해서는 피라미드의 겉넓이를 구하는

방법을 알았으므로 필요한 돌의 개수를 추정할 수 있었으며, 피라미드을 짓는 중간 과정의 모양인 각뿔대의 부피를 귀납적으로 비를 사용하여 구하였던 방법이 모스크마 파피루스(MMP 14)에 수록되어 있다. 또한 모스크바 파피루스(MMP) 문제 10번에는 반원기둥(semicylinder)의 겉넓이를 $\frac{1}{2}\times\pi\times$지름$\times$높이 로 구하고 있으며, 이 계산은 그들 고유의 이진법 곱셈 방식으로 수행되었지만 놀랍게도 현대의 공식과 정확하게 일치하고 있다. (Gillings, R. J., Mathematics in the times of the Pharaohs : Dover Publications, Inc., NY., 1972)

그 후, 유클리드는 원론의 XII장에서는 구체적인 수치계산이 아닌 원기둥의 부피의 비를 계산하였으며, 아르키메데스는 길이의 비를 이용하여 Prpposition 1에서 원기둥의 부피를 구하였다. (Heath, 1990)

3.12 여러 가지 입체 도형 모형

가-사각뿔대, 나-직육면체, 다-원기둥, 라-원뿔대, 마-사각뿔(피라미드), 바-원뿔

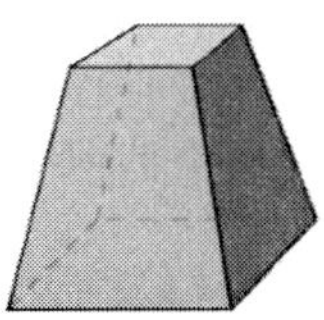

가

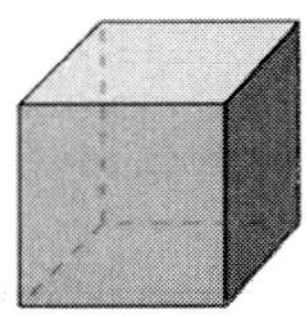

나

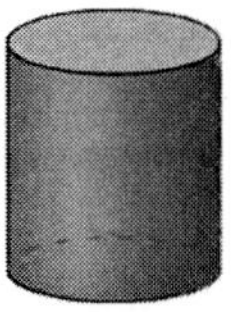

다

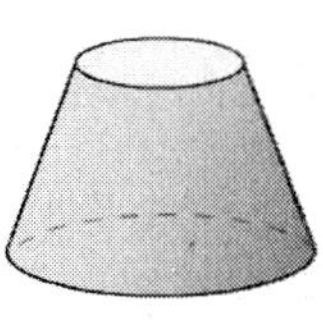

라

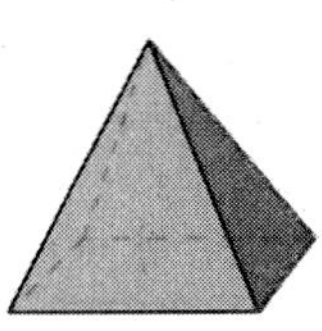

마

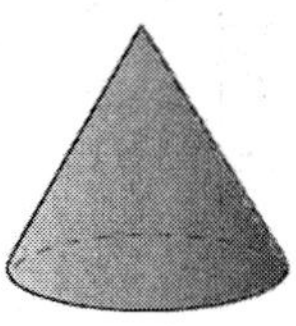

바

3.13 전개도

1) 직육면체의 전개도

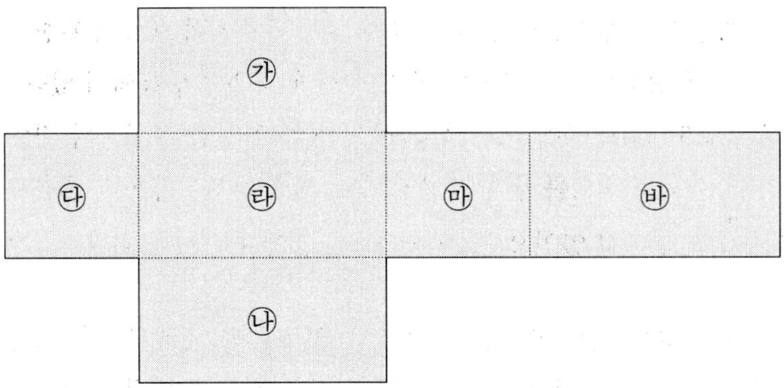

2) 삼각뿔의 전개도

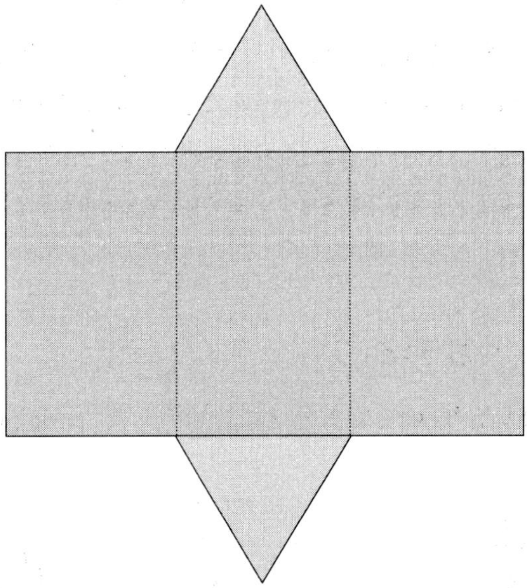

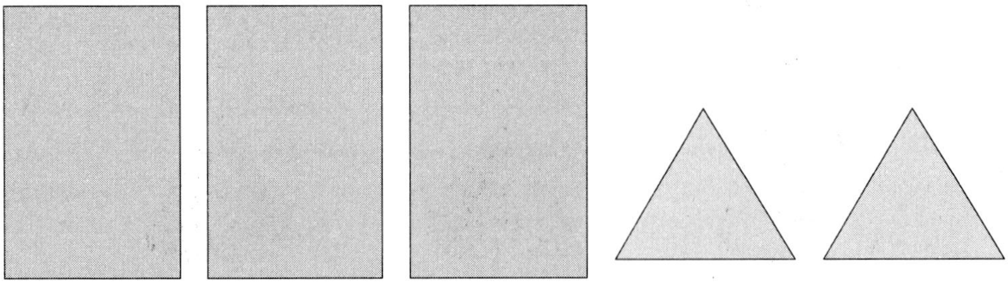

3) 사각뿔(피라미드)의 전개도

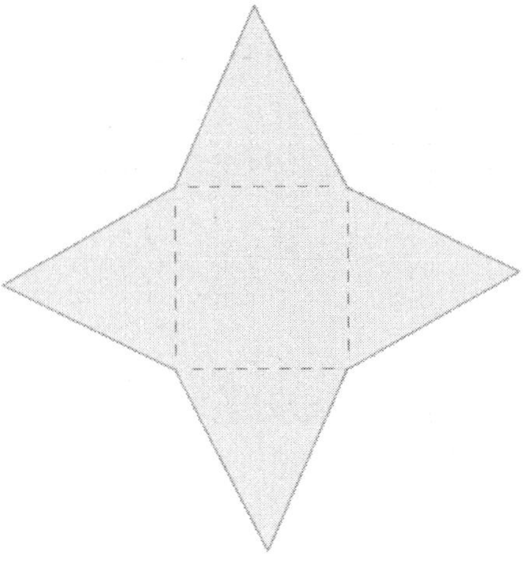

3.14 기하판

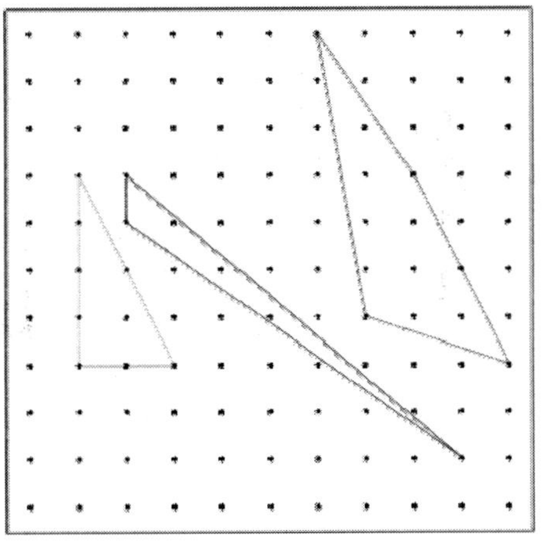

3.15 쌓기나무

3.16 부피와 들이 모형

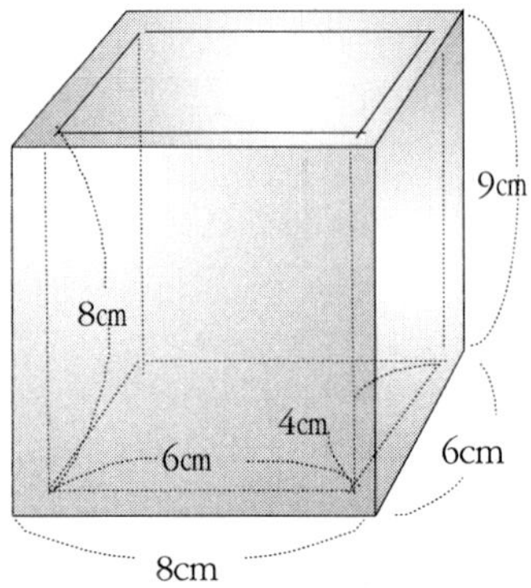

3.17 천칭과 추, 저울, 비커

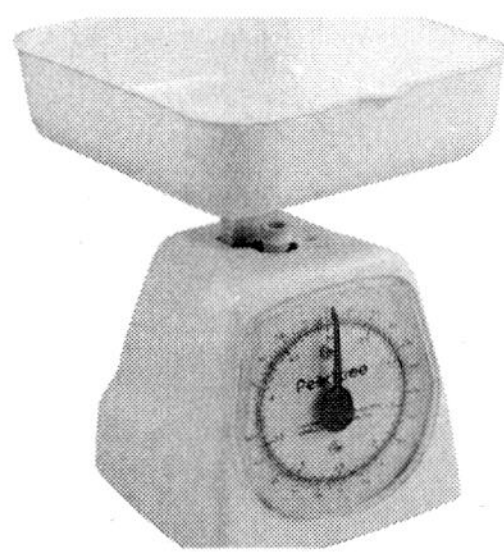

CHAPTER 03 인식론적 장애에 따른 오류 유형

지금까지 I장에서는 수학의 인식론적 장애에 관한 내용을 알아보았으며, II장에서는미국 펜실베니아주 교육부에서 조사한 내용을 중심으로 외국의 아동들이 범하는 오류에 대한 진단평가 사례와 우리나라 아동들을 대상으로 시행했던 진단평가를 통해서 수학의 인식론적 장애를 찾아내는 과정과 방법을 알아보았다.

이 장에서는 II장의 진단과정을 통하여, 주어진 식을 계산할 때 오류를 범하는 아동들의 풀이과정과 도형과 측정에 대한 인식론적 장애를 보여주는 국내외의 연구사례를 중심으로 인식론적 장애에 기인한 오류유형을 영역별, 개념별로 알아보기로 한다.

수학 개념에 대한 인식론적 장애는 모든 국가의 아동에게 거의 비슷한 내용에 대해서 발생하고 있으며 교육과정의 변천과도 무관한 사태지만, 현재 우리나라의 실정을 좀 더 정확하게 반영하기 위해서 2009 수학과 개정교육과정을 내용을 중심으로, 수와 연산 영역, 도형과 측정 영역, 규칙성 영역, 확률과 통계 영역, 문제해결 영역으로 대분류하고, 각 영역에서 중요한 수학 개념에 대한 아동들의 인식론적 장애에 기인한 오류유형을 정리하기로 한다.

또한 도출한 오류유형에 고유의 코드번호를 각각의 오류유형 옆의 맨 오른쪽 네모 안에 표기하여, 처방지도와 처방을 위한 면담과정에서 관련된 오류유형을 손쉽게 찾아보도록 하였다.

❑ 코드번호란?

아동이 인식론적 장애로 인하여 범하는 수학 내용을 영역별, 개념별로 분류하여 그에 대한 처방지도와 면담과정을 찾아보기 쉽도록 4자리의 수로 번호를 부여한 것이다. 코드번호의 의미는 다음과 같다.

- 첫 자릿수 : 영역
  1 : 수와 연산 영역
  2 : 도형과 측정 영역

3 : 규칙성 영역
4 : 확률과 통계 영역
5 : 문제해결

- 두 자리와 세 자릿수 : 영역별 오류유형
- 마지막 자릿수 : 세부 오류유형

예 코드 번호 [2172] 가 붙여진 오류유형은, 도형과 측정 영역의 17번째 오류유형 중 2번째 세부 오류유형을 의미한다.

1. 수와 연산 영역

이 절에서는 수와 연산 영역에서 0과 자연수, 분수, 소수의 개념과 그들의 사칙연산과 사칙연산을 할 때 단위의 처리법, 문자 x의 사용법 등에 대하여 아동들이 겪는 인식론적 장애를 알아보기로 한다.

〈0과 자연수 – 기초개념〉

1.1 0의 성질에 따른 오류

순희 : [1010]

$$\begin{array}{r} 1100 \\ 1000 \\ \hline 0100 \end{array} \qquad \begin{array}{r} 1030 \\ -1000 \\ \hline 0030 \end{array}$$

① 순희 오류유형은 무엇인가?
0의 사용방법을 제대로 알지 못한다. 즉, 자연수의 앞의 0을 생략한다는 사실을 알지 못한다.

② 어떤 방법으로 지도할 것인가?

1.2 하나씩 증가하는 자연수의 수열

승철 : 187, 188, 189, 1810 [1020]

498, 499, 4910, 4911

① 승철이가 사용한 방법으로 다음을 완성하시오.

256, 257, 258, _____, _____, _____

② 승철이의 오류유형은 무엇인가?

십진법의 개념을 알지 못한다. 즉, 1이 열개 모이면 10 한 개가 된다는 사실을 알지 못한다.

③ 어떤 방법으로 지도할 것인가?

1.3 자연수의 크기 비교(자연수를 순서대로 나열하기)

1030

지연 : 49, 17, 31 ⇒ 31, 17, 49

78, 45, 80, 63 ⇒ 80, 45, 63, 78

① 지연이가 사용한 방법으로 다음을 완성하시오.

131, 202, 129, 310 ⇒ ____, ____, ____, ____

② 지연이의 오류유형은 무엇인가?

수의 크기의 순서를 알지 못한다. 일자리와 십 자릿수를 더해서 큰 수가 크다.

③ 어떤 방법으로 지도할 것인가?

〈0과 자연수－사칙연산〉

1.4 받아 올림이 있는 자연수의 덧셈

1040

영호 :

$$\begin{array}{r} 107 \\ +\ 85 \\ \hline 1812 \end{array} \qquad \begin{array}{r} 485 \\ +\ 925 \\ \hline 131010 \end{array}$$

① 영호가 사용한 방법으로 다음을 완성하시오.

$$\begin{array}{r} 206 \\ +\ 137 \\ \hline \end{array} \qquad \begin{array}{r} 645 \\ +\ 488 \\ \hline \end{array}$$

② 오류 유형은 무엇인가?

십진법의 개념을 알지 못한다. 덧셈 결과를 병렬로 적고 있다.

③ 어떤 방법으로 지도할 것인가?

1.5 올림한 수와 아래의 수만을 더하는 오류

미숙 : 1050

```
    1        1        1
  107      485      394
+  85    + 925    + 227
-----    -----    -----
  192     1330      531
```

① 미숙이가 사용한 방법으로 다음을 완성하시오.

```
  206      478
+ 139    + 164
```

② 미숙이의 오류는 무엇인가?

수의 덧셈의 뜻을 알지 못한다.

③ 미숙이를 어떤 방법으로 지도할 것인가?

1.6 받아 내림이 있는 뺄셈

윤미 : 1060

```
  51      237      204
-  8    -  65    -  34
----    -----    -----
  57      232      230
```

① 윤미의 오류형태는 무엇인가?

뺄셈의 뜻을 알지 못한다. 무조건 큰 수에서 작은 수를 뺀다.

② 윤미는 어떤 방법으로 가르쳐야 하나?

민수 : 1061

```
 3 10 10   4 10 15
   400       505       62
 - 238     - 108     - 66
 -----     -----     ----
   172       307        ?
```

① 민수의 뺄셈 방법으로 마지막 문제를 해결하시오.

② 민수는 오류형태는 무엇인가?

0으로 빌려온 수를 다시 빌려줄 때 9가 아닌 10을 적는 오류

③ 민수는 어떤 방법으로 가르쳐야 하나?

미영 1062

```
   1 1      1 1
   564      141      362
 - 366    -  55    -  56
 -----    -----    -----
   208       96        ?
```

① 미영이의 빨셈 방법으로 세 번째 빨셈을 해 보시오.

② 미영이는 어떤 오류형태를 가지고 있으며 어떤 방법으로 가르쳐야 하나?

큰 자릿수를 빌려오고 그 자리에서 1을 빼내지 않는 오류 또는 덧셈과 빨셈을 혼동하는 오류

③ 미영이는 어떤 방법으로 가르쳐야 하나?

영옥 : 1063

81	21	511	211
693	325	726	434
− 248	− 151	− 349	− 276
445	174	287	68

① 영옥이의 방법을 이용하여 다음을 완성하시오.

436	625
− 172	− 348
?	?

② 영목이는 어떤 오류형태를 가지고 있나?

가장 왼쪽(큰 수)에서만 빌려오는 오류

③ 영목이는 어떤 방법으로 가르쳐야 하나?

1.7 0과 자연수의 곱셈

민지 : $3 \times 0 = ?$ 1070

① 민지가 망설이는 이유는 무엇인가?

$3 \times 2 = 3 + 3 = 6$, $3 \times 3 = 3 + 3 + 3 = 9$, $3 \times 4 = 3 + 3 + 3 + 3 = 12$이다.

그런데 $3 \times 0 =$는 무슨 뜻일까?

② 어떤 방법으로 지도할 것인가?

미숙 : 1050

1	1	1
107	485	394
+ 85	+ 925	+ 227
192	1330	531

병민 : 1071

```
   7                              2
 209      15      136           234
× 48    × 30    × 200         × 106
────    ────    ─────         ─────
 872      30      200           224
```

병민이의 방법을 이용하여 다음을 완성하시오.

```
  279       501       403
× 100      × 94      × 20
─────      ────      ────
```

① 병민이는 어떤 오류형태를 가지고 있나?

곱셈을 덧셈과 같은 방법을 사용하여, 두 수를 곱한 결과를 병렬로 적고 있다.

② 병민이는 어떤 방법으로 가르쳐야 하나?

1.8 0과 자연수의 나눗셈

경원 : 1080

```
    93        42        92…4
  ────      ─────      ─────      ─────
3 ) 36    2 ) 864    5 ) 59    6 ) 628
    27         86        45
  ────      ─────      ─────
     9         04        14
                         10
  ────                 ─────
     0                    4
```

① 경원이의 오류는 무엇인가?

나머지는 나누는 수보다 작아야한다는 사실을 무시하고 있다.

② 경원이는 어떤 방법으로 가르쳐야 하나?

경원 : 1081

```
     11
   ─────
4 ) 404
      4
   ─────
      4
```

① 명찬이의 오류는 무엇인가?

자릿값의 개념과 0의 의미를 제대로 이해하지 못한다.

② 명찬이는 어떤 방법으로 가르쳐야 하나?

〈배수와 약수〉

1.9 배수와 약수 찾기

[문제] 524216 는 8의 배수인가?

영근 : $524216 \div 8 = 65427$? 1090

524216이 큰 수이기 때문에 힘들어요.

① 영근이의 오류는 무엇인가?

8의 배수의 성질을 알지 못한다.

② 영근이는 어떤 방법으로 가르쳐야 하나?

[문제] 36의 약수를 모두 구하고 몇 개인지 알아보시오.

서영 : 1, 2, 3, 4, 6, 9, 18, 36 모두 8개입니다. 1091

① 서영이의 오류는 무엇인가?

약수의 개념은 알고 있으나 약수를 모두 빠짐없이 찾는 방법을 모른다.

② 서영이는 어떤 방법으로 가르쳐야 하나?

〈분수 – 개념〉

1.10 이산량의 분수

[문제] 아래의 그림에 맞는 분수를 적으시오.

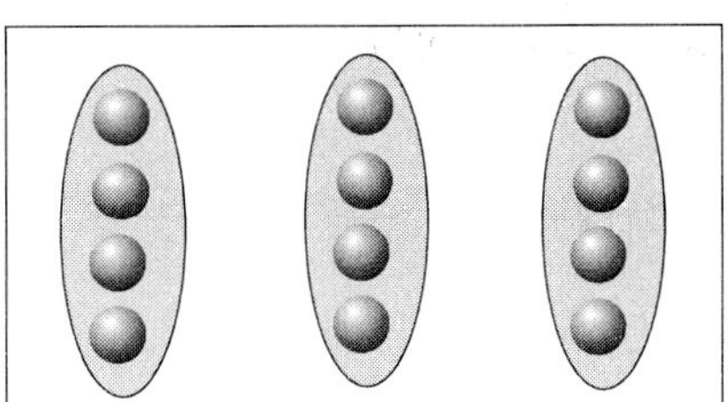

상일 : $\frac{3}{12}$ 또는 $\frac{4}{12}$ 1100

① 상일이의 오류는 무엇인가?

– $\frac{3}{12}$ 나 $\frac{4}{12}$ 로 답하여, 분수를 1보다 큰 양을 분수로 나타내려 하지 않는 경향.

이산량의 분수 관념 장애

② 상일이는 어떤 방법으로 가르쳐야 하나?

〈분수 – 사칙연산〉

1.11 분수의 덧셈(분모가 같은 경우)

길수 : $\frac{1}{3}+\frac{1}{3}=\frac{2}{6}$ $1\frac{1}{4}+\frac{1}{4}=1\frac{2}{8}$ $\frac{3}{5}+\frac{4}{5}=?$ 1110

① 길수이의 오류는 무엇인가?

분모끼리 더하고 분자끼리 더한다.

② 길수는 어떤 방법으로 가르쳐야 하나?

1.12 분수의 덧셈(분모가 다른 경우)

예림 : $\frac{5}{6}+\frac{1}{2}=\frac{6}{12}$, $\frac{2}{3}+\frac{1}{4}=\frac{3}{12}$, $\frac{1}{6}+\frac{3}{4}=\frac{4}{24}$, $\frac{1}{2}+\frac{2}{3}=?$ 1120

① 예림이의 오류는 무엇인가?

분모끼리는 곱하고 분자끼리는 더한다.

② 예림이는 어떤 방법으로 가르쳐야 하나?

1.13 분수의 나눗셈

수희 : $2\div\frac{2}{3}=\frac{1}{3}$ 1130

① 수희의 오류는 무엇인가?

분자는 $2\div2=1$ 이고 분모는 그대로 3이다.

② 수희는 어떤 방법으로 가르쳐야 하나?

창수 : $\frac{1}{2} \div \frac{1}{5} = \frac{1}{10}$, $\frac{1}{4} \div \frac{1}{6} = \frac{1}{24}$, $\frac{1}{3} \div \frac{1}{4} = ?$ 1131

① 창수의 오류는 무엇인가?

분수의 나눗셈과 곱셈을 혼동하고 있다.

② 창수는 어떤 방법으로 가르쳐야 하나?

종민 : $\frac{9}{20} \div \frac{3}{5} = \frac{3}{4}$ 1132

① 종민이의 오류는 무엇인가?

분모끼리 분자끼리 나누었다.

② 종민이는 어떤 방법으로 가르쳐야 하나?

〈소수 – 사칙연산〉

1.14 소수의 덧셈

우창 : $0.478 + 0.93 = 0.01417$, $\begin{array}{r} 1.36 \\ +\ 0.84 \\ \hline 0.0220 \end{array}$ $\begin{array}{r} 4.3 \\ +\ 0.26 \\ \hline 0.000456 \end{array}$ 1140

① 우창이의 오류는 무엇인가?

소수점의 위치를 적을 때 곱셈방법과 혼동하고 있다.

② 우창이는 어떤 방법으로 가르쳐야 하나?

1.15 소수의 곱셈

수민 : $\begin{array}{r} 2.49 \\ \times\ 3 \\ \hline 74.7 \end{array}$ $\begin{array}{r} 78.2 \\ \times\ 0.5 \\ \hline 39.10 \end{array}$ $\begin{array}{r} 25.7 \\ \times\ 7 \\ \hline 1.778 \end{array}$ 1150

① 수민이의 방법을 이용하여 다음을 완성하시오.

$\begin{array}{r} 2.57 \\ \times\ 0.3 \\ \hline \end{array}$ $\begin{array}{r} 706 \\ \times\ 0.7 \\ \hline \end{array}$

② 수민이의 오류는 무엇인가?

소수점의 위치를 왼쪽에서부터 세고 있다.

③ 수민이는 어떤 방법으로 가르쳐야 하나?

1.16 소수의 나눗셈

병채 : $4.8 \div 0.6 = 0.08$, $72 \div 0.3 = 2.4$, $56 \div 0.08 = ?$ 1160

① 병채의 오류는 무엇인가?

소수의 나눗셈에서 소수점의 위치를 적을 때 곱셈방법과 혼동하고 있다.

② 병채는 어떤 방법으로 가르쳐야 하나?

〈소수와 분수〉

1.17 소수와 분수의 관계

용철 : $0.6 < \frac{7}{15}$ 1170

① 용철이의 오류는 무엇인가?

소수와 분수의 관계를 알지 못한다.

② 용철이는 어떤 방법으로 가르쳐야 하나?

〈문자가 있는 식〉

1.18 문자 x와 □

[문제] '어떤 수의 3배는 그 수의 2배보다 6이 크다.'를 식으로 나타내어 보시오.

동춘 : $\square \times 3 > \square \times 2 + 6$ 1180

① 동춘이의 오류는 무엇인가?

모르는 수(미지수)를 알고 있는 수(상수)같이 처리하면 된다는 사실을 모른다.

② 동춘이는 어떤 방법으로 가르쳐야 하나?

2. 도형과 측정 영역

〈도형과 측정-기초개념〉

2.1 선분, 직사각형, 각 기둥의 개념

인혜 : 선분은 점들이 이어진 것이다. 2010

그런데 점의 길이는 0이다. 따라서 선분의 길이도 0인가?

① 인혜의 오류는 무엇인가?

선분은 점으로 이루어진 도형이다. 그런데 붙어있는 점들을 따로따로 분리할 수 없다. 즉, 선분의 길이는 단위길이의 몇 배로 구해진다.

② 인혜는 어떤 방법으로 가르쳐야 하나?

민아 : 직사각형은 크기가 같은 선분들이 이어진 것이다. 2011

그런데 선분의 넓이는 0이다. 따라서 직사각형의 넓이도 0인가?

① 민아의 오류는 무엇인가?

직사각형은 선분으로 이루어진 도형이다. 그런데 선분들을 따로따로 분리할 수 없다. 따라서 직사각형의 넓이는 단위넓이의 몇 배로 구해진다.

② 민아는 어떤 방법으로 가르쳐야 하나?

정웅 : 각 기둥은 합동인 다각형이 쌓인 것이다. 2012

그런데 다각형의 부피는 0이다. 따라서 각기둥의 부피도 0인가?

① 정웅이의 오류는 무엇인가?

기둥은 면으로 이루어진 도형이다. 그런데 면들을 따로따로 분리할 수 없다. 따라서 각 기둥의 부피는 단위부피의 몇 배로 구해진다.

② 정웅이는 어떤 방법으로 가르쳐야 하나?

2.2 도형의 포함관계

한나 : 정삼각형은 이등변삼각형이 아니다. 2020

① 한나의 오류는 무엇인가?

이등변 삼각형은 두 변만 같아야 한다고 생각한다.

② 한나는 어떤 방법으로 가르쳐야 하나?

종선 : 직사각형은 평행사변형이 아니다. 2021

① 종선이의 오류는 무엇인가?

평행사변형은 기울어진 도형이어야 한다고 생각한다.

② 종선이는 어떤 방법으로 가르쳐야 하나?

〈각, 각도〉

2.3 각, 직각

[문제] 다음 중 각인 것을 모두 고르시오.

(가) (나) (다) (라)

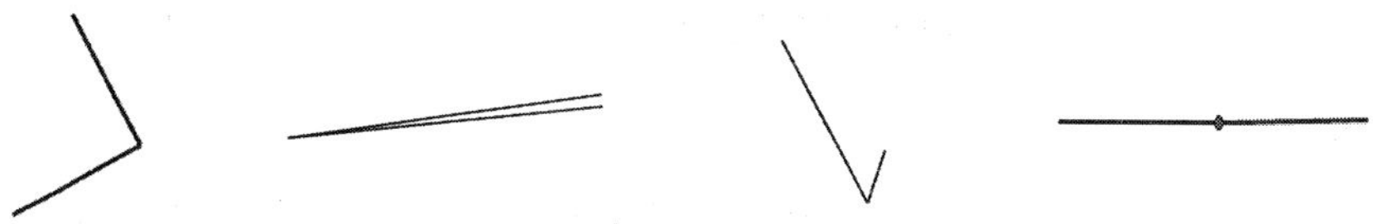

진주 : (가)와 (나)입니다. 2030

① 진주의 오류는 무엇인가?

(다)는 반직선 길이가 다르기 때문이고, (라)는 쭉 뻗어있고 뾰족하지 않기 때문에 각이 아니라고 하였다.

② 진주는 어떤 방법으로 가르쳐야 하나?

[문제] 다음 중 직각인 것을 모두 고르시오.

(가) (나) (다) (라)

인하 : (나) 뿐입니다. 2031

① 인하의 오류는 무엇인가?

교과서에 제시된 정례만 직각이라고 생각하였기 때문에 (가)와 (라)는 위치가 달라서 직각으로 인식하지 못했다.

② 인하는 어떤 방법으로 가르쳐야 하나?

2.4 각도

[문제] 직각은 왜 90°일까?

명재 : 직각을 90등분한 것을 1°라고 했기 때문입니다. 2040

① 명재의 오류는 무엇인가?

한 바퀴는 360°이라고 정한 이유를 모르기 때문에, 직각은 $\frac{1}{4}$ 바퀴이므로 $360° \times \frac{1}{4} = 90°$ 라는 사실을 알 수 없다.

② 명재는 어떤 방법으로 가르쳐야 하나?

〈원과 원주율〉

2.5 원의 지름

[문제] 다음 중에서 원의 지름을 모두 고르시오.

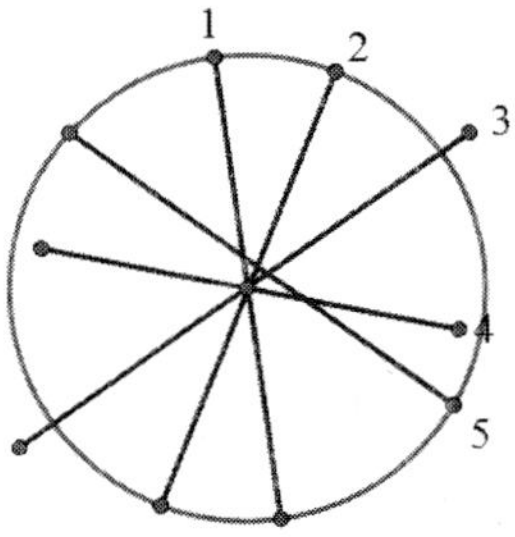

미소 : 1, 2, 5번입니다. 2050

① 미소의 오류는 무엇인가?

지름과 반지름을 제대로 알지 못한다. 원주에 있는 두 점을 연결한 선분은 모두지름이라고 생각한다.

② 미소는 어떤 방법으로 가르쳐야 하나?

2.6 원주율

[문제] 원의 지름을 구하기 위해서는 원의 중심을 찾아야 합니다.
다음 원의 중심을 찾아보시오.

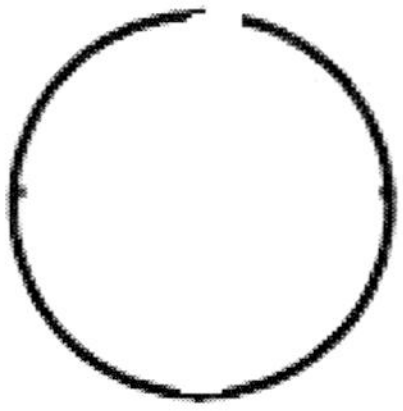

현준 : 원을 아래와 같이 두 번 접어 만나는 점이 원의 중심입니다. 2060

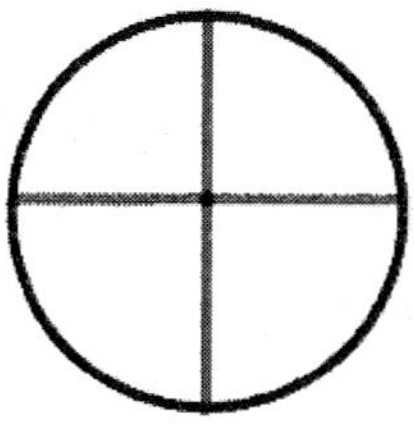

① 현준이의 오류는 무엇인가?
종이 위에 그려진 원의 중심을 구하는 방법을 알고 있으나, 둥근 캔 뚜껑 또는 굴렁쇠와 같이 접을 수 없는 경우에도 구하는 방법을 알지 못한다.
② 현준이는 어떤 방법으로 가르쳐야 하나?

[문제] 다음 두 원 중 어떤 원의 원주율이 더 클까?

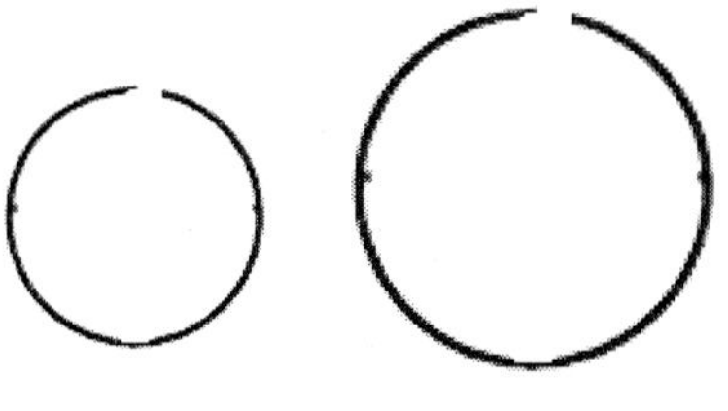

희라 : 큰 원의 원주율이 더 큽니다. 2061

① 희라의 오류는 무엇인가?
원주율의 뜻을 정확하게 알지 못한다.
② 희라는 어떤 방법으로 가르쳐야 하나?

〈도형의 이동〉

2.7 도형의 이동 방법

[문제] 아래의 규칙에 따라 출발지점에서 보물A와 보물B가 있는 곳으로 가는 방법을 알아 보시오.

규칙 : 퐁—오른쪽으로 두 칸
당—아래로 한 칸
핑—왼쪽으로 세 칸 간 다음 위로 한 칸

								보물 A								
									핑		보물 B					
				퐁		출발										
						당										

형우 : 보물 A에 가는 방법은 (퐁퐁핑핑)입니다. 2070
그런데 보물 B까지 가는 방법은 너무 어려워요.

① 형우의 오류는 무엇인가?
밀기를 제대로 이해하지 못한다.
② 형우는 어떤 방법으로 가르쳐야 하나?

[문제] 아래와 같이 R자를 점선을 거울로 하여 두 번 뒤집으면 결과는 무엇이될까?

R Я

수림 : R자를 뒤집은 Я자가 됩니다. 2071

① 수림이의 오류는 무엇인가?
　뒤집기를 제대로 이해하지 못한다.
② 수림이는 어떤 방법으로 가르쳐야 하나?

[문제] R자를 시계방향으로 90° 돌린 다음 뒤집으면 어떻게 될까요?

익재 : ᴙ이 됩니다. 2072

① 익재의 오류는 무엇인가?
　돌린 다음 뒤집기를 할 때의 결과를 제대로 알지 못한다.
② 익재는 어떤 방법으로 가르쳐야 하나?

〈합동과 대칭〉

2.8 도형의 합동

[문제] 두 사각형 A와 B의 네 변의 길이가 각각 3cm, 4cm, 5cm, 6cm로 모두 같다. 사각형 A와 B는 합동인가?

병욱 : 합동입니다. 2080

① 병욱이의 오류는 무엇인가?
　사각형의 합동을 삼각형의 합동조건과 혼동하고 있으며, 대응하는 네 변의 길이는 각각 같지만, 합동이 아닌 두 사각형은 무수히 많다는 사실을 알지 못한다.
② 병욱이는 어떤 방법으로 가르쳐야 하나?

[문제] 다음은 삼각형 ㄱㄴㄷ과 합동인 삼각형 PQR을 작도하는 과정이다.

1단계 : 각∠ㄱ과 합동인 각을 점 P에서 작도한다.
2단계 : 선분 ㄱㄴ과 ㄴㄷ과 길이가 같은 선분 PQ와 PR를 ∠P의 변을 따라 그린다.
3단계 : 선분 QR을 그려서 삼각형 PQR을 완성한다.

위의 방법은 다음 중 어떤 합동조건을 이용한 것인가?

① 변－변－변 합동

② 각－변－각 합동

③ 변－각－변 합동

승원 : ② 각－변－각 합동 2081

① 승원이의 오류는 무엇인가?

1단계에서 각을 먼저 언급하여 각－변－각 합동조건으로 혼동하고 있다.

② 승원이는 어떤 방법으로 가르쳐야 하나?

2.9 선대칭, 점대칭

[문제] 아래의 정사각형의 대칭축을 모두 그리시오.

선주 :

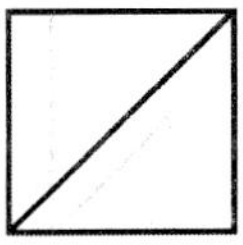

① 선주의 오류는 무엇인가? 2090

직관적으로 대각선은 정사각형을 반으로 나누므로 대각선이 대칭축인 것을 알고 있으나 정사각형을 반으로 나누는 수평선과 수직선이 대칭축이 된다는 사실을 알지 못한다.

② 선주는 어떤 방법으로 가르쳐야 하나?

[문제] 다음 문자 중에서 점대칭 도형을 모두 찾으시오.

A, B, N, S, T, Z

민혁 : A, T. 2091

① 민혁이의 오류는 무엇인가?

점대칭의 의미를 알지 못한다. 점대칭이란 180° 회전대칭과 같다.

② 민혁이는 어떤 방법으로 가르쳐야 하나?

[문제] 아래에 있는 삼각형과 점 P를 중심으로 점대칭인 삼각형을 그리시오.

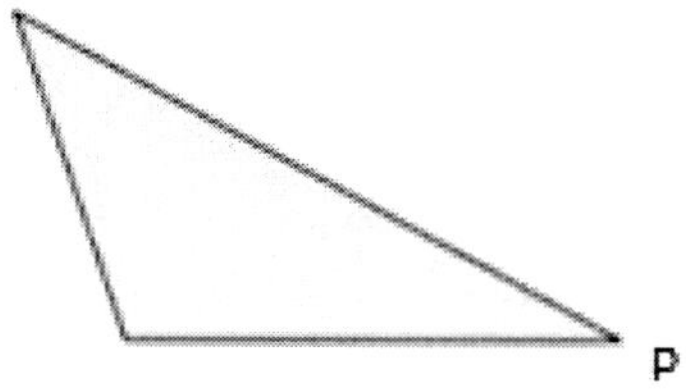

소은 : 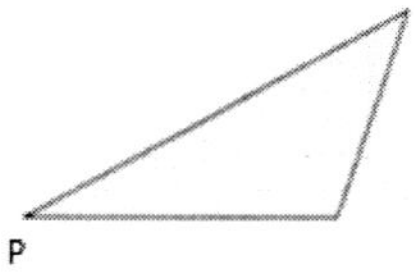

2092

① 소은이의 오류는 무엇인가?

선대칭과 점대칭을 혼동하고 있다.

② 소은이는 어떤 방법으로 가르쳐야 하나?

〈평면도형〉

2.10 넓이의 개념

[문제] 어떤 도형의 넓이가 $8cm^2$란 무슨 뜻인가?

경섭 : 도형의 공간, 크기, 부피가 $8cm^2$이라는 뜻이며,
8cm가 2개 있다는 뜻이다.

2100

① 경섭이의 오류는 무엇인가?

넓이와 부피를 구별하지 못하며, $8cm^2$란 $1cm^2$가 8번이라는 뜻을 모른다.

② 경섭이는 어떤 방법으로 가르쳐야 하나?

유진 : $3m \times 5cm = 15cm^2$, $28cm^2 \div 7cm^2 = 4cm^2$

2101

① 유진이의 오류는 무엇인가?

단위가 있는 양끼리의 곱셈과 나눗셈에서는 수끼리, 단위끼리 각각 곱하고 나눈다는 사실을 알지 못한다.

② 유진이는 어떤 방법으로 가르쳐야 하나?

2.11 삼각형의 높이

[문제] 다음 삼각형의 높이를 구하시오.

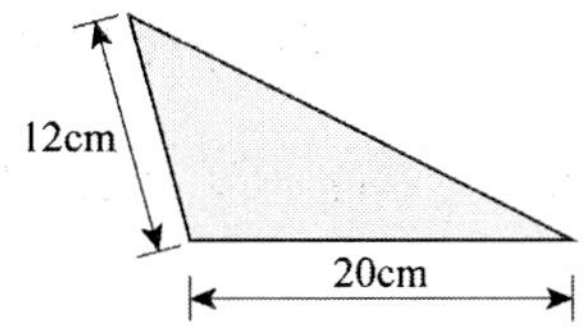

지영 : 삼각형의 높이는 아래 그림과 같이 꼭짓점에서 밑변에 내린 수선이므로 알 수 없다. 2110

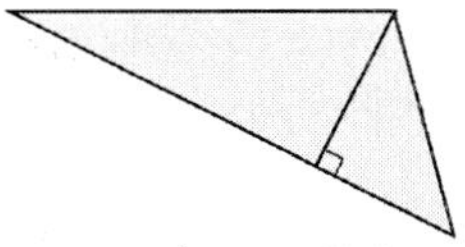

① 지영이의 오류는 무엇인가?

삼각형의 높이는 꼭짓점에서 밑변에 내린 수선뿐이다.

② 지영이는 어떤 방법으로 가르쳐야 하나?

2.12 다각형의 넓이

[문제] 한 칸의 가로와 세로가 모두 $1cm^2$인 모눈종이위에 그린 아래의 다각형의 넓이를 구하시오.

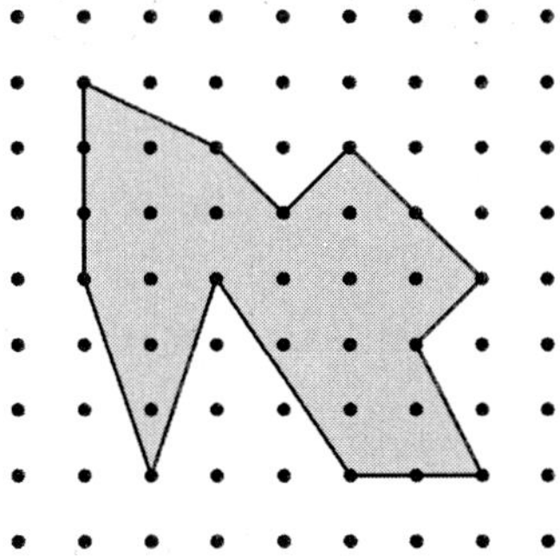

재일 : 약 $12cm^2$ 다각형이 너무 복잡해서 넓이를 어떻게 구해야 될지 모르겠어요. 2120

① 재일이가 곤란을 겪는 이유는 무엇인가?

다각형의 넓이를 구하는 방법 중, 다각형을 둘러싸고 있는 직사각형의 넓이에서 다각형의 나머지 부분의 넓이를 빼는 방법을 생각하지 못한다.

② 재일이는 어떤 방법으로 가르쳐야 하나?

2.13 원의 넓이

[문제] 아래의 그림은 원의 넓이를 구하는 과정이다. 이 그림에 의해서, 원의 넓이는 가로가 원주의 $\frac{1}{2}$이고 세로가 10인 직사각형의 넓이와 같다고 한다. 즉, 원의 넓이는 (반지름 × 원주의 $\frac{1}{2}$) 이라고 한다. 그렇게 보이는가?

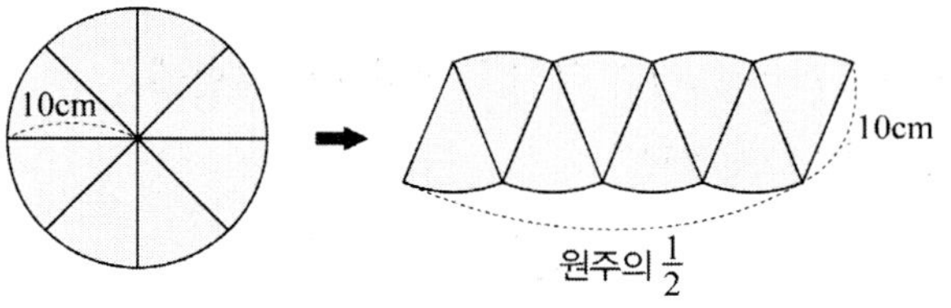

지혜 : 아닙니다. 오른쪽의 그림은 평행사변형도 아니고, 직사각형도 아닙니다. 따라서 원의 넓이는(반지름×반지름×원주의 $\frac{1}{2}$)와 같지 않습니다. 2130

① 지혜가 곤란을 겪는 이유는 무엇인가?

대부분의 사람들이 어려워하는 극한에 관한 내용이기 때문이다.

② 지혜에게 원의 넓이를 어떻게 지도해야할까?

〈입체 도형의 측정〉

2.14 입체도형의 전개도, 겉넓이

[문제] 다음 중 정육면체의 전개도가 아닌 것을 모두 찾으시오.

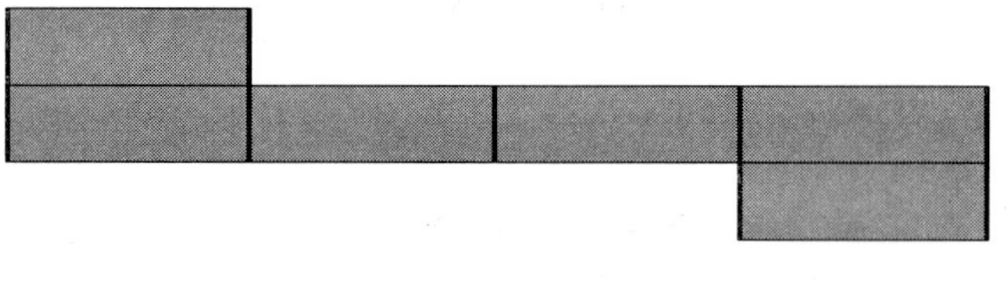

서빈 : 두 번째, 세 번째 2140

① 서빈이 곤란을 겪는 이유는 무엇인가?

대부분의 사람들이 어려워하는 공간감각과 관련된 내용이기 때문이다.

② 서빈에게 전개도를 어떻게 지도해야 할까?

[문제] 아래의 직육면체의 가로, 세로, 높이가 각각 15cm, 8cm, 10cm 이다.
직육면체의 겉넓이를 구하시오.

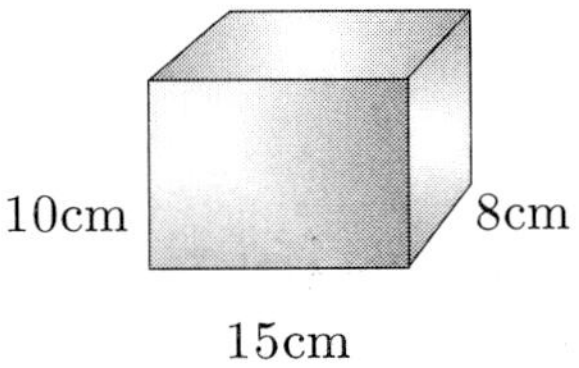

창규 : 앞면이 150cm^2, 윗면이 120cm^2, 옆면이 80cm^{2}이므로
직육면체의 겉넓이는 350cm^{2}이다.

2141

① 창규의 오류는 무엇인가?
직육면체의 보이지 않는 부분의 넓이를 무시한다.
② 창규는 어떻게 지도해야할까?

2.15 회전체

[문제] 다음 중에서 회전체를 모두 고르시오.

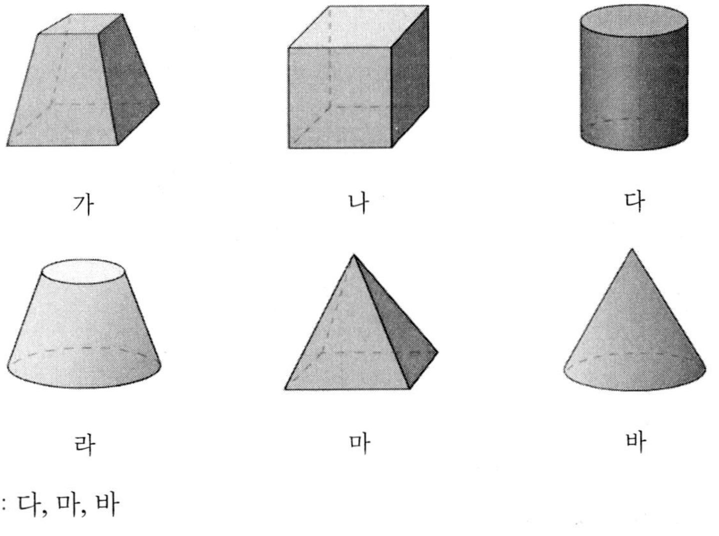

효정 : 다, 마, 바

2150

① 효정이의 오류는 무엇인가?
어려운 공간감각에 관련된 내용이고, 회전체의 특징을 제대로 알지 못한다.
② 효정이는 어떻게 지도해야 할까?

2.16 들이

[문제] L와 mL의 관계를 식으로 나타내보시오.

선화 : 1000L=1mL입니다. 2160

① 선화의 오류는 무엇인가?

L가 mL보다 큰 단위이므로, L앞에 mL보다 더 큰 수가 와야 한다고 생각한다.

② 선화는 어떻게 지도해야할까?

2.17 각기둥, 원기둥의 부피

[문제] 한 모서리의 길이가 1m 인 정육면체에는 한 모서리의 길이가 1cm 인 정육면체가 몇 개 들어갈까?

성철 : 1m 가 100cm 이므로 10000개? 십 만개쯤? 2170

① 성철이의 오류는 무엇인가?

$100 \times 100 \times 100 = 1000000$ 인 계산은 할 수 있으나, 미터는 센티미터의 100배라는 선입관이 1000000이라는 큰 수를 생각하지 못하게 하고 있다.

② 성철이는 어떻게 지도해야 할까?

[문제] 아래 그림은 밑면의 반지름이 10cm, 높이가 20cm 인 원기둥을 잘게 잘라서직육면체로 만들어 가는 과정이다. 따라서 원기둥의 부피는 직육면체의부피인 $10 \times$ 원주의 $\frac{1}{2} \times 20(\text{cm}^3)$이라고 한다. 그렇게 보이는가?

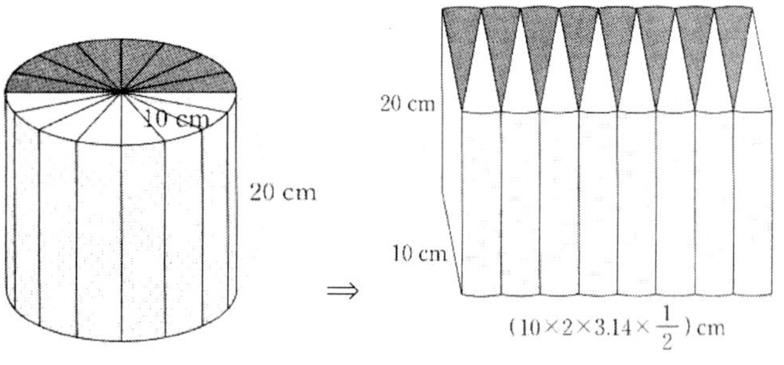

정필 : 오른쪽 도형의 가로가 선분이 아닌 것 같습니다. 2171
따라서 밑넓이가 $10 \times$ 원주의 $\frac{1}{2}$ 이 아닙니다.

① 정필이가 곤란을 겪는 이유는 무엇인가?

대부분의 사람들이 어려워하는 극한에 관한 내용이기 때문이다.

② 정필이에게 원기둥의 부피를 어떻게 지도해야 할까?

2.18 쌓기나무

[문제] 다음은 소마큐브를 서로 다른 방향에서 본 모습을 색칠한 것입니다. 색칠된 것을 관찰한 후 몇 번 소마 조각인지 찾아 쓰시오.

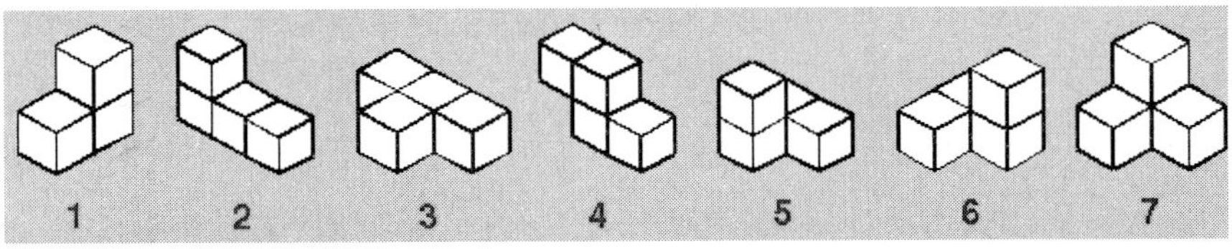

기훈 : 　　2180

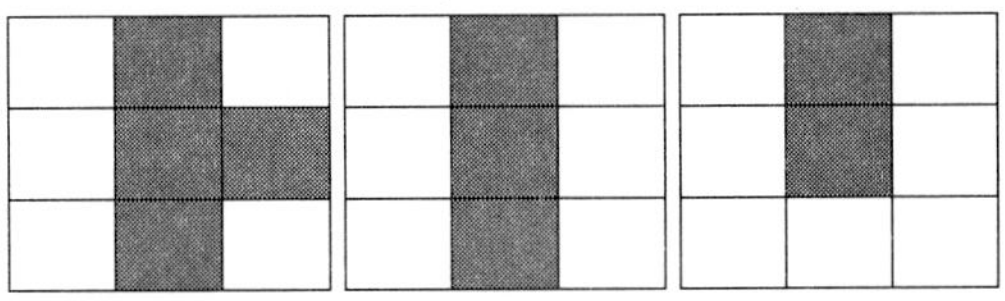

(5) 번

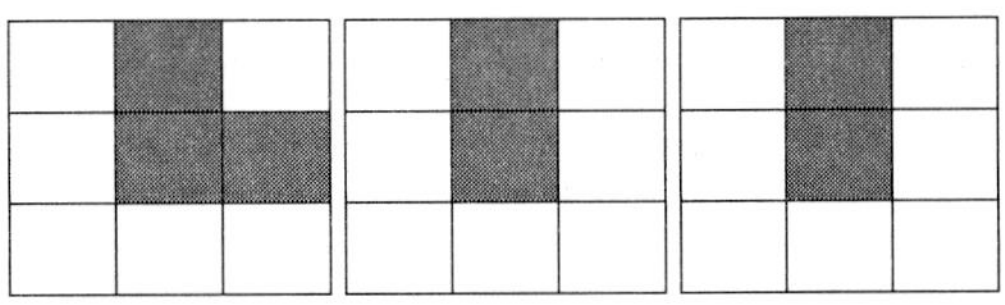

(1) 번

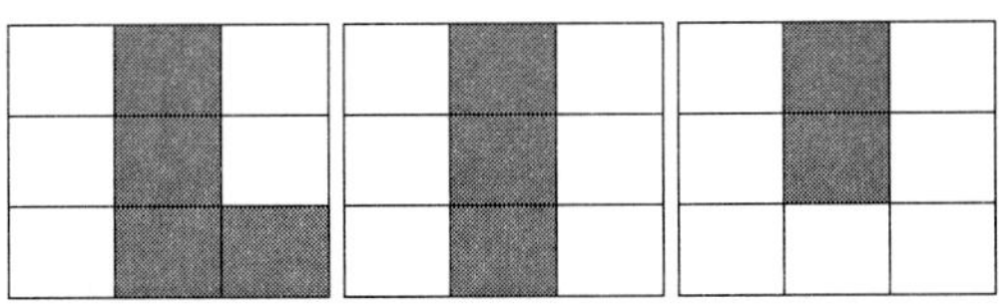

(2) 번

① 기훈이의 오류는 무엇인가?

공간감각에 관한 문제를 어려워하며, 보이지 않는 부분을 유추하지 못한다.

② 기훈이는 어떻게 지도해야 할까?

2.19 무게

[문제] 마트에서 은찬이에게 무게가 1kg이 되는 물건을 찾아보도록 하였다.

은찬 : 사과 2개의 무게가 1kg쯤 될 것 같아요. 　　2190

① 은찬이의 오류는 무엇인가?

1kg의 뜻을 기억하지 못한다.

② 은찬이는 어떻게 지도해야 할까?

3. 규칙성 영역

3.1 규칙 찾기

[문제] 오늘은 4월 2일 목요일이다. 올해 6월 13일은 무슨 요일인가?

다혜 : 달력을 보아야 알 수 있어요. 3010

① 은찬이의 오류는 무엇인가?
매년 4월 2일이 목요일인 것은 아니다. 일주일이 7일이라는 규칙성을 생각하지 못한다.
② 은찬이는 어떻게 지도해야할까?

3.2 비와 비율

[문제] 화폐가 없던 고대 이집트에서는, 물물교환으로 필요한 물건을 구입했다고 합니다. 만일 낙타 2마리와 소 5마리를 맞바꾸었다면, 소 값을 1로 했을 때 낙타 값은 얼마일까?

형준 : $\frac{2}{5}$ 입니다. 3020

① 형준이의 오류는 무엇인가?
비의 기준이 혼동되어 비율을 제대로 알지 못한다.
② 형준이는 어떻게 지도해야할까?

3.3 비례식

[문제] 비례식 $3 : 5 = 12 : 20$에서, 외항의 곱 3×20 과 내항의 곱 5×12 은 같다. 왜 그럴까?

서진 : 그냥, 당연한 것 아닌가요? 3030

① 서진이의 오류는 무엇인가?
비례식의 의미와 성질을 제대로 알지 못한다.
② 서진이는 어떻게 지도해야 할까?

3.4 정비례와 반비례

[문제] 두 개의 톱니바퀴가 맞물려 돌아가고 있다. 큰 톱니바퀴에는 40개의 톱니가 있고, 작은 톱니바퀴에는 20개의 톱니가 있다. 작은 톱니바퀴가 10바퀴돌 때, 큰 톱니바퀴는 몇 바퀴를 돌겠는가?

소은 : 20바퀴 돕니다. 3040

왜냐하면 큰 톱니바퀴의 톱니가 2배 더 많으므로 2배 더 돕니다.

① 소은이의 오류는 무엇인가?

큰 톱니바퀴가 크기 때문에 더 많이 돌아간다는 잘못된 직관 때문이다.

② 소은이는 어떻게 지도해야할까?

[문제] 아래의 대응표를 보고 x와 y의 대응관계를 식으로 나타내시오.

x	2	4	8	16
y	8	4	2	1

다훈 : $y = 4 \times x$ 3041

① 다훈이의 오류는 무엇인가?

정비례와 반비례를 혼동하고 있거나 정확한 뜻을 알지 못한다.

② 다훈이는 어떻게 지도해야할까?

3.5 방정식

[문제] 어떤 수의 7배에서 5를 빼면 9가 된다. 그 수를 구하시오.

진섭 : $\square \times (7-5) = 9$이므로 그 수는 4.5입니다. 3050

① 진섭이의 오류는 무엇인가?

모르는 수를 처리하는 방법을 알지 못한다.

② 진섭이는 어떻게 지도해야할까?

4. 확률과 통계 영역

4.1 경우의 수

[문제] 우리 집에서 철수네 집까지 2개의 길이 있고, 철수네 집에서 학교까지는3개의 길이 있다. 우리 집에서 철수네 집을 거쳐서 학교에 가는 방법은 모두 몇 가지인가?

소정 : 2+3=5 가지입니다. 4010

① 소정이의 오류는 무엇인가?

경우의 수를 셀 때 덧셈법과 곱셈법을 사용하는 상황을 구별하지 못한다.

② 소정이는 어떻게 지도해야할까?

[문제] 두 개의 주사위를 던질 때 생기는 경우의 수는 얼마인가?

현주 : 주사위는 6개의 면이 있으므로 6+6=12입니다. 4010

① 현주의 오류는 무엇인가?

경우의 수를 셀 때 덧셈법과 곱셈법을 사용하는 상황을 구별하지 못한다.

② 현주는 어떻게 지도해야할까?

4.2 확률

[문제] 윷놀이를 할 때 도와 걸 중에서 어떤 것이 더 자주 나올까?

윤수 : 도는 딱 한 개만 뒤집어져야하므로 4020
걸이 더 자주 나올 것 같습니다.

① 윤수의 오류는 무엇인가?

도와 걸이 일어날 가능성을 계산할 줄 모른다.

② 윤수는 어떻게 지도해야할까?

[문제] 검정 공 7개와 노란 공 4개가 들어있는 상자에서 공 한 개를 꺼낼 때 노란공이 나올 가능성은 얼마입니까?

석우 : $\frac{4}{7}$ 입니다. 4021

① 석우의 오류는 무엇인가?

검정 공과 노란 공과의 상대적인 가능성만을 생각하여, 가능성이란 전체(표본공간)에서 계산해야 하는 사실을 알지 못하였다.

② 윤수는 어떻게 지도해야 할까?

4.3 통 계

[문제] 25m, 30m, 27m, 32m, 26cm인 막대들이 있다. 여기에 막대 한 개를 더 가져다 놓아서, 그 들의 평균길이가 30cm가 되도록 하려면 몇cm 의 막대가 필요한가?

미랑 : (25+30+27+32+26+□) ÷ 5 = 30이므로, 4030

그 막대의 길이는 10cm이면 됩니다.

① 미랑의 오류는 무엇인가?

□는 빼고 5로 나누었다. 평균의 개념을 알지 못한다.

② 미랑이는 어떻게 지도해야할까?

5. 문제해결 영역

[문제] 1g , 5g, 10g짜리 추가 100개씩 있다. 이 추들을 이용하여 17g을 달 수 있는 방법은 몇 가지인가?

호영 : 1g 짜리 2개와 5g 짜리 한 개와 10g 짜리 1개, 5010

또 1g 짜리 17개면 되므로 2가지 방법이 있습니다.

① 호영의 오류는 무엇인가?

경우의 수를 생각나는 대로 세어가고 있다.

② 호영이는 어떻게 지도해야할까?

[문제] 5명의 자동차경주 결과가 다음과 같았다. 순서를 정하여라.

(a) F가 C보다 7초 빨랐다.

(b) P는 B보다6초 늦었다.

(c) D는 B보다 8초 늦었다.

(d) C가 P보다 2초 빨랐다.

인우 : F, C, P, 그 다음은 모르겠습니다. 5020

① 인우의 오류는 무엇인가?

두 개씩만 비교하다보니 전체의 순서를 알 수가 없다.

② 인우는 어떻게 지도해야할까?

[문제] 영이와 철수가 다음과 같은 게임을 한다.

(a) 책상 위에 15개의 동전을 놓는다.

(b) 영이와 철수가 번갈아 가며, 자기 차례에 책상 위로부터 1 또는 2또는 3개를 가져올 수 있다.

(c) 마지막 동전을 가져오는 사람이 이긴다.

게임을 이기는 방법을 알아보자.

미현 : 처음에 영이가 3개를 가져가면 철수는 2개를 가져가고, 5030
그러면 10개가 남으므로, 다시 영이가 ???

① 미현이의 오류는 무엇인가?

모든 경우를 시행착오로 다해보려고 한다.

② 미현이는 어떻게 지도해야할까?

[문제] 엑스포공원에 백만명의 사람이 관람을 하고 있습니다. 그들 중에 머리카락의 개수가 같은 사람이 있을까요? 단, 인간의 머리카락의 개수는 십 오만 개쯤 된답니다.

지아 : 있을 것도 같고 없을 것도 같습니다. 5040

① 지아의 오류는 무엇인가?

일대일 대응과 다대일 대응을 모릅니다.

② 지아는 어떻게 지도해야 할까?

[문제] 1, 3, 6, 10,··· 의 규칙으로 나열된 수중에서 10번째 수는 무엇일까?

영민 : 2, 3, 4, ··· 씩 커지는 것을 알겠는데 계산이 힘들어요. 5050

① 영민이의 오류는 무엇인가?

일대일 대응과 다대일 대응을 모릅니다.

② 영민이는 어떻게 지도해야할까?

[문제] 4리터짜리 물통과 9리터짜리 물통 두 개만으로 6리터의 물을 강으로부터 길어 올릴 수 있는 방법은 무엇인가? 단, 두 물통에는 눈금이 없다.

정인 : 9리터짜리 물통을 가득 채워서 3리터를 버리면 됩니다. 5060

① 정인이의 오류는 무엇인가?

물통에 눈금이 없으므로 3리터를 정확하게 버릴 수 없다.

② 정인이는 어떻게 지도해야할까?

[문제] 아래 그림과 같이 폭이 같은 두 개의 땅이 있습니다. 둘 중 어느 땅의 넓이가 더 넓을까?

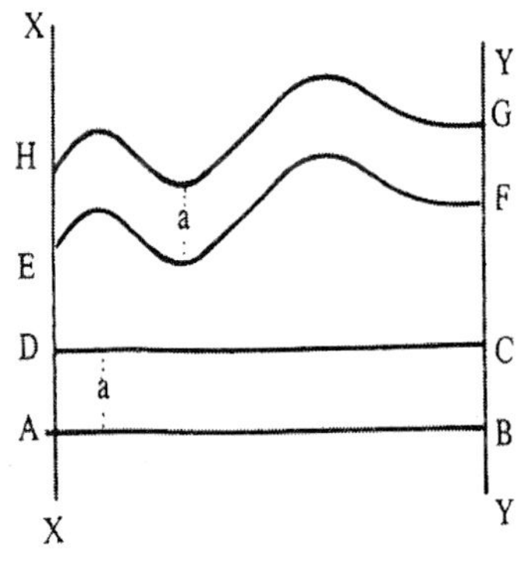

재욱 : 위에 구불구불한 땅의 넓이가 더 넓습니다. 5070

왜냐하면 폭은 같지만 길이가 더 길기 때문입니다.

① 재욱이의 오류는 무엇인가?

인간이 가지는 시각적인 직관에 기인한 오류입니다.

② 재욱이는 어떻게 지도해야할까?

[문제] 다음의 이야기가 옳은지 틀린지를 말하시오.

제논이 방안에서 벽을 향하여 걸어간다. 처음에는 벽까지의 거리의 반을 가고, 다시 남은 거리의 반을 가고 또 다시 남은 거리의 반을 가고 ⋯ , 이 과정을 한없이 반복해도 제논은 벽에 닿을 수 없다.

유진 : 옳습니다. 왜냐하면 반씩 아무리 걸어가도 제논과 벽 사이에 아주 조금 차이가 있게 됩니다.

5080

① 유진이의 오류는 무엇인가?

극한 관념에 따라서 발생하는 전형적인 인식론적 장애입니다.

② 유진이는 어떻게 지도해야 할까?

CHAPTER 04 수학 학습심리학

수학에 대한 아동의 인식론적 장애의 요인은 수학의 개념 그 자체에 있다. 그러나 인식론적 장애를 극복하도록 도움을 주기위해서는 아동의 심리적인 요인을 잘 알아야할 필요가 있다. 수학교육에서 아동의 심리를 연구하는 분야를 수학학습심리학이라고 한다. 수학학습심리학(PME)의 이론을 정립한 사람은 영국의 스켐프(R. R. Skemp, 1919~1995)이다.

스켐프는 수년간의 수학교사의 경험을 통하여 수학교사로서의 자신의 한계점을 절실하게 인식하여 수학을 가르치는 교사와 배우는 학생들의 입장에서 수학의 교수-학습에 필요한 심리적인 요인을 연구하였다. 그의 연구영역은 구성주의의 발달심리학, 진화론, 인간의 지능, 아동의 수업심리 등의 매우 광범위한 내용으로 수학학습심리학이라는 수학교육의 핵심적인 이론으로 정립하였다.

그러나 수학학습심리학은 갑자기 나타난 이론은 물론 아니다. 그 이론의 배경이 되는 수학교육의 역사를 간략하게 살펴보면 다음과 같다. 수학교육의 역사는 1900년 이전의 수학교육의 전사(前史)와 1930~1950년대의 행동주의, 그 후에는 피아제로부터 시작된 구성주의와 프로이덴탈의 교수학적 현상학 등이 중요한 이론으로 인정받고 있다.

1. 페스탈로찌의 수학교육사상

이절에서는 현대의 수학학습심리학에 지대한 영향을 미친 페스탈로찌(J. H. Pestalozzi, 1746~1827)의 생애와 수학교육관을 살펴보기로 한다.

요한 하인리히 페스탈로찌는 스위스의 취리히에 있는 호반에서 요한 바프티스트와 수잔나 사이에서 1745년에 태어났다. 페스탈로찌는 '민중교육'(Volksbildung)의 파종자라고 불린다. 이 민중교육 이념의 등장으로 서양교육사는 새로운 전기를 마련하는데 이 이념이 서양교육사의 분수령이라고 평가하는 교육사가들이 많으며, 어떤 사람은 이것을 교육사의 코페르니쿠스적 전환이라고도 말하는 이유는 다음과 같다.

첫째는 교육의 주요대상의 전환이다. 상류층을 주요대상으로 하는 교육에서 국민의 절대다수를 점하는 민중을 그 주요대상으로 하는 국민교육의 이념의 등장이다.

둘째는 생활교육이다. 교육의 주요 내용이 읽기·쓰기·셈하기 등 소위 3R's로 상징되는 지식의 전달·습득에 있는 것이 아니라 어린이의 삶을 개선하는데 필요한 능력·기능·태도를 생활을 통해서 갖추게 해주는 경험중심의 교육을 이름이다.

셋째는 각성의 교육이다. 어린이 하나하나가 인격으로 성숙하고 자기를 실현하게 부추겨주는 교육을 이름이다.

1.1 교육에 있어서의 수학교육의 의의

페스탈로찌가 그 내재성을 가정하고 있는 인간성의 3대 근본력은 추상적으로는 '가슴', '머리', '손'의 힘인데, 이것을 구체적으로 분석하면 다음과 같은 세 유형의 힘이 된다.

가슴 : 심정 감정 사랑

머리 : 지능 지식 이치

손 : 기술 기능힘

이 3유형의 힘을 합자연적으로, 마치 3화음의 공명처럼, 조화·발전시키는 것이 교육작용이며, 이 계통적 조직적 교육방안이 페스탈로찌의 유명한 「삼육론」, 즉 「기초도야의 이념」이자 「교육방안」이다.

1.2 인식론에 유래하는 수학교육원론

1) 직관의 요소화, 계열화

페스탈로찌에 의하면 교사의 임무는 우선 '수－형－어'방식으로 직관을 요소화, 계열화함으로써 감각적 인상을 명확한 개념으로 심화시켜 주는데서 출발되는 것으로 보고, 수, 형, 어 교수의 각 분야에 대하여 각각 그 기본 개념을 요소화, 계열화하는 방법을 고안하여 '메토데(1800)'에서 도형을 소재로 소개하였다. 그는 이 도표의 선과 호가 모든 도형의 기본을 다 포함하고 있다고 생각하고, 이 도형을 확실하게 연구하는 수업이 초등기하의 기초를 닦는 일로 생각했다. 또 계산도 단위의 가감승제로 된 '단위도표'로 가르쳐야 하며, 플라톤과 같이 단위 '1'이 산수의 절대적 기초였고, 분수계산도 역시 단위분수를 기초로 만들어진 '직사각형도표'에 의하여 가르쳐야 한다고 하였다. 또 언어교수도 발성기관을 도야하는 발음교수, 사물의 이름을 가르치는 단어교수, 그리고 사물의 내용·의미를 학습시키는 언어교수의 셋으로 구분되어야 한다고 하였다.

2) 수의 교수법

언어교수와 도형교수는 언제나 감각적·시각적 수단이 동원되는데 비하여, 수의 교수는 감각적 수단에서 독립한 결과를 연산해 낼 수 있기에 정신도야에 특히 중요한 의의를 지닌다고 그는 주장한다. 즉 수의 계산은 아무도 부인 못하는 단 하나의 객관적 결과를 가져오기에 진리탐구에 대한 흥미와 감각을 연마시켜 준다는 것이다.

산술과목은 플라톤의 생각과 같이 단위 '1'의 결합·분리 과정의 연산이며, 맨 먼저 감각적 구체물로서 손가락, 콩, 잔돌 등이 동원되어야 하고, 다음에는 반구체물로서 몇 개의 선의 조합으로 된 '선표'가 동원되어야 하며, 반구체물로서는 이외에도 언어교수에 사용된 자표, 정사각형 속에 많은 선을 규칙적으로 그어 넣은 단위표와 두 개의 분수표를 활용하여 지도해야 한다고 하였다.

3) 형의 교수법

도형교수 또는 형의 교수는 기본적 도형의 성질을 습득하는 교육을 의미한다고 하였다. 직관적 대상의 윤곽의 틀은 둥글다, 크다, 세모 등과같이 대상의 도형적 이동성을 추상함으로써 얻을 수 있으며, 그 다음에는 이런 추상적 도형에 측정치를 도입하는 측정술에 의하여 대소관계, 비례관계가 습득된다. 모든 도형은 직선과 호로 구성되며, 이 단계에서 취급되는 도형은 직선, 평행선, 여러 각(예각, 직각, 둔각), 각과 선으로 구성되는 도형(직사각형, 평행사변형), 원(원, 반원, 사분원 등), 비례 등이다.

이 다음 단계는 작도술로서 '여러 대상과 그 특징을 선으로 올바르게 묘사하는 능력을 도야하는 기술이다. 그는 자나 콤파스는 물론 그 외의 기구를 써서도 안 된다고 하였다. 그 이유로는 그가 원하는 것은 상상력과 목측이며 높은 수준의 마음의 기술이었기 때문이다.

도형교수	대상의 외적 윤곽을 결정 (둥글다, 크다, 세모다 등)
측정술	추상적 도형에 계량을 도입 (각과 선, 직사각형, 여러 원, 비례관계 습득)
작도술	계량적으로 대상의 도형적 특징을 기구로서 정밀하게 재현 (올바른 묘사능력 도야)
수기술	도형의 특성을 직관하고 프리핸드로 축소 또는 확대, 맨손으로 그리는 최고 단계 일상생활의 도형에 의한 비형식적 기하로 인식력의 도야를 꾀함 (상상력, 목측)

페스탈로찌는 전문적인 수학자는 아니었지만 타고난 직관력으로 수학의 특성을 꿰뚫고, 이 특성을 인간형성의 도야재로 삼아, 수학교육의 도야적 의의를 정립하였다. 그가 수학

교육의 최고의 단계를 사고의 조작, 즉 그 자신의 표현으로는 '영혼의 조작'으로 본 점은 그리스 이래 수학을 7자유과의 하나로서 정착시킨 정신에서 온 것이라 생각된다.

1.3 수학교과서 편찬경위 및 그 사상적 기조

1) 수학교과서의 편찬경위

브르크도르프 학원에서의 자신의 새로운 교육방법에 자신을 얻은 페스탈로찌는 민중학교용의 교과서를 편찬하여 그의 이념과 방법을 널리 보급시키고자 꾀하였다. 이미 1801년, 그는 '게르트루으트의 자녀교육법'과 '쓰기와 읽기 교육방법에의 지침'이라는 교과서를 구상하고 있었다. 그는 우선 읽기와 외국어 교육을 위한 교과서 제작에 의욕을 보였는데, 직관화의 방법으로 언어교육을 좀 더 체계적으로 개척하려 했기 때문이었다. 또한 여러 과목의 교과서의 제작하려했으나, 결국 출간한 교재는

① <어머니를 위한 책>의 전2권(1803)
② <양관계의 직관론>의 전2권(1803)
③ <수관계의 직관론>의 전3권(1, 2권은 1803, 3권은1804)

이었으며, 당시로는 민중학교 교과서로는 획기적인 것이었다. 이들 교과서는 그의 학원의 제자였던 크류지, 토플러, 부스 등의 협력에 의해서 제작되었다.

2) 수학교과서 분석

<어머니를 위한 책>은 처음에는 '셈 책', '직관의 기초' 그리고 '어머니를 위한 책'으로 구성될 예정이었으나, 직관화의 이념을 강조한다는 뜻에서 표제를 통일할 필요가 있어 처음의 두 종류의 교과서에는 직관론이라는 문자를 삽입했다.

① 양관계의 직관론

측정술, 작도술, 묘화술 및 그 기초가 되는 도형이 다루었으며, 아래의 그림을 소재로 하여 '도형'을 직관적으로 다루도록 구성하였다. 그는 민중을 위한 교육에 있어서는 직업인을 양성하기에 앞서 인간성육성을 꾀해야 하므로, 초보적인 산술교육도 '실용성'을 우선 떠나야 한다고 하였다.

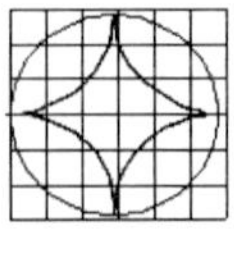

→이 도형의 선과 호가 모든 도형의 기본을 담고 있다. 이 도형을 여러 측면에서 확실하게 공부시키는 일이 초등 기하의 기초를 다지는 일이다.

② 수관계의 직관론

이 교과서는 3권으로 되어 있고 각각 175, 251, 275쪽으로 만들어 졌다. 페스탈로찌는 아래와 같은 '단위표'와 '분수표'를 창안하여 현재의 '구구표'와 비슷한 방법으로 수끼리의 관계가 직관적이고 일목요연하게 눈에 들어오게 한 것이라 생각하면 된다. 이러한 방법은 결국 어린이의 정신의 훈련 즉, 영혼의 활용적 조작을 위한 것이며, 그 궁극의 목적은 기술의 습득 아닌 사고의 훈련에 귀결되는 것이었다. 사고의 훈련을 시키기 위한 연습문제가 교과서에 아주 많이 수록되어 있으며, 교육학자 예니케의 분석에 의하면, $9 : 4 = 63 : x$?, $1 : 7 = 6 : x$? 등의 연습문제가 어느 경우에는 2,050개, 2,150개나 있었다 한다.

그래서 페스탈로찌의 원래의 의도와는 달리 이 교과서들이 계산 연습서 같이 보인다는 비판도 받게 되었다. 그는 이 도형의 선과 호가 모든 도형의 기본을 담고 있다고 하면서, 이 도형을 여러 측면에서 확실하게 공부시키는 일이 초등 기하의 기초를 다지는 일이라고 하였다. 그리고 산술 역시 수의 단위인 1의 가감승제에 지나지 않는다고 하면서 이를 위한 직관도표로서 다음과 같은 단위표를 마련하였다.

I	I	I	I	I	I	I	I	I	I
II	II	II	II	II	II	II	II	II	II
III	III	III	III	III	III	III	III	III	III
⋮	⋮	⋮	⋮	⋮	⋮	⋮	⋮	⋮	⋮
IIIII IIIII	IIIII IIIII	IIIII IIIII	IIIII IIIII	IIIII IIIII	IIIII IIIII	IIIII IIIII	IIIII IIIII	IIIII IIIII	IIIII IIIII

또한 분수 학습을 위해서 직관도표로 다음과 같은 분수표를 제시하였다.

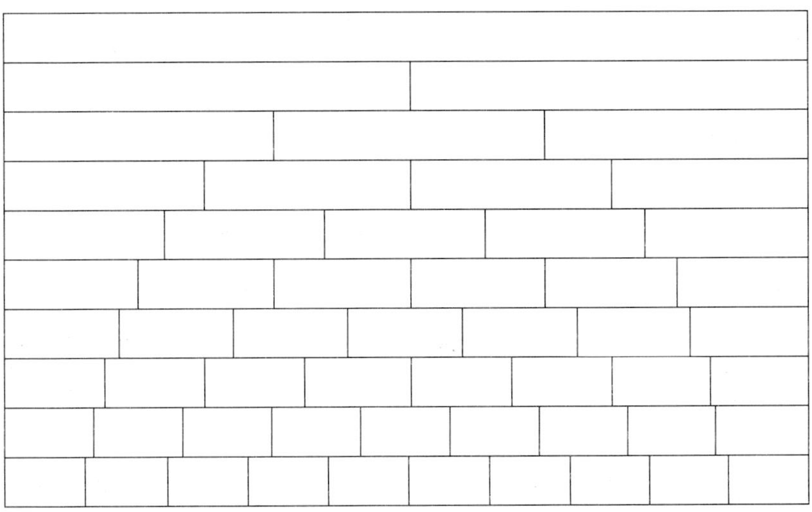

이러한 직관도표와 선분, 콩, 나무토막 등을 이용한 여러 가지 구체물을 이용하면서 아동들은 직관적으로 수와 형의 성질과 법칙을 이해할 수 있다고 하였다.

1.4 수학교육이념의 교육사상사적 계승·발전

페스탈로찌의 사상에 깊이 경도하면서 자신의 교육학체계를 건설하는데 그의 사상을 크게 반영한 철학자, 교육학자로 대표적인 사람은 피히테, 피레벨, 헤르바르트였다. 근세교육사상의 주류를 형성한 이 세 학자가 그의 수학교육이념을 어떻게 수용하고 어떻게 비판했는가를 고찰하는 일은 대단히 흥미있는 연구주제이다.

1) 피히테((J. G. Fichte 1762～1814)

피히테는 <독일국민에 고함>이라는 강연에서, 프랑스혁명에 의해 황폐한 독일 국민이 무엇으로 부흥될 수 있는 방안은 독일민족의 혼이 도덕적으로 신생되어야 하며, 그 것은 교육에 의해서만 가능한 것으로, 그 교육은 페스탈로찌주의에 의해야 한다는 것을 주장하였다.

그는 아동으로 하여금 자유로운 정신활동을 자극하여 사유력과 오성력을 배양하도록 해야 하며, 아동의 생명과 자아의 사고를 훈련시키는 '직관의 ABC'를 강조하였으며, 수학교육방법이 사유를 통해서 개념을 창조적으로 구성하는 '내적 직관'을 기르는 페스탈로찌의 방법을 강조하였다.

2) 프레벨(F. Fröbel, 1782～1852)

프레벨은 '수학이란 자연계, 정신계, 인간계의 사유의 법칙 속의 통일과 일치를 사유를 통해서 인식하는 과목'이며 인식의 모델을 제공하는 것이라고 하였다. 즉, 수학을 지식의 학문, 인식의 학문으로 여긴 그리스적 전통을 계승하였으며며, 수학교육을 사고의 훈련과 인식의 형식의 습득이라고 본 스승 페스탈로찌의 이념을 계승하였다. 또한 그는 수학은 표상형식이며 생명의 통일상을 가장 올바르고 아름답게 인식할 수 있다고 보았다.

페스탈로의 주장인 '수학교육은 인식형식의 습득과 사고력의 도야'라는 두 측면을 가지고 있다는 이념을 계승하면서도 인식형식의 습득을 더 강조하였으며, 페스탈로찌는 교육적이었던 반면 프레벨은 사색적이었다.

이 두 사람의 생각의 차이는 인식모델의 선택에도 여실히 나타난다. 페스탈로찌는 모든 도형의 기초를 "사각형"으로 여기는데, 프레벨은 이것을 "구"로 보고 있다. 그 이유로는 '힘이 전개하고, 그것이 아무 방해도 받지 않고 자유로우며, 모든 방향으로 완전히 자기를 표현하려면, 그 공간은 구가 될 수밖에 없다'는 것이었다.

프레벨은 수학을 우선 "공간을 제약하는 것의 표상이며, 따라서 공간적인 것의 조작이나 성질을 표현하는 것이라고 정의한다. 따라서 수학의 대상은 페스탈로찌와 마찬가지로 수, 도형, 양이었다. 그러나 도형이나 양은 수에 의해서 표현되는 부분이 많으므로 수의 지식이 이 삼위일체적 전체를 인식하는데 본질적인 것이 된다.

페스탈로찌	프레벨
수학교육=인식형식의 습득+사고력의 도야	인식형식의 습득에 보다 강조점을 둠.
교육적	사색적
모든 도형의 기초 : "사각형"	모든 도형의 기초 : "구"
도식적 구조 : "직관 → 언어 → 사고"	"직관 → 도형 → 언어 → 사고"로 보완 확장 −도형 : 대상의 본질을 정확한 언어로 표상하기 전의 보조 수단

3) 헤르바르트(J. F. Herbart, 1776~1841)

헤르바르트는 충실한 페스탈로찌 주의자였다. 교육사에서는 루소는 몽상하고 페스탈로찌는 실험하고 헤르바르트는 체계화했다고 말한다. 헤르바르트는 페스탈로찌의 저서 <직관의 ABC>를 추천하는 그의 저서 <페스탈로찌의 직관의 ABC의 이념>에서 페스탈로찌의 직관훈련방식과 그 표상방식을 그대로 계승하고 있다.

페스탈로찌는 직관의 기본도형을 사각형으로 생각하는 반면, 그는 기본 도형을 삼각형으로 삼았으며 그 이유를 다음과 같이 설명한다. 모든 대상에 보이는 점은 아직 형이 아니다. 두 개의 점을 이으면 일정의 거리, 길이, 직선이 생긴다. 물론 이것은 양이기는 하다.

그러나 모든 직선은 길거나 짧거나 간에 동일의 형이다. 세 점을 이어야만 비로소 형이 생긴다. 만일 네 개 이상의 점을 결합하면 거기에는 꼭 세 개의 점의 조합이 내포된다. 따라서 모든 복잡한 형의 기본적 형은 삼각형이다. 헤르바르트에 있어서도 수학교육의 주된 목표는 페스탈로찌와 마찬가지로 '진리감정의 배양'에 있었으며, 이것을 '직관 ABC의 연역'이라고 하였다.

페스탈로찌	헤르바르트
수학교육의 목표 : '진리감정의 배양'	수학교육의 목표 : '진리감정의 배양', 형식도야 강조
직관훈련(직관의 ABC), 표상방식 강조	직관을 능동적·창조적 상상력으로 진전시킴. 페스탈로찌의 방식을 "분전적종합파악"으로 이해함.
−도형의 기초 : "사각형" (아이들에게 더 친근감) −발생적 관점 : 삼각형넓이는 사각형 넓이공식으로 도입 사각형은 어린이수학, 삼각형은 성인수학이라고 함	도형의 기초 : "삼각형" 논리적 관점 (세 점을 이어야만 형이 생김)

1.5 요약

1) 페스탈로찌는 모든 인간이 다 평등하며, 당시 교육적으로 버림을 받고 있었던 민중에게도 하나님이 주신 귀한 인간의 선한 능력인 도덕적인 능력, 지적인 능력, 기술적인 능력의 싹이 깃들고 있으며, 이러한 여러 능력을 조화적으로 계발 발전시켜 인격을 도야하고, 이런 힘으로 새로운 민족과 국가를 지향하는 터전을 마련할 수 있다고 믿었다. 이것이 그의 국민교육, 혹은 민중교육의 이념이다.

2) 이런 민중교육의 이념을 실현시키기 위해서는 이에 알맞은 여러 교과에 걸치는 교과서의 개발이 필요했다. 페스탈로찌는 이 필요성을 깊이 인식하고 여러 교과서, 혹은 여러 교과에 걸치는 교수요목을 저작·편집했는데, 그의 가장 깊은 관심은 국어교육(언어교육 포함)과 수학교육이었고, 그러기에 그는 이 두 교과에 여러 권의 교과서를 창의적으로 저술하였다. 그리고 특히 이 두 교과의 교과서는 그의 직제자와 이념적인 제자들에 의해서 수정·보완되어, 그 속에 흐르는 사상이 교과철학적으로 음미도 되고 근세의 수학교과서의 원형으로도 다듬어졌다. 페스탈로찌가 교육사상사적으로는 물론이고 수학교육사적으로도 코페르니쿠스적인 전환을 일으킨 사람으로 평가되고 있는 이유가 여기에 있다.

3) 페스탈로찌가 편집한 수학교과서의 특성은 발견적 발생적인 것을 중시하였으며, 유클리드의 원론은 논리적 체계적인 것을 더욱 중요시했다. 페스탈로찌의 교과서가 '생각하면서 배우며, 배우면서 생각'한다는 원리에 입각한데 비해서 유클리드의 원론은 이러한 귀한 '교육의 과정'이 배재된 것이었다. 즉, 페스탈로찌에 의해서 수학교육은 무엇을 중점적으로 다루어야하며(What), 왜 배워야 하며(Why), 어떻게 학습해야 할 것인가(How)가 삼위일체적으로 통합되기에 이르렀다.

유클리드 원론	페스탈로찌의 수학교과서
상류계층의 아이들이 배움	민중이 배움
논리적, 체계적인 것을 중요시	발견적, 발생적인 것을 중요시
교육의 과정을 사상하였음.	"생각하면서 배우며, 배우면서 생각한다."
공리체계를 바탕으로 한 학문적 체계를 귀히 여김	민중이 지니는 능력을 스스로 인식하고, 그런 능력을 도야케 하는 교육재로 수학을 가장 귀한 것으로 여김

4) 페스탈로찌는 수학교육에 있어 특히 직관적 사고를 중시했고, 어린이의 세계에는 어린이대로의 논리가 있음을 발견하여, 이런 직관적 논리를 명제적 논리로 발전시키는 길을 예비하였다. 이런 뜻에서 그는 <유클리드 원론>에 의존한 수학교육을 개조해야 한다고

외친 20세기 초두의 수학교육개혁운동의 주도자 페리의 생각을 100년이나 앞섰으며, 또 어린이의 사고방식의 발전단계에 맞추어 수학교육을 개혁해야 한다고 주장한 피아제의 생각을 150년이나 앞선 것이다. 그리고 그의 이런 이념은 민중의 내재적 능력에 대한 확고부동한 믿음과, 교육을 조화적 발전으로 보는 교육관에 유래한 것이다.

2. 브루너의 교육의 과정

브루너(Jerome Bruner, 1915~) 는 그의 저서 '교육의 과정'에서 교육내용을 지식의 구조라 하고 교과를 가르치는 가장 근본적인 것은 '지식의 최전선에서 새로운 지식을 들어내는 학자들이나 초등학교 학생들이 하는 모든 지적활동은 근본적으로 동일하다.'는 것이다. 이런 활동의 차이는 종류에 있는 것이 아니라 지적활동의 수준에 있다고 하였다.

이러한 구조의 생각에는 교과서에 나와 있는 지식은 지식의 현상 또는 지식의 표층에 해당된다고 볼 수 있고 그 지식의 표층 이면에 지식의 구조에 해당하는 것이 내재되어 있다는 것이다. 교육의 문제점으로 지식의 표층에 해당하는 사실의 더미나 해당 학자들의 탐구결과만을 학습하게 하고 그 지식의 표층 이면에 내재해 있는 지식의 구조를 가르치지 않는 것으로 지적하였다.

2.1 교과란 무엇인가?

교육과정(교육내용의 조직)은 학생이 공부하여야 할 과제, 배워야 할 기능, 그리고 외워야 할 내용으로 구성된다. 또는 교육과정은 학교가 학생에게 제공하는 경험으로 구성된다. 앞의 견해는 교과에서 시작하여 경험으로 끝나며 뒤의 견해는 경험으로 시작하여 교과로 끝난다. 앞의 견해에 의한 교육과정을 교과중심 교육과정 또는 교과교육과정, 뒤의 견해에 의한 교육과정을 경험중심 교육과정 또는 경험교육과정이라고 부른다.

교육내용을 경험으로 파악한다는 것이 구체적으로 무엇인가. 교과와 경험은 두 가지 상이한 실체를 가리키는 용어라기보다는 동일한 실체를 가리키되 그 것을 상이한 관점에서 가리키는 용어로 보아야 할 것이다. 교과는 경험의 내용을 가리키며, 학생들은 교육을 받는 동안에 교과 이외의 것을 경험하는 것이 아니라 바로 교과를 경험한다. 즉, 학생들은 교과를 경험하는데, 이 때 관점을 학생들이 경험하기 전 상태(교수요목이나 교과서에 적혀 있는 상태)에 두면, 교육의 내용은 교과이며, 학생이 경험하는 상태에 두면 교육의 내용은 경험이라고 볼 수 있는 것이다.

교육의 내용을 교과라고 보는 것은 교과 쪽에서 학생들이 경험할 내용을 보는 것이며, 교육의 내용을 경험이라고 보는 것은 경험 쪽에서 학생들이 경험하는 내용을 보는 것이다. 그러므로 교과와 경험은 동일한 내용을 각각 반대쪽에서 보는 관점을 나타낸 것이다. 경험중심 교육과정은 아동중심 또는 학습자중심 사상과 밀접한 관계가 있다.

아동중심이란 아동의 흥미나 필요를 그 자체로 존중하여야 되는 것이 아니라, 교과를 가르치는데 도움이 되는 범위 내에서 아동의 필요나 흥미를 존중해야한다. 종래에는 교과는 교실에서 가르치는 것, 책에 쓰여 있는 것을 가리키는데 비하여 경험은 일상생활에서 경험하는 내용을 가리키는 것으로 해석되어왔다.

이는 교과와 경험이 마치 책에 쓰여 있는 것과 일상생활의 경험이 다른 것처럼 다른 것이라고 생각한 것으로, 교육을 위해서는 불행한 발상이었다. 교과와 경험 사이의 관련(즉, 교과는 경험의 내용이라는 것)을 명백히 인식하여야 한다. 또한 학생의 경함과는 무관한 교과의 맹목적인 주입과 경험의 내용을 엄밀하게 따져 보지 않은 채 일상생활의 경험을 주게 되어서는 안 된다. 브루너는 교육의 과정(1960)에서 교육내용은 지식의 구조라고 정의하였다. 이 용어는 1959년에 미국의 호울이라는 곳에서 실지로 있었던 회합(우즈 호울 회의) 의 성격을 잘 나타내어 준다고 볼 수 있다.

회의에서의 토의 결과, 교과를 잘 가르치는 것이 무엇인가에 관한 공통된 가정을 확인하였다. 그 공통된 가정을 지식의 구조라고 하였고 브루너가 쓴 교육의 과정은 그 회의 보고서이다. 또한 지식의 구조와 관련된 수업의 원리를 탐구학습 또는 발견학습이라고 하였다. 교육의 과정 전체를 통하여 교과를 잘 가르치는 것은 무엇인가? 에 대한 한 가지 확신은 다음과 같은 것이다.

지식의 최전선에서 새로운 지식을 만들어 내는 학자들이 하는 것이거나 초등학교 3학년 학생이 하는 것이거나를 막론하고 모든 지적인 활동은 근본적으로 동일하다는 것이다. 과학자가 그의 책상이나 실험실에서 하는 일, 문학평론가가 시를 읽으면서 하는 일은 누구든지 이와 비슷한 활동, 다시 말하면 모종의 이해를 도달하려는 활동을 할 때, 그 사람이 하는 일과 본질상 다름이 없다.

이런 활동들의 차이는 하는 일의 종류에 있는 것이 아니라, 지적 활동의 수준에 있는 것이다. 물리학을 배우는 학생은 다름 아니라 바로 물리학자이며, 물리학을 배우는 데는 다른 무엇보다도 물리학자들이 하는 일과 똑같은 일을 하는 것이 훨씬 쉬운 방법일 것이다. 물리학자들이 하는 일을 똑같이 한다는 것은 물리학자들이 하듯이 물리현상을 탐구하는 것이다.

교과 ⇒ 지식의 구조 ⇒ 기본개념, 원리 ⇒ 안목 ⇒ 발명가의 발명 당시의 아이디어

2.2 지식의 구조

종래 교육에서는 교과를 가르칠 때, 학생들로 하여금 학자와 같은 일을 하지 않고 학자들이 학문적 활동에서 얻은 결론을 학생들에게 제시하고 그 것을 받아들이도록 하는 것이었다. 우즈 호울 회의에서는 그것은 교과가 아니라 교과의 중간언어(middle language)라고 규정하였다.

교과의 중간언어라는 것은 물리학자들의 탐구결과를 학생들에게 전달해 주는 언어이고, 그 것은 교과를 교과답게 또는 교과를 그 교과의 성격에 충실한 형태로 가르치지 않는다는 것이었다. 다시 말하면 교사는 표면상 물리학적인 용어를 써서 물리학에 속하는 개념, 법칙, 원리 등을 가르치고 있고, 교실에서 교사와 학생들은 물리학자들이 하는 일과는 성격이 다른 일을 하고 있는 것이었다. 따라서 교사는 교과와 학문을 별개의 것으로 간주하여 물리학이라는 학문을 전혀 그릇되게 나타내고 있었다.

교육의 과정에서는 교과답게 가르친다는 말의 의미를 학생들로 하여금 해당분야의 학자와, 비록 수준은 다르다 하더라도, 종류에 있어서는 동일한 일을 하도록 규정하고 있다. 즉, 학자들이 하듯이 물리현상과 역사적 사실 등과 같은 각각 관련된 현상 을 탐구한다는 뜻이다. 그러면 학자들과 동일한 일을 하는 것이 과연 가능하고 또 필요한 일인가? 주입식 교육이 나쁜 점은 그 것이 주입에 실패한다는 데에 있다고 말할 수 있다.

주입식 방법으로 가르쳐진 지식은 학습자의 바깥에 머물러 있을 뿐 학습자의 안에 들어가지 않는다. 학습자의 안에 들어간다는 것은 학습자의 마음의 한 부분이 된다는 뜻이며 학습자의 보는 눈 또는 안목이 된다는 뜻이다. 물리학적인 현상을 보는 방법을 배우려고 하는 사람이 이미 물리학적 안목으로 현상을 볼 수 있는 사람과 동일한 일을 할 수는 없다. 그러나 물리학을 배운다는 것은 물리학적 현상을 볼 수 없는 상태에서 조금씩 그 것을 볼 수 있는 상태로 나아간다는 뜻이다.

교육의 가장 어려운 문제, 그리고 탐구학습의 가장 어려운 문제는 볼 수 없는 상태에 있는 사람을 어떻게 하면 볼 수 있는 상태로 나아가게 하는가 하는데 있다. 학생들에게 탐구문제를 내어주고 그 해답을 스스로 발견하도록 하는 것도 좋은 해결책은 아니다. 그것은 지식을 배운 상태와 배우지 않은 상태, 지식에 담겨있는 안목으로 현상을 볼 수 있는 상태와 볼 수 없는 상태를 혼동하는 것이다.

각 교과의 경우에는 그 교과에 담긴 안목으로 현상을 볼 수 있도록 하려면 그 것을 어떻게 가르쳐야 하는가를 연구하여야 한다. 가르치는 내용을 요약하는 질문을 하고 학생들로 하여금 그 문제에 관하여 생각해 보게 하는 일은 중요하다. 학생들이 자신의 마음으로 생각해 보지 않으면 그 배운 내용이 그의 마음속에 들어오기가 매우 힘들기 때문이다. 그러나 그러한 질문은 반드시 그 교과를 아는 사람, 지식의 눈으로 현상을 볼 줄 아는 사람의 입장에서 제기되고 그 해답의 방향 또한 그런 사람에 의해서 이끌어져야만 한다.

그러면 지식의 구조를 가르친다고 할 때 그 가르쳐지는 내용 즉, 지식의 구조는 정확하게 무엇인가? 교육의 과정에서는 지식의 구조를 기본개념과 원리, 핵심적 아이디어 등과 동의어로 쓰고 있다. 따라서 지식의 구조는 학자들이 해당분야를 연구할 때 쓰는 기본개념과 원리, 핵심적 아이디어 등을 가르치게 된다.

이 때 기본개념과 원리는 교사가 학생을 가르칠 때 중간언어로 제시되어서는 않되고, 학생들이 관련된 현상을 이해하는 데에 활용되어야 한다. 따라서 지식의 구조는 학생의 경험과 의미 있게 관련될 수 있는 교과를 가르치는 것이며, 교사는 교과를 가르치되 학생의 일상생활의 경험이 아니라, 교과를 이해하는 경험, 교과로서 현상을 이해하는 경험과 의미 있게 관련되도록 가르쳐야한다.

또한 교과는 해당학문분야에서 학자들이 발견하고 축적한 지식의 덩어리(교과의 중간 언어)가 아니라, 그 지식을 발견하는 동안에 학자들이 하는 일, 또는 각 학문의 기본개념과 원리를 써서 해당분야의 현상을 탐구하고 이해하는 일을 가리킨다.

그러나 지식의 덩어리를 결과로서의 지식으로, 지식을 탐구하는 과정을 과정으로서의 지식으로 대비할 때, 과정 없는 결과나 결과와 관련 없는 과정은 있을 수 없는 것이므로 이 두 가지는 서로 분리할 수 없는 것이다. 따라서 교과를 가르칠 때 지식의 덩어리뿐만 아니라 그것을 낳게 한 탐구과정도 동시에 가르쳐야 한다.

이것은 프로이덴탈이 정의한 심상(mental object)과 거의 유사하다. 이러한 의미에서 교육내용이 각 학문의 특이한 탐구과정이라면, 교육 내용은 유치원에서 대학에 이르기까지 동일한 것이어야 한다. 그러면 한 교과에서 각 학교(또는 학년) 수준을 통틀어 가르쳐지는 교육내용 즉, 지식의 구조는 무엇인가? 지식의 구조의 동일어인 학자들이 하는 일, 학문을 탐구하는 과정, 학문에 숨어있는 기본적인 아이디어 등의 일관적인 의미를 생각해 보기 위하여, 학자들이 학문을 할 때 그들이 하는 일을 알아보기로 한다.

학문이란 각각 해당분야에 관련된 현상들을 이해하려는 노력이며, 학문을 할 때 학자들이 하는 일이 바로 이 것이다. 학자들이 어떤 현상을 이해하려고 하면 반드시 그 현상을 보는 눈(안목)을 가져야 하고, 모든 학문에는 각각 이러한 눈이 있다. 학문을 한다는 것은 곧 이 눈을 가지고 현상을 본다는 뜻이다.

이 안목은 곧 학문의 이면에 숨어있는 기본 아이디어와 동의어이고, 학문을 탐구하는 과정은 관련된 현상을 이해하는 데에 이 기본적 아이디어를 활용하는 과정을 의미한다. 따라서 유치원에서 대학에 이르기까지 가르쳐지는 동일한 교육내용은 각 학문이 나타내는 현상을 보는 눈 또는 기본 아이디어이다.

그리고 각각의 학문에서 그러한 기본적 아이디어를 찾는 작업은 학문이 가장 분화된 대학에서 시작해서, 그 아래의 수준인 고등학교교과조직에 따라 서로 묶이고, 다음으로 중학교, 초등학교, 유치원에 이르기까지 점점 쉬운 형태로 묶여야 한다. 이 작업의 결과로 각 학문에서 모종의 눈들이 확인 되고 그 것들이 각 학교(또는 학년)수준에 맞춰서 제시되어야 하겠다. 대수학에서 방정식의 풀이란 미지수와 기지수를 포함하는 등식을 만족하는 미지수를 기지수로 바꾸는 것이다.

이 방정식을 푸는 데는 세 가지 기본 법칙, 즉 교환, 분배, 결합의 법칙이 있다[1]. 일단 학생들이 이 세 가지 기본법칙에 스며있는 아이디어를 파악하면 현재 풀려고 하고 있는 새로운 방정식은 전혀 새로운 방식이 아니라 자기가 늘 알고 있던 방정식의 한 가지 변용에 불과하다는 것을 쉽게 알 수 있을 것이다. 이 변용에 자기가 알고 있던 것을 적용하는데 중요한 것은 이 법칙의 이름을 아는 것이 아니라 그 법칙을 사용할 줄 아는 것이다.

4학년 어린이들은 재미있는 놀이를 하는 동안에 저절로 위상기하학이나 집합론의 원리를 터득할 수 있으며, 심지어 놀이를 마음대로 바꾸어 가며 새로운 위상기하나 집합론의 공리를 이끌어 낼 수도 있을 것이다. 구체적 조작단계에 있을 때, 아동은 수학의 여러 가지 기본 아이디어를 직관적으로 또 구체적으로 파악할 수 있다. 그러나 아동이 그런 아이디어를 파악하는 것은 오직 구체적 조작에 의해서이다.

예를 들면 구체적 조작 단계에 있는5학년 아동은 고등수학의 원리가 담겨 있는 장난감을 가지고 놀이를 함으로써 이 원리를 귀납적으로 깨달을 수 있고 또 이 원리를 응용하여 놀이를 해 나갈 수 있다. 기본개념을 가르치는 에 있어서 가장 중요한 것은 아동의 구체적 조작의 사고방식으로부터 지적으로 보다 적절한 사고방식으로 점진적으로 이행할 수 있도록 도와주는 일이다.

우즈 호울 회의에 참가한 당시의 가장 노련한 초등학교 수학교사인 페이지(D. Page)는 '유치원에서 대학원에 이르는 학생을 가르치는 동안, 나는 연령층의 고하를 막론하고 인간의 지적활동이 비슷하다는 점에 놀랐다. 다만 어린이들은 어른들보다 더 자발적이고 창의적이고 정력적이어서, 만일 어린이들에게 알아듣는 말로 주어지면, 어른들보다 훨씬 빨리 할 수 있을 것 같다.

수학의 자료를 어린이가 알아듣는 말로, 또 재미있게 제시하는 데는 궁극적으로 수학자체를 잘 알아야 한다.' 고 하였다. (Bruner, 1973) 따라서 유클리드 기하나 측정기하를, 특히 사영기하를 초등학교 마지막 시기에 가서 비로소 가르쳐야 할 아무런 근거가 없다.

1) 방정식의 풀이는 이 세 가지 법칙과 등식의 성질(이항)을 이용한다.

2.3 직관적 사고

수학에서의 직관은 서로 다른 두 가지 의미로 쓰인다. 직관적으로 사고한다는 것은, 한 문제를 오랫동안 씨름한 뒤에 갑자기 해결점에 도달하며, 하지만 아직 형식적인 말로 그 것을 증명할 수 없는 경우를 말한다. 수학자로서 우수한 직관을 가지고 있다는 말은, 어떤 해답이 과연 옳은 해답인가, 또는 몇 가지 해법 중에서 어느 것이 가장 효과적인가를 재빨리 잘 추측해 낼 수 있다는 뜻이다.

교사는 지식의 전달자일 뿐만 아니라 학생들의 모범이기도 하다. 수학의 힘과 아름다움에 관하여 아무런 느낌을 가지지 못하는 사람은 다른 사람에게 수학에 관한 내재적 희열에 불을 붙일 수 없을 것이다.

2.4 나선형 교육과정

브루너는 교육의 과정에서 "어떤 교과든, 어떤 발달단계에 있는 어느 아동에게도 지적으로 정직한 형태로 효과적으로 가르칠 수 있다"고 하면서 나선형 교육과정을 제시하였다. 그런데 프로이덴탈은 성숙이론(mature theory)[2] 등에 비추어 "어떤 교과든, 어떤 발달단계에 있는 어느 아동"이란 단언을 부정하였다. 예를 들면 무한 개념은 모든 인간에게 불가사의한 사실이다.

2.5 EIS이론

브루너는 아동들이 학습한 개념과 생각을 표현하는 방법으로 세 단계 표상양식인 활동단계(enactive stage), 영상단계(iconic stage), 상징단계(symbolic stage)의 순서로 발달한다고 하였다. 각 단계는 선행하는 양식에 의존하며 발달되어 가는 것으로 여겼다.

특히 상징적 표현은 수학에서 최종 단계의 개념 표현 방식으로 지극히 추상화되어 있고 의미가 함축되어 있다. 따라서 상징적 단계 이해하는 일을 학생들의 개인차에 의해 결정된다. 이러한 원리는 수학교육에서 조기교육이나 오류의 치료적 지도 등에 유효한 것으로 지도방법의 문제에서 지도하는 수학적 내용을 어떻게 하여 학생의 인지양식에 알맞은 표현으로 만들어갈 것인가 된다.

2.6 교과를 배우는 이유

1970년대에 브루너는 '교육과정의 재음미'(Bruner, 1973B)에서, 우리는 미국 인구의 $\frac{1}{4}$에

2) 그 나이 또는 성장기가 되어야 이해할 수 있는 사실이 있다

해당하는 집단의 아동이 사회에 참여할 능력을 최대한으로 짓밟았고, 더구나 조기에 아주 효과적으로 짓밟아 버렸다. 오히려 우리가 당면하고 있는 사회적 문제와의 관련에서 교육과정을 다루게 될 것을 강조하면서, 수학교육은 수학자가 제공하는 수학의 구조이외에, 철학, 심리학, 사회학 등 인간을 다루는 여타 학문분야와 협조하여야 한다고 하였다.

그렇지만 브루너는 지식의 구조를 정의만 하였고, 지식을 배워야하는 이유를 분명하게 말하지는 않았다. 브루너의 교육의 과정이 출판된 몇 년 후에, 고전적인 인문교육의 전통을 따랐던 영국에서는 피터즈(Peters)가 교과를 규정하는 용어로 그의 저서인 윤리학과 교육에서 지식의 형식을 사용하였다.

구조(structure)와 형식(form)은 무도 보는 것을 뜻하고, 둘 다 플라톤의 idea와 동의어인 Eidein에서 파생된 단어로서 '본다'는 뜻을 가진다. 또한 지식의 형식은 지식의 구조와 완전히 일치한다고 본다. 지식의 형식은 인간경험의 상이한 측면을 다루는 개념의 체계이고, 각각은 상이한 탐구방법과 진위판별 기준을 가지고 있다.

피터즈는 교과를 지식의 형식으로 규정하면서, 교과로서의 지식의 형식이 어떤점에서 가치가 있는지, 그 것을 배워서 좋은 점은 무엇인지를 '정당화'하고 있다. 우리가 사용하는 개념은 경험의 상이한 측면을 표현하도록 분화되어있다. 이 분화된 개념들은 인간의 언어에 포함되어있다. 이러한 분화된 개념은 인류전체가 공동으로 장구한 세월동안 누적되고 발전된공적 전통이다.

이 공적 전통과 분리된 인간의 삶은 있을 수 없다. 인간의 삶이란 이러한 공적 전통안에서 태어나서 그 것을 배우며 산다는 뜻이다. 피터즈는 이 공적 전통은 인간의 문명적 삶의 '전제조건'이라고 하였다. 따라서 문명된 삶을 영위하면서 그 논리적 가정인 분화된 개념의 가치를 부정하면 모순이 된다.

그런데 지식의 형식은 분화된 개념의 체계화된 형태이므로, 문명된 삶을 영위하는 인간모두는 논리적으로는 지식의 형성이 가치 있음을 인정해야 할 것이다. 이것을 피터즈는 내재적 정당화라고 하였고, 교과가 실용적인 목적을 위한 수단이 된다는 사실을 반대하고 있다. 이 뜻을 이홍우는 구조 또는 형식과 플라톤의 이데아를 관련지어서 다음과 같이 정리하고 있다.

지식의 구조나 지식의 형식은 지식의 이데아에 해당한고 볼 수 있다. 플라톤의 이데아는 현상의 세계를 능가하는 형이상학적인 개념, 즉 실재이다. 이데아는 현상의 세계가 의미를 가지기 위한 전제조건으로서의 논리적 가정이다. 따라서 이데아의 존재는 인간이 파악하거나 도달할 수 있는 상태가 아니라, 파악하거나 도달하려고 노력해야 하는 표준이다. 따라서 이데아의 존재는 인간이 도달하려는 노력 그 자체에 의해서 확인 되는 것이다. 또한 이데아에 접근했다고 느끼는 순간, 이데아는 더욱 그로부터 멀리 떨어져 있다고 느끼게 될 것이다.

지식이라는 것도 이데아나 도와 마찬가지로 끝이 없어서 그 것에 완전하게 도달할 수 없고, 지식을 어느 정도 가졌다고 생각하는 순간에 완전한 지식으로부터 전보다 더 멀리 떨어져 있다고 느끼게 된다. 이와 같이 자신이 무지하고 부족한 존재라는 느낌을 안고 사는 것이 교과의 의미이고 교과를 배우는 이유이다.

3. 피아제의 구성주의

3.1 피아제의 약력

피아제는 1896년 스위스의 뉴샤텔에서 태어났다. 피아제는 11세에 학자다운 논문을 발표하는 등 어린 나이에 이미 꼬마 과학자였다. 일생동안 60권의 책과 수백편의 논문을 저술하였다. 피아제는 통상 심리학자로 불리지만 실제로는 지식의 근원과 본질을 연구하는 인식론자였다.

이 부분의 연구로 피아제를 교육심리학의 초석을 세운 사람이라고 한다. 다른 연구자는 아동이 무엇을 알고 언제 아는가에 관심을 갖지만 피아제는 아동이 지식을 알게 되는 방법에 관심이 있었다.

우리와 마찬가지로 그는 아동을 대상으로 연구할 계획을 가진 것은 아니었다. 그는 생물학 박사 학위를 받았으나 그 후로는 생물학 연구를 한 적이 없고, 대신에 심리학으로 전향하였다. 1919년에 그는 파리에 있는 알프레드 비네 실험학교에서 일자리를 얻어 연구하였다.

그의 일은 영국의 지능검사를 프랑스판으로 표준화하는 일이었다. 그는 그 동안에 특정 연령에 주어지는 질문에 대한 아동의 오답유형을 발견하였고 아동이 사용하는 사고과정에 대한 연구를 하기 시작하였다.

이것이 그의 일생에 걸친 연구의 화두가 되어서 1980년 임종 시까지 아동의 사고과정에 관하여 연구하였다. 아동에 관한 몇몇의 피아제 이론이 우리의 생각과는 다르겠지만 그의 기본 개념은 여전히 어린 아동의 정신을 도야시킬 교육과정을 계획하는데 도움이 되고 있다.

3.2 피아제 이론

피아제 당대의 학자들은 학습은 (아동 자신에서 생기는) 내재적 또는 (환경이나 어른의 지도에서 얻어지는) 외재적인 것으로 논의되었으나 피아제는 그 어느 것도 아니고 다만 아동의 환경과의 상호작용으로 학습을 창안한다고 했다. 그는 아동이 세상의 사람, 장소, 물건에 의미를 부여함으로써 자신만의 지식을 구성한다고 주장하였다.

그는 구성은 지도보다 우위에 있다는 표현을 선호하였다. 이것은 어른의 설명으로 주어지는 것이 아니라 아동 스스로 노력해서 사물의 이치에 대한 이해의 창조를 의미한다. 그는 몬테소리의 제자로서 그녀의 이론 위에 유의미 학습이 아동의 인지 발달에 중요하다는 이론을 설립했다. 또한 듀이와 마찬가지로, 아동은 호기심을 충족시키지 못할 때에만 학습한다는 사실을 피아제도 믿었다.

그는 학습의 주요한 방법으로 놀이의 중요성을 강조하였다. 피아제는 지식은 아동들에 의해 구성되는 조작적 구성주의를 제시하였다. 즉, 수학적인 개념은 초기에 감각－운동의 구조로 나타나고, 다시 그것에 바탕을 둔 행동의 변화조정이 이루어지면서 반영적 추상화가 일어나 구성이 된다는 것이다.

다시 말하면 수학적 사고를 내면화된 행동(조작)으로 보고, 활동 가운데 그 형성적 근원을 찾는다. 이와 같이 아동의 능동적 역할을 강조하는 피아제의 발달 심리는 그 이론의 기저가 되는 실험 관찰이 수학적 수 공간 개념의 발달에서 얻어진 관계로 교사에게는 의미가 있다. 피아제는 모든 학습의 근본은 아동이 물리적 사회적 접촉을 통하여 얻게 되는 자신의 활동에 있다고 주장한다.

아동들의 정신활동은 구조화되고 분리된 정신활동 하나하나는 서로 관련이 되어 scheme－행위의 패턴－의 무리에 묶어진다. 정신활동은 적응과정으로 이 과정에는 두 개의 분리될 수 없는 과정인 동화와 조절을 포함한다.

1) 동화

인간이 자기의 기관을 통하여 자연을 자기 속으로 끌어들이는 기능을 말한다. 환경 속에서 자료를 어떤 인과적이나 기계적인 의미가 아니라 그 자신의 성격으로 인해 환경으로부터 잠재 재료를 내면으로 끌어넣는 것이다. 예를 들면, 자연수의 덧셈을 배운 어린이는 정수의 덧셈을 배울 때 이미 내적으로 형성되어 있는 도식(자연수의 덧셈)에 맞추려고 한다.

2) 조절

동화와는 반대로 자기가 잠재적으로 가지고 있는 기능을 작용시켜서 자기 자신을 여러 가지로 통제하면서 적응해 가는 것을 말한다. 예를 들면, 자연수 4칙 계산을 숙달한 학생은 정수의 4칙 계산을 조절하게 된다.

지적 성장은 사회적 과정으로 아동들은 물리적 환경을 접촉한다. 수학시간에 좌표의 뜻은 혼자서 이해하는 것이 아니고 동료들과 대화, 놀이를 통하여 알게 된다. 즉, 다른 아동과 접촉은 자기만의 고집을 수정할 수 있고, 자신의 관점을 다른 사람의 아이디어를 통해 고쳐

나간다. 조절은 기존 scheme을 연속적으로 수정하게 되는데 어른이 될 때까지 몇 번의 수정을 거쳐 새로운 정신 구조를 만들게 된다.

3) 평형

평형이란 새로운 상황에서 일관성과 안전성을 이루려는 시도를 말한다. 이러한 평형은 계속적인 동화와 조절의 과정을 통해 이뤄진다.

4) 예

하늘을 나는 것은 새－동화,
하늘을 나는 비행기를 발견－조절,
새와 비행기의 차이를 이해－평형

Piaget는 아동의 오답이 연령에 따라 비슷하다는 것을 알았다. 동일한 연령의 아동은 비슷하게 틀린 답을 하고 또 아동의 대답 유형도 연령에 따라 서로 다르다는 것을 알게 되었다. 따라서 그는 나이 든 아동이 어린 아동보다 단지 영리한 것이 아니라, 이들 사고의 질이 서로 다르다는 결론을 내리게 되었다.

따라서 그는 아동의 지능문제가 아동의 사고구조를 규명하는 방향으로 연구되어져야 하며, 지능 연구의 방법으로서는 표준화 검사방법은 부적당하며 비구조화된 임상적 방법이 효과적이라고 판단하게 되었으며 지적 성장을 감각 운동단계, 전 조작 단계, 구체적 조작 단계, 형식적 조작 단계의 4단계로 구분 하였다. 이러한 발달 단계에 도달하는 아동의 연령은 변할 수 있기 때문에 피아제의 발달 단계는 약간씩 다를 수 있다.

피아제의 인지 발달 단계		
연령	단계	행동 특성
0~18개월	감각운동기	• 감각을 통한 학습 • 반사 • 구체적 조작물을 다룬다
18개월~6세	전조작기	• 인식에 기반하여 개념 형성 • 한 번에 한 변수에 집중 • 제한된 경험에 기반한 일반화
6~12세	구체적 조작기	• 추론에 기반한 개념형성 • 사물과 친숙한 사건에 제한된 사고
12세~	형식적 조작기	• 개념적 사고 • 가정적 사고

3.3 조작기

1) 감각 운동 단계

태어나서 18개월까지 정도로 본능적 행동이 경험에 의해 수정이 되면서 복합적인 행위 패턴을 가지게 된다. 이 기간은 대상을 지각하고 식별하며, 그것의 불변성을 인식하기 시작한다. 대상을 다루는 데 원인과 결과의 관계를 인식하고, 자연스럽게 대상은 자기와 관계없이 존재한다는 사실을 느끼며 점차 보이지 않는 대상까지 생각한다. 예를 들면, 출근하는 부모의 발소리를 듣고 손을 흔들며 직장이 끝나면 돌아온다는 사실을 느낀다.

초등학교 학생의 연령을 대체로 전조작기와 구체적 조작기에 해당한다.

2) 전조작 단계

피아제에 의하면, 감각운동단계 후에 아동의 인지발달은 전조작단계에 들어서게 되는데 7, 8세경에 새로운 인생을 걷게 된다. 전조작단계는 아동의 사고가 어른의 사고양식과는 다른 시기이다. 피아제는 전조작단계에서는 아동은 모든 것이 자신과 관련되게끔 사고하는 자아중심적이 되고, 단어를 자신만의 생각대로 받아들이는 등, 사물이나 사람에 대한 한 번에 한 특징만을 고집하고, 들은 것보다는 직접 경험한 정보를 수집하고 자신의 경험을 과대 일반화한다. 자아중심이란 세상을 자신만의 관점에서 바라보는 것이다. 취학이전의 아동을 관찰해 보면, 다음과 같은 대화를 들을 수 있다.

교사 : 파랑전시회를 열겠습니다. 파랑색 날이니까 이젤에는 파랑 잉크가 있고, 파랑색 광시곡을 들었어요.
아동 1 : 엄마 차는 파랑색입니다.
아동 2 : 엄마 차가 고장 났어요.
아동 3 : TV가 고장 났어요.
교사가 아동 1에게 : 엄마 차가 파랑색이니?
아동 1 : TV에서 모피쥐를 봤어요.

전조작기 아동은 본 것만을 믿으려는 성향이 있기 때문에 그들은 사물의 정확한 성질을 파악하지 못한다. 이 시기의 아동은 자신의 직접 경험에 의존하기 때문에 부적절한 일반화 경향을 갖는다. 또한 단 한가지의 경험으로 사물에 대한 전체적인 신념을 갖기 때문에 잘못된 결론을 내리기도 한다.

전조작기 아동은 사물이나 사람의 속성을 한 번에 한 가지씩 생각하려하기 때문에 엄마를 외할머니의 따로 생각하기 힘들다. 예를 들어 보자. 식견 있는 교사가 수업시간에 동생이 신생아인 여학생 얘기를 하였다. 교사는 책에 있는 아기 사진을 보여 주었고, 아동들은 아기가 태어나면 쭈글쭈글하고 우스꽝스럽게 생겼다고 얘기했다.

교사는 어떤 아동이 그 아기를 다리미질해야 한다고 엄마에게 한 얘기를 아동들에게 해 주었다. 이 얘기를 듣고 어떤 아동도 웃거나 놀라지 않았다. "무서워, 아기가 다칠거야"라고 말하는 아동도 없었다. 그러기는 고사하고, 히터는 "큰 언니는 다리미로 머리에 컬을 주대요"라고 말했고, 여수아는 "다리미에는 그런데 쓰는 게 아니고, 옷에 주름 잡을 때 쓰는 거야" 라고 했다. 아이들은 다리미는 머리에 컬을 주거나 옷을 다리는 데는 유용하지만 아기에게는 그러하지 못하다는 점을 꼬집지는 못했다.

3) 구체적 조작 단계

7살에서 12살까지 시기로 양과 수의 보존이 이루어지는 단계이다. 두 집합의 포함 관계의 인식과 순서관계의 추이성을 이해한다. 이때 조작(operation)이란 언어의 기능에 의해 내면화되고 동화와 조절을 통해 가역성을 획득 할 때의 scheme을 말한다. 아동이 진흙을 길게 하거나 짧게 하더라도 양이 같다는 것을 인식했을 때, 진흙을 사용한 조작이 시작된다.

연산 개념에서 정수 덧셈을 주고 군(group)을 만드는데 이 체계를 군성체(groupement)[3]라 하며 이 시기의 대표적인 특징이다. 즉, 전 조작기에서 분리되고 통합되지 못한 정신활동이 마침내 군과 같은 구조를 통합 조직이 되면서 구체적 조작단계에 들어오게 된다. Piaget가 구체적이라는 용어를 강조한 것은 이 시기에는 구체물의 출현과 이것에서 얻는 직관적 감각을 중요시했기 때문이다.

① 7, 8세 : 가역적 사고 능력이 나타나기 시작한다.
② 9, 10세 : 무게에 대한 이해력이 생긴다.
③ 11, 12세 : 부피에 관한 문제를 이해할 수 있다.

4) 형식적 조작 단계

11살에서 12살 사이에 시작되는 것으로 눈에 보이지 않는 대상에 사고할 수 있으며 조합적인(예를 들면, 순열, 조합) 사고를 할 수 있다. 가설을 세워서 결론을 이끌어 낼 수 있으며 연역적 추론(증명)을 할 수 있다.

3.4 피아제의 수 보존개념

피아제는 아동의 수 개념이나 수학적 개념은 단지 가르침에 의해 획득되는 것이 아니고 자연적이고 독창적으로 발달한다고 보고 있다. 수 도입이전에 수량보존개념이 형성되어야

3) 합성가능성, 결합성, 가역성 등의 가동성

하는데 이는 6~7세쯤 되어야 가능하다. 이때 교사는 관심, 흥미, 욕구를 일으킬 수 있는 환경을 조성해 주어야 한다.

수 보존개념은 논리적 사고력의 중요한 형태로 다른 인지활동을 위해 핵심적인 역할을 한다. 아동이 한 집합의 원소의 수를 세고 원소의 숫자를 짝지을 수 있다고 해서 수 개념이 형성되었다고 할 수 없다. 아래와 같이 구슬을 나열할 때 아동을 관찰하면 다음과 같은 사실을 알 수 있다.

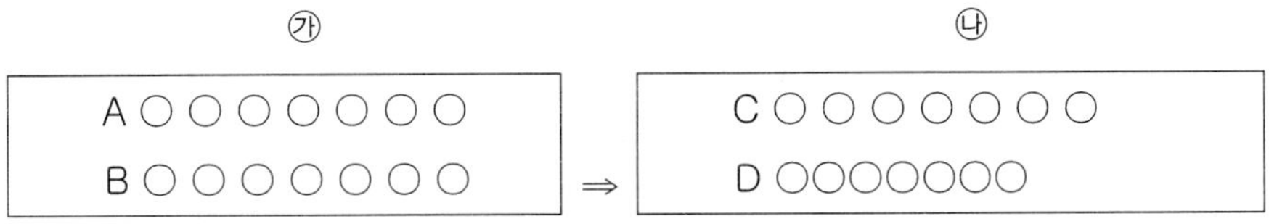

㉮를 보고 A와 B의 구슬의 개수가 같다고 한 학생이 ㉯를 보고 C와 D의 원소가 다르다고 한다면 그 학생은 수의 보존개념이 형성되지 않는 학생이다. 이것은 6세가 되면 수의 보존개념, 수의 불변성 단계에 도달하여 두 집합이 동치(두 집합의 원소의 개수가 같다)임을 발견하게 된다.

나이가 어릴수록 1대 1 대응 관계보다는 원소를 배열한 길이나 공간에 기반을 둔 개념을 갖게 된다. 이때는 길이나 공간에 대한 지각이 셈수나 세는 것보다 더 중요한 것으로 생각한다. 즉 6세 이후에 수의 보존개념이 형성되어 집합의 배열에 관계없이 원소의 수가 같으면 동치임을 알게 된다.

3.5 집합에 기초한 수 세기 모델

1) 수 세기를 위한 누적 모델

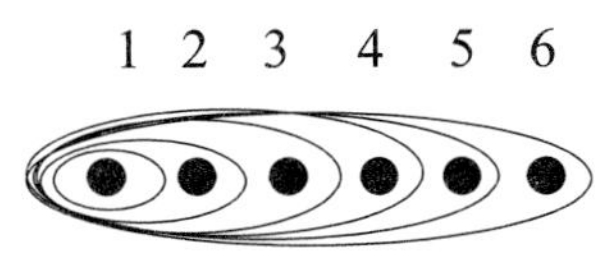

2) 기초적인 더하기 모델

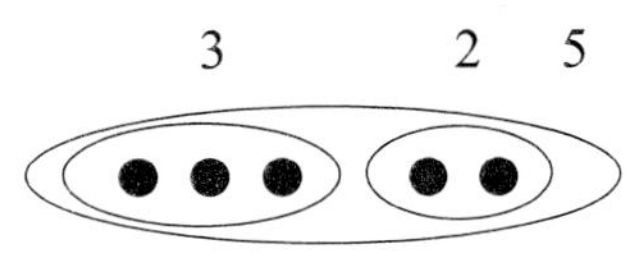

3.6 셈수에 기초한 수세기

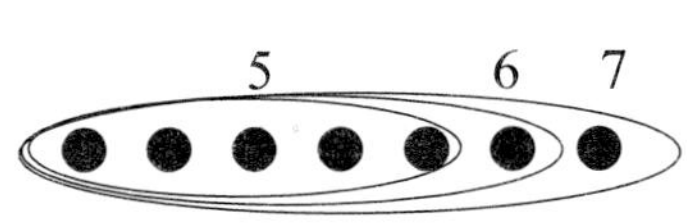

3.7 Piaget의 셈수의 3가지 수준

수학에서 대소 관계는 중요한 개념이다. 수 도입 이전에 '똑같다', '더 많다', '더 적다' 등은 아동에게 제공되는 첫 질문이다.

첫 번째 수준은 하나, 둘, 셋, … 차례대로 셀 수 있는 단계로, 수사와 사물을 연결시키지 못하고 세는 것만 집착하여 의미 없이 세는 수준을 말한다. 이 수준은 원소의 배열된 길이나 공간에 따라 개수가 동일하다고 추측한다. 그러므로 아동은 기계적인 암기에 의해서 셈 수를 말하게 된다.

두 번째 수준은 직관적으로 1대 1 대응 혹은 짝짓기는 할 수 있지만 구체물－수사－숫자 사이의 관계를 파악하여 수의 동치 개념을 형성하지 못하고 구체물과 수사를 1대 1대응을 시키면서 세는 단계이다. 구체물의 배열이나 공간에 따라 정확하게 셀 수 없는 단계로 완전한 이론은 갖지 못하고 부분적인 논리로서 시행착오에 의해 문제를 해결해간다.

세 번째 수준은 수의 보존성(또는 불변성)을 바탕으로 셈 수를 논리적으로 조작할 수 있는 단계이다. 이 때 수의 보존은 두 집합의 원소가 모여진 형태, 밀도, 위치 등의 변화에 관계없이 개수에 변함이 없다는 사실을 알고 정의하고 있다. 이때부터 보존문제에 있어서 지각적인 판단에 의존하지 않고 인지적, 논리적 사고에 의해 결정을 내리게 된다.

수의 보존성은 7세에 가능하지만 명석한 아동은 5세에 형성된다고 본다. 수의 계열성은 사물사이의 관계를 파악하여 이것을 토대로 각 사건이나 사물의 일정한 순서를 정하거나 배열하는 인지활동을 말한다. 따라서 아동이 어떤 사물을 일정한 순서로 배열한다고 할 때 먼저 아동들은 각 사물들 간에 차이를 찾아 그것의 관계를 연결 짓는 작업을 한다. 어느 경우이든 계열화 할 때는 배열 속에 내재되어 있는 일반법칙이나 원리를 알고 있어야 한다.

Piaget의 계열과제의 3가지 수준에서 제1수준은 2~4개 정도의 막대를 배열하는 수준, 제2수준(6세경)은 10개 정도의 막대를 시행착오를 거듭해 겨우 배열하는 수준, 제3수준(7~8세부터 시작)은 조작적 가역성에 의해 10개 정도의 막대를 정확하게 계열 문제를 해결할 수 능력을 갖는 수준으로 나누었다.

수는 사물의 일부도 어떤 성질도 아니고 사물의 물리적인 성질과는 상관이 없는 아주 편리한 기호이다. 수의 기호를 써서 덧셈, 뺄셈, 곱셈, 나눗셈 등의 연산을 할 수 있다. 즉, 수는 인간의 사고의 산물로 현실에서 편리하게 활용할 수 있는 기호이다. Piaget는 6세부터 덧셈과 뺄셈의 기계적인 계산을 익힌다고 본다.

덧셈과 뺄셈을 확실하게 하기 위해서 가르치는 방법과 아동의 인지발달구조를 고려한 학습지도가 되어야한다. 덧셈은 더한다는 것으로 "함께 묶는다, 같이 합한다, 한 쌍의 수를 유일한 수로서 이름을 바꾼다."와 같은 뜻을 갖는다.

3.8 Piaget의 수의 합성과 분해

피아제는 "사탕 8개를 어제는 4개 오후에 4개를 먹고, 오늘은 오전에 1개 오후에 7개를 먹었다"는 문제를 제시하고 이틀 동안 먹은 사탕의 개수가 같은지를 조사하였다.

○○○○	○○○○
(오전)	(오후)

(어제)

○	○○○○○○○
(오전)	(오후)

(오늘)

- 1수준－오늘 더 많이 먹었다(6.5세~7세 아동)고 말하는 수준으로 두 집합을 동시에 생각할 수 없고 그들 중 많은 것에만 관심을 가지는 단계이다.
- 2수준－1대1 대응 또는 기계적인 셈을 이해하는 수준으로 시행착오에 의한 직관적인 셈을 할 수 있는 단계로 분명히 이해하고 답을 하는 단계는 아니다.
- 3수준－구체물의 조작 없이 4+4와 1+7은 같다고 즉각 대답하는 단계로 7세부터 가능하다.

Piaget는 뺄셈도 7세부터 의미 있는 연산을 할 수 있고 받아 올림(내림)이 있는 덧셈(뺄셈)은 2학년부터 가능하다 보았다.

- 덧셈의 교환성－역사고작용은 7세 이후에 나타나므로 8 ~ 9세에 가능
- 덧셈의 결합성－8세 이후 가능하다고 실험에 의해서 밝히고 있다.

덧셈과 곱셈의 연산구조는 서로 밀접한 관계가 있고, 두 구조는 동수누가의 입장에서 단일 연산의 구조를 구성하므로 서로 같은 단계를 통하여 발달하고 있다. Piaget는 7~8세쯤에 곱셈의 개념이 습득되므로 논리적 곱셈능력은 덧셈능력과 거의 동시에 발달되고 그 단계도 비슷하게 보고 있다.

4. 스켐프의 관계적 이해

스캠프(R. Skemp, 1919~1995)는 옥스퍼드대학 수학과를 졸업한 후 고등학교 수학교사로 재직하면서 수학과 교수－학습의 어려움을 통감하여 30년간의 지적여행을 통하여 인간의 지능, 진화론, 심리학, 구성주의 등을 공부한 후 런던 교외에 있는 Warwick대학 교수로 재직하면서 수학학습심리학(PME, Psychology of Mathematics Education)을 이끌었다. 그의 이론의 핵심은 스키마 학습, 관계적 이해, 관계적 수학, 인지지도, 등이 있다.

4.1 스키마학습(schematic learning)

수학교육에서 고려해야 할 근본 문제인, 수학적 개념의 본질의 문제, 여러 가지 수학적 개념이 아동의 가동적(dynamic)인 지식구조를 형성하도록 어떻게 연결 되는가 문제, 수학은 실험이나 물리적 증명에 의해서는 뒷받침될 수 없으며, 그런 것과는 다른 순수한 사고의 산물인 사실의 문제 등의 세 가지 문제를 피아제의 감각-운동적 지능과 반성적 지능, schemes와 동화 조절 등을 이용하여 분석하고 수학 학습을 성공적으로 시키기 위한 방법이라 하였다.

여기서, 피아제의 감각-운동적 지능은 지각된 실제적 대상 사이의 관계, 혹은 아동 자신의 행동 사이의 관계를 인식하는 능력을, 반성적 지능은 개념이나 개념 사이의 관계의 인식 능력을 포함하는 것으로써 내면적 활동을 컨트롤하는 능력을 말한다.

스켐프는 감각-운동적 지능과 반성적 지능의 관계에 주목하여, 반성적 지능은 감각-운동 체계의 제1차적인 개념, 조작 및 그 관계를 인식할 수 있는 제2차적인 개념 및 조작 체계라고 생각했다. 실제적인 수학학습은 감각-운동적 지능에 의한 것이고, 수학학습은 반성적 지능에 의한 것이다. 예를 들어, 아동이 때때로 수학 문제에서 바른 해답을 찾을 수 있음에도 불구하고, 그 해결 방법의 논리적 기술 혹은 이유의 설명을 할 수 없는 것은 산술이 반성적 지능에 의한 것이 아니고, 감각-운동적 지능에 의한 것이기 때문이다.

스켐프가 생각하는 스키마(schema)의 개념은 정적인 이미지라기보다는 행동이나 사고의 양식 내지 구조에 가까우며, 스키마 학습이란 의미 충실한 수업이며, 참된 이해 즉 관계적 이해를 가능하게 하는 학습이며 아동의 마음 가운데 적절한 예비 scheme이 존재하는가는 학습의 준비성의 문제와 자료를 어떻게 배열해야 할 것인가 하는 자료 제시의 문제이다.

4.2 관계적 이해와 도구적 이해

관계적 이해란 무엇(what), 방법(how), 이유(why)를 모두 아는 상태로서 피아제의 초인지(meta-cognition)로 이해한 상태를 말한다. 관계적 수학의 장점은 새로운 과제에 더 쉽게 적응할 수 있고, 기억하는 것이 더 쉬우며, 본질적으로 관계적 지식은 수학 교육의 효과적인 목적이 될 수 있다. 또한 관계적 스키마는 그 특성이 유기적(organic)이서 아동이 한번만 관계적 스키마를 형성하게 되면 스스로 과제를 찾아서 지적영역을 넓히게 되는 것이다.

4.3 관계적 학습의 특징

1) 인지지도(cognitive map)

이미 형성된 스키마를 우리에게 익숙한 지도에 비유하고 새로운 목표상태(새로운 지식)를 지도의 길 밖의 점으로 표현한다면, 우리가 그 점에 있다는 것은 정신적으로 길을 잃은 것이 된다. 그러나 만일 우리가 인지지도의 길을 찾게 된다면 기존의 스키마에 연결시키는 것이 되어 새로운 개념을 이해하게 된다. 따라서 관계적 학습으로 스키마를 형성하게 되면 새로운 개념의 이해는 단지 기존의 스키마에 연결만 하게 되면 된다는 것이다.

2) 다초점 렌즈(multifocus lens)

미지의 목적지를 찾아갈 때에는 여러 장의 지도가 필요하게 된다. 그러나 만일 같은 지도의 작은 부분을 점점 확대할 수 있다면 한 장의 지도만 필요하게 될 것이다. 즉, 다양한 목적에 필요한 자세한 사항을 우리의 스키마 안에 저장하여 우리의 목표를 해결하기 위하여 줌 기능을 사용해서 적절한 부분을 적절하게 확대한다. 이것이 지능의 특징 중의 하나인 적응력이다.

그런데 교사가 학생에게 관계적 이해를 시키지 못하는 경우는 시험의 부담, 과중한 교수요목, 평가의 어려움과 교사의 안일함도 있다.

도구적 이해란 이유를 모르는 규칙(rules without reasons)을 암기하고, 그것을 문제 해결에 적용하는 상태를 말한다. 그러나 도구적 이해의 장점도 있다. 즉, 임박한 시험에 대비하는 암기, 타 교과에서 수학을 응용하는 경우 등이다. 그러나 스캠프는 "이해"란 새로운 경험을 적절한 스키마 동화하는 관계적 이해뿐이라고 하였다.

스캠프의 수학학습 심리학

- 인간의 지능의 역할
  맨손 : 인간의 사고력 ⇒ 공구 : 지능 ⇒ 공구의 활용법 : 수학
- 수학학습의 장점
  수학학습 ⇒ 지능 향상 ⇒ 목표지향적인 상황에 적절히 적응 ⇒ 생존(지적인 면)
- 관계적 이해
  피아제의 초인지 ⇒ 무엇을, 왜, 어떻게 하는지를 아는 상태 : 관계적 이해
- 관계적 학습의 특징
  인지지도와 다촛점 렌즈 활용

5. 교수학적 현상학

5.1 프로이덴탈의 교수학적 현상학(Didactical Phenomenology)

네덜란드의 수학자인 프로이덴탈(H. Freudenthal, 1905~1990)은 교수학적현상학을 제창

하였다. 그의 수학 교육 이론은 활동주의에 입각한 재발명 방법이 그 바탕을 이루고 있다.

그는 수학을 일련의 정신적인 행위에 의해 구성되는 것으로 보는 직관주의 수리 철학적 입장을 취하면서 실행하는 수학의 경험을 통한 수학적 심상의 구성, 수학 학습과정의 관찰과 수준의 비약을 통한 수학화 경험을 골격으로 한 활동주의적 수학교육학의 철학을 제시하고 있으며 이를 위한 기초 연구로서 수학적 구조의 교수학적 현상학을 제시하고 있다.[4]

5.2 교수현상학적 접근

종래 교육의 문제점을 찾는 과정에서 생긴 교과의 구조에 대한 인식은 단순히 본질을 인식하는 것에 있는 것이 아니라 교과의 구조를 학생의 심리에 어떻게 통합시킬 것인가에 있음이 드러났다. 프로이덴탈의 교수학적 현상학은 수학적 구조의 본질을 그것이 조직 수단으로 작용하는 수학 내·외적 현상과 관련시켜서 파악함으로서 교과의 논리를 그 지적 성격을 손상시키지 않고 학생의 심리로 통합시키는 방안을 모색하는 것이다.

5.3 교수학적 현상학의 정의

프로이덴탈은 수학을 완성된 결과 내지 형식으로 보고 그것의 전달, 주입으로 인한 수학교육의 당면 문제를 해결하기 위해 재발명 방법을 제시하고 있다. 그것은 수학이 완성된 결과이기도 하지만 그 결과를 있게 한 것은 끊임없는 사고와 탐구 활동이기 때문에 수학의 학습-지도에서 본질은 바로 이와 같은 과정으로서의 수학으로 재 회복되어 학습되어야 한다는 것이다.

수학적 개념, 수학적 구조 또는 수학적 아이디어의 현상학이란, 본질(nooumenon)을 그 본질이 조직의 수단이 되는 어떤 현상(phainomenon)과 관련하여 기술하는 것으로, 그 본질이 어떤 현상을 조직하기 위해 창조되었는지 그리고 그것이 어디까지 확장될 수 있는지 그 본질이 조직의 수단으로 이러한 현상에 어떻게 작용하는지 그리고 그 본질이 이러한 현상에 미치는 어떤 힘을 우리에게 주는지를 나타내는 것이다.

4) 그가 말하는 교수학적 현상학은 수학적 개념, 수학적 구조, 수학적 아이디어의 본질을 그 본질이 조직의 수단이 되는 어떤 현상과 관련하여 기술하는 것으로서 그 본질이 어떤 현상을 조직하기 위해 창조되었는지 그리고 그것이 어디까지 확장될 수 있는지 그 본질이 조직의 수단으로 이러한 현상에 어떻게 작용하는지에 관심을 가지면서 교수-학습과정에서 본질과 현상과의 관계가 어떻게 획득되는 지에 관심을 가지는 것이다

1) 심상의 형성

프로이덴탈이 사용하는 '구조'는 '개념', '아이디어' 등과 교환 가능한 용어이지만 그것은 연역적 체계 안에서의 구조의 의미보다는 조직화 과정에서 본질로 작용하는 구조의 의미에 가깝다고 할 수 있다. 프로이덴탈에 따르면 본질은 우선적으로는 '심상'으로 구성되어야 한다. 그리하여 어떤 현상을 조직하는 수단은 1차적으로는 바로 이 심상 자체라는 것이다.

예 탁자, 신문지, 책, 침대 등의 현상이 있을 때, 이러한 현상은 직사각형의 모양을 하고 있고, 그리고 아동들은 이러한 현상으로부터 심상으로서의 직사각형을 형성하게 된다. 즉 아동이 분명하게 그리고 정확하게 표현하지는 못한다고 하더라도 아동의 뇌리에는 어렴풋하나마 '무엇'인가가 형성되고 있는 것이다.

이 '무엇'에 해당하는 것이 바로 직사각형의 본질인 심상이라고 할 수 있다. 또 이와 같이 직사각형의 심상이 형성되어 있다는 것은 '이것을 직사각형이라고 한다.' 는 것을 받아들일 수 있는 준비가 되어있다는 것을 의미한다고도 볼 수 있다. 본질은 또 다른 한편으로는 심상의 형성 후에 획득된 개념 그 자체를 의미할 수도 있다. 이런 의미로 사용할 때 구조, 개념, 본질은 모두 교환 가능한 용어라고 할 수 있다.

그러나 어떤 경우에든 '본질'이라고 할 때는 심상의 형성을 전제로 하며, 프로이덴탈은 이 심상의 형성이 개념 획득보다도 우선되어야 하다고 주장하는 것이다. 이는 인지가 개념으로부터 시작되는 것이 아니라 개념이 인지 과정의 결과라는 인식에서 나온 것이며 그 개념의 의미를 받아들일 수 있도록 아동의 심리 안에서의 인지 과정 즉 심상의 구성이 우선해야 한다는 것이다.

2) 점진적인 수학화

프로이덴탈의 '현상'과 '본질'은 절대적인 것이 아닌 상대적인 것으로 현상이 본질로 조직되고 나면 다시 그 본질은 현상이 되어, 새로운 본질로 조직되게 된다.

예 '양'이라는 현상은 '수'라는 본질로 조직되고, 다시 '수'라는 현상은 '십진법'이라는 본질로 조직되는 것이다. 현상이 본질로 조직되고, 그 본질이 다시 현상이 되어 새로운 본질로 조직된다는 것은 수준이 있어, 수학이 형성되어 온 과정은 어느 한 수준에서 다른 수준으로의 도약이 있어 왔다는 것은 의미한다.

그가 말하는 수학화 활동은 현상 → 정리 수단인 본질 → 현상 → 보다 높은 차원의 본질 → … 과 같이 현상과 본질의 교대가 일어나면서 인식 수준의 상승이 일어나는 불연속적인 과정이다. 이 계속적인 도약의 과정이 '수학화(mathematization)'이며, 학생들은 수학의 학습-지도에서 바로 이러한 수학화를 학습해야 한다. 이 과정을 트레퍼스(Treffers)는 교육적 맥락에서 수평·수직적 수학화로 정리하였다.

① 수평적 수학화

아동이 실생활에 주어진 문제를 조직하고 해결할 수 있도록 수학적 도구를 제안하는 것을 말한다.

② 수직적 수학화

수학 체계 안에서 재조직하는 과정을 말한다. 예를 들면, 문제에 대한 해답의 지름길을 찾거나 개념들 또는 해결 전략들 간의 연결 고리를 발견하거나 발견한 해법을 다른 상황에 적용하는 것 등을 말한다.

따라서 수평적 수학화는 실생활의 세계를 기호의 세계로 전환시키는 단계이며 수직적 수학화는 기호의 세계 안에서의 벌어지는 현상이다. 그러나 두 세계를 명확하게 구분할 수는 없으며 두 가지 수학화의 형태는 동등한가치가 있다. 또한 수학화란 서로 다른 이해의 수준에서도 발생할 수 있다는 것이다.

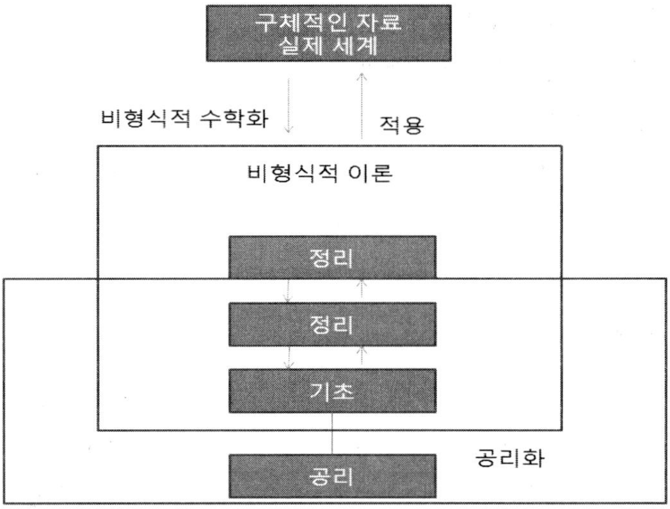

〈수학화의 과정〉

3) 실행 수학(Doing Mathematics)

교수학적 현상학의 기초가 되는 중요한 토대는 수학 그 자체를 인간의 활동으로 보아야 한다는 수학관이다. 아동의 활동과 건전한 교육과의 불가분의 관련성에 대한 통찰은 매우 오랜 인류의 학습 결과로서 동서고금을 막론하고 받아들여져 왔으며 격언화되어 있을 정도이다. (I hear, I forget - I see, I remember - I do, I understand)

그러나, 프로이덴탈이 지적하였듯이 수학자들은 무의식적으로는 기성 수학(ready-made

mathematics) 이외에 실행 수학(acted out mathematics)이 존재한다는 것을 알고 있지만, 그러한 사실은 거의 강조되고 있지 않으며, 또 비수학자들은 그것을 전혀 깨닫고 있지 못하다. 결국 수학은 일반적으로 단지 기성 산물로만 인식되어져 왔으며 형식화된 종합은 분석에 잇따른 것임에도 불구하고, 결과는 항상 기성 수학으로 제시되어 왔다.

이러한 기성 수학에 의한 교재의 구성은 수학자들이 수학의 어떤 결과를 얻기 위해 밟아온 그 일련의 과정을 학습자의 관점에서 탐구하게 하는 방식이 아닌, 소위 '현대적인' 수학적 지식을 단순히 학생들이 접근할 수 있는 언어로 바꾸어 제시하는 것일 뿐이다. 그러나 이와 같이 학습된 수학은 학생에 의해 활동으로 경험되지 않았기 때문에 그에게 새로운 사실, 현상, 탐구의 이해로 나아가게 하는 개념적 도구가 되기 어려운 것이다.

4) 안내된 재발명

프로이덴탈에 따르면 수학은 실제의 부분을 구조화하고 수학화시키는 하나의 인지적 도구이기 때문에, 이런 조직화, 구조화, 수학화되었던 과정을 재발명해 봄으로써 각 개인은 수학을 자신의 자산으로 만들 수 있다. 인간이 배워야 하는 것은 완결된 체계로서의 수학이 아니라, 활동으로서의 수학이며 이는 실제를 수학화하는 과정이며 가능하면 수학을 수학화하는 것이다.

이는 학생들이 수학자에 의해 이전에 이미 발명된 수학을 발명되던 그 방식 그대로 다시 한 번 발명하게 해야 한다는 것, 즉, 재발명하게 해야 한다는 것을 의미하고 있는 것이다. 여기에서 중요한 점은 수학의 발달이 '통찰에서 더 높은 통찰로의 계속적인 변형'의 메카니즘을 따라 이루어져 왔으며, 개인의 학습 또한 '한 수준에서 다른 수준으로의 계속적인 비약'으로 이루어진다는 역사발생적 메카니즘과 개인의 학습의 메카니즘간의 동형성의 파악이다.

프로이덴탈은 이 두 메카니즘 간의 동형성을 관찰했으며 이것으로 수학이 발달한 수학화의 메카니즘을 개인의 학습에서로 단축시켜서 동형적으로 반복시키는 재발명이 가능하다고 주장하였다. 그렇게 해 줄 수 있기 위해서는 무엇보다도, 교수 제재가 실행 수학의 모습으로 주어져야 한다는 것이 중요하다.

사실상 수학의 구조는 그것이 수학자에 의해 기성 산물로서 그 모습을 드러내기 전에는 모두 실행 수학적인 모습으로 존재했던 것이기 때문에, 학생들이 어떤 구조를 재발명할 수 있게 되기 위해서는 먼저 그 구조의 실행 수학적인 모습을 재현해 주어야 한다.

이와 같이 재발명에 의해 획득된 수학적 지식과 능력은, 보다 덜 활동적인 방법으로 획득된 것보다 더 잘 이해되고 그리고 더 쉽게 보존된다. 따라서 학생으로 하여금 근본적인 현실로부터 본질적인 것을 찾고 메세지를 감지하면서 그것이 만들어지기까지의 수학화 과정이 재발명되어야 한다는 것이다.

■ 점진적인 수학화
- 수평적 수학화
  실생활에서의 활동 ⇒ 조직화, 구조화 ⇒ 개념의 본질을 통찰 ⇒ 재발명 ⇒ 개념 형성
- 수직적 수학화
  개념이 현상 ⇒ 더 높은 수준의 개념

■ 안내된 재발명
- '통찰에서 더 높은 통찰로의 계속적인 변형'의 메카니즘
  ⇔ '한 수준에서 다른 수준으로의 계속적인 비약'
- 풍부한 맥락 ⇒ 발생과정의 인지 ⇒ 생성과정의 발전적 가능성 ⇒ 재발명 ⇒ 개념형성

5.4 실생활수학교육의 역사와 기본 철학

실생활수학교육(Realistic Mathematics Education, RME)은 네덜란드에서 1970경에 프로이덴탈과 그의 동료들이 프로이덴탈 연구소를 세우면서 시작 되었다. 현재 형태의 RME는 거의 대부분 프로이덴탈의 수학관을 통하여 정립되었다.

그는 수학이란, 실생활과 연결이 되어야 하며 인간의 존재 가치를 살리기 위해서 아동의 경험에 밀접해야 하고 우리가 사는 사회와 연관을 맺어야 한다고 느꼈다. 또한 수학은 전달되어 지는 대상이 아니라 인간의 활동으로서의 수학의 아이디어를 강조하였다. 따라서 수학시간은 아동이 수학을 행함으로서 스스로 수학을 재발명할 수 있는 안내된 기회를 제공해야 한고 하였다. 즉, 수학교육의 초점은 닫혀 진 체계가 아닌 행동을 통한 수학화 과정이라는 것이다.

1) '실생활'에 대한 오해

수평적, 수직적 수학화에 관한 명백한 설명에도 불구하고 RME는 여전히 실생활에서의 수학교육으로 알려지고 있는데, 이러한 현상이 특히 네덜란드 이외의 국가에서 두드러져 있지만, 네덜란드 내에서도 그와 같은 해석을 하는 학자들이 있다. 이러한 관점에서 보면 실생활수학이라는 명칭은 혼돈스럽다는 사실을 알 필요가 있다.

그러나 네덜란드에서 일어난 수학교육 개혁이 '실생활'이라 불리는 이유가 실세계와 연결되었기 때문이 아니라 아동들이 상상할 수 있는 문제상황과 관계있다고 하는 것일까? '상상한다'를 네덜란드어로 번역하면 '실세계로 향한다'이기 때문에 자기 마음속에 실존하는 무언가가 RME라는 이름을 붙여준 것이고, 아동에게 주어진 문제에 주는 의미는 그 문제의

맥락이 실세계에서 온 것이라는 관점이다. 동화속의 환상적인 이야기와 수학의 형식적인 세계조차 그 것들이 아동의 마음속에 실제로 존재하는 한, 어떤 문제에 적절한 맥락을 마련하게 될 것이다.

2) 초등학교에서 산술을 지도하는 방법

RME는 주제로서의 수학, 아동이 수학을 배우는 방법, 수학을 지도하는 방법을 어떤 관점으로 생각해야 되는가에 관한 이론이다. 그러한 관점은 다음 6가지의 원리를 이용하여 설명할 수 있으며 학습의 관점에서 생성된 것과 과 교수의 관점 과 밀접한 관계가 있는 것으로 나누어진다. 아래의 목록은 RME의 정체성의 일부분을 반영한 원리들을 혼합한 것이다.

① 활동 원리

수학화의 관념은 수학의 개념을 활동으로 설명하는 것이다. 아동들은 기성수학을 그대로 받아들여서는 안 되며, 그들 스스로 수학적 지식과 통찰력을 개발하는 교육의 과정에 활동적으로 동참하도록 해야 한다.

프로이덴탈에 의하면, 아동으로 하여금 과학적으로 구조화된 교육과정에 의해 만들어진 기성수학을 배우도록 하는 것은 '반 교수학적 전도'이며, 주제별로 짜여진 구조에 놓인 수학적 사고의 결과들을 직접 아동에게 전달할 수 있다는 생각은 잘못된 가설이라고 하였다. 즉, 활동원리란, 예를 들면, 아동들에게 주어진 문제 상황을 그들 스스로 비형식적인 방법으로 분수를 표현할 수 있으며, 곱셈과 나눗셈 알고리즘을 점진적으로 개발할 수 있게 되는 것을 말한다. 즉, '스스로 만들어 내기'가 RME에서 중요한 역할이 되는 것이다.

② 실세계 원리

수학교육 방법으로서의 RME의 목표는 아동으로 하여금 수학을 실세계에 적용할 수 있는 능력을 키워주는 것이다. 수학교육의 목적은 아동으로 하여금 수학적 능력과 지식을 실세계의 문제를 해결하는데 사용할 수 있도록 하는 것, 즉, 수학을 유용한 것으로 배우도록 하는 것이다. 그러나 RME에서는 실세계원리를 수학의 응용문제를 해결하는 데에 그치지 않고, 실세계를 수학학습의 자료로 인식한다.

수학이 실세계를 수학화하면서 발생한 것과 같이 수학학습 역시 실세계를 수학화 함으로써 시작되어야 한다. RME의 초기에서도 아동이 경험과 격리된 교과로서의 수학을 배우게 되면 아주 쉽게 잊을 것이며 응용할 능력도 없게 된다는 점을 강조하였다. 아동이 후에 적용할 정의나 추상화된 개념을 익히기 전에 수학적 조직이 필요한 풍부한 상황이나 수학화 될 맥락을 먼저 경험시켜서 문제를 해결하는 동시에 수학적 지식과 이해능력을 개발하도록 해야 한다.

③ 수준 원리

아동이 수학을 학습한다는 것은 주어진 맥락에 대한 해를 구하는 능력을 지닌 수준에서 스킴(scheme)화와 해를 찾는 지름길을 찾아내는 다양한 수준의 창조, 배경 원리를 통찰하는 방법을 습득하거나 더 폭 넓은 관계성을 분별하는 수준으로 나아가는 다양한 이해의 수준을 경험하는 것이다. 다음 수준에 도달하기 위해서는 수행한 활동 상황을 반영할 수 있는 능력이 있어야 하며, 반영 능력은 상호작용에 의해서 도출된다. 적절한 모델들은 비형식적이고 실생활 상황속의 수학과 좀 더 형식적인 수학과의 간극을 메우는 중요한 도구이다.

우선 아동들이 실생활과 밀접하게 연결된 전략을 세운 다음, 그 상황을 일반화하여 그 문제와 관련된 다른 문제를 해결할 수 있는 모델을 얻게 되며 결국에는 그 모델을 사용하여 아동은 좀 더 형식적인 수학 지식에 근접하게 된다. 비형식적인 수준과 형식적인 수준의 간극을 완전하게 메꾸기 위해서는 특수한 상황의 모델을 그 상황과 동등한 다른 모든 종류의 상황의 모델로 전환해야 한다.

이를 위한 중요한 점은 그 모델들은 구체적인 상황에서 도출되어야 하며 좀 더 높은 수준의 수학적 활동에 사용할 수 있도록 유연성을 지녀야 한다는 것이다. 즉, 모델들은 처음의 상황과 관련되면서 수직 수학화가 이루어지는 과정에서 아동의 발판이 마련해 주게 될 것이다. 수준원리의 힘은 위계적인 교육과정을 마련해 주며 수학적 이해도를 신장시키는 데에 있다.

RME의 특징은 선행학습과 후행학습 간의 관계에 강력한 초점을 두어서 장기간의 교육을 내다보는 점이다. 이러한 수직적 모델의 강력한 예는 수직선인데, 일학년 수준에서는 (a) 모든 종류의 세는 활동을 할 수 있는 콩 목걸이를 가지고 시작하여, 그 위의 학년에서 콩 목걸이는 (b) 덧셈과 뺄셈을 할 수 있는 수직선으로 대용하며, (c) 비와 비례 문제는 이중 수직선을 이용하고 (d) 분수막대나 백분율막대를 이용하여 분수 셈과 백분율 셈을 지도하도록 하는데 사용된다.

④ 혼합 원리

학교수학에서 RME의 특징은 학습의 흐름을 개별화시키지 않는다는 것이다. 높은 수준의 수학적 안목에서 모든 장의 수학 내용들은 분리될 수 없는 것이며, 어떤 문제 해결 상황에서는 광범위한 수학 지식을 동원해야 될 때도 있는 것이다. 국기의 크기를 재는 데에는 측적, 비, 기하학적인 지식이 필요하다.

혼합원리의 힘은 교육과정을 구성할 때 발휘되는데, 수학의 단원 간의 상호관계뿐만 아니라 단원내의 내용간의 상호관계를 유지해준다. 예를 들면, 수 감각, 암산, 어림셈, 연산 알고리즘 등은 밀접하게 관련되어 있다.

⑤ 상호작용 원리

RME에서 수학학습은 사회적 활동이다. 교육이란 아동 상호간에 자신들의 전략이나 창의적인 내용을 나누어 가지는 기회를 제공하는 것이다. 타인의 의견을 경청함으로서 자신의 전략을 개선할 수 있는 아이디어를 얻게 되며 상호작용은 아동들의 더 높은 수준의 이해를 가능하게 하는 반영능력을 북돋우게 된다.

상호작용 원리의 특징은 전체학급 지도를 가능하게 한다는 것이다. 그러나 모든 아동들이 동일한 수업을 듣고 동시에 같은 수준의 발전을 획득한다는 뜻이 아니라, 각 아동이 각자의 학습방법을 따르도록 존중해 준다는 것이다.

학습에서 이러한 관점은 종종 학급을 소집단으로 나누어 각 집단별로 수업이 이루어지는 결과가 되기도 한다. 그러나 RME에서는 학급전체를 하나의 조직으로 유지하면서 수준별 교육이 이루어지게 된다. 이를 위해서는 모든 수준의 아동들이 해결할 수 있는 문제가 준비되어야 한다.

⑥ 안내 원리

수학교육에 대한 프로이덴탈의 주요한 원리 중의 하나는 아동들에게 재발명할 수 있는 안내된 기회를 주는 것으로, RME에서는 교사와 교육프로그램은 아동들이 지식을 획득하는 방법에 결정적인 역할을 하도록 되어 있다.

교사와 교육프로그램은 아동들이 배워야 할 내용을 아동 모두에게 균일한 방법으로 설명해주는 것이 아니라, 학습과정을 조정해준다. 이것은 활동원리와 모순이 될 수도 있으며 완전한 이해를 막는 결과를 초래할 수도 있다. 그 대신, 아동들 스스로가 수학적 통찰력과 지식을 구축할 수 있는 여지를 조성해야 한다.

이러한 바람직한 목표를 달성하기 위해서는 교사는 학생으로 하여금 수학적 통찰력과 지식의 구축 과정이 떠오를 수 있는 환경을 마련해 주어야 한다. 한 가지 방법으로는, 교사는 언제, 어떻게, 아동들로 하여금 수학적 이해와 기능에 대한 안목을 만들어질 수 있는지를 예상할 수 있어야 한다.

수학교육 프로그램은 아동들의 이해를 전환시킬 수 있는 도구로서 작동시킬 수 있는 잠재력을 갖는 시나리오가 있어야 하며, 그 시나리오는 장기적인 교수-학습의 전망이 있어야 한다. 이러한 전망이 없이는, 아동의 학습을 안내하기는 불가능 하다. 안내 원리에서 RME의 교육과정의 아이디어를 만들게 된다.

5.5 형식불역의 외삽법

우리가 기존에 형성한 논리체계를 확장하여 지식을 논리적으로 확장하게 된다는 프로이덴탈의 이론으로서 다음과 같은 예를 들고 있다.

초등학교 2학년에서 구구단을 지도할 때,

$$9 \times 1 = 9$$
$$9 \times 2 = 18$$
$$9 \times 3 = 27$$
$$9 \times 4 = 36$$
$$9 \times 5 = ?$$

또한

$$4 \times 4 = 16$$
$$4 \times 3 = 12$$
$$4 \times 2 = 8$$
$$4 \times 1 = 4$$
$$4 \times 0 = 0$$
$$4 \times (-1) = ?$$

의 계산과정을 귀납적으로 자세히 관찰해 보면 답이 9또는 4씩 줄어드는 규칙을 찾을 수 있다.

6. 반 힐레의 수학학습수준

1950년대 네덜란드에서 수학을 가르치고 있던 van Hiele 부부(Pierre van Hiele와 부인 Dina van Hiele-Geldof)는 프로이덴탈의 영향으로 학생들이 도형의 여러 가지 성질을 학습하는데 어려움의 원인에 대한 연구결과 다음과 같이 학습수준이 순차적으로 발달한다는 점을 제시하였다. 1957년 van Hiele 부부는 기하학습에 대한 학생들의 이해력과 통찰력을 신장시키기 위해서 사고의 수준을 다루는 실험연구와 그에 따른 이론을 정립시켜 기하 교수·학습에서 직관의 역할과 기하학 교수법의 박사학위논문을 발표하였다. Pierre van Hiele는 심리학적 원리에 Dina van Hiele Geldof는 아동의 사고수준의 신장에 대한 현장실험에 역점을 두고 아동의 사고와 기하학(The Child's Thought and Geometry)논문을 1959년에 발표 하였다. van Hiele는 학생들의 기하학적 사고 수준이 다음과 같이 순차적으로 발달한다고 하였다.

6.1 제0수준(시각적 인식 수준 : visual level)

도형을 그 구성 요소에 대한 고려 없이 전체적으로 시각적 외관에 의해 인식하는 수준으로 도형의 성질이나 도형사이의 관계는 인식할 수 없다. 즉 생활 주변의 구체적인 물체를 고찰 대상으로 도형에 대해 초보적인 이해 수준으로 기하영역에서 가장 낮은 수준으로 모양에 의해서만 식별된다는 특징을 갖는다. 예를 들어 1학년 세모모양, 네모모양, 동그란 모양을 인식하며 그들 모양이 서로 다르다는 것을 구별할 줄 아는 정도이다. 이때 마름모를 평행사변형으로 보거나 정사각형을 직사각형으로 보지 않고 마름모와 평행사변형, 정사각형과 직사각형은 대립되어 있다. 이때 아동들은 도형을 만들고 그리기, 2차원 3차원 모양들을 함께 놓기, 집과 학교에서 도형들 찾기 등과 같은 기하학적 사물들의 전체적인 이해를 발달시키는 경험이 필요하다.

6.2 제1수준(도형의 분석적 수준 : descriptive level)

관찰과 실험을 통하여 도형의 구성요소나 성질을 분석할 수 있는 수준이다. 즉 제0수준의 도형이 고찰 대상이 되고, 성질을 고찰하는 단계로 삼각형, 사각형의 변이나 각의 개수 등이 고찰 방법이 되고 기하학적 개념의 분석이 시작된다. 예컨대 실험법(측정하기, 접기, 그리기, 모델로 조작하기)을 통해서 정사각형이 4개의 변, 그 변들은 모두 같다.

모든 각이 직각이다 등과 같은 성질을 발견한다. 그러나 도형의 성질사이의 관계성을 인식하지 못하며 명확하게 정의를 내리지 못한다. 아직 논리적으로 정리되지 않는 상태로 실험적인 방법으로만 확립되어 있다.

이 수준에서는 '모든 정사각형들은 직사각형이지만 모든 직사각형은 정사각형이 아니다.'를 설명하기 위해 연역적 추론을 사용하기 시작한다. 0수준과 1수준은 1~4학년에 해당한다.

6.3 제2수준(이론적 정리 수준 : theoreticallevel)

제1수준의 성질이 고찰의 대상이 되고, 명제나 명제간의 관계가 고찰 되는 단계로 이 수준에서 도형의 성질을 추론할 수 있고, 특정 관점에서 도형을 분류할 수도 있다. 도형의 성질이나 도형 자체의 논리적 정리가 된다. 이 때 도형의 포함관계가 이해되고 수학적 정의가 이해된다. 간단한 형식적인 증명은 가능하며 다른 사람의 증명과정을 이해할 수 있으나 연역의 의미나 공리의 역할을 이해하지 못한다. 이 수준은 초등학교 4~6학년 학습수준이다.

6.4 제3수준(연역적 추론 수준 : formal level)

제2수준의 명제가 고찰의 대상이 되고, 논리가 고찰되는 단계로 공리론적 조직 속에서 기하의 정리를 세우고 추론을 이해하고 명제의 증명이 주된 과제가 된다. 연역법의 의의가 대역적으로 이해되고 소규모의 이해에서 기하학의 이론 전체를 구성하며 발전시키는 방법으로 이해하게 된다. 이 이행을 촉진 시키는 것은 공리나 정의, 정리의 본질, 증명의 논리적 구조, 여러 개념이나 명제의 논리적 관계 등에 대한 설명이다.

이 수준은 의미와 내용이 있는 이론의 공리화, 즉 일정한 구체적인 해석에 바탕을 둔 이론의 공리화이다. 예를 들면 '두 변의 길이가 같은 삼각형을 이등변 삼각형이라 한다.'의 정의에서 '이등변삼각형의 두 밑각의 크기는 같다.'를 증명 할 줄 안다.

6.5 제4수준(논리법칙의 엄밀 수준 : nature of logical laws)

제3수준의 논리가 고찰의 대상이 되고, 추상화(적용)가 고찰되는 단계로 비유클리드 기하를 연구할 수 있고, 여러 공리들 사이에 차이점을 비교할 수도 있다. 이 수준은 고등학교의 수준을 넘는 단계로 구체적인 모형 없이 매우 추상적으로 다양한 기하를 학습할 수 있다.

대상의 구체적인 성질이나 그들 사이의 관계의 구체적 의미가 사상된다. 즉 여러 가지 구체적 해석을 떠나 발전시킨다. 이 수준에서는 기하학의 이론이 추상적인 연역체계로 구성된다.

van Hiele는 한 수준에서 다음 수준을 잘 이해하기 위해서는 다음의 5단계 교수·학습법이 적절하다고 하고 있다.

① 1단계(탐구 : information) : 초기 단계로 교사와 학생들이 학습목표를 확인하는 단계이다. 교사는 본 과정에 대하여 과거에 배운 선수학습이 무엇인지 확인하고 학생들은 주어진 과제에 대하여 관찰하고 질문하며 앞으로 어떻게 공부하는지 방향을 얻을 수 있도록 한다.

② 2단계(안내 : directed orientation) : 이 단계는 교사가 제시하는 발문으로 활동학습자료를 보며 학생들은 나름대로 과제를 탐구한다. 이 때 교사는 제시하는 자료를 학생들의 수준에 따라 다르게 한다. 예를 들면 모눈종이를 주면서 대각선이 갖은 여러 크기의 마름모를 그리게 한다든지, 4개의 각이 같은 마름모를 그리게 한다.

③ 3단계(명료화 : explicitation) : 이 단계는 학생들은 전 단계에서 경험하고 관찰한 사항에 대하여 토론한다. 이 때 교사의 역할은 학생의 토론하는 활동만을 지켜보며 어떤 설명도 하지 않는다. 예를 들면 모눈종이의 마름모의 활용에서 학생들은 자기가 한 활동에서 어떤 도형과 그 도형이 가지는 성질을 토론한다.

④ 4단계(적용 : free orientation) : 이 단계는 많은 사고가 내재되어 있는 프로젝트와 같은 과제를 제시하고 자신이 배운 지식을 종합적으로 적용해 보게 한다. 학생들은 관계의 망 속에서 일반적인 과제에 의해 자기 자신의 방법을 찾는 것을 학습하게 된다.

⑤ 5단계(통합 : integration) : 이 단계는 학생들 스스로 경험한 지금까지의 단계를 종합하고 음미하게 된다. 학생들이 교과에 관해 그리고 이제 자신들이 마음대로 할 수 있게 된 새로 형성된 관계의 망에 관해 학습한 모든 것을 개관한다. 마름모의 성질이 학생들에 의하여 종합된다.

6.6 반 힐레의 기하학습 수준 이론의 특징

- 학생들은 $n-1$ 수준을 통과하지 않고는 n 수준에 도달할 수 없다.
- 모든 학생들이 같은 속도로 각 수준을 통과하는 것은 아니다.
- 전 수준에서 사고의 수단이었던 것이 다음 수준에서는 사고의 대상이 된다.

	제1수준	제2수준	제3수준	제4수준	제5수준
사고의 대상	주변 사물	도형	성질	명제	논리
사고의 수단	도형	성질	명제	논리	

- 각 수준이 그 자체의 언어적 상징과 그 상징들을 연결하는 관계 체제를 가지고있다.
- 서로 다른 수준에서 추론하는 두 사람은 서로를 이해할 수 없다. 따라서 기하 교수에서의 주된 문제는 교사가 학생에게 가르치는 수준과 학생들의 수준의 차이로부터 발생한다. 즉 교사는 자신의 수준에서 학생들에게 설명하는데, 학생들은 교사의 수준보다 낮은 수준에서 사고하기 때문에 교사의 설명을 이해할 수 없게 된다. 이러한 상황을 극복하기 위하여 반 힐레는 교사가 학생들의 수준을 파악하고 학생들의 수준에서 지도할 것을 권고하였다. 다시 말해서 교사는 학생의 수준에서 풍부한 사고를 유발시켜야 하며, 학생들이 다음 수준으로 진행해 나가도록 지도해야 한다는 것이다.

6.7 반 힐레의 교수·학습 단계와 지도방법

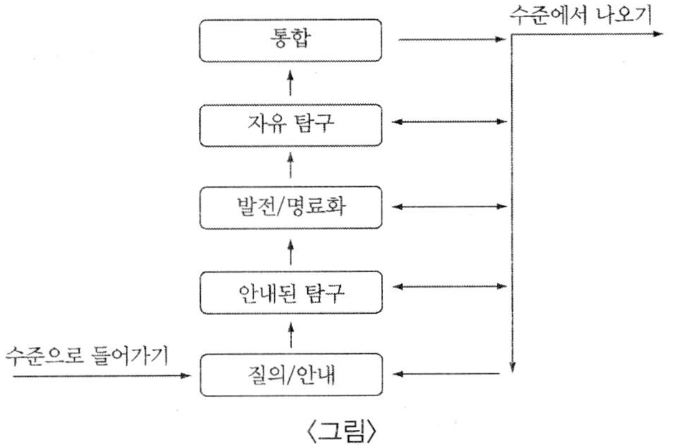

〈그림〉

① 질의·안내 단계

교사와 학생 사이의 대화를 통하여 새로운 학습 주제를 소개한다.

• 학생

제시된 자료와 필요한 논의를 통해 탐구할 분야에 친숙해지기 위한 활동을 하면서 앞으로 공부할 과제의 방향이 무엇인지 배운다.

• 교사의 역할

학습할 주제에 관한 학생의 선행지식이 무엇인지를 파악하여 학생이 새로운 주제를 이해하도록 도움을 주고 질문을 하며 관찰을 수행한다

② 안내된 탐구 단계

학생은 신중하게 계열화된 활동을 통해 새로운 학습 주제의 특징에 익숙해진다.

• 학생

교사가 제공하는 자료를 통해 학습 주제를 탐구하면서 그 진행 방향을 감지하고 탐구 분야의 구조를 점진적으로 파악한다. 교사는 학습 주제를 탐구하는 활동에 학생이 능동적으로 참여하도록 하기 위하여 조심스럽게 설명해 나간다.

• 교사의 역할

학생의 행동을 적절한 탐구로 이끌면서 학생 활동을 지시하는 것이다. 이 때 학습 주제를 탐구하는 활동에 학생이 능동적으로 참여하도록 하기 위하여 조심스럽게 설명한다. 여기에서의 대부분의 활동은 특별한 반응을 유도하는 단일의 단계 과제를 제시해야 한다.

③ 발전·명료화 단계

교사의 개입이 최소인 상태에서 자신의 개념화와 어휘를 정련시킨다. 이 단계에서는 안내된 탐구 단계에서 익숙해진 새로운 과제를 표현하는 활동을 통하여 그것을 명확히 하며 전문적인 용어를 학습한다.

• 학생

예전의 경험과 교사로부터 얻은 최소한의 힌트를 토대로 탐구 분야의 구조에 대한 자신의 견해를 표현하며, 관계 체계를 형성하기 시작한다.

• 교사의 역할

개입을 최소화하며 최소한의 힌트만 제공한다.

④ 자유 탐구 단계

• 학생

문제해결적 성격을 갖는 보다 복잡한 가제에 도전하게 된다. 학생은 여러 가지 해결 방

법을 찾아봄으로써 탐구 분야의 구조에 정통하게 되며, 그 과제를 완성한 후에 공부한 그 영역 안에서 스스로 자신의 나아갈 바를 정해서 새로운 관련성을 찾는다. 학생은 다중 단계의 과제나 여러 가지 방식으로 완수될 수 있는 과제와 접하면서 자신만의 방식을 찾는 경험을 하게 되며, 그럼으로써 탐구 대상 사이의 많은 관계들이 학생들에게 더욱 명확해진다.

• 교사의 역할

학생이 그 수준에 맞는 문제해결의 성격을 갖는 보다 복잡한 문제를 도전할 수 있도록 제공하고, 자신만의 방식을 찾도록 북돋아 준다.

⑤ 통합 단계

• 학생

자신의 관찰을 재검토하고 요약하며, 대상과 관계의 새로운 그물망을 형성하기 위해 그 동안 배운 새로운 개념과 관련성을 통합한다. 결국 학생은 탐구 활동을 개관하여 전체를 조망하게 되면서 사고 수준의 비약에 이르게 된다. 교사는 전혀 새롭거나 자연스럽지 못한 아이디어를 내놓지 않도록 주의해야 하며, 학생이 이전의 활동을 반성하고 관찰한 것을 명료하게 정리할 수 있도록 전체적인 개관을 제시하면서 돕는다.

• 교사의 역할

전혀 새롭거나 자연스럽지 못한 아이디어를 내놓지 않게 주의시키며 전체적인 개관을 제시하며 돕는다. 교사의 일방적인 설명보다 학습자 스스로 탐구하도록 분위기를 조성한다. 교사는 필요에 따라 특별한 단계에 머물 수도 여러 번 되풀이할 수도 있다.

6.8 반 힐레와 피아제의 이론

반 힐레의 학습수준은 학생들이 도형의 모양을 분류하는 방법에 관한 것으로 오해받는 경우가 있지만, 그의 학습수준은 학생들이 도형의 모양과 기하학적인 관념을 추론하는 방법에 관한 것이며, 도형의 학습수준은 학생들의 연령에 따라 상승되는 것이 아니라 교사의 지도와 학생의 경험의 산물이라는 점에서 연령에 따라 수준이 결정된다는 피아제의 인지발달이론과 대조가 된다.

7. 역사 발생적 원리

과학적 탐구 방법과 자연스런 교수 방법을 결합시킨 것으로 이해되는 발생적 방법을 크게 진작시킨 이는 16세기 영국의 철학자 베이컨(Bacon)이며, 수학 특히 기하학의 발생적인 교재 구성에서 개척자적인 역할을 한 사람은 17~18세기 불란서의 수학교사 아놀드(Arnauld)와 끌레로(Clairaut)이었다. 아놀드의 '새 기하학 원론'은 시각적인 사물을 참조하는 접근방법을 통하여 개념과 정리의 재배열을 시도한 발생적 방법에 의해, 끌레로의 '기하학의 원론'은 수학의 역사적 발달을 내용과 학습 활동의 조직에 이용한 역사 발생적 방법에 의해 구성이 시도된 첫 번째의 수학 교과서이다.

7.1 끌레로

역사 발생적 원리는 수학은 완성된 생산품으로서가 아니라 역사적 발생과정 곧, '수학화' 과정을 되밟게 함으로써 바르게 이해되고 적용될 수 있다는 생각을 바탕으로 한 것이다.

7.2 해켈(Haekel)

역사 발생적 원리의 인식론적 바탕은 개체발생이 계통발생을 단축된 형태로 반복한다는 생물학적 원리 곧, 다원주의자인 해켈이 제기한 '재현의 원리'이다. 곧, 개인의 수학적 사고의 발달은 수학이 역사 자체를 따른다는 것으로 오늘날 역사 발생적 원리는 여러 학자들에 의하여 여러 가지로 형식화되어 옹호되고 있다.

7.3 프로이덴탈(Freudenthal)

그가 제안한 '안내된 재발명' 방법은 수학이 역사적 발달 과정의 통찰에 의해서 획득된 지식이 점진적으로 형식화되면서 보다 고도의 기능과 통찰이 획득되어 간 과정이며, 수학 교육학의 주요 문제의 하나는 그러한 '점진적인 형식화 과정'을 수학 교육에 이용하는 방법에 관한 연구라고 말하고 있다.

수학교과의 각 단원 도입부분의 '생활에서 알아보기'는 프로이덴탈의 이론에 따른 것이다. 어떤 내용을 역사 발생적으로 지도한다는 것은 그 내용이 발생된 순서대로 교재가 구성되어야 한다는 뜻이 아니라 수학이 훌륭한 교사의 지도 아래 어떻게 발생되는가를 역사에서 미루어 찾고 그러한 방법에 따라서 지도하고자 하는 것이다. 발명가의 발자국을 따라가는 것이 아니라 실제의 발명 과정보다 개선되고 잘 인도된 과정을 따라야 한다는 것이다.

CHAPTER 05 오류 처방지도의 이론과 실제

처방지도의 목적은 진단평가를 바탕으로 도출한 인식론적 장애에 따른 오류 유형별로 각각의 학생을 개별적으로 지도하는데 있으며, 학급전체를 지도하는 것과 강도에 있어 차이가 있다. 처방지도의 이차적인 목적은, 더 중요한 목적일 수도 있지만, 정상적인 교실에서의 학습지도와 점차 연합될 수 있는 처방지도의 방법을 보여주는 것이다.

이 장에서는 제 III장에서 도출한 진단 결과를 근거로 하여 아동이 지니고 있는 오류를 교정할 수 있는지를 계획하고, 그 다음 단계는 조작교구를 활용한 면담을 통한 처방지도 방안을 알아보기로 한다.

아동이 오류는 범하는 이유는 다양하지만 가장 중요한 원인은 수학의 개념 자체에 기인하는 인식론적 장애이다. 따라서 고대로부터의 수학자체가 품고 있는 어려움으로 인하여 아동들이 겪고 있는 인식론적인 장애의 요인을 극복하기 위하여, 수학적 개념의 역사발생을 소개하고 그에 따른 처방지도 방안을 영역별로 알아보기로 한다.

또한 처방지도의 필수적인 요소는 적절한 시기에 적합한 교구를 사용하는 것이다. 따라서 학생의 오류를 처방하는 모든 과정에서 교사가 수학개념과 기능을 지도하는데 가장 유용하다고 생각되는 학습 보조 자료의 사용법을 설명하기로 한다.

❑ 처방지도의 방안 안내

III장에서 도출한 오류유형에 따른 처방지도 방안은, 오류유형과 관련된 처방지도이론 부분에 아래의 예와 같이 제시하였다.

처방 코드번호 : 1070
주제 : 0과 자연수－사칙연산

오류 유형 : $3 \times 0 = ?$

프로이덴탈의 형식불역의 원리에 따라서 다음과 같이 지도한다. (IV장1.5.5절 참조)

$$3 \times 4 = 12$$

$$3 \times 3 = 9$$

$$3 \times 2 = 6$$

$$3 \times 1 = 3$$

의 형식에 숨겨진 원리 즉, 곱하는 수가 4, 3, 2, 1 등 1씩 작아질 때 마다 곱셈결과는 3씩 작아진다는 원리를 적용하여 곱하는 수를 0까지 확장한다. 따라서

$$3 \times 0 = 0$$

1. 수와 연산 영역

이 절에서는 초등학교 수학과 교육과정의 수와 연산 영역에 나오는 개념의 역사발생과 그에 따른 처방방안을 알아보기로 한다.

1.1 수

초등학교 교육과정에서 수는 자연수, 0, 분수, 소수까지를 다루고 있다.

1.1.1 자연수

1) 자연수의 발생

원시 인류들은 사물의 개수를, 동굴 벽에 나뭇가지로 선을 긋거나 동물 뼈에 선을 긋는 방법과 신체의 부분(손가락, 발가락, 몸)을 사람이나 사물 등의 온전한 개체와 일대일 대응을 시켜가면서 세기 시작하였다.

① 선 긋기(tallying)

원시동굴의 벽에는 수렵도 등의 벽화와 더불어 막대기로 선을 그어놓은 자국(//////…)을 볼 수 있다. 즉, 그들은 사물 한 개에 선 한 개를 일대일 대응시켰던 것이다. 후에 한자문화권에서는 '正'자를 사용하여 개수를 세었다. 오늘날에도 선거 때에 개표과정에서 선 긋기를 사용하는 모습을 볼 수 있다.

② 신체부분셈법

신체를 이용하여 셈을 하는 방법은 다양하며, 대표적인 방법은 손가락과 발가락을 이용하는 것이다. 또한 현재에도 원시생활을 그대로 영위하고 있는남태평양에 있는 파푸아 뉴기니아 섬의 옥삽민(Oksapmin)부족은 신체를 이용하여 셈을 한다. 이들은 27진법을 사용하며, 표현 방식은 다음과 같다.

신체	(왼) 엄지	(왼) 검지	(왼) 중지	(왼) 약지	(왼) 소지	(왼) 손목	(왼) 하박	(왼) 팔꿈치	(왼) 상박
숫자	1	2	3	4	5	6	7	8	9
신체	(왼) 어깨	(왼) 목	(왼) 귀	(왼) 눈	이마	(오른) 눈	(오른) 귀	(오른) 목	(오른) 어깨
숫자	10	11	12	13	14	15	16	17	18
신체	(오른) 상박	(오른) 팔꿈치	(오른) 하박	(오른) 손목	(오른) 소지	(오른) 약지	(오른) 중지	(오른) 검지	(오른) 엄지
숫자	19	20	21	22	23	24	25	26	27

그런데 이 두 가지 방법은 교육을 받지 않은 자연 상태에서 인간이 습득하여 사용했기 때문에 독일의 수학자 크로네커(L. Kronecker, 1823~1891)는 '자연수는 신이 인간에게 준 선물'이고 나머지 수는 인간이 필요에 의해서 만든 수라고 하였다.

2) 자연수의 뜻

위에서 알아 본 바와 같이, 자연수는 온전한 개체를 세는 수이며, 여러 개의 온전한 개체를 하나의 수에 대응시키는 집합수이다. 따라서 '그 개체가 무엇인가'라는 구체적인 현상은 무시하고 각각의 개체(단위)가 몇 번 있는가를 표현하는 수를 자연수라 한다. 즉, 자연수는 '단위의 몇 배' 라는 추상적인 개념이다. 자연수는 온전한 개체를 세는 셈(counting)수, 건물의 층수, 서열 등를 나타내는 수 순서수, 집합의 원소의 개수를 나타내는 집합수, 수를 신성시 했던 수비주의의 관념이다.

3) 자연수의 본질

자연수의 4가지 관념 중에서 본질은 자연수의 발생 상태에 나타난 셈수이다.

4) 자연수의 성격

자연수는 기수적 성격과 순서수적 성격의 두 가지가 있다.

① 기수

자연수는 사람 7명, 연필 7자루, 노트 7권 등과 같이 양의 크기를 나타내는 데 사용된다.

이것을 계량수 또는 기수(cardinal number)라고 한다.

② 서수

자연수는 어떤 집단에서, 첫 번째, 두 번째, 세 번째, … 등과 같이 순서를 나타내기 위해서도 사용된다. 이것을 순서수(ordinal number)라고 한다.

자연수를 수로서 체계화하여 연역적으로 논하기 위해서는 자연수를 공리계에 의하여 규정지을 필요가 생기게 된다. 자연수를 규정하는 공리계는 여러 가지가 있으나, Peano의 공리를 가장 많이 사용한다.

5) Peano의 공리

① 1은 자연수이다.

② 임의의 자연수 x에 대해서 x의 후자 x'가 꼭 하나 있고, x'도 자연수이다.

③ $x'=1$ 되는 자연수는 존재하지 않는다.

④ $x'=y'$ 이면 $x=y$이다.

⑤ (귀납공리) M을 다음 조건을 만족시키는 공집합이 아닌 자연수의 집합이라고 한다.

(ⅰ) 1은 M에 속한다.

(ⅱ) x가 M에 속하면 x'도 M에 속한다.

이 때, 모든 자연수는 M에 속한다.

이것은 자연수의 순서수적 성격을 주장하여 공리계로서 정리한 것이다. 여기서 사용되고 있는 1, 자연수, 후자는 무정의용어이다.

우리들이 지금까지 알고 있었던 자연수 집합 $\{1, 2, 3, \cdots\}$을 $\mathbb{N}$라고 하면 $\mathbb{N}$는 위의 공리를 만족시킨다. 위의 공리계를 만족시키는 원소들의 집합을 그 내용이 무엇이든 간에 자연수의 집합이라고 한다.

6) 수비주의(number mysticism)

고대의 수론은 메소포타미아와 고대 이집트인들에 의해서 발전되었으나, 그에 관한 이론을 정립한 사람은 피타고라스학파이다. 그들은 '만물은 (자연)수이다'라는 신념을 가지고 수를 신비로운 대상으로 여겨, 자연수에 다음과 같은 의미를 부여하고 있었다.

1 : 이성, 2 : 남자, 3 : 여자, 4 : 정의, 5 : 결혼 등

① 게마트리아(Gematria) 방식

고대 그레코로만(Greco-Roman)시대[5]에는 자연수에 온갖 세상의 의미를 부여하고, 알파벳에 수를 대응시켜서 모든 문장을 수열로 표현하였다. 즉, 글자를 숫자로 바꾸고, 글자에 대응하는 수를 더해서 단어 또는 문장을 수로 해석하는 방법으로서, 게마트리아(Gematria) 방식에 의하면 히브리어(중동지방의 언어)인 ג , ב , א, … 또는 헬라어(그리스어)인 $\alpha, \beta, \gamma, \delta, \cdots$ 또는 라틴어(영어)의 알파벳문자 A, B, C, D… 에 각각 아래의 표와 같이 자연수 1, 2, 3, 4, … 을 부여해 문자와 단어를 수치화하여 어떤 의미를 찾아보는 것을 말한다. 즉, 한 낱말을 구성하는 문자들의 수를 모두 더하여 다른 낱말의 수와 같게 된다면 그 두 낱말은 상호 관련이 있으며, 이를 통해 그 낱말들의 숨겨진 의미를 알 수 있다는 방법론이다. 당시 로마 시민권이 있는 사람들은 우리나라의 주민등록번호와 같은 게마트리아 방식에 따른 고유번호를 가지고 있었다고 한다.

수	발음	히브리문자	그리스문자	영문자
1	*Aleph*	א	α	A
2	*Bet*	ב	β	B
3	*Gimel*	ג	γ	C
4	*Daled*	ד	δ	D
5	*Heh*	ה	ϵ	E
6	*Vav*	ו	ζ	F
7	*Zayin*	ז	η	G
8	*Het*	ח	θ	H
9	*Tet*	ט	ι	I
10	*Yud*	י	κ	J
20	*Kaf*	כ	λ	K
30	*Lamed*	ל	μ	L
40	*Mem*	מ	ν	M
50	*Nun*	נ	ξ	N
60	*Samech*	ס	o	O
70	*Ayin*	ע	π	P
80	*Peh*	פ	ρ	Q
90	*Tzady*	צ	σ	R
100	*Koof*	ק	τ	S
200	*Reish*	ר	υ	T
300	*Shin*	ש	ϕ	U
400	*Taf*	ת	χ	V
500	*Kaf*	ך	ψ	W
600	*Mem*	ם	ω	X
700	*Nun*	ן		Y
800	*Peh*	ף		Z
900	*Tzady*	ץ		

5) B.C. 332~ A.D. 395 까지를 말하며, 고대 그리스의 문화가 로마제국의 군사력에 힘입어 전 세계로 확장하던 시대이다. 레스링 경기방식에 자유형과 그레코로만형이 있으며, 그레코로만형은 그 시대의 그리스군과 로마군들의 씨름방식이다.

예 666 : 짐승의 수(number of beast) 또는 로마황제 네로(Nero) 또는교황 레오 10세(Leo X) 등

7) 자연수의 지도

자연수의 본질이 셈수이므로 단위의 첨가로 지도해야 한다.

예 3의 지도 : 

8) 수모형

십진법으로서의 자연수와 그들의 사칙연산을 지도하는 데에 가장 적절한 교구는 수모형(base ten blocks)이다. 수모형은 다음과 같이 4가지의 블록으로 구성되어 있다.

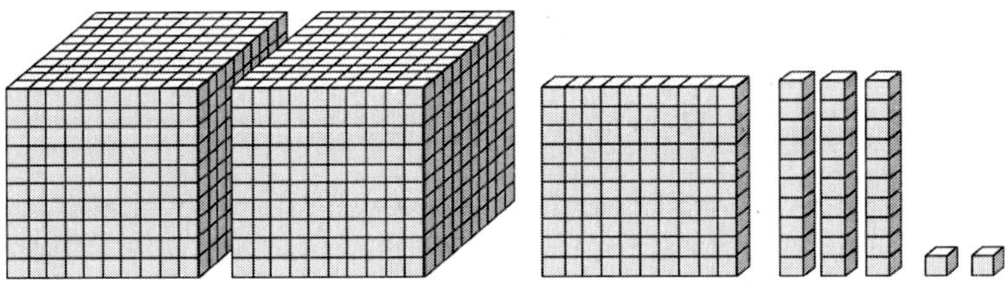

천 모형 백 모형 십 모형 낱개모형

9) 자연수에 관한 Piaget의 연구

학습은 인지발달과 보존개념의 발달수준에 따라 학습이 있을 때 일반화의 가치가 있고 전이효과가 있으며 파지력이 생긴다고 한다. 보존개념은 어릴수록 형태나 위치 등과 같은 지각적 속성에 주로 의존하고 나이가 많아질수록 수량, 무게, 체적 등과 같은 추상적 개념에 의존한다.

① Piaget의 수 보존개념

수의 도입이전에 수량보존개념이 형성되어야 하는데 이는 6~7세쯤 되어야 가능하다. 이때 교사는 관심, 흥미, 욕구를 일으킬 수 있는 환경을 조성해 주어야 한다. 수 보존개념의 이해는 논리적 사고력의 중요한 형태로 다른 인지활동을 위해 핵심적인 역할을 한다. 아동이 한 집합의 원소의 수를 세고 원소의 숫자를 짝지을 수 있다고 해서 수 개념이 형성되었다고 할 수 없다.

㉮

A ○ ○ ○ ○ ○ ○ ○
B ○ ○ ○ ○ ○ ○ ○

⇒

㉯

C ○ ○ ○ ○ ○ ○ ○
D ○○○○○○○

㉮를 보고 A와 B의 구슬의 개수가 같다는 한 학생이 ㉯를 보고 C와 D의 원소가 다르다고 한다면 그 학생은 수의 보존개념이 형성되지 않는 학생이다.

② Piaget의 셈수의 세 가지 수준

수학에서 대소 관계는 중요한 개념이다. 수 도입 이전에 '똑같다', '더 많다', '더 적다' 등은 아동에게 제공되는 첫 질문이다.

- 기계적 암기인 셈 수
  첫 번째 수준은 하나, 둘, 셋, … 차례대로 셀 수 있다고 말하는 단계로, 수사와 사물을 연결시키지 못하고 세는 것만 집착하여 의미 없이 세는 수준을 말한다. 아동은 기계적인 암기에 의해서 셈수를 말하게 된다.
- 합리적인 셈 수
  두 번째 수준은 직관적으로 1대1대응 혹은 짝짓기는 할 수 있지만 구체물–수사–숫자 사이의 관계를 파악하여 수의 동치 개념을 형성하지 못하고 구체물과 수사를 1대 1대응을 시키면서 세는 단계이다. 구체물의 배열이나 공간에 따라 정확하게 셀 수 없는 단계로 완전한 이론은 갖지 못하고 부분적인 논리로서 시행착오에 의해 문제를 해결해간다.
- 영구적 동치인 셈 수
  세 번째 수준으로 수의 보존성 또는 불변성에 대한 논리를 바탕으로 셈 수를 논리적으로 조작할 수 있는 단계이다. 이때부터 보존문제에 있어서 지각적인 판단에 의존하지 않고 인지적, 논리적 사고에 의해 결정을 내리게 된다. 수의 보존성은 7세에 가능하지만 명석한 아동은 5세에 형성된다고 본다.

③ Piaget의 수의 합성과 분해의 3가지 수준

"사탕 8개를 어제는 4개 오후에 4개를 먹었고, 오늘은 오전에 1개 오후에 7개를 먹었다"는 문제를 제시하고 이틀 동안 먹은 사탕의 개수가 같은지를 조사하였다.

○ ○ ○ ○ ○ ○ ○ ○ (오전) (오후)	○ ○ ○ ○ ○ ○ ○ ○ (오전) (오후)
(어제)	(오늘)

- 1수준–오늘 더 많이 먹었다(6.5세~7세 아동) 수준으로 두 집합을 동시에 생각 할 수 없고 그들 중 많은 것에만 관심을 가지는 단계
- 2수준–1대1 대응 또는 기계적인 셈을 이해하는 수준으로 시행착오에 의한 직관적인 셈을 할 수 있는 단계, 분명히 이해하고 답을 하는 단계는 아님
- 3수준–구체물의 조작 없이 4+4와 1+7은 같다고 즉각 대답하는 단계로 7세부터 가능

10) 숫자

수는 추상적인 개념이며, 그 개념을 기호로 나타낸 것을 숫자라고 한다. 숫자는 각 나라마다 독창적으로 만들어 사용해 왔으며, 그 중 현재 세계적으로 가장 많이 쓰이는 숫자는 로마 숫자와 인도－아라비아 숫자이다.

① 인도－아라비아(Hindu-Arabic) 숫자(십진법)

숫자 1, 2, 3, 4, 5, 6, 7, 8, 9, 0 은 인도인들이 만들었으며, 아라비아 상인들이 유럽에 전파하여 유럽인들이 아라비아 숫자라고 이름을 붙였으나 현대에는 인도－아라비아(Hindu-Arabic) 숫자 라고 부른다.

② 로마 숫자 (5진법)

규칙 : 오른쪽에 숫자를 덧붙이면 더한다는 의미이며 왼쪽에 숫자를 덧붙이면 뺀다는 의미입니다. 1～3, 6～8은 오른쪽에 덧붙여서 표기하고 4와 9는 큰 숫자의 왼쪽에 덧붙여서 표기하며, 기호는 7개를 사용한다.

1 = I	5 = V	10 = X	50 = L	100 = C	500 = D	1000 = M

③ 로마숫자와 인도－아라비아 숫자의 비교

인도－아라비아 숫자	1	2	3	4	5	6	7	8	9	10
로마 숫자				IV	V					X
인도－아라비아 숫자	11	12	13	14	19	20	40	50	60	90
로마 숫자					XIX	XX		L	LX	
인도－아라비아 숫자	400	600	900	1000	2000					
로마 숫자										

[참고] 아래의 예를 보면 사칙연산을 할 때, 인도－아라비아 숫자와 로마숫자의 차이점을 알 수 있다.

```
  XXX IV          34
× XX VIII       × 28
```

1.1.2 0(영)

1) 0의 발생

① 0은 인도에서 처음으로 사용한 수로 처음에 점(·)으로써 나타냈고, 계산판에서 빈자리

를 표시로 0을 고안했다. 그러나 이것은 그리스 시대에는 수로 인정하지 않았다. 영을 최초로 인정한 사람은 인도의 브라마굽타(Brahmagupta, 598?)이다. 현재 사용하고 있는 0의 정확한 기록은 서기 876년 인도에서 쓰인 것이 처음이다.

② 0을 도입하게 되어 인도−아라비아(Hindu-Arabic) 숫자 체계는 십진법으로 완성되었다. 그리고 당시에 유럽에서 사용하던 5진법으로 구성된 로마숫자보다 월등하게 계산속도가 빨랐기 때문에 인도−아라비아 숫자를 이용하기 위하여 학교교육에서 모든 나라가 십진법을 택하게 되었다.

③ 0은 0이외의 모든 수로 나누어지고 몫은 언제나 0자신이다. 0 이외의 모든 수는 0으로 나눌 수가 없고(불능), 0을 0으로 나누는 것은 무의미하다. 즉 0은 다음과 같은 성질이 있다.

- 양의 크기가 없는 공집합을 나타내는 0
- 수의 자리 잡기를 나타내는 0
- 수직선상에서 기준 점을 나타내는 0

처방 코드번호 : 1010
주제 : 0과 자연수−기초개념 오류 유형 : 0의 성질에 따른 오류 0은 수의 자리 잡기를 나타낸다. 따라서 자리 잡기와 관계없는 모든 수의 왼쪽 앞의 0은 의미가 없으므로 0030은 30으로 적는다.

2) 10진법의 사용

로마제국이 유럽을 제패한 이후로 유럽에서는 로마숫자를 사용하고 있었다. 그 후, 비단길을 따라 동서양을 오가며 장사하던 아라비아 상인들이 유럽에 들여온 인도−아라비아 숫자의 편리함과 빠른 계산속도로 인하여 인도−아라비아 숫자를 사용하게 되었으며, 1585년에 스테빈(S. Stevin, 1548∼1620) 등이 십진법으로 소수(decimal fraction)를 고안한 후, 1799년에는 프랑스과학원에서 십진법으로 구성된 표준 척관법인 미터법을 제정하여 세계의 모든 국가에서 십진법과 미터법을 사용하게 되었다. 그러한 이유로 자연수 셈은 원시시대의 '하나씩 세가는 (counting)셈법'에서 문화인의 '십진셈법(decimal system)'으로 자리를 잡았다.

- 10진수 : 사회적 약속으로서의 자연수이다.
- 0이 도입된 이후에 3×0과 $\frac{3}{0}$, $\frac{0}{0}$ 등의 의미를 이해하는 문제가 발생

3) 십진법의 지도

지금도 남녀노소를 막론하고 사물의 개수를 세는 방법은 하나씩 차례로 세는 것이다. 그러나 인도-아라비아 숫자를 이용한 십진법 계산이 속도가 제일 빠르며 세계 공통의 척관법 역시 십진법으로 구성된 미터법을 사용하고 있으므로 십진법으로 수를 세는 방법을 지도하고 있다. 그런데 아래와 같이 수 세기를 하는 아동은 십진법을 알지 못하는 상태이며, 괄호 속의 수를 '이십 십, 이십 십일'로 읽을 것이다.

25, 26, 27, 28, 29, (210), (211), …

처방 코드번호 : 1020

주제 : 0과 자연수-기초개념

오류 유형 : 일 열 개와 십 한 개는 다르다는 사실을 알지 못한다.

1학년 아동에게는 동화책에 등장하는 난쟁이와 거인, 마법 등을 소재로 일의 자리와 십의 자리의 개념을 도입한다.

-난쟁이 열 명이 모이면 마법이 걸려서 거인이 된다.

-난쟁이는 난쟁이 나라에서만 살아야 하며 거인은 거인 나라에서만 살아야만 하는 이유를 설명해 준다.

-난장이 9명이 살고 있는 곳에 난장이 1명이 놀러 와서 난쟁이가 열 명이 되면 거인으로 "펑" 소리와 함께 변하여 그 거인은 거인나라로 가서 살아야 한다.

거인 나라	난쟁이 나라

⇩

거인 나라	난쟁이 나라

이 사실은 다음과 같다.

거인	난쟁이
1 명	

지금까지 이야기를 수모형으로 표현해 봅시다.

십	일
	□ □ □ □ □ □ □ □ □

□

⇩

십	일
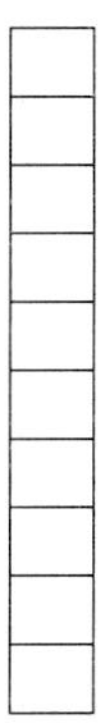	

⇩

십	일
1	0

-약속하기

9보다 1 큰 수는 10 으로 적고 십이라고 읽는다.

4) 미터법

① 미터(meter)

1미터는 원래 북극점에서 적도까지의 거리의 1,000만분의 1로 정하였다가, 1793년에는 적도길이의 4,000만분의 1로써 정의되었다. 1889년 미터는 백금-이리듐 막대의 두 지점사이의 거리로써 고정되었다. 그러나 과학자는 이와 같은 정의가 백만분의 1보다 더 정확할 수 없기 때문에 만족하지 못했다. 1983년 미터는 또 다시 시간과 길이와 연관시키는 방법으로 재정의 되었다. 즉, 공간에서 빛이 1초 동안 진행한 거리의 299,792,458분의 1로 미터를 정의하였다.

② 리터(Liter)

프랑스과학원에서 가로, 세로, 높이가 10cm인 정육면체의 부피를 1L로 정하였다.

③ 그램(gram)

1795년에 생물학자들에 의해서 물은 섭씨 3.98° 상태에서 가장 비중이 크다는 사실이 밝혀진 후, 섭씨 3.98° 상태의 순수한 물 1cc(cm^3, cubic centimeter)의 무게를 1g으로 정하여 1799년에 열린 파리조약 때부터 유럽전체의 공통척관법으로 채택하였다. 길이와 무게의 더 큰 단위와 더 작은 단위는 10진법으로 정하였다.

1.1.3 음의 정수

1) 음수의 역사발생

고대 중국의 상인들이 매일 이익을 본 금액을 검정 글씨(흑자)로, 손해를 본 금액을 빨간 글씨(적자)로 장부에 기록한 것이 최초의 양수, 음수 관념이었다. 그러나 그들은 흑자와 적자를 이용하여 사칙연산을 하는 방법을 고안하지는 못하였다. 그 후, 일상생활에서의 필요성이 아닌 논리적인 필요에 의해서 음수를 수로 인정하게 되었다. 즉, 자연수끼리의 뺄셈이나 방정식 $x+3=2$ 등의 해가 0과 자연수에는 존재하지 않기 때문에 의도적으로 도입한 수가 음수이다. 즉, 음의 정수는 모든 등식이 성립하도록, 모든 방정식이 근을 갖도록 인위적으로 인간이 고안하여 사용(1530년 경)한 수이다.

2) 음수의 본질과 연산

① 음수의 본질

0이 무의 상태를 나타낸다면, −1은 0 보다 적은 양을 나타내는 수이므로 실생활에서 존재하지 않는 수이고 다만 형식적인 수이다.

② 음수의 연산

자연현상은 대부분이 대칭적이다. 음수의 도입으로 수의 집합이 대칭을 이루게 되었고, 자연 현상을 표현하고 이해하고자했던 수학에 대칭구조(덧셈 군)를 만들게 되었다. 그러나 음수끼리의 연산, 특히 곱셈과 나눗셈은 많은 수학자의 350년에 걸친 노력에도 불구하고 실생활에서 정당성을 찾지 못하고 1872년 독일 수학자 한켈(H. Hankel, 1839~1873)은 음수의 연산은 형식적으로 정의될 수밖에 없다고 결론지었다. 그러나 이러한 형식적인 연산을 계기로 벡터와 사원수 등으로 수가 확장 되었으며 수학에서 아주 중요한 분야인 선형대수의 출현을 맞이하게 된다.

1.1.4 분수

1) 분수의 역사발생

원시시대부터 인류는 어떤 물건의 길이나 무게 등을 측정할 때, 신체의 일부분을 단위로 사용하였다. 그런데 그 물건의 길이나 무게가 주어진 단위의 정수배로 측정되지 않는 경우에는 더 작은 단위를 새로 정하여 사용하게 되면서 자연수를 포함하는 수의 확장이 필요하게 되었다. 따라서 분수는 4대 문명의 발상지에서 모두 사용되었지만 문헌에 나타나 있는 것은 고대 이집트의 린드 파피루스(Rhind Mathematical Papirus)에 쐐기문자로 기록된 단위 분수($\frac{2}{3}$를 포함)가 최초의 분수이다. 화폐가 없던 청동기시대(B.C. 3000년경)에 물물교환을 하면서 물건의 값을 나타내기 위해서 단위 분수가 사용되었다. 즉, 자연수끼리의 비(ratio)의 값을 나타내고자한 것이다. 또한 이집트인들은 모든 분수는 서로 다른 단위분수 몇 개의 합으로 표현될 수 있다고 추정하였다. 예를 들면 $\frac{2}{5}$는 $\frac{1}{3}+\frac{1}{15}$로, $\frac{7}{29}$는 $\frac{1}{6}+\frac{1}{24}+\frac{1}{58}+\frac{1}{87}+\frac{1}{232}$로 표현된다(Gillings, 1972). 그러나 이러한 추정을 뒷받침하는 당시의 기록은 발견되지 않았고, 1202년에 이르러 피보나치가 “0과 1 사이의 모든 분수는 서로 다른 단위분수의 합으로 표현될 수 있다" 라고 증명하였다.고대 이집트에서는 피라미드의 기울기를 분수를 이용하여 결정하였기 때문에 사방의 기울기를 똑같게 피라미드를 축조할 수 있었다. 그 후에는 정수계수 일차방정식 $ax = b, a \neq 0$의 해를 표현하기 위해서 오늘날과 같은 기호인 분수 $\frac{b}{a}$를 도입하였다.

2) 분수의 뜻

분수라는 용어는 '조각으로 쪼개는 활동'이라는 fractio라는 라틴 단어에서 유래된 말이다. 분수는 연속량인 용량, 길이, 무게, 면적이나 같은 크기의 부분의 개수로 측정의 기본 단위를 나눌 수 있는 양을 나타내거나, 이산량인 사물의 개수의 비를 나타내는 데에 사용된다.

① 분수 $\frac{a}{b}$의 해석

분수 $\frac{a}{b}$는 이산량과 연속량에 대하여 다음과 같이 해석할 수 있다.

- 이산량인 경우
  - 사과 b 개중 a 개
  - 길이가 b인 막대에 대한 길이에 대하여, a인 막대의 길이
- 연속량인 경우
  - 단위 정하기(예를 들면, 한 컵, 1m, 패턴블럭의 육각형의 넓이, 피자 한판)
  - 단위를 일정한 크기로 b개로 쪼개어짐을 이해하기
  - a는 단위에 대한 부분의 개수임을 이해하기
- 이때 정수 b를 분수의 분모라 하며 명명자라는 뜻의 라틴어 denominare라는 말에서 유래되었다. 정수 a는 분자라 하며 '수'라는 뜻의 라틴어 numeros에서 유래되었다.

② 분수의 정의

분수는 $b \neq 0$이 아니고 $\frac{a}{b}$로 표현되는 정수 a와 b의 순서쌍이다. 정수 a는 분수의 분자이고 정수 b는 분수의 분모라고 한다. 이 정의는 분자와 분모가 음수의 범위까지 허용됨을 나타낸다. 예를 들어 $\frac{-3}{-8}, \frac{-4}{-12}, \frac{31}{-4}, \cdots, \frac{0}{1}$과 같은 모두 분수이다.임의의 정수 m을 분수 $\frac{m}{1}$으로 인식하고, 대개의 경우, 분모 1은 생략한다.

③ 분수의 본질

분수의 발생은 역사발생에 나타난 바와 같이 두 자연수 a,b의 비의 값 즉, $a:b = \frac{a}{b}:1$이므로, 분수의 본질은 자연수의 비(比, ratio)의 값이다.

- 등분할의 분수, 몫의 분수, 전체 부분, 측정 도구로서의 작용소(operator)의 성질이 있다.

처방 코드번호 : 1100
주제 : 분수－개념 오류 유형 : 이산량의 분수 아래의 그림은 바둑돌 12개를 세 묶음으로 나누어 놓은 것이다. 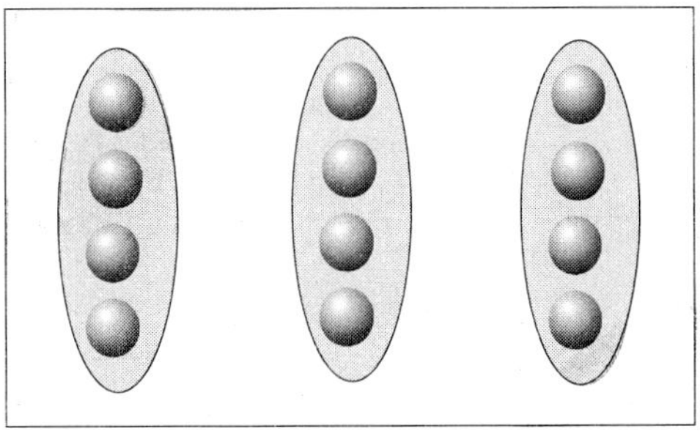 따라서 이 그림은 $12 \div 3$을 나타내는 것이므로, 분수로 나타내면 몫의 분수로서 $12 \div 3 = \frac{12}{3}$ 이다.

④ 분수의 모델

초등학교에서 활동적이고 시각적인 표현을 활용하여분수개념을 설명하기 위해서는 색칠된 영역, 집합 모델, 분수 막대, 수직선 모델, 퀴즈네어 색막대를 활용한 표현 등이 있다.

• 색영역

선택된 도형은 1을 나타내고 같은 크기의 부분영역으로 세분된다. 부분 영역의 몇 부분을 색칠하면서 분수를 이해한다. 색영역 모델은 넓이 모델이라고도 한다.

• 분수 타일

분수의 기본 개념은 다양한 조작 자료를 통해 가장 잘 가르쳐진다. 이러한 것들은 교육지원 업체로부터 구입하거나 패턴을 인쇄하거나 분수카드모음(cardstock)을 잘라서 만들 수 있다. 상업적으로 만든 조작 자료는 주로 2, 3, 4, 6, 8, 12의 분모로 다양하게 세분할 수 있는 정사각형, 원, 직사각형, 몇 가지의 다른 도형을 단위원으로 한 색칠된 플라스틱이 있다. 보통 이 도형은 OHP 프로젝터에 투영하기 위하여 반투명 플라스틱을 사용할 수 있다. 아래 활동에서, 분수 타일 세트를 만들어서 사용하면 된다.

〈지도방법〉

예를 들면, B 타일을 1로 잡으면 D 타일이 분수 $\frac{1}{2}$을 나타내는데 이는 2개의 D 타일과 1개의 B 타일을 비교를 통해 증명할 수 있다. 같은 방법으로 1개의 A 타일은 2를 나타내고 $\frac{2}{3}$는 2개의 E 타일이나 1개의 C 타일로 나타낼 수 있다.

• 집합모델

분수의 단위는 유한집합인 U이다. U의 원소의 개수를 $n(U)$로 나타낸다. U의 부분집합 A를 분수로 표현하면 $\frac{n(A)}{n(U)}$이다. 예를 들면, 사과 10개의 집합에 3개의 벌레 먹은 사과가 포함되어 있다. 따라서 우리는 사과의 $\frac{3}{10}$이 벌레 먹었다고 말할 수 있다. 분수의 집합모델은 확률에서 특히 유용하다는 것을 알 수 있을 것이다. 10개의 사과에서 사과를 무작위로 꺼내면 벌레 먹은 사과의 확률은 $\frac{3}{10}$이다. 집합모델은 이산모델이라고도 불린다.

• 수직선 모델

0과 1사이의 길이가 결정되면 수직선상에 모든 점과 정수가 대응된다. 0에서부터 1사이의 선분의 길이가 단위이며 또한 연속된 두 정수 점의 사이의 거리가 1이다. 그 수직선상에 각 단위를 2, 3, 4,⋯ 등으로 등분하여 분수를 표현한다.

3) 분수 나타내기

분수를 나타내는 방법과 교구는 다양하다. 여기에서는 원과 퀴즈네어 색 막대로 분수를 나타내는 방법을 알아보기로 한다.

• $\frac{2}{3}$ 나타내기

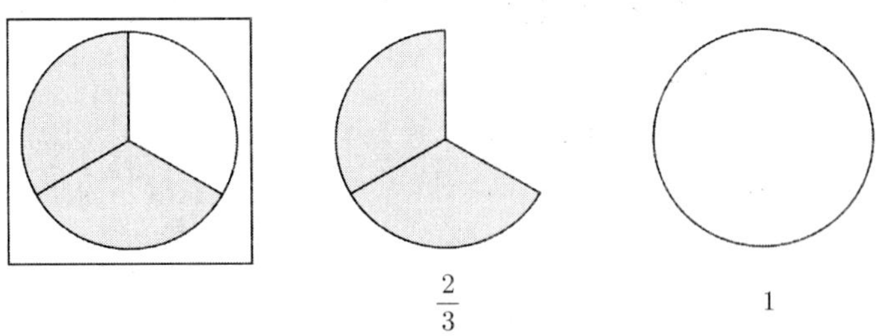

〈그림〉 피자를 이용한 분수 나타내기

- $\frac{3}{7}$ 나타내기

분수를 표현하기 위해서는 먼저 단위가 되는 막대를 정해야 한다. 즉, 빨간색 막대가 1이면 흰색 막대는 $\frac{1}{2}$이 되며, 검정색 막대가 1이면 보라색 막대는 $\frac{4}{7}$가 된다. 그러므로 $\frac{3}{7}$을 나타내기 위해서는 검정색 막대를 단위로 정하고 그 때 연두색 막대가 $\frac{3}{7}$이 된다.

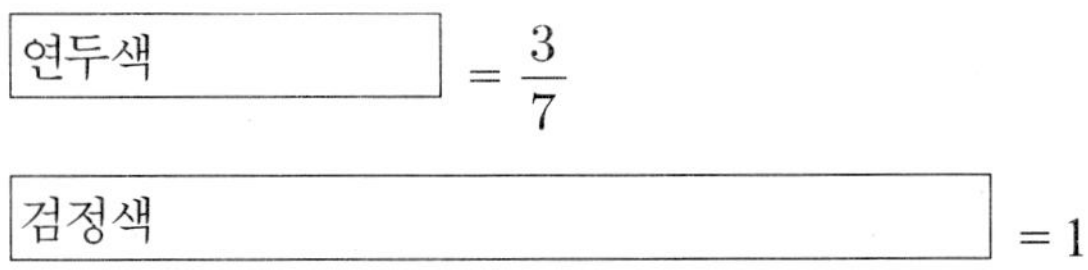

〈그림〉 퀴즈네어 막대로 $\frac{3}{7}$ 나타내기

4) 동치분수와 기약분수

모든 분수 $\frac{a}{b}$ $(b \neq 0)$에 대하여, $\frac{a}{b} = \frac{a \times n}{b \times n}$ 이다, 단 n 은 0이 아닌 정수 이다. 이때 $\frac{a \times n}{b \times n}$ 꼴인 분수를 $\frac{a}{b}$와 동치인 분수라고 부르며, 동치분수는 공약수로 분자와 분모 모두를 나눔으로서 얻을 수 있다. 예를 들어 $\frac{35}{21}$의 분자와 분모에 공약수인 7로 각각을 나누면, $\frac{5}{3}$가 된다. 만일 두 분수 $\frac{3}{12}$, $\frac{2}{8}$가 동치분임을 알기 위해서는, 동치분수의 정의에 의하여 $\frac{3}{12} = \frac{24}{96}$이고 $\frac{2}{8} = \frac{24}{96}$인 것을 확인하면 된다. 일반적으로, 두 분수 $\frac{a}{b}$ $(b \neq 0)$와 $\frac{c}{d}$ $(d \neq 0)$를 통분하여 $\frac{ad}{bd}$ $(b, d \neq 0)$와 $\frac{bc}{bd}$ $(b, d \neq 0)$분자인 ad 와 bc가 같다면 동치분수이다.

① 동치 분수의 교차곱셈성질

분수 $\frac{a}{b}$와 $\frac{c}{d}$는 $ad = bc$이면 동치이다. 거꾸로 $ad = bc$이면 $\frac{a}{b} = \frac{c}{d}$이다.

② 기약분수

분수의 분자와 분모를 가장 간단하게 또는 작은 수로 표현하는 방법으로, a와 b의 최대공약수가 1일 때 $\frac{a}{b}$를 기약분수라고 한다.

1.1.5 유리수

1) 유리수의 정의

유리수는 $\frac{\text{정수}}{\text{0이아닌정수}}$ 꼴로 나타낼 수 있는 수를 말한다. 따라서 정수, 분수, 유한소수, 순환소수가 유리수이다.

2) 유리수의 본질

분수 의 본질은 두 자연수의 비의 값이라고 하였다. 따라서 동치분수 $\frac{a}{b} = \frac{c}{d}$ 는 $a : b = c : d$ 인 관계가 있다. 이와 같이 비례식 $a : b = c : d$ 가 성립하는 모든 동치분수의 집합을 유리수 $\frac{a}{b}$ 라고 부른다. 예를 들면, (유리수 $\frac{1}{2}$) $= \{\cdots, \frac{-1}{-2}, \frac{1}{2}, \frac{2}{4}, \frac{3}{6}, \cdots\}$.

1.1.6 소수

1) 소수의 역사발생

① 소수의 발생은 고대 중국에서 측정의 산물이며, 십진법으로 할, 푼, 리, 모 등을 사용하였다. 그러나 할, 푼, 리, 모 등으로 표현한 소수의 덧셈과 뺄셈은 가능하였으나 곱셈과 나눗셈을 용이하게 계산하는 방법은 발견하지 못하였다.

② 현대적인 의미에서의 소수의 발생

소수는 분수가 활용된 지 약 3000년이 지나서야 사용되기 시작했다. 소수는 1584년 네덜란드 수학자 스테빈(Stevin, 1548~1620)에 의해 처음으로 사용되었다.

그가 소수를 발표할 당시에는 자연수보다 작은 단위를 10진법으로 만들기 위해서 10진분수를 사용하여 4.321을 $4 \times (\frac{1}{10})^0 + 3 \times (\frac{1}{10})^1 + 2 \times (\frac{1}{10})^2 + 1 \times (\frac{1}{10})^3$ 로 표현하였으며, $\frac{1}{10}$ 의 지수를 원수자로 치환하여 4⓪3①2②1③과 같이 현재와는 다른 모습으로 표현하였다. 자리를 표현하기 위해 점을 이용한 사람은 시계 제작자인 스위스의 뷔르기(Bürgi, 1522~1632)가 처음이었으며, 지금과 같은 소수점 방식을 이용한 사람은 존 네이피어(John Napier, 1550~1612)였다. 미터법이 완성되고 프랑스 문화가 독일에 전달되어 독일에서도 1809년 법령이 공포되면서 소수가 공식적으로 채용되게 되었다 (Boyer, 1968).

2) 따라서 소수는 십진분수이고, 모든 실수를 표현하는 가장 실제적인 기호이다. 또한 분수도 소수로 표현할 수 있기 때문에, 소수는 이중표기(1=0.999⋯=1.000⋯)를 동일시한다면 실수를 표현하는 가장 실제적인 기호이다.

3) 수모형으로 소수 표현하기

<그림>과 같이 하나의 백 모형을 1이라고 약속하면, 십 모형은 $\frac{1}{10}$ 을 나타내고, 낱개는 $\frac{1}{100}$ 을 나타낸다. 따라서 3개의 백 모형과 2개의 십 모형, 5개의 낱개를 이용하여 $3 \cdot 1 + 2 \cdot \frac{1}{10} + 5 \cdot \frac{1}{100} = 3 + \frac{2}{10} + \frac{5}{100} = \frac{325}{100}$ 으로 표현되고 간략한 표현으로 3.25를 사용

하여 쓸 수 있다. 소수점은 정수부분으로부터 소수부분을 분리하는데 사용된다.

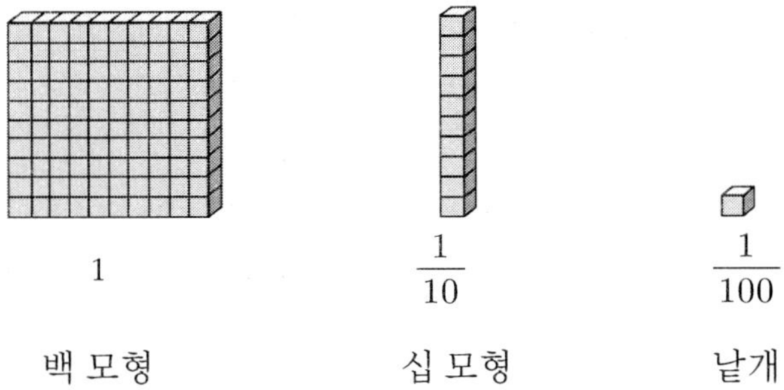

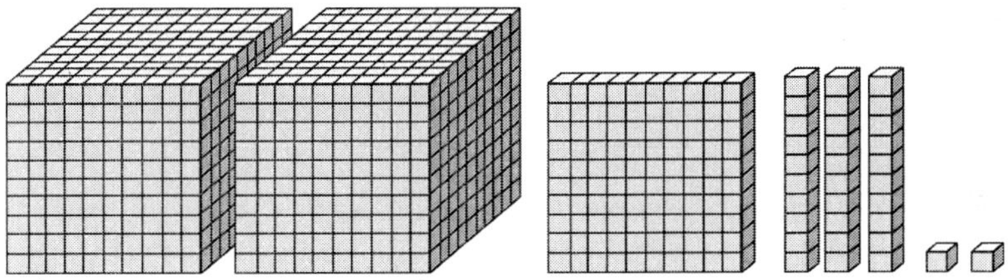

$$2\times 10 + 1 + 3\times \frac{1}{10} + 2\times \frac{1}{100} = 21.32$$

〈그림〉 21.32의 표현

1.1.7 분수와 소수의 비교

분수와 소수는 기호체계와 쓰이는 용도가 다른 경우가 많기 때문에, 본 절에서는 그들의 공통점과 차이점, 장점과 단점을 설명하기로 한다.

0과 자연수	분수	소수	분수 관점에서 본 소수
1. 수의 형태 abc	1. 수의 형태 $\frac{a}{b}$	1. 수의 형태 ab. c	1. 수의 형태 ab. c
2. 자릿값은 10을 밑으로 단위 위치는 오른쪽 마지막자리	2. 분모는 단위의 등분갯수이고 단위는 암묵적이다	2. 자릿값은 10을 밑으로 단위 위치는 소수점 바로 왼쪽	2. 소수점 오른쪽자릿수는 단위가 등분된 개수에 대응된 값 0.1 등
3. 각수의 값은 자릿수와 자릿값의 곱	3. 분자는 등분된 부분의 갯수	3. 각수의 값은 자릿수와 자릿값의 곱	3. 소수점 오른쪽 수는 등분된 소단위의 개수
4. 수의 값은 각수의 값의 합		4. 수의 값은 각수의 값의 합	4. 수의 값은 각수의 값의 합

표에서 보는 바와 같이 소수를 분수 관점에서 보면 소수점 오른쪽 자리의 개수는 분수의 분모를 지정한다. 0.32는 $\frac{3}{10}+\frac{2}{100}$라기 보다는 $\frac{32}{100}$으로 보게 된다. 자연수와 소수에 대한 규칙 사이의 많은 유사점이 존재하는데 이것은 두 체계의 표기상의 유사점 때문이다. 표면적으로 0과 자연수의 덧셈, 뺄셈에 관한 절차적 규칙은 오른쪽 끝 자릿수를 맞추는 것이고, 소수의 덧셈, 뺄셈의 절차적 규칙은 소수점을 맞추는 것이다. 내면적 수준에서 보면 덧셈, 뺄셈 규칙은 같은 자릿값의 수를 합하거나 없애는데 덧셈, 뺄셈에 관한한 이 수준은 0과 자연수와 소수에 동일하다. 또한 같은 단위 항끼리 합하거나 없애는 것은 세 체계 모두 유사하다.

0과 자연수	분수	소수	분수 관점에서 본 소수
1. 같은 자릿값의 수끼리 덧셈, 뺄셈하고 이때 필요하면 받아 올림과 받아 내림을 한다.	1. 통분하여 덧셈과 뺄셈을 한다. 즉 동치인 분수를 만들어 수를 묶는다.	1. 공통분모를 찾아서 수의 덧셈, 뺄셈을 한다. 동치분수로 대치하여 분자를 묶고 분모는 밝히지 않는다.	1. 공통분모를 찾아서 수의 덧셈, 뺄셈을 한다. 동치분수로 대치하여 분자를 묶고 분모는 밝히지 않는다.
2. 가장 큰 자릿값의 수부터 차례로 비교하면서 가장 큰 수에서 가장 작은수까지 순서를 준다.	2. 동치 분수를 찾아 통분한 뒤 분자를 0과 자연수처럼 비교하여 가장 큰 수에서 가장 작은 수까지 순서를 준다.	2. 가장 큰 자릿값의 수부터 차례로 비교하면서 가장 큰 수에서 가장 작은 수까지 순서를 준다.	2. 공통분모를 찾고 수를 비교하여 가장 큰 수부터 가장 작은 수까지 순서를 정한다. 분모는 밝히지 않는다.

〈세 체계의 기호 조작 비교 〉

소수를 분수로 볼 때는 덧셈, 뺄셈을 할 때 공통분모를 갖게 해야 하는데 그 결과는 소수의 소수점아래 마지막 수의 오른쪽에 0을 끼워 넣든지, 없애든 지하여 가수나 감수 또는 피감수가 같은 분모를 갖도록 한다. 예를 들면 4.3+2.546을 $4\frac{3}{10}+2\frac{546}{1000}$으로 보면 공통분모가 1000이 되고, $4\frac{3}{10}$은 $4\frac{300}{1000}$으로 만든 결과가 되고 2.546은 분모가 1000이므로 그대로 남아있게 된다. 즉 소수를 분수로 보면 기호 조작 규칙의 원리는 실제적으로 분수나 소수에서 똑같다. 표에서 0과 자연수가 표시하는 양은 이산적이지만 분수나 소수는 이산량과 연속량(근사값으로) 모두를 표현한다.

0과 자연수	분수	소수
1. 이산량 : 단위의 가산집합	1. 이산량과 연속량 : 임의의 정확도까지 측정 가능	1. 이산량과 연속량 : 임의의 정확도까지 측정 가능

〈세 수 체계의 비교〉

소수 체계는 분수와 유사한 양을 표현하기 위해서 0과 자연수와 유사한 표기체계를 사용한다. 결국 소수의 이해를 위해서는 실제로는 분수량을 나타내면서 0과 자연수와 같이 보이는 기호 사이의 연결이 반드시 이루어져야 한다. <표>에서 본 바와 같이 분수와 소수의 기호 조작과정은 분명한 관계가 있다. 그런데 전통적인 교실 수업에서는 오히려 분수와 소수의 차이점을 부각시키려 한다는 문제점이 있다.

소수의 개념 이해를 위한 지도 방법으로 소수를 수모형으로 도입하고, 기호 표현과 수모형 사이의 연결고리를 창조하도록 한다. 그래서 아동이 수모형으로 0.1, 0.01을 표현한 소수 기호를 적게 한 다음 소수의 덧셈, 뺄셈을 하도록 한다. 기호의 의미의 이해와 소수의 덧셈, 뺄셈에 초점을 두고 수모형을 사용하여 아동이 구체적인 이산물리량의 표현과 소수 표기간의 연결을 하도록 한다. 그리고 소수의 덧셈과 뺄셈의 절차적 기능의 개발에 초점을 두고, 수모형 조작 활동과 소수의 덧셈, 뺄셈 활동 사이의 연결이 이루어지도록 한다. 계산 문제를 기호로 풀고 수모형으로 검증하도록 한다. 그 결과 아동들은 구체물과 기호조작간의 연결을 잘 시키게 된다.

1.2 이항연산

- 이항연산이란 항이 둘 있는 계산 방법
- +, −, ×, ÷ : 가장 기본적인 이항연산 → 사칙연산
- 연산 기호의 유래

기호	유래
+, − 덧셈, 뺄셈	덧셈, 뺄셈의 기호는 고대 그리스 시대에 '넘치는, 부족한'을 뜻하는 문자로 표현하였고, 현대와 같은 덧셈기호 '+'는 14세기에 프랑스의 수학자 오레스미(Nicole Oresme, 1320~1325)가 처음 사용하였으며, 1489년 독일의 수학자 비트만(Johannes Widmann, 1460~1498)이 그의 논문에서 '+, −' 기호를 사용하여 널리 쓰이게 되었다. 비트만은 이 두 기호를 더하기, 빼기의 의미뿐만 아니라 '그리고'와 '분리'의 의미로도 사용하였다.
× 곱셈	1631년, 영국의 수학자 오트레드(W. Oughtred; 1574~1660)가 성안드레 십자가(St.Andrew's Cross) ×를 곱셈 기호로 처음 사용하였다고 한다. 그러나 기호 ×는 미지수를 나타내는 문자 x와 유사하여 잘 사용되지 않다가 19세기 후반에 이르러 널리 사용되었다.
· 곱셈	이 기호는 라이프니츠(G. Leibniz; 1646~1716)가 1676년에 도입한 것으로 전해진다. 라이프니츠는 요한 베르누이에게 보낸 편지에서 기호 ×가 문자 x와 혼동되기 때문에 '·'을 선호한다고 한다.
÷ 나눗셈	1659년, 스위스의 수학자 란(J. Rahn; 1622~1676)이 처음 사용하였다고 한다. 나누기의 기호로 ÷가 정착되기 전에는 뺄셈의 기호로도 사용되었다고 한다.
— 분수	분수에서 분자와 분모를 구별해 주는 '—'는 아랍의 문필가 알하사르(Al-Hassar ; 12세기경)가 처음 사용한 것으로 전해진다.

= 등호	1557년, 영국의 수학자 레코드(Recorde, R.; 1510~1558)가 '서로 같음'을 나타내기 위하여 사용하였던 기호로, 현재의 등호보다 길게 나타내었다. 레코드는 서로 평행인 두 직선에서 이 기호의 아이디어를 얻었다고 한다.
x 미지수	1637년, 프랑스의 수학자 데카르트(R.Descartes; 1596~1650)가 처음 사용하였다. x를 사용한 이유에 대해서는 당시 프랑스 인쇄소에 x활자가 여분으로 많았기 때문이라는 주장과 중세 시대에 미지수를 나타내던 아랍어 shei의 음역(音譯)인 xei의 첫 글자이기 때문이라는 주장이 있다.
$\sqrt{\ }$ 제곱근	1637년, 프랑스의 수학자 데카르트(R. Descartes; 1596~1650)가 루돌프(Rudolff ; 1499~1545)의 제곱근 기호 $\sqrt{\ }$를 개량하여 처음 사용하였다.

• 퀴즈네어 색 막대를 활용한 지도

분수의 연산지도의 알고리즘 형성은 연산의 계산 원리 이해와 일련의 규칙성과 절차의 파악이 구체물 조작활동을 통해 학생 스스로 지식의 정리와 조합으로 연결될 때 가능하다고 볼 때, 퀴즈네어 색 막대의 활용은 학생들에게 수학적 개념을 발달시키고 수학적인 사고와 추론의 기회를 제공하여 수학학습에 대한 흥미와 공간지각능력을 향상시키는데 많은 도움이 된다. 이처럼 퀴즈네어 색 막대는 수학과 모든 영역에 적용되나, 특히 다양한 조작 교구 중 퀴즈네어 색 막대로 활용했을 때 효과가 있는 영역별 학습 주제를 정리하였다.

학습 내용	영역	해당 학년
자연수의 덧셈과 뺄셈, 수 개념지도(수 가르기와 모으기)	수와 연산	1~2학년
긴 것과 짧은 것 비교하기, 막대를 이용해 주어진 공간 채우기	측정	1~2학년
곱셈의 기초(묶어세기), 곱셈구구	수와 연산	2학년
길이재기 및 어림하기, 쌓기나무	측정, 도형	2학년
자연수의 곱셈과 나눗셈, 분수로 나타내기	수와 연산	3학년
규칙 찾기	규칙성과 함수	1~3학년
동치분수 찾기, 동분모 분수의 덧셈과 뺄셈	수와 연산	4학년
분수의 크기 비교, 분수의 곱셈과 나눗셈, 약분과 통분 이분모 분수의 덧셈과 뺄셈, 분수의 곱셈	수와 연산	5학년
선대칭 도형 익히기	도형	5학년
직사각형, 정사각형 넓이 구하기	측정	5학년
평균의 이해와 구하기, 확률의 이해	확률과 통계	5~6학년
직육면체의 부피 구하기, 비와 비율	측정, 규칙성과 함수	6학년

〈표〉 퀴즈네어 색 막대 활용이 가능한 학습 내용

연산	퀴즈네어 막대의 구성	의미	기호
덧셈	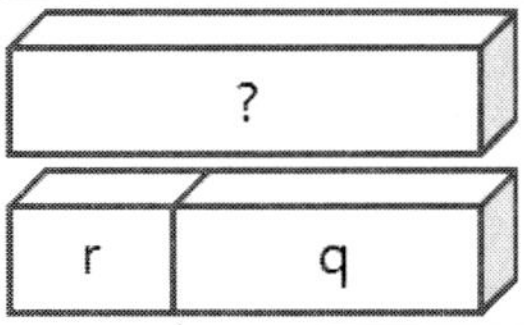	빨간색 막대와 연두색 막대의 열차와 길이가 같은 막대는 무엇인가?	2+3=( )
뺄셈	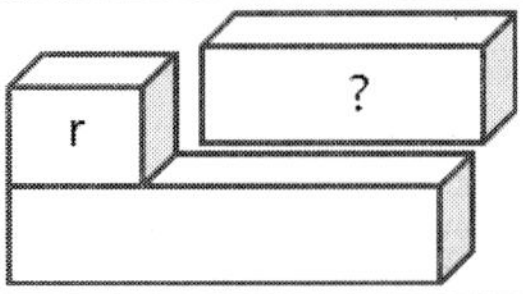	어떤 막대와 빨간색 막대로 열차를 만들면 녹색 막대와 길이가 같겠는가?	2+( )=6 또는 6−2=( )
곱셈	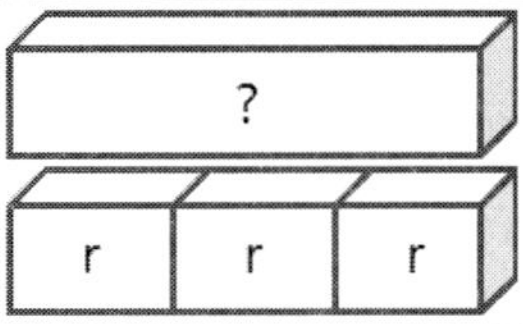	빨간 막대 3개로 열차를 만들면 어떤 막대와 길이가 같을까?	2×3=( )
나눗셈(분할)	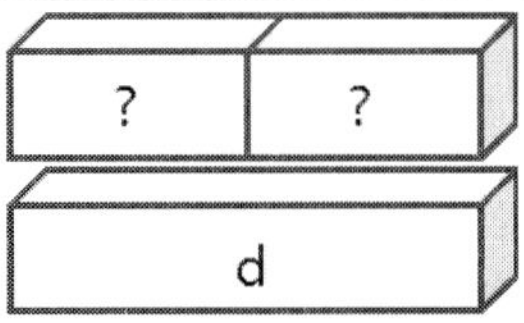	어떤 색깔의 막대 2개로 열차를 만들면 녹색 막대와 길이가 같을까?	6÷2=( ) 또는 2×( )=6
나눗셈 (동수누감)	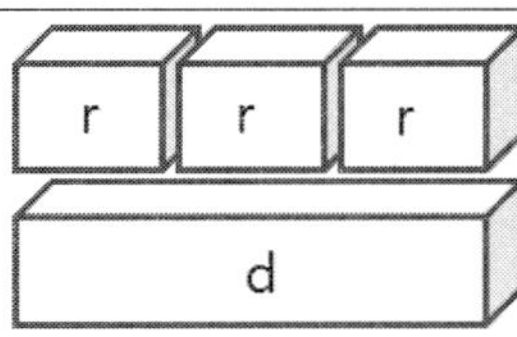	몇 개의 빨간 막대로 열차를 만들면 녹색막대와 길이가 같아질까?	6÷2=( ) 또는 2×( )=6

(1) 자연수의 덧셈과 뺄셈

(가) 2+4=6의 덧셈인 경우

녹색(6)	
빨강(2)	보라(4)

(나) 4+2=2+4(교환 법칙인 경우)

보라(4)	빨강(2)
빨강(2)	보라(4)

(다) 6−2=4인 뺄셈인 경우

녹색(6)	
보라(4)	
	빨강(2)

→ 녹색(6)−빨강(2) = 보라(4)

(라) (5+4)+3=5+(4+3)결합 법칙인 경우

<table>
<tr><td>노랑(5)</td><td>보라(4)</td><td></td></tr>
<tr><td colspan="2">파랑(9)</td><td>연두(3)</td></tr>
</table>

<table>
<tr><td></td><td>보라(4)</td><td>연두(3)</td></tr>
<tr><td>노랑(5)</td><td colspan="2">검정(7)</td></tr>
</table>

(마) 자연수의 곱셈과 나눗셈(6×5=30의 곱셈인 경우)

<table>
<tr><td>×</td><td colspan="6">녹색(6)</td></tr>
<tr><td>노랑(5)</td><td>노랑</td><td>노랑</td><td>노랑</td><td>노랑</td><td>노랑</td><td>노랑</td></tr>
</table>

<table>
<tr><td>×</td><td>녹색(6)</td></tr>
<tr><td rowspan="5">노랑(5)</td><td>녹색</td></tr>
<tr><td>녹색</td></tr>
<tr><td>녹색</td></tr>
<tr><td>녹색</td></tr>
<tr><td>녹색</td></tr>
</table>

<table>
<tr><td>×</td><td colspan="6">녹색(6)</td></tr>
<tr><td rowspan="5">노랑(5)</td><td>흰</td><td>흰</td><td>흰</td><td>흰</td><td>흰</td><td>흰</td></tr>
<tr><td>흰</td><td>흰</td><td>흰</td><td>흰</td><td>흰</td><td>흰</td></tr>
<tr><td>흰</td><td>흰</td><td>흰</td><td>흰</td><td>흰</td><td>흰</td></tr>
<tr><td>흰</td><td>흰</td><td>흰</td><td>흰</td><td>흰</td><td>흰</td></tr>
<tr><td>흰</td><td>흰</td><td>흰</td><td>흰</td><td>흰</td><td>흰</td></tr>
</table>

1.2.1 자연수의 덧셈과 뺄셈

1) 덧셈, 뺄셈의 역사발생

최초의 인류의 자연수의 덧셈, 뺄셈 방법은 공기 돌을 모으거나 가르는 행동 또는 손가락 등의 신체의 일부분을 이용한 것으로 알려져 있다.

2) 옥삽민 부족의 덧셈법

옥삽민 부족은 다음과 같은 방법으로 덧셈을 하였다.

(왼쪽 소지) + (왼쪽 손목) = (왼쪽 목)

방법) 먼저 왼쪽 소지(새끼손가락)을 펴면서 왼쪽 하박을 짚는다.

그 다음 왼쪽 약지를 펴면서 왼쪽 팔꿈치를 짚는다.

그 다음 왼쪽 중지를 펴면서 왼쪽 상박을 짚는다.

그 다음 왼쪽 검지를 펴면서 왼쪽 어깨를 짚는다.

그 다음 왼쪽 엄지를 펴면서 왼쪽 목을 짚는다.

① 현대적인 해석

위의 옥삽민 부족의 덧셈방법을 오늘날의 수로 해석하면 다음과 같다. 즉,

$$5+6=4+7=3+8=2+9=1+10=0+11=11$$

이다. 그런데 현재의 초등학교 1학년 아동 역시 손가락 셈 등을 통하여 같은 방법으로 덧셈을 하고 있다. 물론 학교에서 십진법 계산을 배우게 되면

$$4+7=3+8=2+9$$

의 과정을 생략하고

$$5+6=(5+5)+1=10+1$$

과 같이 계산하게 된다.

3) 덧셈과 뺄셈은 같은 단위끼리만 가능하다.

4) 가르기와 모으기

10 이하의 수를 가르는 활동판을 이용하여 가르기와 모으기를 지도한다.

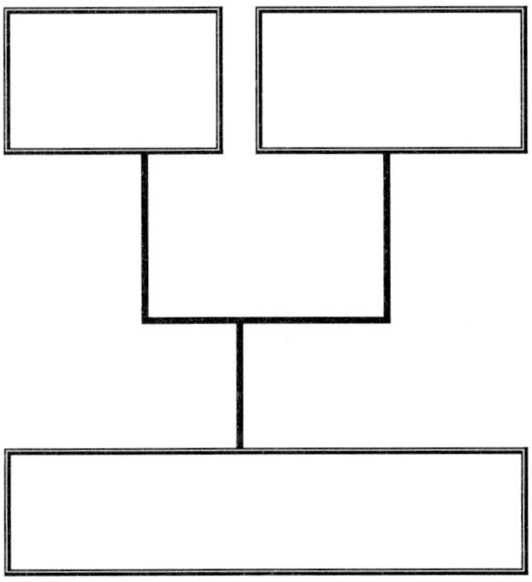

이러한 활동을 통하여

$$2+3=5$$

와 같은 덧셈식을 지도한다. 동시에

$$5-2=3$$
$$5-3=2$$

과 같은 뺄셈식과

$$\begin{aligned} 5 &= 1+4 \\ &= 2+3 \\ &= 0+5 \\ &\vdots \end{aligned}$$

등의 덧셈식을 지도한다.

5) 덧셈, 뺄셈의 모델

덧셈과 뺄셈은 단위가 같은 양끼리의 연산이다. 심리적으로 인간은 덧셈을 이어 세기로 하고 있으며, 뺄셈을 차례로 한 개씩 없애가는 방법을 사용하고 있다.

① 덧셈의 모델

- 첨가형

  하나의 부분에 다른 부분을 더 첨가해서 전체를 나타내는 경우이다.
- 합병형

  두 부분이 동시에 하나로 합하여 전체를 구하는 경우이다.
- $x-a=b$ 형태

② 10 이하의 덧셈 지도 : 퀴즈네어 색 막대 활용

- 2+4 = 6의 덧셈인 경우

<table><tr><td colspan="2">녹색(6)</td></tr><tr><td>빨강(2)</td><td>보라(4)</td></tr></table>

- 4+2 = 2+4(교환 법칙인 경우)

<table><tr><td colspan="2">보라(4)</td><td>빨강(2)</td></tr><tr><td>빨강(2)</td><td colspan="2">보라(4)</td></tr></table>

③ 뺄셈의 모델

- 제거형(求殘) : 5개의 감이 있는데 그 중 2개를 먹으면(제거) 몇 개가 남는가?
- 비교형(求差) : 영준이는 5개의 단감이 있고 유영이는 3개의 테입이 있을 때 누가 몇 개 더 많이 가지고 있나?
- $x+a=b$ 형태

  덧셈과 뺄셈은 서로 역연산

  2+3 = 5 ⇔ 5−3 = 2, 5−2 = 3

  첨가형, 합병형, $x-a=b$형

④ 10 이하의 뺄셈 지도 : 퀴즈네어 색 막대 활용

- 6−2 = 4인 뺄셈인 경우

<table><tr><td colspan="2">녹색(6)</td></tr><tr><td>보라(4)</td><td></td></tr><tr><td></td><td>빨강(2)</td></tr></table>

→ 녹색(6)−빨강(2) = 보라(4)

6) 등호의 두 가지 의미

- 함의

  등식 $2+3=5$에서 '='은 '… 이면'의 의미이다. 즉, $2+3=5$이란 2에 3을 더하면 5가 된다는 뜻이다. 논리학에서의 $p \to q$와 같은 의미이다.

- 항등식

  $2+3=3+2$, $(2+3)+5=2+(3+5)$ 등과 같이 법칙, 성질 등을 나타낼 때의 등호는 좌변과 우변이 항상 같다는 것을 의미한다.

7) 덧셈의 결합법칙 지도

- $(5+4)+3=5+(4+3)$

<table>
<tr><td>노랑(5)</td><td>보라(4)</td><td></td></tr>
<tr><td colspan="2">파랑(9)</td><td>연두(3)</td></tr>
</table>

<table>
<tr><td></td><td>보라(4)</td><td>연두(3)</td></tr>
<tr><td>노랑(5)</td><td colspan="2">검정(7)</td></tr>
</table>

8) 덧셈, 뺄셈의 도입

앞에서 알아본바와 같이 자연수의 연산은 전 세계적으로 십진법으로 지도하고 있다. 따라서 일이 열 개 모이면 십이 되며, 일 열 개와 십 한 개는 다른 것이다.

① 덧셈

철수는 덧셈을 다음과 같이 하고 있다.

$7+5$는 7 다음 다섯 번째 있는 칸(* 표)이 답이다.

1	2	3	4	5	6	7	8	9			*			

- 그런데 이 덧셈법은 하나씩 일일이 세어야 답을 얻을 수 있다.
- 철수는 이 방법보다 좀 더 쉬운 덧셈법을 알고 싶었다.

  1학년 아동에게는 동화책에 등장하는 난쟁이와 거인, 마법 등을 소재로 일의 자리와 십의 자리의 개념을 도입한다.

- 난쟁이 열 명이 모이면 마법이 걸려서 거인이 된다. 또한 난쟁이는 난쟁이 나라에서만 살아야 하며 거인은 거인 나라에서만 살아야만 하는 이유를 설명해준다.
- 난장이 7명이 살고 있는 곳에 난장이 5명이 놀러오게 되면 난쟁이 열 명은 거인으로 "펑" 소리와 함께 변하여 그 거인은 거인나라로 가고 남은 난장이 2명은 난쟁이 나라에서 살게 된다.

거인 나라	난쟁이 나라

⇩

거인 나라	난쟁이 나라

- 거인나라와 난쟁이나라에는 각각 몇 명이 있나요?
  –거인 1명과 난쟁이 2명이 있습니다.

거인	난쟁이
1 명	2 명

• 지금까지 이야기를 수모형으로 표현해 봅시다.

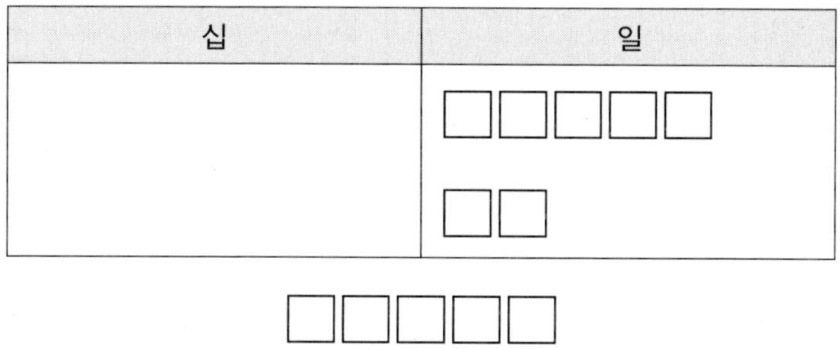

⇩

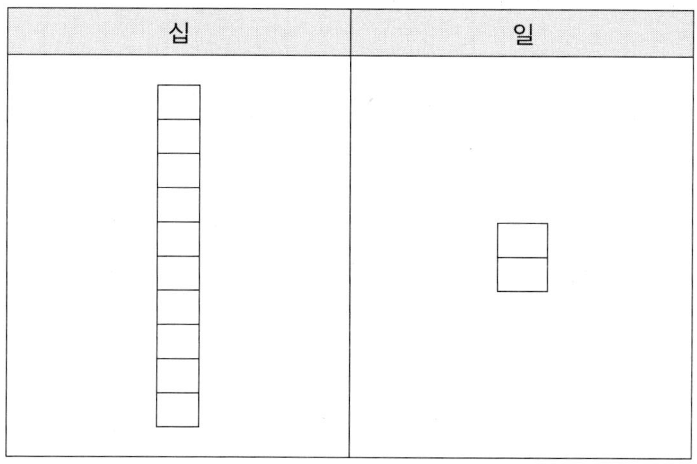

⇩

십	일
1	2

• 약속하기

7+5=12 라고 쓰고, 7+5는 12 라고 읽는다.

⇒ 수모형을 이용하여 아래와 같이 두 가지 방법으로 계산한다.

• $7+5=(7+3)+2$

$=10+2$

$=12$

(□□□□□□□ □□□) □□

• $7+5=2+(5+5)$

$=2+10$

$=12$

□□ (□□□□□ □□□□□)

② 뺄셈

덧셈 지도에서, 난쟁이들은 마법에 걸려있어서 명이 모이면 거인으로 변한다고 하였다.

• 거인 한명과 난쟁이 두 명이 살고 있는데, 임금님이 난쟁이 7명을 데려오라고 하셨다.

• 그런데 난쟁이는 2명뿐이다. 고민이다.

거인 나라	난쟁이 나라

거인	난쟁이
1 명	2 명

• 아하! 거인을 마법에서 풀려나오게 하면 난쟁이가 10명으로 바뀌겠지!

• 거인이 마법에서 '펑'하고 풀리자 난쟁이가 12명이 되었다.

거인 나라	난쟁이 나라

• 난쟁이들이 다시 마법에 걸리기 전에 7명을 데리고 임금님에게 갔다.

• 결국 난쟁이 5명이 남았다.

거인 나라	난쟁이 나라

• 지금까지 이야기를 수모형으로 표현해 봅시다.

십	일
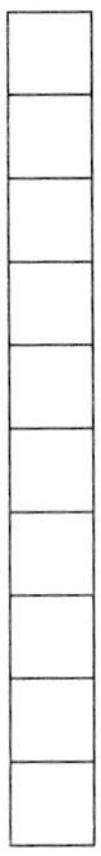	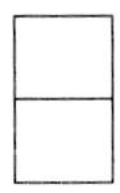

십	일
1	2

⇩

십	일

□□□ (□□□□□□□)

십	일
	□□□□□

⇩

십	일
	5

• 기호화

$12-7=5$

⇒ 수모형을 이용하여 아래와 같이 두 가지 방법으로 계산한다.

• 감가법

$12-7=(10\ 7)+2$

$=3+2$

$=5$

(□□□□□□□) □□□ □□

• 감감법

$12-7=(12-2)-5$

$=10-5$

$=5$

□□□□□ (□□ □□□) □□

9) 자연수의 크기 비교

1,000 미만의 두 수가 주어졌을 때, 어느 쪽이 더 크거나 작은지 식별할 수 있고, … 보다 큰 수 또는 … 보다 작은 수를 알도록 한다.

① 교구

수모형, 숫자 카드 0−9, 수(數)직선, 게임카드

② 지도 방법

- 모든 아동들에게 숫자 카드를 한 묶음씩 나누어 준다.
- 아동들에게 특정한 수를 세 개씩 고르게 한다.
- 가장 큰 수 또는 가장 작은 수를 만들도록 카드를 배열한다.
- 처음에는 백의 자릿수, 다음에 십의 자릿수를 비교하고 마지막으로 일의 자릿수를 비교한다.

처방 코드번호 : 1030
주제 : 0과 자연수－기초개념 오류 유형 : 자연수의 크기 비교(자연수를 순서대로 나열하기) 자연수는 왼쪽의 수가 큰 수가 더 크다. 따라서131, 202, 129, 310을 크기가 큰 수부터 순서대로 나열하려면, • 맨 왼쪽의 백 자릿수가 가장 큰 수 • 백 자릿수가 같은 경우에는 십 자릿수가 큰 수 • 십 자릿수가 같은 경우에는 일 자릿수가 큰 수 의 순서로 나열한다. 즉, 301, 202, 131, 129

10) 자연수의 자릿값

네 자리 또는 그 이상의 수의 자릿값을 알고 읽는 법을 지도한다.

① 교구

자릿값 판, 숫자카드 0－9, 종이, 연필, 수모형

만의 단위				일의 단위			
천	백	십	일	천	백	십	일

〈자릿값 판〉

② 지도 방법

- 만의 자리 왼쪽에 적힌 수의 자릿값은 무엇일까?

?	만	천	백	십	일
5	2	6	3	1	4

- 두 개의 자릿값 판을 나란히 붙여 놓고, 판의 왼쪽 영역에는 '만의 단위' 로, 오른쪽에는 '일의 단위'를 써 넣는다.

만의 단위				일의 단위			
천	백	십	일	천	백	십	일

- 아동들에게 자릿값 판의 주어진 위치에 정해진 숫자를 쓰도록 한다.

예 만의 자리에 9를 적으시오.

- 화면이나 칠판에 7자릿수를 적는다. 아동들에게 정해준 수의 자릿값을 말하도록 한다. 필요하다면 자릿값 판을 사용하도록 한다.

예 5468712에서 4가 의미하는 것은?(4십만)
8이 나타내는 것은?(8천)

- 위의 자릿값 판을 사용하여 6자릿수와 7자릿수의 읽는 법을 설명한다. 처음에는 5자릿수 읽는 법을 복습한다.
- 두 명이 한조가 되어서 서로의 자릿값 판을 번갈아가면서 수를 적도록 지시한다. 그들이 교대로 수를 읽고 서로의 답을 확인하도록 한다.
- 한글로 적힌 수를 인도-아라비아 숫자로 표현하도록 한다.

예 사십만 팔천 육백 육

만의 단위				일의 단위			
천	백	십	일	천	백	십	일
		4	0	8	6	0	6

※ "0"을 정확한 자릿값에 적는지를 주의해서 본다.

10) 수모형을 활용한 덧셈, 뺄셈

브루너는 '행동 단계(Enactive stage) ⇒ 영상 단계(Iconic stage) ⇒ 기호 단계(Symbolic stage)'를 단계적으로 거치면서 아동은 수학 개념을 습득한다고 하였다. 이에 대하여 프로이덴탈과 피아제는 그러한 일련의 과정이 따로따로가 아닌, 동시에 일어나야한다고 하였다. 따라서 수모형을 통한 활동과 기호화 작업이 동시에 이루어지도록 다음과 같은 판을 이용하여 아동이 연산을 하도록 지도해야 한다. 왼쪽 칸에는 수모형으로 조작활동을 하는 동시에, 오른쪽 칸에 조작활동에 대응하는 연산과정을 숫자로 표현하도록 지도한다.

〈활동판의 예시－백의 자리까지의 연산〉

활동판(B4, 사이즈가 적당함)

조작활동판			수의 세계		
백의 나라	십의 나라	일의 나라	백의 나라	십의 나라	일의 나라

① 받아 올림이 있는 덧셈

수모형과 자릿값 판을 이용하여 받아 올림이 있는 덧셈을 지도한다.

처방 코드번호 : 1040, 1050

주제 : 0과 자연수－사칙연산

오류 유형 : 받아 올림이 있는 자연수의 덧셈, 올림한 수와 아래의 수만을 더하는 오류

받아 올림이 있는 자연수의 덧셈에 관한 모든 오류유형의 지도는 아래의 내용과 같이 수모형을 이용하여 지도한다.

- 교구는 수모형을 이용한다. 편의상 백 모형을 ◆, 십 모형을 ◄, 낱개모형을 ○로 표기한다.
- 먼저 자릿값 판의 왼쪽에 문제를 적고, 오른쪽에 문제의 수에 맞는 수모형을 놓는다.

예 일 단위에서 십 단위로 받아 올림이 있는 세 자릿수의 덧셈

수의 덧셈				수모형, 칩			
천	백	십	일	천	백	십	일
	2	3	7		◆◆	◄◄◄	○ ○ ○ ○ ○ ○ ○
+	1	2	5		◆	◄◄	○ ○ ○ ○ ○

- 덧셈은 모으기임을 상기시킨다.
- ○ 열개와 ◄ 한 개를 바꾼다.

수의 덧셈				수모형, 칩			
천	백	십	일	천	백	십	일
		1				◄	
	2	3	7		◆◆	◄◄◄	
+	1	2	5		◆	◄◄	
			2				○ ○

수의 덧셈				수모형, 칩			
천	백	십	일	천	백	십	일
		1					
	2	3	7				
+	1	2	5				
	3	6	2		◆◆◆	◄◄◄ ◄◄◄	○ ○

- 수모형 또는 칩을 옮기는 즉시 그에 맞는 수의 변화를 적도록 한다.
- 받아 올림이 서투른 아동에게는 '십진법의 지도'를 상기시킨다.

예 십 단위에서 백 단위로 받아 올림이 있는 세 자릿수의 덧셈

수의 덧셈				수모형, 칩			
천	백	십	일	천	백	십	일
	3	6	2		◆◆◆	◄◄◄ ◄◄◄	○ ○
+	1	7	5		◆	◄◄◄ ◄◄◄ ◄	○ ○ ○ ○ ○
						◄◄◄	

수의 덧셈				수모형, 칩			
천	백	십	일	천	백	십	일
  +	1 3 1	 6 7	 2 5		◆ ◆◆◆ ◆		
		3	7			◄◄◄	○○○ ○○ ○○

- 덧셈은 모으기임을 상기시킨다.
- ◄ 열개와 ◆ 한 개를 바꾼다.

수의 덧셈				수모형, 칩			
천	백	십	일	천	백	십	일
  +	1 3 1	 6 7	 2 5				
	5	3	7		◆◆◆ ◆◆	◄◄◄	○○○ ○○ ○○

- 수모형을 옮기는 즉시 그에 맞는 수의 변화를 적도록 한다.
- 받아 올림이 서투른 아동에게는 '십진법의 지도'를 상기시킨다.

② 받아 내림이 있는 뺄셈

처방 코드번호 : 1060, 1061, 1062, 1063
주제 : 0과 자연수－사칙연산 오류 유형 : 받아 내림이 있는 자연수의 뺄셈 받아 올림이 있는 자연수의 덧셈에 관한 모든 오류유형의 지도는 아래의 내용과 같이 수모형을 이용하여 지도한다.

수모형과 자릿값 판을 이용하여 받아 내림이 있는 뺄셈을 지도한다.

- 교구는 수모형을 이용한다. 편의상 백 모형을 ◆, 십 모형을 ◄, 낱개모형을 ○ 로표기 한다.
- 먼저 자릿값 판의 왼쪽에 문제를 적고, 오른쪽에 문제의 수에 맞는 수모형을 놓는다.

예 십 자리에서 일 자리로 받아 내림이 있는 세 자릿수의 뺄셈

수의 뺄셈				수모형, 칩			
천	백	십	일	천	백	십	일
	3	4	5		◆◆◆	◄◄◄ ◄	○○○ ○○
−	1	2	7				

- 올림이 있는 세 자릿수의 덧셈을 예로 든다.

수의 뺄셈				수모형, 칩 ○○○○○ ○○○○○			
천	백	십	일	천	백	십	일
		3	15		◆◆◆	◄◄◄	○○○ ○○
	3	4	5				
−	1	2	7				

- ◄ 한 개와 ○ 열개를 바꾼다.
- ○ 열개는 일의 나라 밖에서 대기하도록 한다.

수의 뺄셈				수모형, 칩			
천	백	십	일	천	백	십	일
		3	15		◆◆	◄	○○○ ○○ ○○○
	3	4	5				
−	1	2	7				
	2	1	8				

• 수모형을 옮기는 즉시 그에 맞는 수의 변화를 적도록 한다.

예 백 자리에서 십 자리로 받아 내림이 있는 세 자릿수의 뺄셈

수의 뺄셈				수모형, 칩			
천	백	십	일	천	백	십	일
	4	2	5		◆◆◆◆	◄◄	○○○○○
−	1	4	3				

수의 뺄셈				수모형, 칩 ◄◄◄◄◄ ◄◄◄◄◄			
천	백	십	일	천	백	십	일
	3	12					
	4	2	5		◆◆◆	◄◄	○○○○○
−	1	4	3				

• ◆ 한 개와 ◄ 열개를 바꾼다.

• ◄ 열개는 십의 나라 밖에서 대기하도록 한다.

• 수모형 또는 칩을 옮기는 즉시 그에 맞는 수의 변화를 적도록 한다.

수의 뺄셈				수모형, 칩			
천	백	십	일	천	백	십	일
	3	12					
	4	2	5		◆◆	◄◄◄ ◄◄◄ ◄◄	○○
−	1	4	3				
	2	8	2				

예 일의 자리와 십의자리에서 동시에 받아 내림이 있는 문제

수의 뺄셈				수모형, 칩			
천	백	십	일	천	백	십	일
 −	5 1	0 5	3 6		◆◆◆ ◆◆		○ ○ ○

수의 뺄셈				수모형, 칩 ◄◄◄◄◄ ○ ○ ○ ○ ○ ◄◄◄◄◄ ○ ○ ○ ○ ○			
천	백	십	일	천	백	십	일
   −	 4 5 1	9 10 0 5	 13 3 6		◆◆◆ ◆		○ ○ ○

- ◆ 한 개와 ◄ 열개, ◄ 한 개와 ○ 열개를 바꾼다.
- ◄ 열개와 는 ○ 열개는 각각 십의 나라와 일의 나라 밖에서 대기하도록 한다.
- 수모형 또는 칩을 옮기는 즉시 그에 맞는 수의 변화를 적도록 한다.

수의 뺄셈				수모형,칩			
천	백	십	일	천	백	십	일
   −	 4 5 1	9 10 0 5	 13 3 6		◆◆◆	◄◄◄◄	○ ○ ○ ○ ○ ○ ○
	3	4	7				

- 네 자릿수끼리의 뺄셈 문제로 확장한다.

1.2.2 자연수의 곱셈

1) 곱셈의 성질

① 동수누가 ⇨ 직사각형의 넓이(곱셈의 본질)
② 기준량(단위) 기준량의 몇 배 = 전체양
③ 배 개념과 비율의 개념
④ 나눗셈의 역연산 : $x \div a = b$ 인 형

2) 곱셈의 지도 순서

① (자연수)×(자연수) ⇨ 동수누가
② (분수, 소수)×(자연수) ⇨ 동수누가
③ (자연수)×(분수, 소수) 또는 (분수, 소수)×(분수, 소수) ⇨ 배개념(작용소)
④ (분수 또는 소수)=1×(분수 또는 소수) 이므로, 분수 또는 소수는 그 자체로 분수 또는 소수 배(작용소)

3) 고대에서 근대까지의 자연수의 곱셈법

3×2을 가로가 3이고 세로가 2인 직사각형의 넓이와 같은 것으로 생각하였다.

① 7×8 의 계산 과정
- $10-8=2$, $10-7=3$ 이다.
- 7×8 의 일의 자릿수는 $3 \times 2 = 6$이고, 십의 자릿수는 $10-3-2=5$이다.
- 따라서 $7 \times 8 = 56$ 이다.

② 아이디어
7×8 을, 가로가 7이고 세로가 8인 직사각형의 넓이로 간주하였다.

그리고 그들은 위의 그림과 같이, 한 변이 10인 정사각형 안에 가로가 7, 세로가 8인 직사각형을 그려서, 가로가 7이고 세로가 8인 직사각형의 넓이를, 한 변이 10인 정사각형 넓이에서 주변의 직사각형의 넓이를 빼내가는 방법으로 구하였다. 즉,

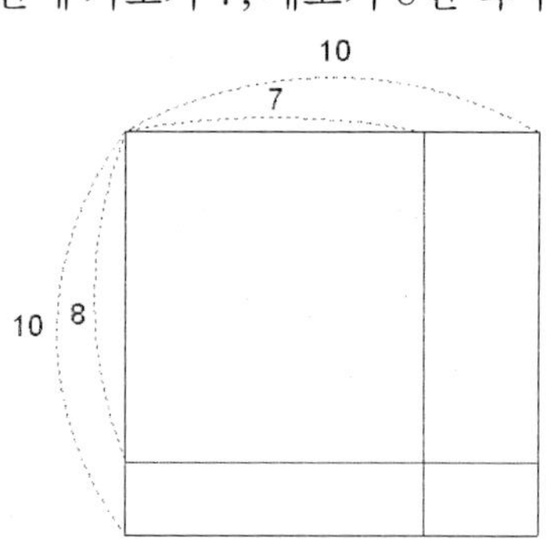

$$\begin{aligned} & 7 \times 8 \\ = \ & 10 \times 10 \\ & - 3 \times 10 \\ & - 2 \times 10 \\ & + 3 \times 2. \end{aligned}$$

이 계산은 실제로 다음과 같은 분배법칙을 그대로 적용한 것이다.

$$7 \times 8 = (10-3) \times (10-2)$$
$$= 10 \times 10 - 3 \times 10 - 2 \times 10 + 3 \times 2.$$

4) 주먹구구

이와 비슷한 방법으로 우리 전통 셈법 중 '주먹구구'라는 방법도 있답니다.

예 7×8을 할 때 양손으로 손가락을 세면서 쥐었다 펴며 각각 7과 8을 표현하세요.

	왼손(8)	오른손(7)	계산 방법
편 손가락의 개수	3개	2개	3+2=5 (십의 자리)
쥔 손가락의 개수	2개	3개	2×3=6 (일의 자리)

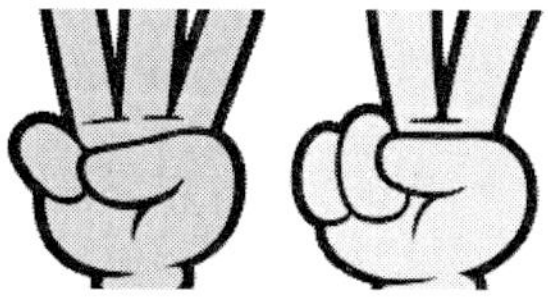

① 2300년 전의 아이디어

> 수= 막대의 길이
> 두 수의 곱 =직사각형의 넓이
> 같은 수의 곱(제곱) = 정 사각형의 넓이

고대에서부터 'x^2'은 'x square'라고 읽었다. 플라톤은 스승인 소크라테스와 Theaetetus의 대화를 적은 그의 저서 'Theaetetus'에서 다음과 같이, 수를 'square' 또는 'equilateral' 과 'rectangular'라는 두 종류로 나누고 있다.

THEAETETUS : 우리는 모든 수를 두 종류로 나눕니다. 이들 중 하나는 같은 종류의 양들의 곱셈으로 구성할 수 있는 수인데, 우리는 그 수를 정사각형이라는 도형으로 표현해 왔고 그들을 "square" 또는 'equilateral'이라고 합니다.

SOCRATES : 잘 했다.

THEAETETUS : 다른 한 종류는 제곱수 사이에 있는 3과 5와 같이, 작은 수와 큰 수를 곱하거나 또는 큰 수와 작은 수를 곱하는 것은 동일하지 않은 변으로 이루어진 도형에 의해 표현되는 경우인데, 우리는 직사각형이라는 도형으로 그들을 표현하고 'rectangular'이라고 합니다.

• 이 아이디어는 0과 자연수만을 배우는 전조작기와 구체적 조작기의 아동에게 적합하다.

5) (10 이상의 자연수)×(9 이하의 수)

① 문제 상황을 제시하고 이를 해결하는 방법을 토의한다.

예 차를 타고 매일 32km씩 3일을 가면 몇 km를 가게 되는가?

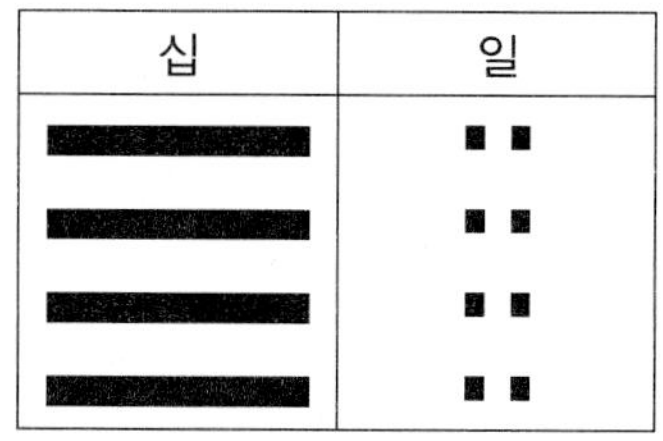

② 받아 올림이 없는, 두 자릿수와 한 자릿수를 곱하는 예를 제시한다.

- 12가 4묶음, 10이 5묶음, 31이 2묶음 등
- 자릿값 판에 수모형을 사용하여 12의 4묶음을 나타낸다.
- 총 합을 구하기 위해 두 가지 방법에 대하여 설명한다.
  12+12+12+12 또는 12×4
- 일의 자릿수를 곱한다. 2×4 = 8
- 십의 자릿수를 곱한다. 10×4 = 40
- 이를 더한다. 40+8 = 48

③ 모눈종이를 사용하여 23×3 = ?의 답을 구하는 과정을 설명한다.

십 모형이 2개 낱개가 3개

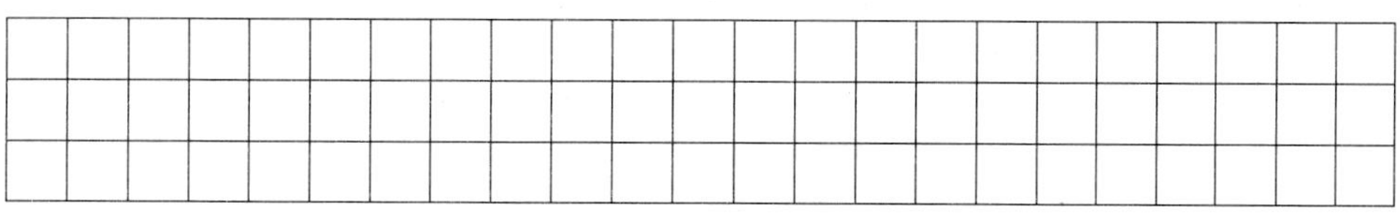

3줄

- 일이 몇 인가? 3이 세 개=3×3=9, 십이 몇 인가? 6개=10×6=60
- 모두 얼마인가? 60+9=69

④ 위의 내용을 세로 셈으로 설명한다.

$$\begin{array}{r} 12 \\ \times\ 4 \\ \hline 8 \\ 40 \\ \hline 48 \end{array} \qquad \begin{array}{r} 23 \\ \times\ 3 \\ \hline 9 \\ 60 \\ \hline 69 \end{array}$$

⑤ 위의 내용을 이용하여 분배법칙을 설명한다.

- 직사각형의 넓이를 이용하여 $3\times(4+5)=3\times4+3\times5$임을 다음 그림을 이용하여 설명한다.
- 위의 문제를 일반화하여 다음과 같은 분배법칙을 설명한다.
  답 : $A\times(B+C)=A\times B+A\times C$

- 직사각형의 넓이를 이용하여

  $7 \times 7 = (3+4) \times (3+4)$

  $\quad = 3 \times 3 + 2 \times 3 \times 4 + 4 \times 4$

  임을 설명한다.

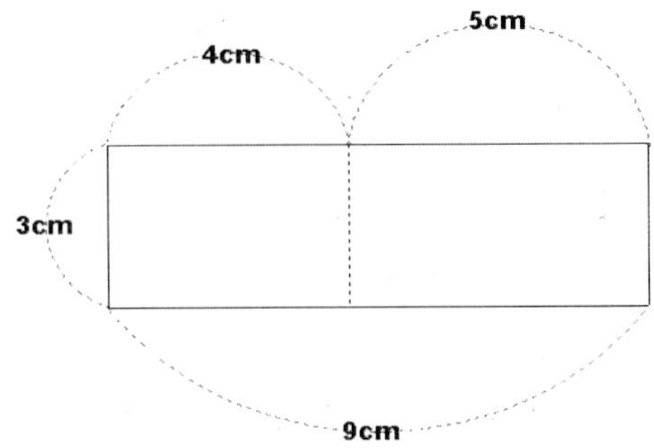

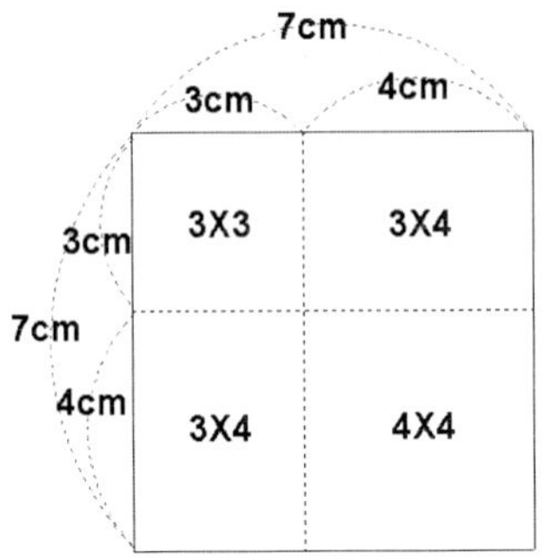

- 위의 문제를 일반화하여 다음과 같은 붑배법칙을 설명한다.

  답 : $(A+B) \times (A+B) = A \times A + 2 \times A \times B + B \times B$

- 따라서 $12 \times 4 = (10+2) \times 4 = 10 \times 4 + 2 \times 4 = 40 + 8 = 48$
- $23 \times 3 = (20+3) \times 3 = 20 \times 3 + 3 \times 3 = 60 + 9 = 69$

⑥ 받아 올림이 있는 두 자릿수와 한 자릿수의 곱셈을 제시한다.

- $48 \times 4 = ?$
- $48 \times 4 = (40+8) \times 4 = 40 \times 4 + 8 \times 4$ 이다.

  이와 같은, 분배법칙을 이용한 곱셈법을 그래프 종이를 사용하여 설명한다.

백	십	일
	4	8
×		4
	3	2
1	6	0
1	9	2

6) (두 자릿수)×(두 자릿수)

① 문제 상황을 제시하고 이를 해결하는 방법을 토의한다.

예 연필 한 타스는 12개이다. 연필 13타스는 몇 개인가?

② 받아 올림이 있는, 두 자릿수끼리 곱하는 예를 제시한다.

예
- 연필 한 타스는 12개이다. 연필 13타스는 몇 개인가?
- 낱개 10개와 십 모형 1개, 십 모형 10개와 백 모형 1개를 바꾸면 결국, 백 모형 1개, 십 모형 5개 낱개 6개가 남는다.
- 백 모형 1개, 십 모형 5개 낱개 6개를 사용하여 가로가 12, 세로가 13인 직사각형을 만들면 아래와 같아진다.

13줄

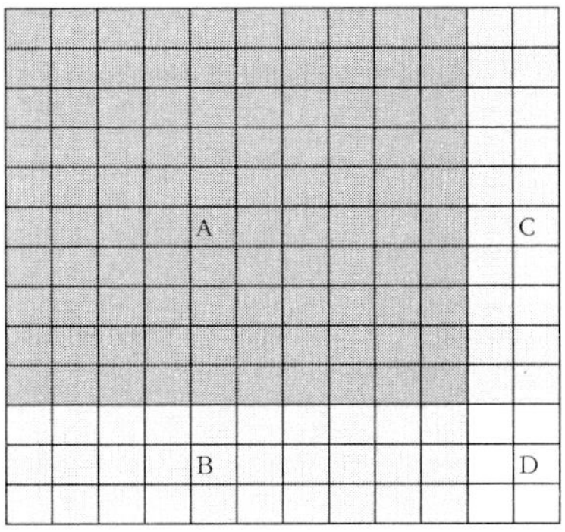

12	
× 13	
6	(2×3)−D
20	(2×10)−C
30	(10×3)−B
100	(10×10)−A
156	

- 이것은 분배법칙

  $12\times 13=(10+2)\times(10+3)=(2\times 3)+(2\times 10)+(10\times 3)+(10\times 10)$

  을 그림으로 설명한 것이다

[참고] 주의할 점

수학과 교육과정에서는 두 수의 곱을 3학년에, 직사각형의 넓이는 5학년에 배치하고 있다. 따라서 위의 방법에서는, 직사각형의 넓이라는 용어를 사용하지 않고, 오로지 수모형을 직사각형으로 만드는 과정만을 이용하여 아동으로 하여금 곱셈알고리즘(분배법칙)을 이해하도록 지도하면 된다.

처방 코드번호 : 1070

주제 : 0과 자연수－사칙연산
오류 유형 : $3 \times 0 = ?$

프로이덴탈의 형식불역의 원리에 따라서 다음과 같이 지도한다. (IV장1.5.5절 참조)

$$3 \times 4 = 12$$
$$3 \times 3 = 9$$
$$3 \times 2 = 6$$
$$3 \times 1 = 3$$

의 형식에 숨겨진 원리 즉, 곱하는 수가 4,3,2,1 등 1씩 작아질 때 마다 곱셈결과는 3씩 작아진다는 원리를 적용하여 곱하는 수를 0까지 확장한다. 따라서

$$3 \times 0 = 0$$

처방 코드번호 : 1071

주제 : 0과 자연수－사칙연산
오류 유형 : 분배법칙 오류

위와 같이 두 수의 곱은 직사각형 모델로 인식하여 수모형을 이용한 분배법칙을 이해하도록 지도한다.

1.2.3 자연수의 나눗셈

1) 나눗셈의 모델

① 등분제
② 포함제(동수누감)
③ 곱셈의 역연산

2) 자연수의 나눗셈

처방 코드번호 : 1080, 1081

주제 : 0과 자연수－사칙연산
오류 유형 : 0과 자연수의 나눗셈

자연수의 나눗셈은 아래와 같이 수모형을 이용하여 가급적이면 등분제의 맥락에서 지도하는 것이 좋다.

작은 수인 자연수끼리의 나눗셈에서는 포함제의 맥락으로 퀴즈네어 색 막대를 이용하면 되며,큰 수인 자연수끼리의 나눗셈은 등분제의 맥락에서 수모형을 이용하면 된다.

① 90 이하의 피젯수, 나머지 있음

	십모형	낱개	나머지
답	□	●●●●● ●●●	●
3명	□□□□□□	●●●●● ●●●	
	□□	●●●●● ●●●	
	●●●●● ●●●●● ●●●●● ●●●●●	●●●●● ●●●	

〈나눗셈 판〉

19 … 1
3) 58
−30
28
−27
1

- 왼쪽의 나눗셈 판에서 다음과 같은 활동을 한다.
- 십 모형 5개와 낱개 9개를 세 사람에게 똑같이 나누어 준다(등분제).
- 십 모형을 세 사람에게 한 개씩 나누어주면, 십 모형이 세 개가 없어지고 심 모형 2개와 낱개 9개가 남는다.
- 십 모형 2개를 낱개 20개와 바꾼다. 그러면 낱개 29개만 남는다.
- 낱개 29개를 세 명에게 9개씩 나누어 주면, 낱개 2개가 남는다.
- 나눗셈 판에서 수모형이 움직이는 대로 오른쪽에 숫자를 적는다.
- 나눗셈 판을 사용하여 세 자릿수 나누기 두 자릿수를 계산한다.

1.2.4 사칙연산의 상호 관계

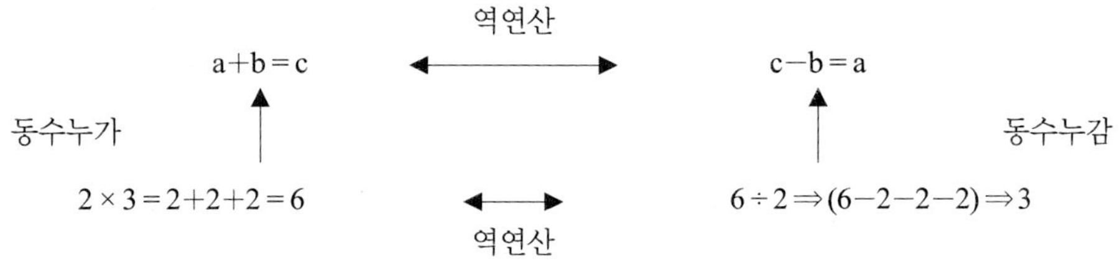

- 덧셈과 뺄셈은 역연산 관계이다.
- 곱셈은 같은 수끼리만 더하는 특수한 경우의 덧셈이다(동수 누가).
- 나눗셈은 같은 수끼리만 빼내는 특수한 경우의 뺄셈이다(동수 누감).
- 곱셈과 나눗셈은 역연산관계이다.

1.2.5 약수와 배수

1) 약수 구하기(활용시기 및 학년 : 5학년 1학기)

① 12의 약수 구하기

12가 되도록 막대를 놓고, 같은 색 막대로 12를 채울 수 있는 막대들을 찾는다.

(10)주황	(2)빨강

(6)녹색	(6)녹색

(4)보라	(4)보라	(4)보라

(3)연두	(3)연두	(3)연두	(3)연두

(2)빨강	(2)빨강	(2)빨강	(2)빨강	(2)빨강	(2)빨강

흰	흰	흰	흰	흰	흰	흰	흰	흰	흰	흰	흰

주황	빨강

② 큰 수의 약수 구하기

작은 수의 약수는 위와 같이 구할 수 있으나, 큰 수의 약수를 모두 구하는 일은 쉽지 않을 수 있다. 이제 모든 수의 약수를 빠짐없이 구할 수 있는 방법을 알아보기로 한다.

• 72의 약수 구하기

$72 = 8 \times 9 = 2 \times 2 \times 2 \times 3 \times 3$이다. 따라서 72의 약수는 2와 3을 여러 번 곱해 가면 모두 만들 수 있다. 72의 약수를 빠짐없이 구하려면 다음과 같이 표를 그리는 방법을 사용하면 좋다.

×	1	3	9
1	1	3	9
2	2	6	18
4	4	12	36
8	8	24	72

즉, 1, 2, 3, 4, 6, 8, 9, 12, 18, 24, 36, 72 모두 12개이다.

처방 코드번호 : 1091

주제 : 배수와 약수

오류 유형 : 큰 수의 약수

$36 = 4 \times 9 = 2 \times 2 \times 3 \times 3$ 이므로 36의 약수는 아래와 같이 모두 9개이다.

×	1	3	9
1	1	3	9
2	2	6	18
4	4	12	36

즉, 1, 2, 3, 4, 6, 9, 12, 18, 36

2) 최대공약수 구하기

최대공약수란 위에서 공약수 중에서 가장 큰 수를 말한다. 최대공약수를 구하는 방법은 소인수분해를 이용하는 방법과 유클리드 호제법이 있다.

① 유클리드 호제법

유클리드 원론에 나타나는 호제법은 당시의 그리스 수학들의 관념인 '나눗셈 = 동수 누감, 수 = 막대의 길이' 라는 점을 이용하고, 우리는 그 아이디어를 직관적인 방법으로 접근할 수 있는 방법으로 지도하기로 한다.

유클리드 호제법의 아이디어는 다음과 같다.

예를 들면 6과 4의 최대공약수를 구해보자.

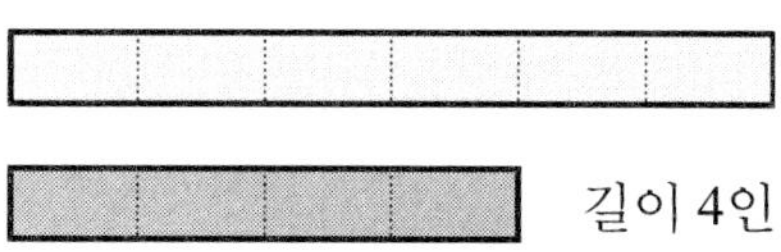

길이 6인 막대

길이 4인 막대

길이 6인 막대와 길이 4인 막대에는 두 막대 모두를 빈틈없이 채울 수 있는 가장 큰 길이(최대공약수)의 막대가 있다.

긴 막대(6) 위에 짧은 막대(4)를 올릴 수 있는 덮는다.

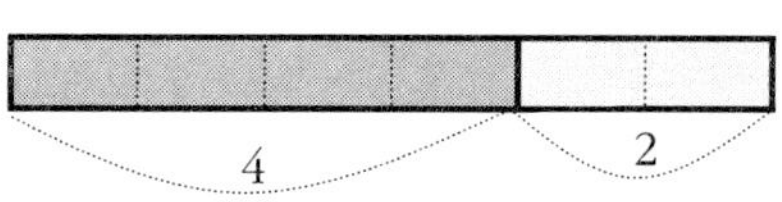

길이 6인 막대

이 때 긴 막대(6)는 짧은 막대(4)와 짧은 막대로 덮지 못한 나머지 2로 나누어진다.

그리고 6과 4의 최대공약수 막대는 6과 4를 동시에 완전히 덮기 때문에 2를 완전히 덮어야 된다. 즉, 6과 4의 최대공약수 막대는 4와 2를 동시에 완전히 덮기 때문에 4와 2의 최대공약수 막대도 된다. 그러므로 6과 4의 최대공약수는 4와 2의 최대공약수와 같다.

위의 ① 문제를 풀어보면

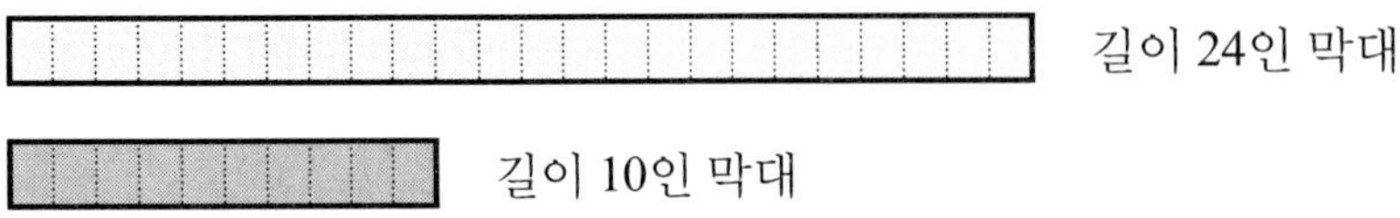

길이 24인 막대와 길이 10인 막대에 두 막대 모두를 빈틈없이 채울 수 있는 최대공약수 막대가 있다.

긴 막대(24) 위에 짧은 막대(10)를 올릴 수 있는 덮는다.

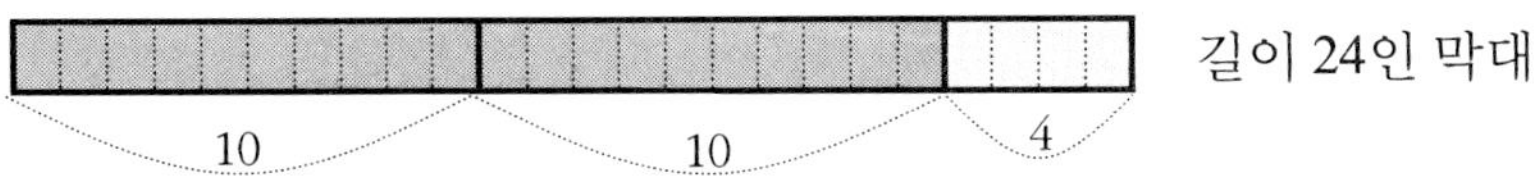

이 때 긴 막대(24)는 짧은 막대(10)2개와 짧은 막대로 덮지 못한 나머지 4로 나누어진다.

그리고 24와 10의 최대공약수 막대는 24와 10을 완전히 덮기 때문에 4를 완전히 덮어야 된다. 그러므로 24와 10의 최대공약수는 10과 4의 최대공약수와 같다.

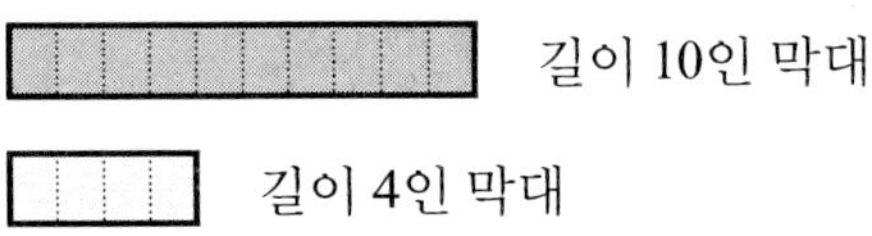

길이 10인 막대와 길이 4인 막대에 두 막대 모두를 빈틈없이 채울 수 있는 최대공약수 막대가 있다.

긴 막대(10) 위에 짧은 막대(4)를 올릴 수 있는 덮는다.

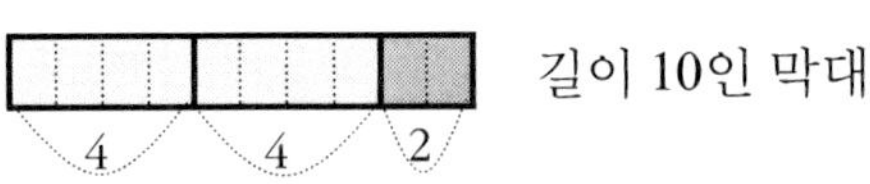

이 때 긴 막대(10)는 짧은 막대 4(2개)과 짧은 막대로 덮지 못한 나머지 2로 나누어진다.

그리고 10과 4의 최대공약수 막대는 10과 4를 완전히 덮기 때문에 2를 완전히 덮어야 된다. 그러므로 10과 4의 최대공약수는 4와 2의 최대공약수와 같다.

24와 10의 최대공약수는 4와 2의 최대공약수인 2이다.

〈유클리드 호제법〉

32와 20의 공약수 구하기

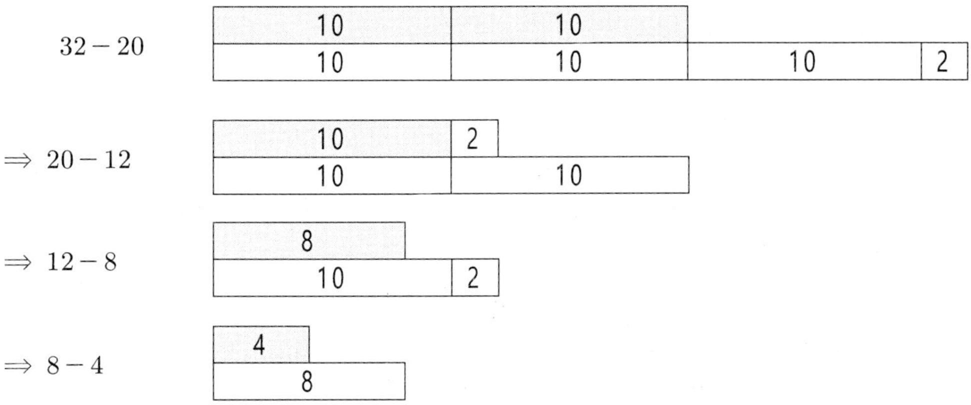

- 직사각형을 이용한 유클리드 호제법

  '두 수의 곱은 직사각형의 넓이'라는 사실을 이용하면, 유클리드 호제법은 다음과 같이 된다.

  가로 32, 세로 20인 직사각형의 내부를 최대 크기의 정사각형으로 계속 나누어 갈 때, 그 중 크기가 가장 작은 정사각형의 한 변의 길이가 최대공약수이다.

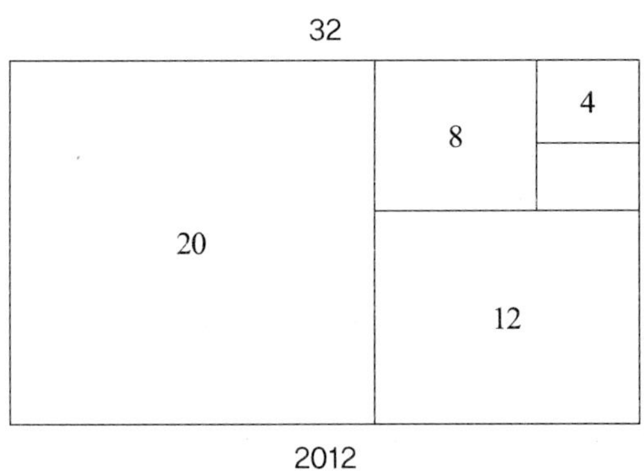

3) 배수 판정법

① 2, 4, 5, 8의 배수 알아보기

- 2의 배수

  끝(일)자릿수가 2의 배수(짝수)이면 그 수는 2의 배수이다.

  예 $23456 = 2345 \times 10 + 6$이다. 그런데 10이 2의 배수이므로 $23450 = 2345 \times 10$도 2의 배수이다. 또한 6도 2의 배수이므로 23456은 2의 배수이다.

• 5의 배수

끝(일)자릿수가 5의 배수(짝수)이면 그 수는 5의 배수이다.

예 $23456 = 2345 \times 10 + 6$이다. 그런데 10이 5의 배수이므로 $23450 = 2345 \times 10$도 5의 배수이다. 그러나 6이 5의 배수가 아니므로 23,456은 5의 배수가 아니다.

• 4의 배수

끝 두 자릿수가 4의 배수이면 그 수는 4의 배수이다.

예 $23456 = 234 \times 100 + 56$이다. 그런데 100이 4의 배수이므로 $23450 = 234 \times 100$도 4의 배수이다. 또한 끝 두 자릿수인 56도 4의 배수이므로 23,456은 4의 배수이다.

• 8의 배수

끝 세 자릿수가 8의 배수이면 그 수는 8의 배수이다.

예 $23456 = 23 \times 1000 + 456$이다. 그런데 1,000이 8의 배수이므로 $23450 = 23 \times 1000$도 8의 배수이다. 또한 끝 세 자릿수인 456도 8의 배수이므로 23,456은 8의 배수이다.

처방 코드번호 : 1090
주제 : 배수와 약수 오류 유형 : 8의 배수의 성질 524216의 끝 3자릿수는 216이다. 그런데 216은 8의 배수이다. 따라서 524216은 8의 배수이다.

② 3, 9의 배수 알아보기

예
$$\begin{aligned}23457 &= 2\times 10000+3\times 1000+4\times 100+5\times 10+7\\ &= 2\times(9999+1)+3(999+1)+4\times(99+1)+5\times(9+1)+7\\ &= 2\times 9999+3\times 999+4\times 99+5\times 9+(2+3+4+5+7)\\ &= 3\text{ 또는 }9\text{배수}+(2+3+4+5+7)\end{aligned}$$

$2+3+4+5+7=21$이다. 그런데 21은 3의 배수이지만 9의 배수는 아니다.

따라서 23,457은 3의 배수이고 9의 배수는 아니다.

• 어떤 수가 3 또는 9의 배수인가를 알아보는 방법

그 수의 각 자릿수의 합이 3 또는 9의 배수이면, 그 수는 3 또는 9의 배수이다.

③ 11의 배수 알아보기

예
$$\begin{aligned}23457 &= 2\times 10000+3\times 1000+4\times 100+5\times 10+7\\ &= 2\times(9999+1)+3\times(1001-1)+4\times(99+1)+5\times(11-1)+7\\ &= 2\times 9999+3\times 1001+4\times 99+5\times 11+(2-3+4-5+7)\\ &= 11\text{의 배수}+(2-3+4-5+7)\end{aligned}$$

그런데 2−3+4−5+7=5이므로 5는 11의 배수가 아니다. 따라서 23,457도 11의 배수가 아니다.

- 어떤 수가 11의 배수인가를 알아보는 방법
  그 수의 (일 자릿수)−(십 자릿수)+(백 자릿수)−(천 자릿수)+(만 자릿수)를 계산한 결과가 11의 배수이면, 그 수는 11의 배수이다.

(3) 최소공배수 구하기

- 활용시기 및 학년 : 5학년 1학기
- 목표 : 퀴즈네어 막대를 이용하여 두 수의 최소공배수를 구할 수 있다.
- 활용의 예 : 2와 5의 최소공배수 구하기
  −흰 막대를 1로 하였을 때, 2에 해당하는 빨간 막대와 5에 해당하는 노란 막대를 각각 나란히 늘어놓아 맞추어 모았을 때 첫 번째로 길이가 같아질 때의 흰 막대의 수를 센다.

<table>
<tr><td colspan="2">빨강</td><td colspan="2">빨강</td><td colspan="2">빨강</td><td colspan="2">빨강</td><td colspan="2">빨강</td></tr>
<tr><td colspan="5">노랑</td><td colspan="5">노랑</td></tr>
<tr><td>흰</td><td>흰</td><td>흰</td><td>흰</td><td>흰</td><td>흰</td><td>흰</td><td>흰</td><td>흰</td><td>흰</td></tr>
</table>

〈그림〉 퀴즈네어 막대로 최소공배수 구하기

1.2.6 동치 분수, 분수의 크기 비교

1) 동치분수의 지도

① 학습보조자료
퀴즈네어 색 막대, 띠, 원. 가위

② 띠를 이용한 동치분수 지도

- 아동들에게 가위와 2등분되어 있는 길이가 같은 띠를 10개씩 나누어 주고, 처음에는 띠 한 장의 중앙선을 자르게 하면서 $\frac{1}{2}$ 임을 설명한다.

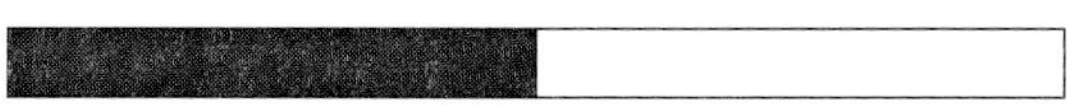

- 아동들에게 위와 같은 띠 두 장을 겹쳐서 중앙선을 자르게 하면서 $\frac{2}{4}$ 임을 설명한다.

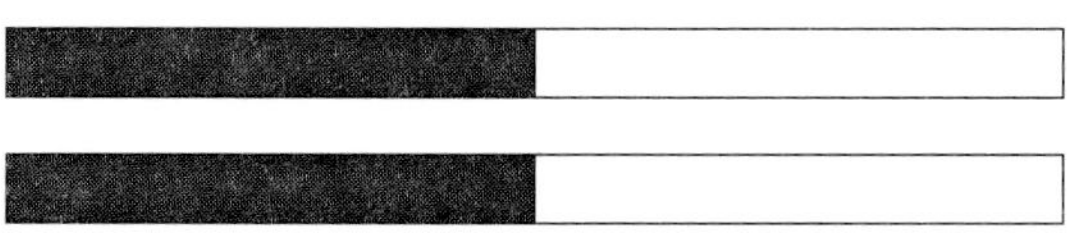

• 아동들에게 위와 같은 띠 세 장을 겹쳐서 중앙선을 자르게 하면서 $\frac{3}{6}$ 임을 설명한다.

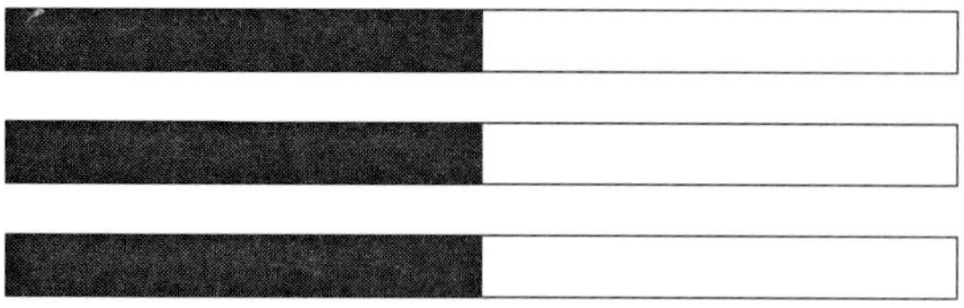

• 위의 세 번의 활동은 모두 $\frac{1}{2}$을 나타낸 것이다. 따라서 $\frac{1}{2}=\frac{2}{4}=\frac{3}{6}$ 임을 알도록 지도한다.

③ 원(둥근 케이크)을 이용한 동치분수 지도

• 아동에게 3등분되어 있는 원(둥근 케이크)을 아래 그림과 같이 자르게 한 상태에서 $\frac{1}{4}=\frac{2}{8}=\frac{3}{12}$ 임을 설명한다.

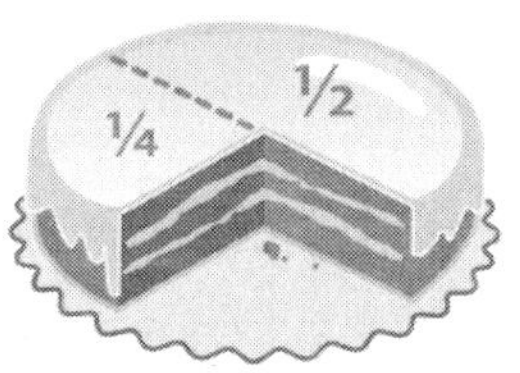

• 평면위에서의 활동보다 3차원 공간에서의 활동이 더욱 효과적이다.

④ 퀴즈네어 색 막대를 이용한 동치분수 지도

퀴즈네어 색 막대를 이용하여 비의 관념을 동치분수를 지도한다.

• 주황색 막대(10)와 빨간 색 막대(2)을 합친 것을 단위(12)로 할 경우 $\frac{3}{2}$와 동치분수를 찾으면 다음 그림과 같이 구할 수 있다.

<table>
<tr><td>주황</td><td>빨강</td><td>=1</td></tr>
</table>

<table>
<tr><td colspan="8">갈색</td><td>$\frac{2}{3}$</td></tr>
<tr><td colspan="2">빨강</td><td colspan="2">빨강</td><td colspan="2">빨강</td><td colspan="2">빨강</td><td>$\frac{4}{6}$</td></tr>
<tr><td>흰색</td><td>흰색</td><td>흰색</td><td>흰색</td><td>흰색</td><td>흰색</td><td>흰색</td><td>흰색</td><td>$\frac{8}{12}$</td></tr>
</table>

• 12cm의 $\frac{2}{3}$는 갈색막대(8cm)의 길이이다.

- 12cm의 $\frac{2}{3}$는 빨간색 막대(2cm) 6개 중 4개 이므로, 12cm의 $\frac{4}{6}$와 같고,
- 12cm의 $\frac{2}{3}$는 흰색 막대(1cm) 12개중 8개이므로, 12cm의 $\frac{8}{12}$과 같다.
- 위의 사실에서 $\frac{2}{3}=\frac{4}{6}=\frac{8}{12}$ 임을 설명한다.
- $\frac{2}{3}=\frac{4}{6}=\frac{8}{12}$에서 분모가 2배, 4배 커질 때마다 분자도 2배, 4배 커지면 크기가 같은 분수가 됨을 설명한다.

2) 분수의 크기 비교

두 분수 중에서 더 큰 또는 더 작은 또는 같음으로 두 분수의 크기를 비교하고, 그 것을 부등호 또는 등호로 나타낼 수 있도록 지도한다.

① 학습보조자료

띠, 퀴즈네어 색 막대

② 띠를 이용한 동분모의 분수 비교

- $\frac{2}{4}$과 $\frac{3}{4}$를 띠로 나타내게 한다.

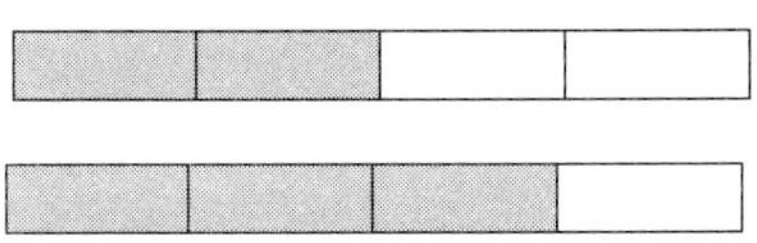

- 두 분수의 크기를 비교한다.
- 비교한 사실을 <, >, ＝의 기호를 사용하여 표시한다.
- 같은 분모를 가진 여러 가지 분수를 제시하여 대소 관계를 설명한다.

② 띠를 이용한 이분모의 분수 비교

- $\frac{2}{3}$와 $\frac{3}{4}$의 크기 비교

$= \frac{2}{3}$

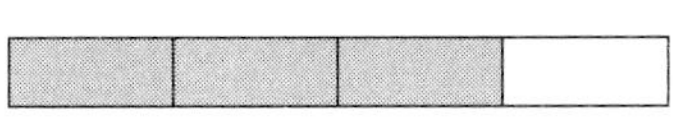

$= \frac{3}{4}$

- 두 분수를 띠로 나타낸다.
- 색칠한 부분을 비교한다.
- 분모가 다른 분수의 크기를 비교하는 규칙이 무엇인지 설명하도록 한다.

③ 퀴즈네어 색 막대를 이용한 이분모 분수의 비교

- 아동들에게 $\frac{1}{2}$과 $\frac{1}{3}$을 분모가 같은 분수로 통분하여 크기를 정확하게 비교하도록 한다.
- 퀴즈네어 색 막대를 사용하여 다음과 같이 $\frac{1}{2}$과 $\frac{1}{3}$의 공통분모를 구한다.

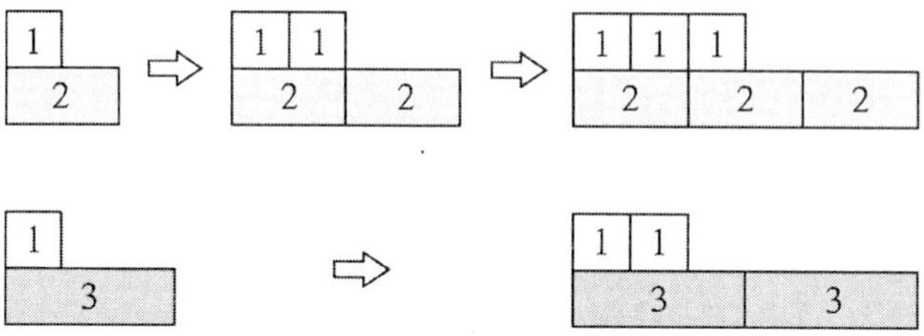

- 공통분모는 2와 3의 최소공배수인 6임을 알 수 있으며, $\frac{1}{2}=\frac{3}{6}, \frac{1}{3}=\frac{2}{6}$임을 알 수 있다.
- 따라서 $\frac{1}{2}>\frac{1}{3}$이 됨을 설명한다.
- 아동들에게 같은 방법으로 $\frac{2}{3}$와 $\frac{3}{4}$의 크기를 비교하도록 한다.

1.2.7 분수의 덧셈, 뺄셈

1) 분모가 같은 분수의 덧셈, 뺄셈

① $\frac{1}{3}+\frac{1}{3}=?$의 답을 아동에게 묻는다.

- 만일 아동이 $\frac{2}{6}$라고 대답하는 경우에는, 그 이유를 설명하게 한다.
- 만일 분수의 덧셈은 분모끼리 더해서 분모가 되고 분자끼리 더해서 분자가 된다라고 대답한다면 다음과 같은 질문을 한다.

  −반절 더하기 반절은? 전체(1)이요. 그러면 그 사실을 분수로 표현하게 한다. 즉,

  $\frac{1}{2}+\frac{1}{2}=1$

  그러므로 $\frac{1}{2}+\frac{1}{2}=\frac{2}{4}$가 아닌 것을 이해하도록 한다.

- 아래와 같이 피자 $\frac{1}{3}$쪽과 $\frac{1}{3}$쪽을 합하면 $\frac{2}{3}$쪽이 되는 것을 설명한다.

아래와 같은 피자의 $\frac{1}{3}$ 은

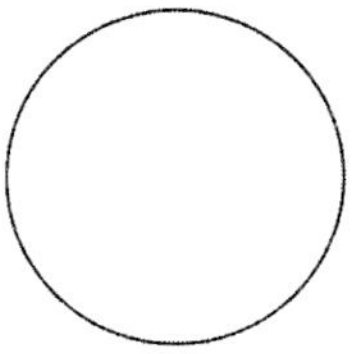

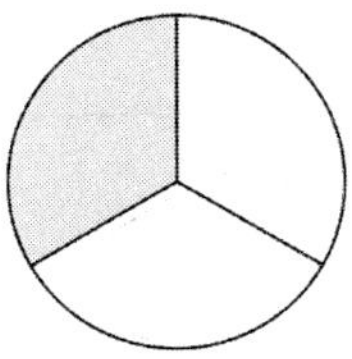 또는 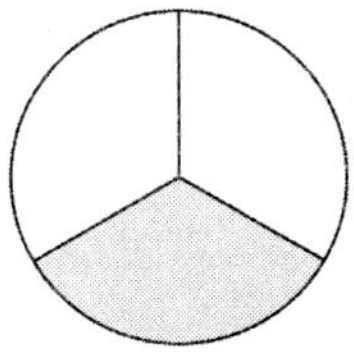 이다.

따라서 $\frac{1}{3}+\frac{1}{3}$ 은두 개의 피자조각을 합한

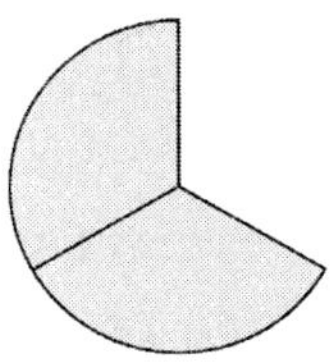 또는 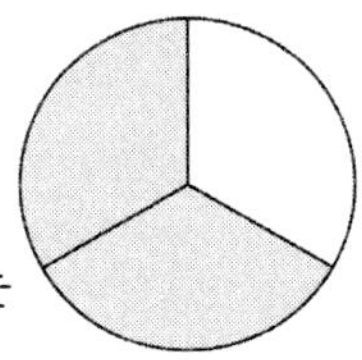 이다.

따라서 $\frac{1}{3}+\frac{1}{3}=\frac{1+1}{3}=\frac{2}{3}$ 이다.

즉, 분모가 같은 분수는 분모는 그대로 두고 분자끼리만 더한다.

② 퀴즈네어 색 막대를 사용하여 $\frac{3}{6}+\frac{2}{6}=\frac{5}{6}$ 이 되는 사실을 설명한다.

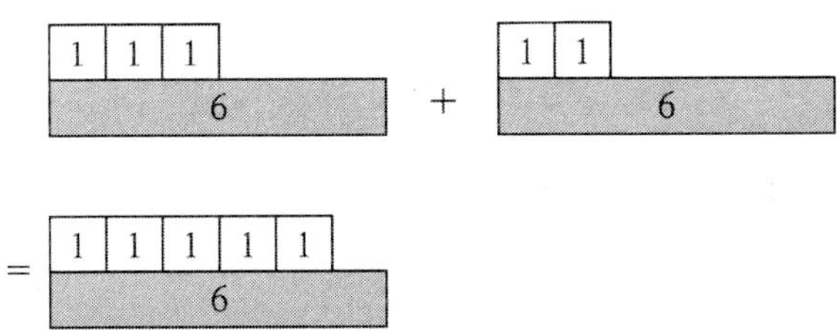

즉, 분모가 같은 분수의 덧셈은 분모는 그대로 두고 분자끼리만 더한다.

③ 분모가 같은 분수의 뺄셈은 덧셈과 마찬가지로 분모는 같고 분자끼리 뺀다는 사실을 설명해 준다.

처방 코드번호 : 1110
주제 : 분수—사칙연산 오류 유형 : 분수의 덧셈(분모가 같은 경우) 분모가같은 분수의 덧셈은 분모는 그대로 있고, 분자끼리만 더한다. 따라서 $\frac{1}{3}+\frac{1}{3}=\frac{2}{3}$, $1\frac{1}{4}+\frac{1}{4}=1\frac{2}{4}$, $\frac{3}{5}+\frac{4}{5}=\frac{7}{5}=1\frac{2}{5}$

2) 분모가 다른 분수의 덧셈, 뺄셈

① 학습보조자료

띠, 원, 퀴즈네어 색 막대

② 띠를 이용한 분모가 다른 분수의 덧셈

• $\frac{1}{2}+\frac{1}{4}=?$

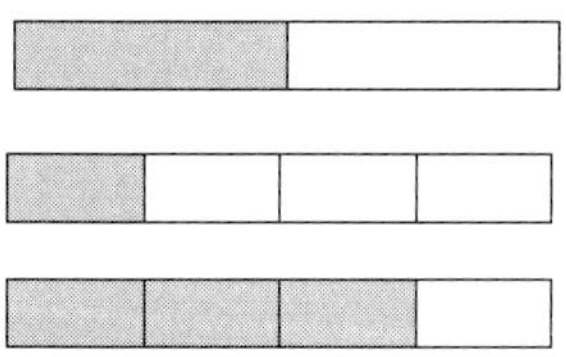

• 띠를 이용하여 $\frac{1}{2}$과 $\frac{1}{4}$을 잇대어서 합을 구한다.

그러면, $\frac{1}{2}+\frac{1}{4}=\frac{3}{4}$ 임을 알 수 있다.

퀴즈네어 색 막대를 이용하여 분모가 다른 분수의 합을 구한다.

• $\frac{1}{2}$과 $\frac{1}{3}$을 퀴즈네어 색 막대를 사용하여 표현하게 한다.

• $\frac{1}{2}$과 $\frac{1}{3}$의 분모의 크기가 같아질 때까지 분모 막대와 분자 막대를 이어 붙이면서 동치 분수(크기가 같은 분수)를 각각 만들어 간다. 즉, $\frac{3}{6}$과 $\frac{2}{6}$으로 만든다.

• 이 때, 공통분모 6이 2와 3의 최소공배수가 된다는 사실을 설명한다.

• 두 분수의 분모가 같아진 사실을 확인한 다음, 분모는 그대로 하고 분자만을 더한다.

• $\frac{1}{2}+\frac{1}{3}=$

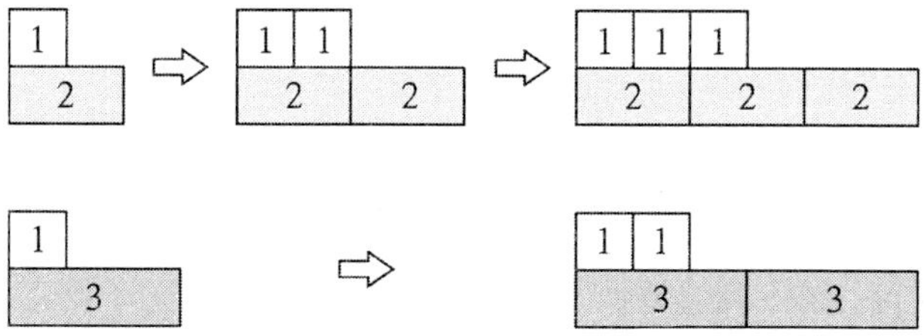

$\frac{1}{2}+\frac{1}{3}=$

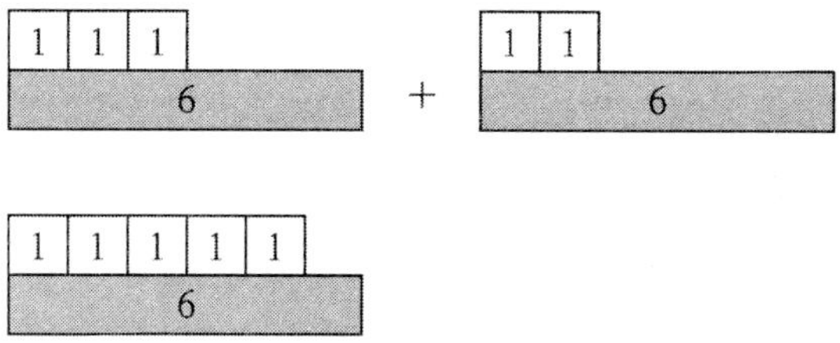

$=\frac{3}{6}+\frac{2}{6}$

$=\frac{5}{6}$

• 퀴즈네어 색 막대를 활용하여 최소공배수 찾는 요령을 충분히 습득하게 한 후에, 분모의 최소공배수를 찾는 방법을 설명한다.

3) 이분모 분수의 덧셈, 뺄셈

• $\frac{1}{3}+\frac{1}{4}$의 경우

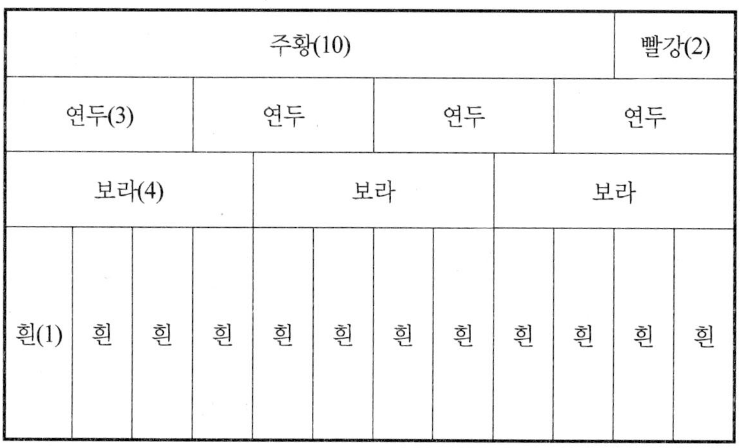

연두 $\frac{1}{4}=\frac{3}{12}$

보라 $\frac{1}{3}=\frac{4}{12}$

$\frac{1}{3}+\frac{1}{4}=\frac{4}{12}+\frac{3}{12}$

$=\frac{7}{12}$

〈그림 〉 분수의 덧셈

다시 말하자면 (보라=흰색 4개) + (연두=흰색 3개) = 7개의 흰색이므로
$\frac{1}{3}+\frac{1}{4}=\frac{4}{12}+\frac{3}{12}=\frac{7}{12}$ 이다.

• $\frac{1}{3}-\frac{1}{4}$ 의 경우

(보라= 흰색 4개)−(연두= 흰색 3개)= 1개의 흰색이므로 $\frac{1}{3}-\frac{1}{4}=\frac{4}{12}-\frac{3}{12}=\frac{1}{12}$ 임을 퀴즈네어 조작교구의 활동을 통하여 이분모 분수의 뺄셈에 대한 계산 원리를 발견할 수 있다. 분수의 뺄셈은 덧셈의 역연산으로 지도할 수 있다.

1.2.8 분수의 곱셈

① 학습보조자료

모눈종이, 퀴즈네어 색 막대

② 모눈종이를 이용하여 분수의 곱셈

• $\frac{2}{5}\times\frac{3}{4}=?$ 이것은 $\frac{2}{5}$를 먼저 정한 다음 $\frac{2}{5}$의 $\frac{3}{4}$을 구하는 것임을 설명한다.

• 아동에게 모눈종이를 나누어준 다음, 마음대로 $\frac{2}{5}$를 표현하도록 한다.

• 아동이 그린 $\frac{2}{5}$의 $\frac{3}{4}$을 표현하도록 지시한다.

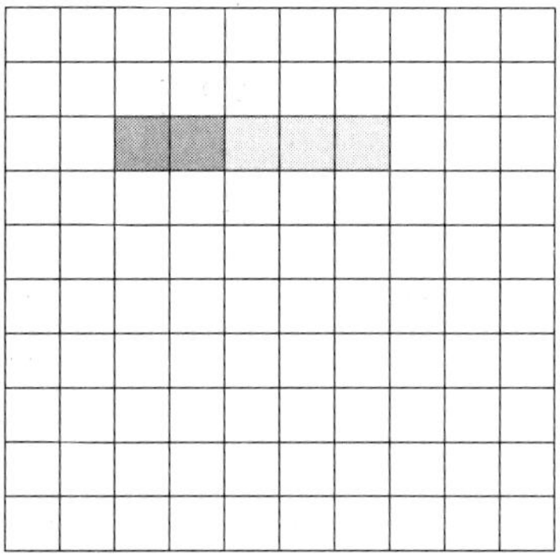

• 만일 아동이 자신이 그린 $\frac{2}{5}$의 $\frac{3}{4}$을 표현하는 데에 곤란을 느낀다면, 가능한 방법을 모색하도록 한다.

• 만일 아동이 $\frac{2}{5}$를 모눈종이에 다음과 같이 표현했다고 하자. 즉, 다섯 칸을 단위(1)로 정하고 그 중 2칸에 색을 칠한 경우이다.

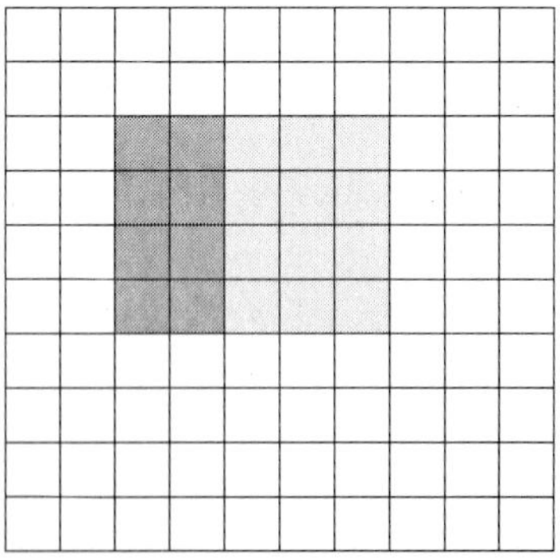

• 아동에게 $\frac{2}{5}$와 동치분수(크기가 같은 분수)를 만들어서 $\frac{2}{5}$의 $\frac{3}{4}$을 표현할 수 있는 방법을 찾게 한다. 예를 들면 $\frac{2}{5}$를 아래와 같이 표현한다면 $\frac{2}{5}$의 $\frac{3}{4}$을 표현할 수 있을 것이다.

• 그러면 $\frac{2}{5}$의 $\frac{3}{4}$은 검은 부분의 $\frac{3}{4}$이 되는 사실을 설명한다. 그러면 $\frac{2}{5}$의 $\frac{3}{4}$, 즉 $\frac{2}{5}\times\frac{3}{4}$은 검은 부분의 $\frac{3}{4}$이므로 다음 그림과 같아지는 것을 설명한다.

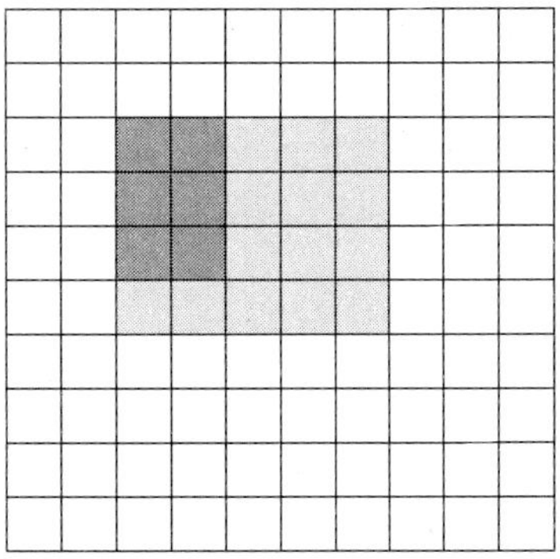

$\frac{2}{5}\times\frac{3}{4}$을 나타내는 검은 부분은 20칸 중에서 8칸이므로 답은 $\frac{6}{20}$이 된다.

- 그런데 검은 부분인 $\frac{6}{20}$은 가로가 5, 세로가 4인 직사각형 안에서 가로가 2, 세로가 3인 직사각형이다. 따라서 $\frac{6}{20}=\frac{2\times3}{5\times4}$이다. 따라서 $\frac{2}{5}\times\frac{3}{4}$의 값은 분모끼리(5와 4) 곱해서 분모가 되고, 분자끼리(2와 3) 곱해서 분자가 되는 알고리즘을 아동에게 설명한다.

③ 퀴즈네어 색 막대를 이용한 분수의 곱셈

- $\frac{2}{3}\times\frac{3}{4}$ 의 계산 방법

  – 먼저 기준막대인 보라와 연두의 막대 면적을 흰색, 보라, 연두 등으로 채운 다음 개수를 알아보면 4×3은 12개이다. 비교막대인 연두와 빨강 막대의 넓이를 채운 다음 두 수의 곱의 개수를 알아보면 3×2이므로 6개이다. 부분(비교) : 전체(기준)의 비의 개념인 분소로 나타내면 $\frac{2}{3}\times\frac{3}{4}=\frac{2\times3}{3\times4}=\frac{6}{12}=\frac{1}{2}$와 같은 진분수끼리의 곱셈 계산 방법을 지도한다.

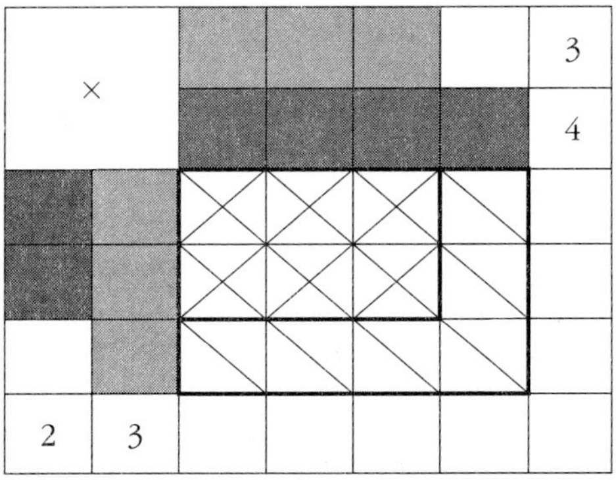

- 지도 방향

먼저 기준량을 퀴즈네어 막대로 다 채우게 하여 흰색 막대가 12개가 들어감을 지도하고 비교량도 퀴즈네어 막대로 다 채우면 흰색막대가 6개가 들어감을 알게 하여 총 12개 중에 6개라는 것을 알도록 한다. 즉 이것을 기호화 하면 $\frac{2}{3}\times\frac{3}{4}$은 $\frac{2\times3}{3\times4}=\frac{6}{12}=\frac{1}{2}$와 같이 분모는 분모끼리 분자는 분자끼리 곱해야 함을 알도록 한다.

1.2.9 분수의 나눗셈

1) 분수의 나눗셈 지도 방향

- (분수)÷(자연수) ⇨ 등분할
- (자연수)÷(분수) ⇨ 포함제
- (분수)÷(분수) ⇨ 포함제의 일반화
- 학습보조자료

  퀴즈네어 색 막대

2) 비와 비례식으로 지도

① 비 맥락

$\frac{5}{6} \div \frac{3}{4} = ?$

- 두 분수를 표현할 수 있는 단위 막대를 고른다.
- 6과 4의 최소공배수인 12막대를 만든다.

주황(10)	빨강(2)	$= 1$

주황(10)	$= \frac{5}{6}$

파랑(9)	$= \frac{3}{4}$

그러면 $\frac{5}{6} \div \frac{3}{4} =$ 주황 막대 ÷ 파랑 막대 $= 10 \div 9 = \frac{10}{9}$

② 비례식 맥락

비례식 $a : b = c : d$이 성립할 필요충분조건은 $a \times d = b \times c$이므로, $a \div b = c \div d$ 또는 $\frac{a}{b} = \frac{c}{d}$이다. 그리고 비 $2 : 5$ 의 값은 $\frac{2}{5}$, 즉 $2 \div 5$이다. 마찬가지로 $\frac{5}{6} \div \frac{3}{4}$은 비 $\frac{5}{6} : \frac{3}{4}$의 값이다. 그런데 비례식의 성질에 의해서 $\frac{5}{6} : \frac{3}{4} = \frac{20}{24} : \frac{18}{24}$이다. 그런데 24를 단위로 할 때, $\frac{20}{24} : \frac{18}{24}$은 분자의 비인 $20 : 18$이 된다. 따라서 ($\frac{5}{6} \div \frac{3}{4}$)=(비 $\frac{5}{6} : \frac{3}{4}$의 값)=(비 $20 : 18$의 값)이므로 $\frac{20}{18}$과 같다. 즉, $\frac{5}{6} \div \frac{3}{4} = \frac{20}{18} = \frac{5 \times 4}{6 \times 3} = \frac{5}{6} \times \frac{4}{3}$이다.

3) 포함제 맥락

피제수가 제수보다 큰 분수의 나눗셈은 위에서와 같이 포함제로 지도될 수 있다. 피제수가 제수보다 큰 분수의 나눗셈의 의미를 이해하기 위해서는 우선 '피제수가 1인 나눗셈', 즉 1÷(자연수 또는 분수)의 의미를 이해해야 하므로, 다음과 같이 퀴즈네어 색 막대를 활용하여 아동으로 하여금 1÷(자연수 또는 분수)의 의미를 이해하도록 지도하는 동시에 1÷(자연수 또는 분수)=1×(자연수 또는 분수)로 표현하는 방법을 지도한다.

① 활동 I : 1÷(분수)

• $1 \div \frac{1}{2}$의 곱셈 표현

먼저 기준 막대를 정하고 기준막대의 $\frac{1}{2}$인 막대를 찾는다.

예 기준막대는 붉은막대, $\frac{1}{2}$인 막대는 흰 막대

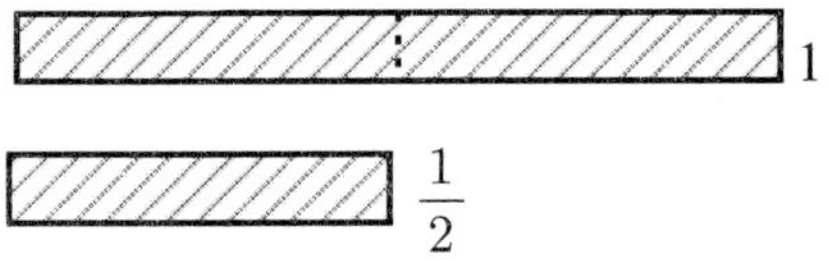

즉, $1 \div \frac{1}{2}$는 1속에 $\frac{1}{2}$이 2번 들어있다(1은 $\frac{1}{2}$의 2배이다). 따라서 $1 \div \frac{1}{2} = 2$이다.

그런데 1×2=2 임을 안다. 다시 말하면 $1 \div \frac{1}{2} = 1 \times 2$ 이다.

여기에서 $\frac{1}{2} \times 2 = 1$ 인 관계가 있음을 확인한다.

• $1 \div \frac{1}{3}$의 곱셈 표현

먼저 기준 막대를 정하고 기준막대의 $\frac{1}{3}$인 막대를 찾는다.

예 기준막대는 초록막대, $\frac{1}{3}$인 막대는 빨강막대

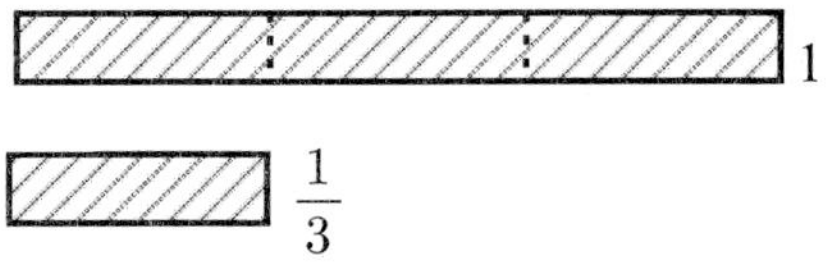

즉, $1 \div \frac{1}{3}$는 1속에 $\frac{1}{3}$이 3번 들어있다. (1은 $\frac{1}{3}$의 3배이다) 따라서 $1 \div \frac{1}{3} = 3$이다.

그런데 1×3=3 임을 안다. 다시 말하면 $1 \div \frac{1}{3} = 1 \times 3$ 이다.

여기에서 $\frac{1}{3}\times3=1$ 인 관계가 있음을 확인한다.

• $1\div\frac{1}{4}$의 곱셈 표현

먼저 기준 막대를 정하고 기준막대의 $\frac{1}{4}$인 막대를 찾는다.

예 기준막대는 갈색막대, $\frac{1}{4}$인 막대는 빨강막대

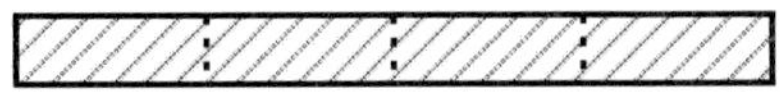
1

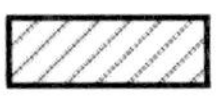
$\frac{1}{4}$

즉, $1\div\frac{1}{4}$는 1속에 $\frac{1}{4}$이 4번 들어있다(1은 $\frac{1}{4}$의 4배이다). 따라서 $1\div\frac{1}{4}=4$이다.

그런데 $1\times4=4$ 임을 안다. 다시 말하면 $1\div\frac{1}{4}=1\times4$ 이다.

여기에서 $\frac{1}{4}\times4=1$ 인 관계가 있음을 확인한다.

• $1\div\frac{2}{3}$의 곱셈 표현

먼저 기준 막대를 정하고 기준막대의 $\frac{2}{3}$인 막대를 찾는다.

예 기준막대는 연두색막대, $\frac{2}{3}$인 막대는 빨강막대

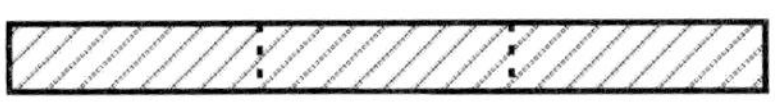
1

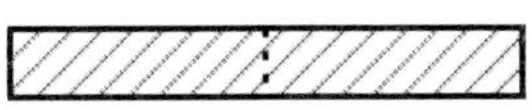
$\frac{2}{3}$

즉, $1\div\frac{2}{3}$는 1속에 $\frac{2}{3}$가 1번 반이 들어있다(1은 $\frac{2}{3}$의 1과 $\frac{1}{2}$배이다). 따라서 $1\div\frac{2}{3}$ $=1+\frac{1}{2}=\frac{3}{2}$이다. 그런데 $1\times\frac{3}{2}=\frac{3}{2}$ 임을 안다. 다시 말하면 $1\div\frac{2}{3}=1\times\frac{3}{2}$이다.

여기에서 $\frac{2}{3}\times\frac{3}{2}=1$인 관계가 있음을 확인한다.

② 활동 II : (자연수) ÷ (0이 아닌 분수)

• $2\div\frac{2}{3}$의 곱셈 표현

기준막대는 연두색막대, $\frac{2}{3}$인 막대는 빨강막대

연두색막대 두개를 잇는다. 그 안에 빨강 막대가 포함되는 횟수를 센다.

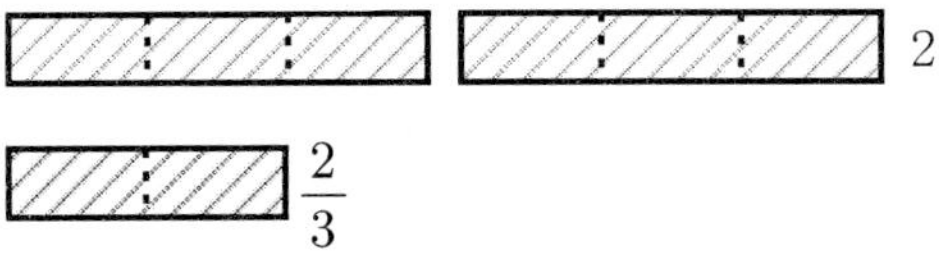

즉, $2\div\frac{2}{3}$는 2속에 $\frac{2}{3}$가 3번 들어있다. 따라서 $2\div\frac{2}{3}=3$이다.

그런데 $2\times\frac{3}{2}=3$ 임을 안다. 다시 말하면 $2\div\frac{2}{3}=2\times\frac{3}{2}$이다.

그 이유는 다음과 같다.

$2\div\frac{2}{3}=(2\times1)\div\frac{2}{3}=2\times(1\div\frac{2}{3})=2\times\frac{3}{2}=3.$

여기에서 $\frac{2}{3}\times\frac{3}{2}=1$ 인 관계가 있음을 확인한다. $2\div\frac{2}{3}=2\times\frac{3}{2}$이다.

• $3\div\frac{3}{4}$의 곱셈 표현

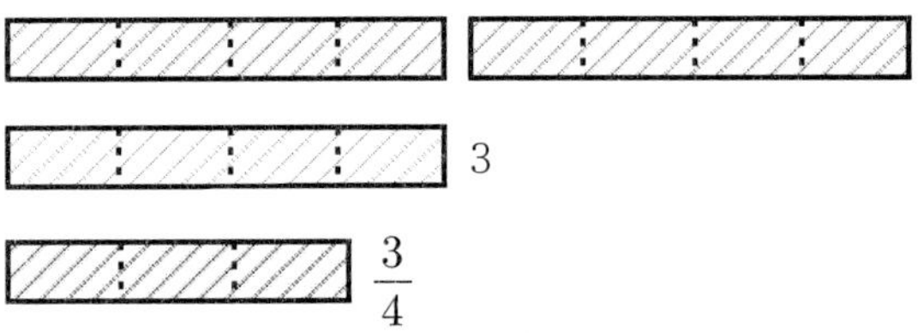

즉, $3\div\frac{3}{4}$는 3속에 $\frac{3}{4}$이 4번 들어있다. 따라서 $3\div\frac{3}{4}=4$이다.

그런데 $3\times\frac{4}{3}=4$ 임을 안다.

그 이유는 다음과 같다.

$3\div\frac{3}{4}=(3\times1)\div\frac{3}{4}=3\times(1\div\frac{3}{4})=3\times\frac{4}{3}=3.$

다시 말하면 $3\div\frac{3}{4}=3\times\frac{3}{4}$이다.

여기에서 $\frac{3}{4}\times\frac{4}{3}=1$ 인 관계가 있음을 확인한다.

③ 활동 I, II의 논리적 의미

(자연수)÷(0이 아닌 분수) = (자연수)×(분수의 역수)

또는

(자연수)÷(0이 아닌 분수) = (자연수) ×(1안에 분수가 포함되는 횟수)로 이해한다.

이러한 사실에서 다음과 같이 유추할 수 있다.

$\frac{2}{3} \div \frac{3}{4} = (\frac{2}{3} \times 1) \div \frac{3}{4} = \frac{2}{3} \times (1 \div \frac{3}{4}) = \frac{2}{3} \times \frac{4}{3} = \frac{8}{9}$.

일반적으로

(분수$_1$)÷(0이 아닌 분수$_2$)=(분수$_1$) ×(1안에 분수$_2$가 포함되는 횟수)로 이해하면 결과적으로 (분수$_1$)÷(0이 아닌 분수$_2$)=(분수$_1$)×(분수$_2$의 역수)로 된다.

④ 포함제 맥락의 의미

분수의 단위(1)에 대한 정보는 분모에 있다. 또한 주어진 분수는 단위에 대한 분자의 비의 값이다. 포함제로서의 나눗셈 $1 \div \frac{3}{7}$의 의미는 1(단위) 속에 $\frac{3}{7}$이 몇 번 포함되는가? 의 문제이다. 다시 말하면 1(단위)은 $\frac{3}{7}$의 몇 배인가? 이다. 그런데 $\frac{3}{7}$의 단위는 분모인 7이다. 따라서 $1 \div \frac{3}{7}$은 단위인 7속에 3이 몇 번 들어 있는가의 문제이다. 즉, 포함제의 맥락에서 해석하면 $1 \div \frac{3}{7}$은 $7 \div 3$과 같다.

검정(7)	= 1
연두(3)	$= \frac{3}{7}$

그런데 $\frac{4}{5} \div \frac{3}{7} = (\frac{4}{5} \times 1) \div \frac{3}{7} = \frac{4}{5} \times (1 \div \frac{3}{7}) = \frac{4}{5} \times (7 \div 3) = \frac{4}{5} \times \frac{7}{3}$이므로

$\frac{4}{5} \div \frac{3}{7} = \frac{4}{5} \times \frac{7}{3}$이다.

처방 코드번호 : 1130, 1131, 1132

주제 : 분수 - 사칙연산

오류 유형 : 분수의 나눗셈

(자연수 또는 분수)÷(0이 아닌 분수)=(자연수 또는 분수)×(그 분수의 역수)이므로,

$2 \div \frac{2}{3} = 2 \times \frac{3}{2} = 3$, $\frac{1}{2} \div \frac{1}{5} = \frac{1}{2} \times \frac{5}{1} = \frac{5}{2}$, $\frac{1}{4} \div \frac{1}{6} = \frac{1}{4} \times \frac{6}{1} = \frac{6}{4}$,

$\frac{9}{20} \div \frac{3}{5} = \frac{9}{20} \times \frac{5}{3} = \frac{3}{4}$

1.2.10 소수의 사칙연산

1) 소수의 덧셈, 뺄셈

소수는 본질이 십진분수이므로 소수의 덧셈, 뺄셈은 자연수의 덧셈, 뺄셈 방법과 동일하다.

처방 코드번호 : 1140

주제 : 소수 – 사칙연산

오류 유형 : 소수의 덧셈

소수의 덧셈은 자연수의 덧셈과 같은 방법으로 같은 자릿수끼리 더한다.

따라서 0.478+0.93 = 1.408,

$$\begin{array}{r} 1.36 \\ +\ 0.84 \\ \hline 2.20 \end{array} \qquad \begin{array}{r} 4.3 \\ +\ 0.26 \\ \hline 4.56 \end{array}$$

2) 소수의 곱셈

① 학습보조자료

수모형, 십진 모눈종이

② 자연수의 곱셈의 유추로 지도

- 모눈 한 칸의 길이가 0.1로 약속

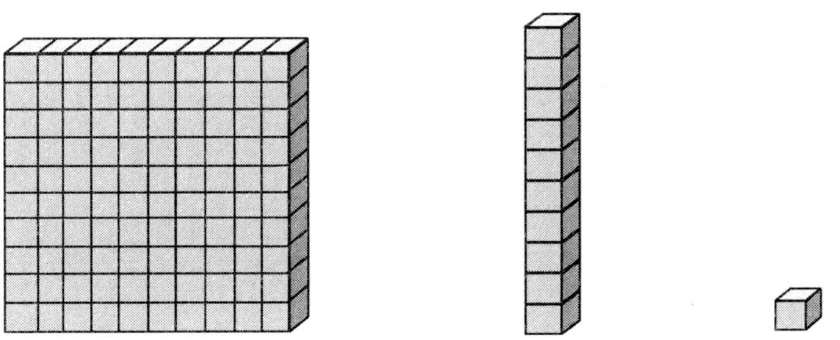

1	$\frac{1}{10}$	$\frac{1}{100}$
백 모형	십 모형	낱개

• 1.3 × 1.2 = ?

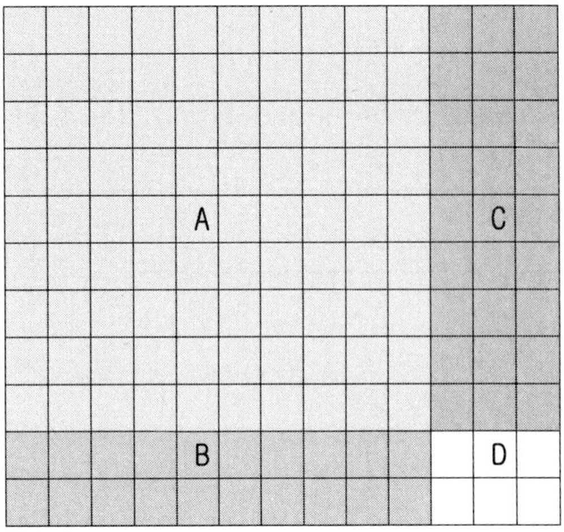

(대체－모눈종이)

$$
\begin{array}{rl}
 & 1.3 \\
\times & 1.2 \\ \hline
0.06 & (0.2 \times 0.3)-D \\
0.2 & (0.2 \times 1)-C \\
0.3 & (1 \times 0.3)-B \\
1 & (1 \times 1)-A \\ \hline
1.56 &
\end{array}
$$

- 위의 과정은 $1.3\times1.2=(1+0.3)\times(1+0.2)$ 를 분배법칙을 이용하여 계산하는 과정을 수모형을 이용하여 그림으로 보여주는 장면이다.
- 소수점의 위치를 정하는 과정은 $1.3\times1.2=\frac{13}{10}\times\frac{12}{10}=\frac{13\times12}{100}$ 을 계산하게 하여 소수점을 없앤 자연수의 계산을 한 후, 분모의 0의 개수만큼 맨 오른쪽에서부터 이동하여 소수점을 찍도록 지도한다.
- 소수는 자연수와 마찬가지로 십진법으로 만들어 졌음을 설명한다.

③ (소수＝십진분수)로 지도

- 소수의 본질은 십진분수(분모가 10, 100, 1000, ⋯ 인 분수, $\frac{1}{10}, \frac{1}{100}, \frac{1}{1000}, \cdots$)임을 설명한다.
- 32.5×2.74 의 지도

  소수의 곱셈은 소수를 소수의 본질인 십진분수로 고쳐서 지도한다. 따라서

  $32.5\times2.74=\frac{325}{10}\times\frac{274}{100}=\frac{325\times274}{10\times100}$

  이므로 32.5×2.74 의 계산은 먼저, 소수점을 무시한 자연수의 곱 $325\times274=89050$ 을 계산한 다음, 89050을 1000으로 나눈 몫인 89.050이 답이 된다.

처방 코드번호 : 1150
주제 : 소수 - 사칙연산 오류 유형 : 소수의 곱셈

소수의 곱셈은 소수를 십진분수로 고쳐서 자연수를 곱한 결과를 분모로 나눈 것이다. 따라서 소수점의 위치는 맨 오른쪽에서부터 세어간다. 따라서

2.49	78.2	25.4
× 3	× 0.5	× 7
7.47	39.10	177.8

3) 소수의 나눗셈

- 소수의 본질은 십진분수(분모가 10, 100, 1000, ⋯ 인 분수, $\frac{1}{10}, \frac{1}{100}, \frac{1}{1000}, \cdots$)임을 설명한다.

  즉, $0.1 = \frac{1}{10}, 0.01 = \frac{1}{100}, 0.001 = \frac{1}{1000}, \cdots$

  따라서 $2.3 = \frac{23}{10}, 3.21 = \frac{321}{100}$ 등을 설명한다.
- 소수의 나눗셈은 두 소수를 십진분수로 고친 다음, 분수의 나눗셈 방법을 따라 계산한다.

  즉, $4.8 \div 0.6 = \frac{48}{10} \div \frac{6}{10} = 48 \div 6 = 8.$

③ 나머지가 있는 소수의 나눗셈은, 나머지를 제대로 계산하기 위해서 유념해야한다.

즉, $5.87 \div 1.6 = \frac{587}{100} \div \frac{16}{10} = \frac{587}{100} \div \frac{160}{100} = 587 \div 160 = 3 \ldots 107$ 이 아니고, 몫은 3이고, 나머지는 $\frac{107}{100} = 1.07$ 임을 설명한다.

처방 코드번호 : 1160

주제 : 소수 - 사칙연산

오류 유형 : 소수의 나눗셈

소수의 나눗셈은 소수를 십진분수로 고쳐서 계산한다. 따라서

$4.8 \div 0.6 = \frac{48}{10} \div \frac{6}{10} = 8, 72 \div 0.3 = 72 \div \frac{3}{10} = 72 \times \frac{10}{3} = 240,$

$56 \div 0.08 = 56 \div \frac{8}{100} = 56 \times \frac{100}{8} = 700.$

1.2.11 분수를 소수로 고치기

분수를 소수로 올바르게 고치기 위해서는, 그 분수의 십진 동치분수를 알아야하며 그 십진 동치분수를 소수로 바꾸는 방법을 알아야 한다.

1) 교구를 활용하여 분수를 소수로 바꾸기

① 학습보조자료

십진 모눈종이, 수모형

② 수모형을 활용한 십진 동치분수 지도

아동들에게 주어진 모눈종이 또는 수모형에 대하여 서로 동치인 분수와 소수를 표현하게 함으로서 소수의 의미를 알아본다.

- 십 모형을 1이라고 할 때, 낱개는 얼마인가? (답 : $\frac{1}{10}$)
- 백 모형을 1이라고 할 때, 십 모형은 얼마인가? (답 : $\frac{1}{10}$)
- 천 모형을 1이라고 할 때, 백 모형은 얼마인가? (답 : $\frac{1}{10}$)
- 따라서 $0.1=\frac{1}{10}=\frac{10}{100}=\frac{100}{1000}$ 이 되는 사실을 설명한다.
- 모눈종이서 단위(1)을 정하고 색칠해가면서 위의 내용을 확인시킨다.

③ 모눈종이를 활용한 지도

아동에게 모눈종이 위에 여러 가지 방법으로 색칠해진 부분을 소수와 분수로 나타내게 한다.

예

답 : $\frac{7}{10}=0.7$

④ 분모가 10, 100, 1000 인 분수를 제시한 다음, 그들과 동치인 소수를 적도록 한다.

⑤ 분모가 2, 4, 5 인 분수를 소수로 바꾸는 방법을 설명한다.

- $\frac{1}{2}$은 $\frac{1}{10}$ 몇 개와 같은가?

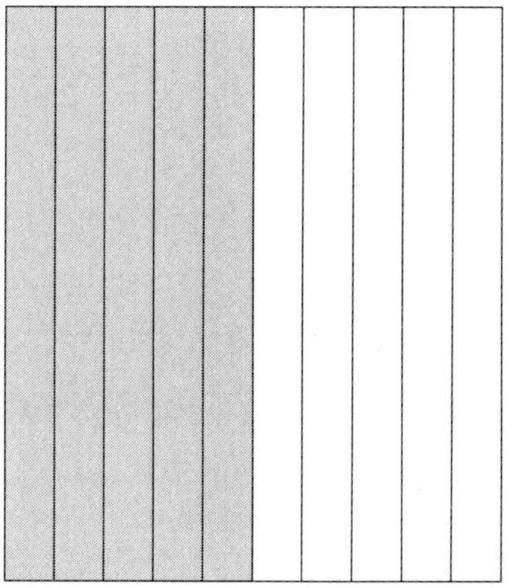

답 : $\frac{1}{2}=\frac{5}{10}=0.5$

- $\frac{1}{2}$은 $\frac{1}{100}$ 몇 개와 같은가?

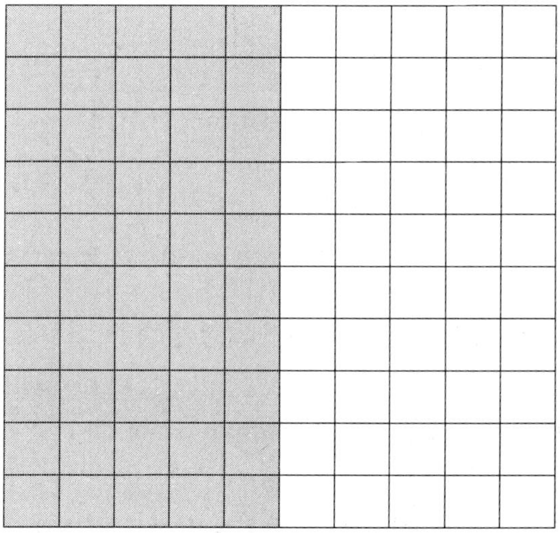

답 : $\frac{1}{2}=\frac{50}{100}=0.5$

• $\frac{1}{5}$은 $\frac{1}{10}$ 몇 개와 같은가?

답 : $\frac{1}{5}=\frac{2}{10}=0.2$

• $\frac{1}{4}$은 $\frac{1}{100}$ 몇 개와 같은가?

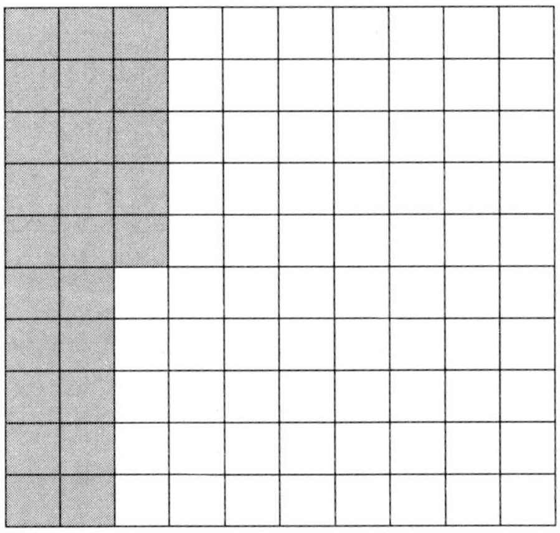

답 : $\frac{1}{4}=\frac{25}{100}=0.25$

⑥ 아동에게 모눈종이와 수모형을 사용하지 않고 분수를 소수로 고치는 방법을 생각해 보도록 한다.

예 주어진 분수를 10, 100, 1000을 분모로 가지는 분수로 동치분수로 고치도록 한다. 그 다음, 그에 해당하는 소수로 적도록 한다.

⑦ 분모가 4, 5, 8인 분수를 제시하고 동치인 소수를 찾도록 한다.

• 분모가 4, 5, 8인 분수를 소수로 고칠 때에 생기는 규칙성을 찾도록 한다.

⑧ 몫의 분수 맥락에서 분수를 소수로 고치는 방법을 설명한다.

$\frac{3}{4}=3\div 4$ 이므로, $\frac{3}{4}=4\overset{\displaystyle 0.75}{\overline{)\,2}}$

처방 코드번호 : 1170

주제 : 소수와 분수
오류 유형 : 소수와 분수의 관계

소수와 분수의 크기비교를 할 경우에는, 소수를 십진분수로 고친 다음 분수와 통분하여 비교한다.

$0.6 = \frac{6}{10} = \frac{90}{150}$, $\frac{7}{15} = \frac{70}{150}$, 따라서 $0.6 > \frac{7}{15}$이다.

또는, $\frac{7}{15} = 15\overset{0.4666\ldots}{\overline{)\ 7\qquad}}$ 따라서 $0.6 > \frac{7}{15}$이다.

1.2.12 고대 이집트인들의 자연수와 분수의 사칙연산

고대 이집트의 파라오시대에는 자연수와 분수의 사칙연산을 아래와 같이 실행하였다.

1) 자연수의 곱셈

① 8×7의 계산 방법

$8+8=16=8\times2$, $16+16=32=8\times4$, $32+32=64=8\times8$, $7=1+2+4$이므로

$8\times7=8\times(1+2+4)$이다.

그런데 $8\times(1+2+4)=8\times1+8\times2+8\times4=8+16+32=56$이다.

이러한 관념으로 그들은 아래와 같이 계산하였다.

/1	8
/2	16
/4	32
7	56

② 13×7의 계산 방법

/1	8
/2	16
/4	32
7	56

2) 자연수의 나눗셈

$8+16+32+128=184$인 사실을 이용하여 다음과 같이 $184\div8$의 계산을 하였다.

1/	8/
2/	16/
4/	32/
8	64
16/	128/
23	184

184=(1+2+4+16)×8 이므로, 184÷8=1+2+4+16=23

3) 분수의 곱셈

① $(\frac{1}{2}+\frac{1}{14})\times(1+\frac{1}{2}+\frac{1}{4})=\ ?$

$/1$	$/\frac{1}{2}$	$\frac{1}{14}$
$/\frac{1}{2}$	$/\frac{1}{4}$	$\frac{1}{28}$
$/\frac{1}{4}$	$/\frac{1}{8}$	$\frac{1}{56}$
$1+\frac{1}{2}+\frac{1}{4}$,		$\frac{1}{2}+\frac{1}{4}+\frac{1}{8}+\frac{1}{14}+\frac{1}{28}+\frac{1}{56}=1$

또한 $a\times x=b$이면 $\frac{1}{b}\times x=\frac{1}{a}$의 관계식을 이용하여 다음과 같이 곱셈을 하였다.

② $4\times(1+\frac{1}{2}+\frac{1}{4})=7$ 이므로 $\frac{1}{7}\times(1+\frac{1}{2}+\frac{1}{4})=\frac{1}{4}$이다.

③ $(1+\frac{1}{3}+\frac{1}{4})\times 144=228$ 이므로 $\frac{1}{228}\times(1+\frac{1}{3}+\frac{1}{4})=\frac{1}{144}$이다.

4) G-규칙

고대 이집트인들의 분수사칙연산 방법에 쓰인 규칙을 G-규칙이라고 하자.

① G-규칙

두 개의 단위분수를 더할 때, 한 분수의 분모가 다른 분수의 분모의 두 배가 되면, 큰 수를 3으로 나눈 몫의 역수가 두 분수의 합이 된다.

② 예제

• $\frac{1}{9}+\frac{1}{18}$은 18이 9의 두 배이므로 18÷3=6이다. 따라서

$\frac{1}{9}+\frac{1}{18}=\frac{1}{6}$ 이다.

[주의] $\frac{1}{5}+\frac{1}{10}$ 은 10이 5의 두 배이지만 $10\div3=3+\frac{1}{3}$ 이므로 단위분수로 나타낼 수 없다. 즉, 한 분수의 분모가 다른 분수의 분모의 두 배가 되는 경우에 큰 수가 3의 배수가 아닌 경우에는 이 규칙을 적용할 수 없다.

5) G2－규칙

G－규칙을 일반화해 보기로 한다.

① G2－규칙

두 개의 단위분수의 분모 중에서 하나가 다른 분모의 k배가 되는 경우에는 두 단위분수의 합은, 큰 분모를 $(k+1)$로 나눈 수의 역수이다. 단, 큰 분모가 $(k+1)$의 배수인 경우에만 이 규칙이 적용된다.

(이유) $\frac{1}{n}+\frac{1}{kn}=\frac{k+1}{kn}=\frac{1}{kn\div(k+1)}$ 이기 때문이다.

② 예제

- $\frac{1}{4}+\frac{1}{12}$ 은 12가 4의 3배이다. 따라서 $12\div(3+1)=3$이므로 $\frac{1}{4}+\frac{1}{12}=\frac{1}{3}$ 이다.
- $\frac{1}{10}+\frac{1}{40}=\frac{1}{8}$
- 40은 10의 4배이다. 따라서 $40\div(4+1)=8$이므로 $\frac{1}{10}+\frac{1}{40}=\frac{1}{8}$ 이다.
- $\frac{1}{5}+\frac{1}{20}=\frac{1}{4}$.

6) G3－규칙

G3－규칙은 단위분수의 뺄셈규칙을 이용한 것이다.

① G3－규칙

두 개의 단위분수의 분모 중에서 하나가 다른 분모의 k배가 되는 경우에는 두 단위분수의 차는, 큰 분모를 $(k-1)$로 나눈 수의 역수이다.

(이유) $\frac{1}{n}-\frac{1}{kn}=\frac{k-1}{kn}=\frac{1}{kn\div(k-1)}$ 이기 때문이다.

단, 큰 분모가 $(k-1)$의 배수인 경우에만 이 규칙이 적용된다.

또한 뺄셈은 덧셈의 역연산으로 답을 구할 수 있다.

② 예제

- $\frac{1}{2}-\frac{1}{6}$은 6이 2의 3배이므로 $6\div(3-1)=3$을 분모로 하는 단위분수가 답이 된다. 즉, $\frac{1}{2}-\frac{1}{6}=\frac{1}{3}$이다.

  한편, 덧셈식 $\frac{1}{3}+\frac{1}{6}=\frac{1}{2}$에서 $\frac{1}{2}-\frac{1}{6}=\frac{1}{3}$을 얻을 수도 있다.
- $\frac{1}{6}+\frac{1}{12}=\frac{1}{4}$에서 $\frac{1}{4}-\frac{1}{12}=\frac{1}{6}$, $\frac{1}{9}+\frac{1}{18}=\frac{1}{6}$에서 $\frac{1}{6}-\frac{1}{18}=\frac{1}{9}$

  두 가지 방법으로 다음을 구할 수 있다.
- $\frac{1}{4}-\frac{1}{20}=\frac{1}{5}$, $\frac{1}{8}-\frac{1}{40}=\frac{1}{10}$, $\frac{1}{12}-\frac{1}{60}=\frac{1}{15}$.

7) 자연수의 나눗셈

① $2\div45=\frac{2}{45}=\frac{1}{30}+\frac{1}{90}$

② $2\div15=\frac{2}{15}=\frac{1}{10}+\frac{1}{30}$

③ $2\div9=\frac{2}{9}=\frac{1}{6}+\frac{1}{18}$

④ $2\div51=\frac{2}{51}=\frac{1}{34}+\frac{1}{102}$

1.2.13 문자의 사용

도형이나 수와 연산 등에서 사용하는 문자는 기호로서 계산의 대상이기도 하지만 수학적인 언어에 일반성, 유연성, 정확성을 부여하면서 다음과 같은 경우에 사용된다.

1) 미지수

미지수는 이미 그 값이 정해져있지만 아직 알지 못하는 값을 나타내는 기호로서, 보통 빈칸, 네모 칸, 물음표, 문자 x 등을 사용해서 나타낸다.

2) 공식

사다리꼴의 넓이 공식, 수열의 규칙 등과 같이 복잡한 수학적 사실들을 문자를 사용해서 간단한 공식으로 나타낸다.

3) 변수

어떤 수 또는 도형을 임의적으로 동시에 표현하는 다가명사로서, 자리지기로서 사용되는 기호이다.

- 점 'ㄱ' 또는 P, 삼각형 'ㄱㄴㄷ' 또는 ABC, 원 O 등은 특정한 대상을 지적하지 않는 것이므로 변수로 볼 수 있다.

4) 변수의 지도법

초등학교 아동들의 인지수준은 실제경험과 관련된 추론을 할 수 있는 구체적 조작단계로서 변수개념에 대해서는 대입 등의 기본 조작을 할 수 있는 수준이다. 따라서 초등학교에서는 변수 개념에 대한 이미지를 생성하는 원천을 경험하면서 변수에 대한 심상을 형성하는 단계이고 변수에 개념의 형식적인 정의는 도입하지 않으나, 중학교에서 변수의 표현, 변수 개념의 형식적인 정의와 변수의 사용방식을 이해할 수 있는 중요한 원천이 되는 단계이다. 또한 초등학교에서는 1 수준인 시각적 수준에서 인식한, 변하는 실체에 대한 비형식적인 분석을 통하여 그 속에 포함된 내적질서와 성질을 파악하는 단계이다. 즉, 측정활동을 통하여 변하는 대상을 수치화, 계량화하면서 변화표 등의 도구를 활용하여 변하는 대상들 사이의 함수적 연관성을 파악하는 단계이다. 또한 언어－대수적 표현으로 함수적 연관성을 나타내는 공식을 받아들이는 시기이다. 변수의 인지 위계는 다음과 같다.

① 어떤 수를 □로 표현하기

모르는 수 또는 구하려는 하나의 수를 □로 표시하도록 지도하면서 문자를 도입할 필요성을 암시한다.

② 언어－대수적으로 표현하기

주어진 문제에 내재되어 있는 규칙에 대한 충분한 구체적인 예를 경험하여 규칙을 발견한 후, 발견한 규칙을 언어－대수적으로 표현하도록 지도한다.

예) (직사각형의 넓이)＝(가로)×(세로)

③ 다가이름으로 표현하기

도형영역에서 점, 각, 선분, 가로, 세로, 높이, 변, 모서리, 원의 중심, 반지름, 지름 등의 기하학적 대상에 사용되는 다가이름(polyvalent name)을 교과서나 영상을 통하여 심리적으로 고정시켜 다룰 수 있도록 지도한다.

④ 변화성의 경험

측정영역에서, 수도꼭지에서 1분에 2L의 물이 흘러나온다면 2분에는 ?과 같이, 정적인 양의 측정보다는 동적인 양의 측정 과정을 통하여 변수의 변화성을 인식하도록 지도한다.

⑤ 규칙이나 법칙을 기호로 표현하기

분수의 곱셈 규칙이나 덧셈, 곱셈의 교환법칙 등을 기호를 사용하여 표현하도록 유도하여 규칙이나 법칙을 일반화하는 방법을 지도한다.

예 □+△ = △+□

⑥ 미지수를 문자로 표현하기

모르는 수를 표현한 □과 방정식의 미지수를 문자 x로 바꾸는 방법을 지도한다.

• 문자식은 수와 문자를 계산 기호, 관계기호 또는 괄호와 결합시켜서 수학적인 관계를 나타내는 식이다. 특히 대수학(수와 연산)은 이러한 문자의 조작이고, 수학의 다른 분야에서도 문자식은 수학의 언어로 학습하기위해서 꼭 필요한 것이다.

5) 문자와 식의 지도

고대 그리스 수학자들은 그 이전의 실용수학의 내용을 다음과 같은 관념으로 일반화, 추상화하였다.

• 변수 = 막대의 길이
• 두 변수의 덧셈= 두 막대의 길이의 합
• 두 변수의 곱셈 = 직사각형의 넓이
• 제곱 = 정사각형의 넓이

물론, 이러한 관념이 음수와 허수를 인정할 수 없어서 수학의 발전에 걸림돌이 되기는 하였으나, 거꾸로 음수와 허수를 다루지 않는 단계의 학생에게는 그들의 관념을 따라서 지도하면 된다. 즉, 문자식의 지도는 다음과 같은 관념을 기초로 한다.

① □의 의미 지도

미지수를 포함하는 식에서 미지수는 빈칸, 네모 칸 □, 물음표, 문자 x 으로 나타낸다.2007개정교육과정의 6학년에서 문자 x 사용을 하도록 하고 있다. 미지수를 포함하는 등식 □+3=6에서 □는 다음과 같은 두 가지의 의미를 가진다.

• □를 모르는 상수, 즉 미지수로 보는 것이다. 이때 이 등식은 방정식이 된다. 이때 □는 역연산이나 등식의 성질을 이용하여 구한다.
• □에 여러 가지 수를 대입하는 경우, 즉 변수로 보는 것이다. 이 식의 □에 어떤수를 넣느냐에 따라 등식은 참이냐 거짓 중의 하나가 된다. □나 △를 변수로 보는 것은 매우 중요한 의미를 가진다.

예 (속도)×(시간) = (거리)
(단가)×(수량) = (가격)
(가로)×(세로) = (직사각형의 넓이)

등은 모두 □×△= ○의 관계이다.

② 식의 지도

- 관계식 □×△=○에서, □와 △ 모두를 변수로 인식하면 이 식은 이변수함수가 된다.
- 관계식 □×△=○에서, 어느 하나를 일정하게 하면, 즉 □를 일정하게 하면 △와 ○는 비례관계가 되고, ○을 일정하게 하면 □와 △는 반비례관계가 된다.
  현행 교육과정에서 두 가지 의미 중 모르는 상수로서 □를 지도하는데 초점을 두고 있다. 교육과정에 따르면 □의 의미에 대한 지도는 1학년과 2학년에서 다루어지고 있다.
- 1학년에서는 덧셈식과 뺄셈식에서 □의 의미를 이해하고 □가 들어있는 덧셈식과 뺄셈식을 만드는 것을 학습한다.
- 2학년에서는 어떤 수를 □로 나타내는 것을 학습하는 것으로 되어 있다. □의 의미 지도는 구체적인 상황에서 시작된다.
- 특히 아동에게 조작활동을 요구할 경우에는 빈칸, 네모 칸 □, 물음표, 문자 x 대신 여러 종류의 막대를 사용하면 좋다.

6) 미지수 구하기

미지수를 포함하는 식을 □를 사용해서 나타내는 방법을 학습한 후 2-학년에서는 □를 구하는 방법을 지도한다.

① 덧셈식, 뺄셈식

□를 사용한 덧셈식과 뺄셈식은 등식의 성질을 이용한다. 활동으로는 등식을 양팔 저울로, 등호를 저울이 수평이 되는 상태로 전환하면 된다.

- 23+□ = 28 ⇔ 28−23 = □
- □+12 = 25 ⇔ 25−12 = □
- □−450 = 50 ⇔ □ =450+50
- 48−□ = 23 ⇔ 48−23=□

이 경우에도 □ 대신 막대를 놓고 움직이면서 생각하도록 지도한다.

② 곱셈식

- 곱하는 수가 미지항인 경우
  4×□=24는 퀴즈네어 막대로 24(10막대 2개와 4막대를 붙여서 표현한다)를 표현하고 4막대(보라색 막대)가 몇 번 채워지는지를 알아보도록 지도한다.
- 곱하는 수가 미지항인 경우
  □×3=15는 퀴즈네어 막대로 15(10막대와 5막대를 붙여서 만든다)를 표현하고 4막대(보라색 막대)가 몇 번 채워지는지를 알아본다.

처방 코드번호 : 1180
주제 : 문자가 있는 식 오류 유형 : 문자 x와 □ 문자는 결국 수를 대신하는 매체이므로 문자 x 또는 □는 수와 마찬가지로 취급하여 식을 만들면 된다. 따라서, '어떤 수의 3배는 그 수의 2배보다 6이 크다.'를 식으로 나타내면, $\square \times 3 = \square \times 2 + 6$

7) 방정식

① □를 사용하여 나타낸 식 □×3에서 □대신에 기호 X를 써서 $X \times 3$으로 나타낼 수 있고, □, △, X와 같이 아직 알고 있지 못한 어떤 수를 미지수라고 한다.

② 식 $500 \times X + 1500 = 5{,}000$과 같이 등호(=)를 써서 나타낸 식을 등식이라고 한다.

③ 식 $X + 3 = 6$과 같이 미지수의 값에 따라 참이 되기도 하고 거짓이 되기도 하는 등식을 방정식이라고 하며, 이때, 방정식을 참이 되게 하는 미지수의 값을 구하는 것을 방정식을 푼다고 한다.

처방 코드번호 : 3050
주제 : 규칙성 오류 유형 : 방정식 초등학교 아동은 미지수를 수로 생각하지 못하므로 마음대로 기호조작하려는 경향이 있다. 따라서 미지수 대신 막대 또는 구체물을 활용하여 문제에 꼭 맞는 식을 만들 수 있도록 지도한다.

2. 도형과 측정 영역

2.1 기하학과 측정의 역사발생

기하학은, 모든 과학이 그러하듯이, 토지의 측량에서 비롯되었다. 기하학(geometry)의 어원은 '토지(geo)를 잰다(metry)'는 뜻이고, 기하는 geo의 중국어의 음역이다. 아프리카의 적도 남쪽 루웬조리산 부근에서 시작해 빅토리아 호를 거쳐 북으로 흘러 지중해로 들어가는 Nile강의 큰 물줄기를 따라 해마다 일어나는 큰 홍수는 상류지방의 기름진 흙을 하류지역으로 운반되어 하류지역에서 농사를 짓는 사람들에게 많은 도움을 주었다. 그들은 정기적으로 일어나는 홍수시기를 알아야 했기 때문에 지금부터 수천년 전에 1년이 365.25일이라는 사실을 알게 되었고, 홍수 뒤의 농토 정리와 나일강을 다스리는 토목사업에서 수학을 활용하면서 기하학이 최초로 발생한 지역으로 알려져 있다.

또한 그들은 땅의 모양에 이름을 붙여 현대적인 도형이 명명되었으며, 도형의 많은 성질도 발견하였으며, 나일강에서 발생한 홍수피해를 복구하거나 세금을 걷기위하여 필요했던 땅의 넓이 재기, 피라미드 건축에 쓰일 돌의 개수를 알기 위한 피라미드의 겉넓이 계산법과 메소포타미아 지방의 바빌론 삼중수, 간단한 이, 삼차방정식의 해법, 관개사업과 치수에 사용된 생활수학이 실용적, 산술적, 종교적인 요구에 반응하여 추구되어 왔으며, 탈레스와 피타고라스 등의 그리스 수학자들이 이집트와 바빌론 지역을 여행하면서 습득한 실용적인 수학지식의 다양한 패턴과 구조를 연역적으로 체계화하였다.

그 후 기원전 500~300년경에는 제논, 에우독소스, 유클리드 등이 기하학의 중요한 지식을 축적하여, 기원전 300년경에 유클리드는 실용수학을 무정의 용어, 공리, 공준만을 토대로 하여 연역적이고 엄밀한 체계를 갖춘 평면 기하학을 포함하는 13권으로 구성된 원론(element)을 집필하여 도형, 측정, 수론 등을 학문으로서 연구하는 시대를 열게 되었다.

2.2 유클리드 원론

유클리드 원론은 도형의 가장 기본이 되는 개념인 점, 직선, 선분, 반직선, 각과 평면도형의 개념, 성질 및 상호 관계를 I권의 무정의 용어, 공리, 공준에서 다음과 같이 제시하고 있다. (Heath, 1990)

2.2.1 정의

원론에 수록되어 있는 정의는 23개이지만 초등학교 수학에서 필요한 몇 가지만을 선별하였다.

① 점이란 부분이 없는 것이다.

② 선이란 폭이 없는 것이다.

③ 선의 끝은 점이다.

④ 직선이란 그 위에 모든 점이 곧게 놓여 있는 선이다.

⑤ 면이란 길이와 폭만을 갖는 것이다.

⑥ 직선상에 세워진 한 직선의 좌우의 각이 같으면, 양쪽 각을 모두 직각이라고 하며, 세워진 선을 원래의 선에 대하여 수직이라고 한다.

⑦ 평행선이란 동일 평면상에서 양쪽 끝 방향으로 한없이 연장하여도 그어느 방향에서도 서로 만나지 않는 두 직선이다.

2.2.2 공준(公準)

① 임의의 한 점에서 다른 한 점으로 직선을 그을 수 있다.

② 유한직선은 얼마든지 연장할 수 있다.

③ 임의의 점을 중심으로 주어진 반지름을 갖는 원을 그릴 수 있다.

④ 직각은 서로 같다.

⑤ 평행선 공준 : 한 직선이 다른 두 개의 직선과 만나서 같은 쪽의 두 내각의합이 2직각(180°)보다 작은 쪽에서 만난다.

2.2.3 공리(公理)

① 동일한 것과 같은 것은 각각 서로 같다.

② 같은 것에서 같은 것을 각각 더하여도 같다.

③ 같은 것에서 같은 것을 각각 빼도 나머지는 같다.

④ 서로 포개어지는 것은 같다.

⑤ 전체는 부분보다 크다.

2.3 점과 선

도형의 시작은 유클리드 원론에서도 알 수 있듯이 점과 선으로부터 시작한다.

2.3.1 점

종이 위의 점(point)은 자국으로 나타난다. TV모니터의 한 지점은 전자 반직선으로 운동할 때 나타나는 픽셀이라 불리는 작은 직사각형모양의 형광체로 나타난다. 점이든 픽셀이든 기하학적 점의 엄밀한 표상은 아니다. 수학에서의 점이란 실물을 만들 수 없는 '이상적인 점'이다. 즉, 점이란 공간에서 모양과 크기가 없으며, 다만 위치만을 나타내는 것이고 보통 대문자 A, B 등으로 표기한다.

2.3.2 직선

직선의 정의는 점의 정의와는 다르다. 즉, 직선은 팽팽하게 잡아당긴 실, 레이저 광선 또는 햇빛 등으로 표현한다.

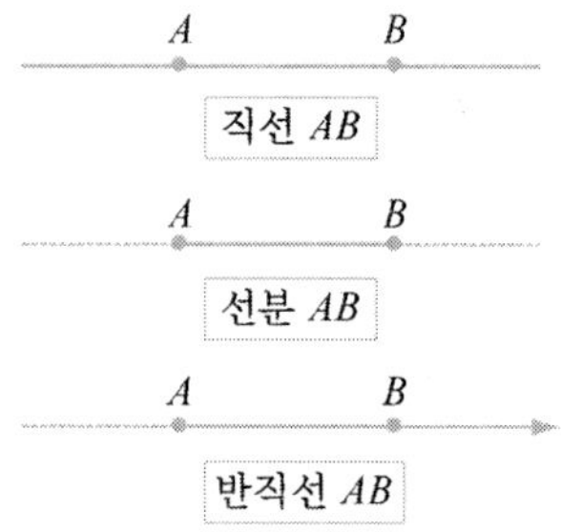

- 어떤 두 점은 한 개의 직선을 결정한다.
- 두 점을 포함하는 직선은 오직 한 개이다.
- 직선은 'l' 또는 'm'과 같은 소문자로 표기 한다.
- A와 B가 두 점이라면, A와 B를 지나는 직선은 $\overleftrightarrow{AB}$로 표기한다. 기호 $\overleftrightarrow{AB}$에 있는 화살표는 직선이 두 방향으로 무한하게 확장된다는 것을 나타낸다.
- 세 개 또는 그 이상의 점은 보통 여러 개의 직선을 결정하지만, 만약 그들이 한 직선위에 놓여 질 때 "그 점들은 한 직선 위에 있다."고 말한다.
- 직선은 다음과 같이 직선, 선분, 반직선 세 종류가 있다.

2.3.3 선분과 두 점사이의 거리

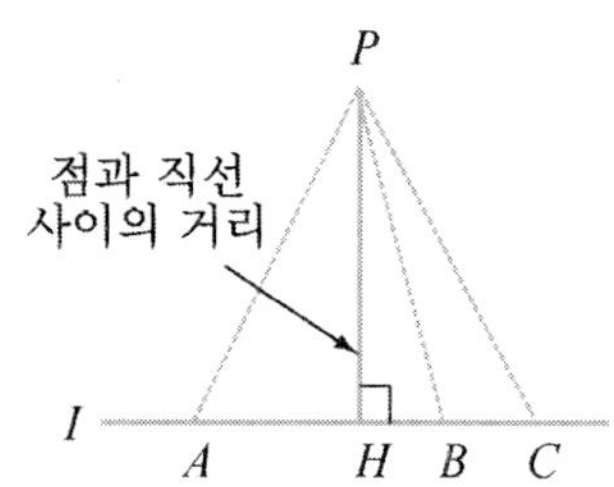

- 평면위에 두 점 A와 B가 있을 때, $\overleftrightarrow{AB}$는 수(數)직선으로도 생각할 수 있다.
- $\overleftrightarrow{AB}$ 위의 모든 점이 각각 하나의 실수와 대응하고, 모든 실수는 $\overleftrightarrow{AB}$ 위의 한 점과 대응한다.
- 만약 A와 B가 실수 x와 y에 대응하고 있다면, 절댓값 $|x-y|$를 A와 B 사이의 '거리'라고 한다.
- 직선 $\overleftrightarrow{AB}$ 위에서 A와 B 사이의 모든 점의 모임을 '선분'이라 하고, $\overline{AB}$로 표기한다.
- 점 A와 B는 $\overline{AB}$의 끝점이라고 부르며 거리 AB는 $\overline{AB}$의 길이이다.
- 두 선분 $\overline{AB}$와 $\overline{CD}$의 길이가 같을 때, $\overline{AB}$와 $\overline{CD}$는 합동이라 하고, $\overline{AB} \cong \overline{CD}$로 표기한다.
- A와 B로부터 같은 거리에 있는, $\overline{AB}$안의 점 M을 $\overline{AB}$의 '중점'이라고 한다.

2.3.4 교점

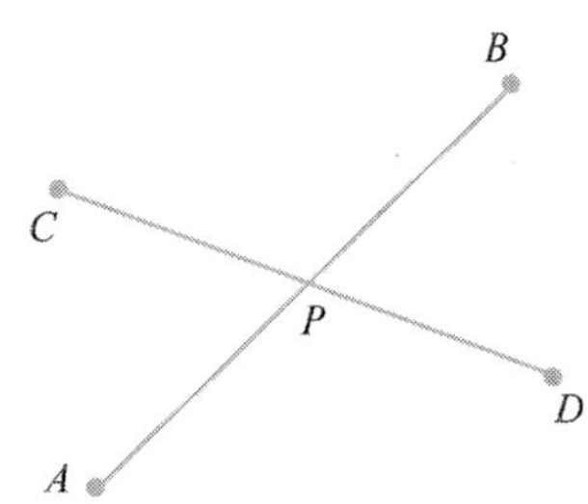

- 같은 평면에 있는 두개의 직선이 서로 평행한다면, 그들은 같은 직선이거나, 공통의 점(교점)을 가지지 않는다.
- 한 평면에서 서로 평행하지 않는 두 직선은 반드시 한 개의 공통의 점이 있으며, 그것을 '교점'이라고 부른다.

• 직선 l과 m은 평행하다.

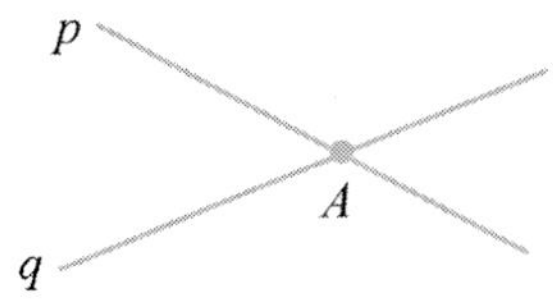

• 직선 p와 q는 점 A에서 교차한다.

• 직선 f, g, h는 평행하다.

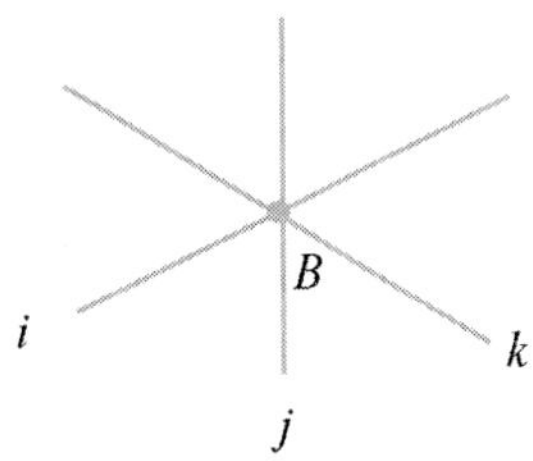

• 직선 i, j, k는 점 B에서 교차하여 공점을 갖는다.

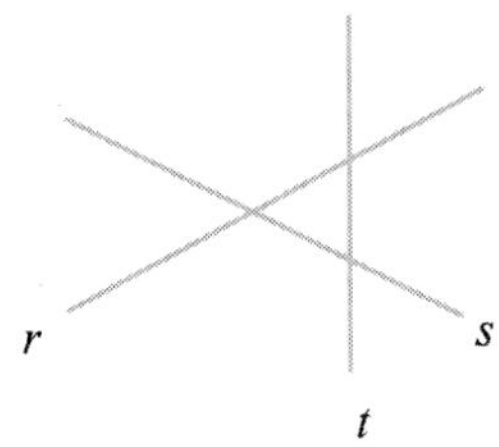

• 직선 t는 평행하는 직선 r과 s를 지난다.

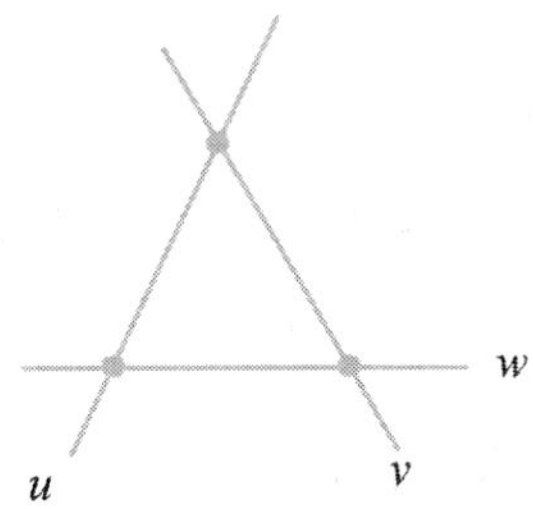

• 직선 u, v, w는 세 점에서 만난다.

2.3.5 직선의 위치관계

① 서로 다른 세 직선이 서로 다른 점에서 각각 교차한다면, 한 직선은 다른 두 직선을 '지난다.'고 한다.

② 평면에서 직선의 위치관계는 다음과 같다.

2.4 길이의 지도법

측정의 시작은 길이를 재는 일이다. 고대 이집트의 나일강가에서는 밧줄에 매듭을 만들어 길이를 측정한 것은, 길이를 재는 방법일 뿐만 아니라 수를 세는 역할도 하였다.

2.4.1 길이의 역사발생

① 큐빗(cubit)

문헌에 나타나는 최초의 길이의 단위는 큐빗이다. 이집트에서는 기원전 약 3000년 전 '큐빗'단위를 사용하였는데, 성인 남자의 팔꿈치에서 가운데 손가락까지의 길이로서 약 45cm이다. 이집트 왕족들이 화강암으로 만든 '큐빗'길이의 막대기로 물건의 길이를 측정하면서 통일된 측정법이 자리 잡게 되었다. 이집트의 피라미드의 가로변은 500큐빗 정도라고 한다. 큐빗이라는 단위는 이집트부터 바빌로니아에 걸쳐 널리 쓰여 졌으나 이것을 체계화한 것은 수메르 인이다.

② 미터(meter)

프랑스 과학원에서 1미터를 북극점에서 적도까지의 거리의 1,000만분의 1로 정하였다가, 1793년에는 적도길이의 4,000만분의 1로써 정의되었다. 1889년 미터는 백금-이리듐 막대의 두 지점사이의 거리로써 고정되었다. 그러나 과학자는 이와 같은 정의가 백만분의 1보다 더 정확할 수 없기 때문에 만족하지 못했다. 1983년 미터는 또 다시 시간과 길이와 연관시키는 방법으로 재정의 되었다. 즉, 공간에서 빛이 1초 동안 진행한 거리의 299,792,458분의 1로 미터를 정의하였다. 또한 미터 보다 더 크고 작은 단위를 미터를 기준으로 하여 십진법으로 정하였다. 즉, 백분의 1미터를 센티미터(centimeter), 1,000분의 1미터를 밀리미터(millimeter), 100미터를 헥토미터(hectometer, hm) 1,000미터를 킬로미터(kilometer) 등으로 표기하도록 하였다.

③ 미터법 제정 당시에는 분수와 60진법을 사용하고 있었다. 그러나 60진법의 계산이 쉽지 않았으며, 계산속도가 세계에서 가장 빠른 인도-아라비아 숫자(Hindu-Arabic numeral) 체계 0, 1, 2, 3, 4, 5, 6, 7, 8, 9가 10진법이었기 때문에 십진법을 택하게 된 것이다.

④ 미터법

단위	약어	1미터와의 관계
1킬로미터	1km	1,000m
1헥토미터	1hm	100m
1데카미터	1dam	10m
1미터	1m	1m
1데시미터	1dm	0.1m
1센티미터	1cm	0.01m
1밀리미터	1mm	0.001m
1마이크로미터	1μm	0.000001m

⑤ 기타

단위	cm	m	in	ft	yd	mile
1cm	1	0.01	0.3937	0.0328	0.0109	–
1m	100	1	39.37	3.2808	1.0936	0.0006
1in	2.54	0.0254	1	0.0833	0.0278	–
1ft	30.48	0.3048	12	1	0.3333	0.00019
1yd	91.438	0.9144	36	3	1	0.0006
1mile	160930	1609.3	63360	5280	1760	1

2.4.2 길이의 경험

길이는 손바닥, 뼘, 아름, 걸음 등으로 재어 보는 직접측정 또는 신체의 부분 또는 도구와 같은 대체물과 비교하거나 평행이동이나 대칭을 이용하여 길이를 비교하는 등의 간접측정으로 경험할 수 있다.

① 기하학적으로 합동사상인 이동, 구부림, 절단−복원 변환에 의해서 불변인 길이를 갖는 물체의 함수이다.

절단−복원 변환은 길이에 대한 가법의 특성을 가진다. 거리는 길이를 갖는 물체 또는 정신적인 대상의 길이로서 드러난다. 길이는 직선으로 측정되고, 곡선은 직선으로 귀착시켜서 측정한다. 거리는 조감도에 의해서 이해된다. 절단된 길의 거리는 부분의 합으로 결정하고, 곡선은 절단된 길 또는 곧게 펴서 측정한다. 직선의 측정도구는 자 또는 곧은 줄로 잰다.

아동의 무의식적인 측정활동은 도구를 사용하지 않고 이루어진다. 그러나 걸음을 직선적으로 걷는다거나 뼘을 직선적으로 옮기는 행동이 의식적이든지 반 의식적이든지 어쨌든 직진성이 부분적인 역할을 하였다. 즉, 측정활동에서 직선은 도구적인 존재가 아니라 정신적인 존재이다. 측정을 신체의 부분 또는 도구를 이용하여 여러 번의 반복측정하는 경우에는 측정심상의 직진성은 시각선상의 목표지점이나 중복이라는 직진의 확장에 의해서 보장된다. 우회는 더 멀다. 거리는 가장 짧은 선으로 측정한다.

② 두 점 a, b 사이의 거리는 $\mathrm{dist}(a, b) \leq \mathrm{dist}(a, b) + \mathrm{dist}(a, b)$이라는 사실을 알게 하려는 것이다. 두 점 사이에 장애물이 있는 경우에는 같은 거리를 갖는 평행선을 찾으면 된다. 그 과정에 숨어있는 기하학적인 통찰은 평행이동에 의해서 길이가 보존된다는 것이다. 이 상황에서의 기하학적인 통찰은 평행이동, 평행사변형, 직사각형과 같은 심적 조작 또는 심상에 관한 지식을 의미하며, 평행성과 대변의 상등을 시각적 또는 지각적으로 암시하는 것이다. 방향이 같지 않은 두 선분의 길이의 상등을 확인하는 가장 원시적인 방법은 대칭이다.

여러 가지 대칭인 사물에 대해서 정신조작으로서의 대칭은 어린 나이에 의식된다. 그리고 대칭은 대칭도형의 가장 중요한 성질이다. 평행이동이나 대칭을 이용하여 길이를 비교하는 일은 선분뿐만 아니라 곡선에도 같은 방법으로 적용된다. 모든 방향에서 길이가 같은 선분을 만들어 내는 도형은 원이다. 탈레스가 해변에서 멀리 떨어져있는 배까지의 거리, 피라미드의 높이 등과 같이 통상적으로 접근 불가능한 거리를 기하논법으로 측정하는 방법을 언급하였다.

이 때문에 닮은 삼각형에 관련된 정리를 탈레스의 정리라고 부른다. 이 용어는 역사적으로는 적절하지 못하고 탈레스의 방법은 '한 변과 두각'이라는 합동정리라고 해야 옳다.

문헌에 나타난 이 방법에 의하면 해안에서 배까지의 거리를 도형의 합동을 이용하여 접근 가능한 육지의 거리로 바꿔 놓은 것이고, 피라미드의 높이는 해가 뜬 날에 막대를 수직으로 세워서 막대의 길이와 그림자의 길이가 같아지는 순간에 피라미드의 그림자를 측정하는 것이어서 닮음과는 거리가 멀다.

③ 합동의 성질은 거리 측정 실제에서는 닮음과 관련될 때만 의미가 있다.
삼각형의 세 가지 합동조건인 '대응변의 길이가 같다, 두 대응변의 길이와 그 끼인각의 크기가 같다, 한 변의 길이와 그 양 끝 각이 같다'를 이용하여 어려서부터 접근 불가능한 거리에 관한 문제에 답할 수 있다. 특히, 직사각형에 관련된 문제는 피다고라스 정리를 적용하여 해결할 수 있다.

2.4.3 구간의 길이

① 네 구간 [0, 1], (0, 1], [0, 1), (0, 1)의 길이는 모두 1이다.

② 구간 [0, 1]내에 유한개 또는 가부번개의 불연속점이 있는 경우에도 그 구간의 길이는 1이다.

2.4.4 길이 측정 단위의 지도법

학교수학에서 측정단위는 미터법으로 지도한다. 따라서 이 절에서는 미터법인 cm, m, km의 도입 지도에 관하여 설명하기로 한다. 미터법은 위에서 설명한바와 같이 m를 먼저 정하였으나 아동들의 연령을 고려하여 우리나라 수학과 교육과정에서는 cm, m, mm, km 순서로 길이의 측정 단위가 도입되고 있다.

① 1cm의 도입

초등학교의 측정영역에서 주로 다루는 양의 개념은 연속량이다. 이 양의 비교·측정에서는 직접비교, 간접비교, 임의단위로의 측정, 표준단위로의 측정, 간접측정이라는 단계를 순서대로 경험하도록 지도한다.

- 직접비교

  길이가 현저하게 다른 물건 2개 가운데서 길이가 긴(짧은) 것을 가려내게 하고, 이때 나타나는 반응을 바탕으로 '길다', '짧다'라는 말이 사용되는 경우나 그 의미를 되새겨 보게 하여, 길이가 비슷한 2개의 물건 중에서 길이가 긴 것을 가려내도록 한 다음, 귀납 또는 일반화하여 길이의 비교 결과를 '길다', '짧다'로 표현할 수 있도록 한다.

- 간접비교

  비교 대상이 고정되어 있거나 거리가 멀거나 무거워서, 직접 맞대어 볼 수 없는 두 대상을 제시하여 긴(짧은) 것을 가려내는 방법을 찾아내도록 한 후, 그 방법을 귀납 또는 일반화하여 길이의 비교 결과를 '길다', '짧다'로 표현할 수 있도록 한다.

• 임의단위에 의한 측정

직접비교나 간접비교가 쉽지 않은 상황에서 두 대상의 길이를 비교할 때 나타난 반응을 비교·검토하는 활동을 통하여, 길이를 비교하려는 대상에 따라 적당한 단위를 임의로 정하여, 단위 길이의 수를 세어서, 즉 길이를 수치화하여, 어느 쪽이 얼마나 길다(짧다)는 것을 알 수 있도록 지도한다.

• 표준단위에 의한 측정

생활에서 사용하고 있는 자를 사용하지 할 수 없는 상황에서, 아동들이 측정 대상을 정하여 그 길이를 나름대로의 방법(직접비교, 간접비교, 임의단위로 측정)으로 측정할 때 야기되는 문제점 또는 불편함을 인식하도록한 후, 측정 대상을 모든 아동들이 동일한 단위 길이로 잴 필요성을 도출하고, 우리의 선조들도 똑 같은 고민을 하였으며 그러한 불편함을 해소하기 위해서, 모든 물건의 길이를 잴 때, 이만큼의 길이(1cm)를 기준(단위)으로 삼아 잴 것을 약속하였으며 그 길이를 '1cm'라고 표기하고 '일 센티미터'라고 읽는다는 것을 지도한다.

• 어림하기 전략

자가 없는 상황에서 길이를 알 수 있는 방법의 필요성을 아동들이 경험하도록 한 후, '어림하기'라는 방법을 지도하고, '약 몇 cm'라고 말하고 적도록 지도한다. 이러한 어림을 효과적으로 하기 위한 여러 가지 전략은 다음과 같다.

－기준과 비교하기

만일 자신의 한 뼘이 약 10cm라는 것을 알고 있다면, 이와 비슷한 물건의 길이를 어림할 수 있을 것이다. 또 만일 20cm 길이의 끈을 선택해야 한다면, 그 크기를 어느 정도 생각할 수 있을 것이다.

－덩어리 짓기(chunking)

대상을 여러 개의 부분으로 나누고 각각을 어림한다.

－결합하기(unitizing)

먼저 전체의 일부분의 길이를 어림하고 전체가 몇 개의 부분으로 구성되어 있는지를 알아서 전체의 길이를 어림한다. 예를 들면, 얽혀있는 철사의 길이를 재려고 할 때, 약 10cm의 철사를 잘라서 무게를 잰 후에 전체 무게를 재어 철사 전체의 길이를 어림하도록 한다.

② 1mm의 도입

아동들이 이미 보편단위와 표준단위의 필요성을 알고 있으므로, 발에 꼭 맞는 운동화의 크기, 연필의 길이 등을 재면서 cm 보다 작은 길이 단위의 필요성을 토론하도록 한다. 또한

cm 보다 작은 길이 단위를 어떤 방법으로 정하는 것이 좋을지를 토론하도록 한다. 즉, 1cm를 5등분? 20등분? 또는 더 많게? 더 적게? 등분하여 작은 눈금을 만들 것인지를 정해보도록 한다.

- 1cm를 10등분하여, 작은 눈금 한 칸의 길이를 1mm라고 쓰고 일 밀리미터라고 읽도록 지도한다.

③ 1m의 도입

아동들의 주변에 있는 물건이나 소지품의 길이를 잴 때에는 cm와 mm만 필요했으나, 건물의 높이, 사람의 키, 운동장의 길이 등을 재기 위해서는 더 큰 단위가 필요하다는 사실을 토론하도록 한다.

- 1cm의 100배 되는 길이를 1m라고 쓰고 일 미터라고 읽도록 지도한다.
- 지구본을 보면서, 프랑스과학원에서 1미터(m)는 1793년에는 적도길이의 4,000만분의 1로써 정하였으며, 아동들은 1cm를 먼저 배웠으나 실제로는 1미터를 먼저 정한 다음, 1미터를 100등분하여 1cm를 정하였다는 사실을 설명한다.

④ 1km의 도입

지구의 지름, 지구에서 태양까지, 지구에서 달까지 등의 거리를 잴 때와 같이, 1m 보다 훨씬 더 큰 물건이나 먼 거리를 재는 거리 단위의 필요성을 토론하도록 한다.

- 1m의 1,000배 되는 길이를 1km라고 쓰고 일 킬로미터라고 읽도록 지도한다.
- 킬로(kilo)는 1,000이라는 사실을 알게 한다.

4) 길이의 측정 지도

① 직접 측정

단위길이인 1cm, 1m, 1mm, 1km 크기의 막대로 전체의 길이를 덮은 횟수를 세는 일

② 간접 측정

단위길이인 1cm, 1m, 1mm, 1km를 사용하여 만든 자를 사용하여 단위의 몇 배의 관념으로 길이를 재는 일.

2.4.5 길이의 덧셈, 뺄셈

양은 덧셈 구조와 순서 구조를 갖으며 유한 가법성이 성립한다.

① 양의 덧셈, 뺄셈

길이의 덧셈, 뺄셈을 지도할 때에는 두 길이를 겹치거나 비스듬하게 놓으면 안 되며, 같은 단위로 고쳐서 연산을 수행하도록 지도한다. 즉, 덧셈, 뺄셈은 같은 단위끼리만 시행하도록 한다.

② 양의 유한 가법성

양의 가법성에 의하면 서로 겹치지 않는 두 양의 측도는 각각의양의 측도의 합이다. 따라서 두 개의 물방울을 합치면 한 개의 물방울이 되므로 1+1=1이라는 논리는 성립하지 않는다.

처방 코드번호 : 2010
주제 : 도형과 측정－기초개념 오류 유형 : 선분, 직사각형, 각 기둥의 측정 개념 선분의 길이는 단위길이의 몇 배로 측정한다.

2.5 각과 직각

2.5.1 각의 역사발생

각의 관념은 천문학자들에 의해서이다. 천문학자들이 만드는 크기는 시간과 각의 크기이다. 천문학자는 동서를 가르는 수평축을 중심으로 망원경을 회전하여 별자리를 관찰한다. 이 천체관측용 자오의를 사용하여 간접적으로 지구의 회전각을 측정하고, 두 하성간의 각을 직접적으로 측정한다. 또 토지측량의 문제에서도, 방해물이 많은 들판에서 주로 측정되는 것은 각이고, 측량의 기본적인 수법으로 삼각측량법을 이용하였다.

그런데 두 개의 삼각형은 세 각이 같으면 대응하는 세변의 길이의 비가 같은 반면, 사각형은 네 각이 직각으로 같을지라도 변의 길이의 비가 같을 필요가 없다. 이러한 삼각형의 특유의 성질 때문에 삼각형은 닮음의 정리에서 기본적인 수법이 되었고, 삼각법(trigonometry)의 어원이 그리스의 두 단어인 trigonon(삼각형)과 metria(크기)에서 유래되었다. 삼각법을 생기게 한 근원적인 문제는 '삼각형의 각의 크기가 주어졌을 때, 변의 상대적인 크기를 정의하는 방법'이었다.

이 문제를 해결하기위해서 각의 크기를 독립변수로 하는 몇 가지의 함수를 도입하였다. 원래 이 함수는 직각삼각형을 고찰하여 얻어졌던 것이므로, 직각삼각형의 각의 크기는 원의 호의 길이에 의해서 정의되었다. 직선도형의 범주에서 삼각형이 기본도형이라면, 원은 곡선도형 범주에서의 기본도형이고, 임의의 두 원은 닮은 도형이다. 그림의 두 동심원에서 임의의 각 AOP와 대응하는 두 원의 호 AP 와 $A'P'$ 은 각 원의 반지름에 비례한다.

그러므로 호AP 와 반지름의 길이에 대한 비, 즉 $\frac{\text{호}AP}{\text{반지름 }OP}$ 는 반지름 OP에 독립적이고

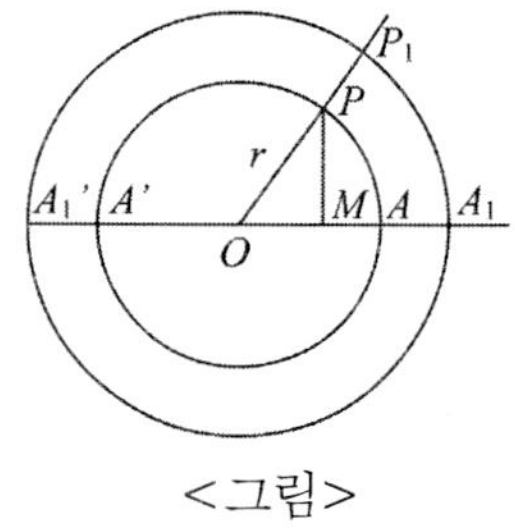

<그림>

$\dfrac{\text{호}A_1P_1}{\text{반지름}OP_1}$과 같다. 이 두 분수는 임의로 선택한 길이의 단위나 임의로 정의한 직각을 분할하는 방법 등에 의존하지 않기 때문에, 각의 크기를 측정하기에 적절한 수단이다. 이 때 $\dfrac{\text{호}AP}{\text{반지름}OA}$는 각 AOP의 크기를 나타낸다. 그리고 점 P에서 반지름 OA에 수선 PM을 긋고, 그리스 수학자들은 선분 PM을 호 AP에 대한 사인(sine), 선분 OM을 호 AP에 대한 코사인(cosine) 이라고 불렀다. 그 다음에는 선분 PM과 선분 OM을 고찰하는 대신에, $\dfrac{\text{선분}PM}{\text{반지름}OP}$ 과 $\dfrac{\text{선분}OM}{\text{반지름}OP}$을 고찰하였다.

이 두 수도 도형의 크기에 무관하기 때문에 반지름 OP에 독립적이다. 따라서 각은 회전한 결과이며, 각도는 회전한 양으로 표현되어야 한다. 회전각의 측정은 전체 각, 평각, 직각 등의 자연단위를 사용한다는 점에서 길이 측정과 근본적으로 다르다. 일상 언어로 표현하면 한 바퀴, 반 바퀴 반의 반(1/4) 바퀴 등이다. 이러한 자연 단위를 통해서 가에 대한 심상이 자연스럽게 형성된다. 각의 교수학은 아동에게는 이미 상당히 수학화된 상황에서 소개되고 또한 명백하기 때문에 길이와 대비하여 다르게 시작된다. 기하도형의 모델로 방의 각도가 즉시이용된다. 각의 크기를 비교하기 위해서는 가위, 컴퍼스, 시계바늘 등을 이용한다. 또한 손가락으로 방향을 가리키게 하는 것은 지형학적인 상황이다. 지형학, 측량, 지도제작, 우주형상지 등에서는 각이 길이보다 더욱 중요한 측정이다.

2.5.2 각의 심리학

이 절에서는 아동들의 각에 대한 심리적인 발달단계를 알아보기로 한다.

① 1단계 : 상황적 각 개념

학령 전 아동들은 가위, 부채, 시계, 타일, 비탈길, 언덕, 지붕, 연필 끝, 구부러진 막대, 기중기 등과 같은 일상적 상황에는 각 개념을 경험한다. 자신이 경험한 이러한 물리적 상황을 정신적으로 분류함으로써 각 개념이 생기게 되는데, 이것을 상황적 각 개념이라고 한다. 상황적 각 개념은 상황에 한정되어 있으며, 비슷한 행동을 포함하고, 유사한 사회적 환경에서 경험하게 되며 시간이 흐름에 따라 일반화될 수 있다. 즉, 언덕은 초기에는 그들이 걸어 다니는 길에 한정되지만, 후에는 차를 타고 가는 길도 포함시킨다. 그러나 이때는 이러한 상황에만 한정하여 생각한다. 일하는 사람이 지붕 위를 지나가는 것을 보았을 때도 아동은 결코 지붕을 언덕에 포함시키려 하지 않는다. 6세의 아동은 언덕의 모델을 인식한 다음, 언덕의 경사 정도가 변할 때 어떤 결과가 일어날지를 예상할 수 있다.

② 2단계 : 문맥적 각 개념

초등학교 아동들은 '기울기'를 물리적 문맥으로 분류한다. 즉, 아동들은 언덕과 같이 '기울어진 것의 예'로서 지붕과 같이 좀 더 넓은 범위의 상황을 말할 수 있으며, 언덕과 지붕 등의 유사성을 인식하고 이것을 기울기라고 부르게 되며, 일반화할 수 있다. 따라서 아동들은 기울기에 대해 추론하여 심상을 형성하여 기울기라는 개념을 가지게 된다. 이때의 개념을 문맥적 각 개념이라고 부른다.

문맥적 각 개념은 경험적 추상화에 의해서 형성되고, 이것은 이차 경험적 추상화가 된다. 예를 들면 첫 번째 단계에서는 할 수 없었던, 길과 지붕 모두 기울어져 있는 것을 알고 유사성을 발견한다. 그리고 기울어진 대상의 다른 예를 포함하여 확장시킨다. 이 단계에서 기울기 문맥, 교차 문맥, 모서리 문맥, 구부러짐 문맥, 회전 문맥이 나타난다. 예를 들면 교차로, 가위 등의 상황은 교차로 문맥, 탁자의 윗면, 패턴 블럭, 연필의 끝, 탁자의 모서리 등의 상황은 모서리 문맥, 구부러진 길, 부메랑, 구부러진 팔 등의 상황은 구부러짐 문맥, 경사진 막대, 기차 이정표, 지붕, 언덕 등의 상황은 기울기 문맥, 문, 자동차 와이퍼, 시계 등의 상황은 유한 회전 문맥, 천장에 달린 선풍기, 회전문 등대이 불 등의 상황은 무한 회전 문맥에 포함된다.

그러나 이 단계에서는 아동은 수학적인 각 개념을 알지 못한다. 그리고 모서리, 기울기, 회전과 같은 용어를 정의할 필요를 느끼지도 않는다. 기울기 문맥에 포함되는 예들을 서로 비교할 수는 있지만, 기울기 문맥과 회전 문맥의 예를 비교할 수는 없다.

③ 3단계 : 추상적 각 개념

이 단계의 아동은 문맥들 사이에서 유사점을 발견한다. 4학년 아동들은 교차 문맥과 구부러짐 문맥사이의 유사성을 인식할 수 있으며, 그들 중에서 기울기 문맥과 모서리 문맥 사이의 유사성을 인식할 수 있다. 또한 그들 중에는 기울기 문맥과 모서리 문맥 사이의 유사성과 회전 문맥과 교차 문맥 구부러짐 문맥 사이의 유사성을 인식하는 아동도 있다.

각 문맥들 사이의 유사성을 인식하는 것은 각에 대한 초등 수학적 개념의 시작이라고 할 수 있다. 유사성을 인식하기 위해서는 학습자의 물리적, 정신적 행동이 필요하다. 예를 들면, 학생은 타일과 지붕사이의 유사성을 지붕과 공간에 맞게 하기 위해서 타일의 모서리를 움직여 보는 물리적인 활동을 통하여 확인한 후, 기울기 문맥과 모서리 문맥사이의 유사성을 확인하게 되며, 반영적 추상화에 의하여 서로 다른 각 문맥에서의 유사성을 인식할 수 있게 된다.

각에 관하여 유사한 것으로 인식되는 물리적 각 문맥의 총체를 추상적 각 영역이라고 하고, 유사성을 추상화해서 얻게 된 개념을 추상적 각 개념이라고 한다. 아동들은 교차 문맥, 모서리 문맥, 구부러짐 문맥, 기울기 문맥에서 유사성을 인식하고, 또한 유한 회전 문맥과 무한 회전 문맥에서 유사성을 인식한다. 따라서 학생들은 두 가지 추상적 각 영역을 인식하고 그것이 추상적 각 개념이 된다.

④ 4단계 : 형식적인 수학적 개념

이 단계에서는 각각의 형식적인 수학적 구조에 해당하는 각 개념이 있고, 그것들이 각 개념으로 통합될 수 있다는 것을 아는 단계이다. 이 단계에서는 각각의 수학적 구조에 따라 다양한 문제 상황이 제시되고, 그 문제 상황을 경험함으로서 점진적으로 각 개념이 형식화된다. 형식적인 수학적 구조로는 초등 기하, 삼각법, 해석기하, 공간 기하가 있으며, 이에 따른 각에 대한 설명은 각에 대한 개념에서 구체적으로 논의하기로 한다.

2.5.3 각의 지도법

각에 대한 고대로부터 현대에 이르기까지 인류의 관념 즉, 각 개념의 발생과 위에서 언급한 각에 대한 심리학을 바탕으로 각을 지도하는 방법을 알아보기로 한다.

① 고대의 각의 관념

- Aristotle의 각의 관념은 선의 굴절이나 꺾임
- Euclid는 원론 제 1권에서 '평면위에서 교차하는 두 선이 한 직선에 놓여 있지 않을 때, 그들이 서로 기운 정도를 각이라 부른다.' 또는 '각을 만드는 선이 둘 다 직선일 때, 그 각을 직선 각이라 부른다.'고 정의하였다. 즉, 평면각을 한 평면 위에서 서로 만나고 일직선이 되지 않는 두 직선사이의 기울기라고 정의한 것이다. 그는 평각을 포함시키기 위해서, 두 직선이 같은 직선일 때 평각이라고 정의하였다.
- Plutarch는 각을 두 직선의 교점에서 두 직선의 발산의 비
- Carpus는 회전으로서의 각 개념을 정의

② 현대의 각의 관념

- Hilbert(1902)

  반직선을 직선의 어떤 점의 한 쪽에 있는 직선의 모든 점으로 정의하고 평면위의 각을 다음과 같이 정의하였다.

α를 평면, h와 k를 α 위의 한 점 0로부터 시작되는 서로 다른 두 반직선이라 할 때, 한 쌍의 반직선 h와 k을 각이라 하고, 이것을 $\angle(h,k)$또는 $\angle(k,h)$로 표기한다.

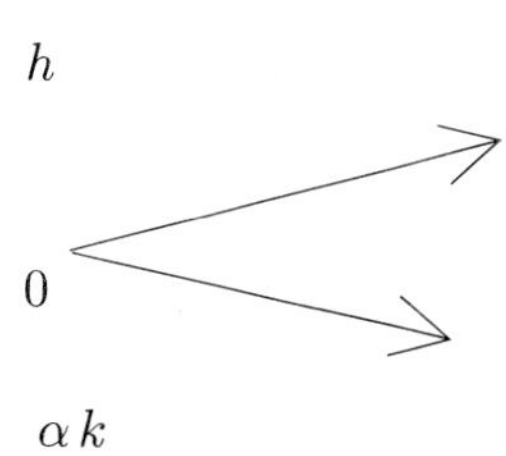

그의 정의에서 영각, 평각, 둔각은 제외되었다.

• Freudenthal(1973)

각은 초등기하학적 관점, 삼각법 관점(혹은 각도측정법), 해석기하학적 관점, 공간 기하학적 관점에서 분류하면 다음과 같다.

–초등기하학적 관점

각은 비 유향 평면에서 반직선의 비 순서쌍으로 정의된다. 그리고 각도는 0°에서 180° 사이에서 결정된다. 앞에서 살펴본 각을 직선들 사이의 기울기로 정의한 유클리드의 각의 정의가 여기에 속한다.

–삼각법 관점

각은 유향 평면에서 반직선의 순서쌍으로 정의되며, 시계반대 방향을 양의 각, 시계방향을 음의 각으로 정하며 각도와 각도의 덧셈과 뺄셈은 2π를 법으로 수행한다.

–해석 기하학적 관점

각은 유향 평면에서 직선의 순서쌍으로 정의된다. 해석기하학에서는 sine함수와 cosine 함수는 주기가 2π인 실변수 함수이며, 만약 독립 변수를 각으로 본다면, 각의 범위는 $-\infty$에서 ∞까지이고, 이것을 해석적 각 또는 회전각이라고 한다.

–공간 기하학적 관점

각은 공간에서 직선의 비순서 쌍이며, 각도는 0°에서 180° 범위에 있다.

③ 각의 지도방안

형식적 수준에서의 각 개념은 아동의 일상생활 주변에서 다양한 맥락에서 발견할 수 있다.

• Freudenthal(1973)

아동이 최초로 경험하는 각의 개념은 정적이고 또한 동적이어야 한다. 따라서 그들은 가능한 한 많은 문맥에서 반직선 쌍과 모서리를 작도하는 과정에서 정적인 각을 경험해야 하며, 시계바늘과 같이 회전하는 도구의 조작을 통하여 회전으로서의 각도 경험해야 한다. 이를 위하여 수업시간에는 아동들이 다양한 교구를 조작하는 기회를 갖도록 해야 한다.

• Michelmore와 White(1998)

아동들은 일상생활에서 바퀴, 문, 가위, 부채, 이정표, 경사면, 교차로, 타일과 벽 등의 각의 개념에 관한 정적인 예와 동적인 예를 균형 있게 경험해야 한다.

④ 각의 정의

각은 정적인 상태와 동적인 상태를 모두 가지고 있으므로 두 가지 방법으로 정의해야 한다.

• 정적인 정의

Hilbert의 정의에 따르면, '두 반직선에 의해 만들어진 점의 집합의 합집합' 또는 '두 반

평면의 교집합'으로 정의한다. 이 정의를 초등학교에서는 '한 점에서 그은 두 반직선으로 이루어진 도형'이라고 직관적으로 약속한다.

- 동적인 정의

'한 반직선의 회전한 결과'로 정의한다.

- 변환기하학에서는 각을 강체운동이나 합동변환과 관련지어 해석하기도 한다.

두 반직선 $\overrightarrow{AB}$, $\overrightarrow{AC}$ 이루어지는 각을 $\angle BAC$로 표기하며, 반직선 $\overrightarrow{AB}$, $\overrightarrow{AC}$는 각 $\angle BAC$의 '변'이라고 부른다.

- 각의 두 변이 겹치지 않을 때, 그 각은 평면을 두 영역으로 나누고, 안 쪽 영역을 각의 내부, 바깥쪽 영역을 각의 외부라고 부른다. 특히, $\angle BAC$가 오직 점 A의 각인 경우에는 간단하게 $\angle A$라고 표기한다.

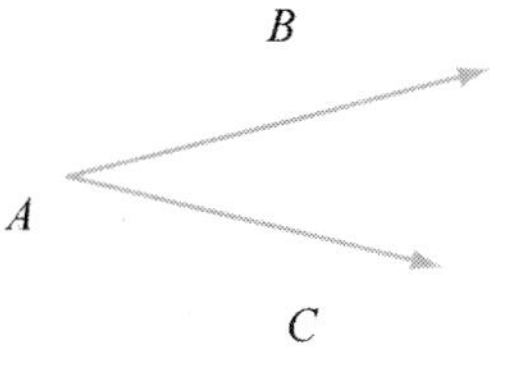

⑤ 직각의 정의

$\frac{1}{4}$바퀴, 반의 반 바퀴

2.5.4 각의 분류

① 유클리드 기하학에서는 직각을 정의하기에 앞서 수직의 의미를 제시하고 있다. 즉, 수직이란 똑바로 아래로 드리움을 뜻하며 수직이 되는 선을 수직선이라고 한다. 즉,실에 추를 매달아 팽팽하게 늘어뜨려 지표면에 닿도록 함을 뜻한다. 유클리드는 직각, 둔각, 예각을 다음과 같이 정의했다. 한 직선에 다른 직선을 세웠을 때, 이웃한 각들이 크기가 서로 같으면 그 각을 직각이라 부른다. 이 때 세운 직선은 원래 직선과 수직이라 부르며, 둔각은 직각보다 큰 각이고 예각은 직각보다 작은 각이다.

② 프로클루스에 따르면 옛날 사람들은 수직선을 노몬(gnomon)의 선이라고 불렀다. 노몬은 직각으로 꺾여 있는 자이며, 이것을 땅바닥에 놓으면 직각을 이루게 된다. 또한 도형의 높이를 잴 때 수직선을 이용하며, 직각을 기준으로 각들의 크기를 구별한다. 그렇지 않다면 각들은 서로 구별할 수 없다고 하였다.

③ 아리스토텔레스는 그의 저서 'Methphysica'에서 직각과 예각의 발생순서는 다음과 같다고 주장하였다. 즉, 예각은 직각의 부분이며, 직각은 예각들로 쪼갤 수 있으므로, 물리적인 대상으로서는 예각이 먼저이며, 형태로 보면 직각이 먼저라고 했다.

④ 180°를 평각, 90°를 직각이라고 하며, 0°에서 90° 사이의 각은 예각이라고 하고, 90°에서 180° 사이의 각은 둔각이라고 한다.

⑤ 각의 합동

두 각의 크기가 같을 때, 그 두 각은 합동이라고 하며, 기호로는 $\cong$ 으로 표기한다. 즉, $\angle P \cong \angle Q$와 같이 표기한다.

⑥ 수선

직각으로 만나는 두 직선 l 과 m을 서로 '수선'이라 하고, 기호로는 $l \perp m$으로 표기한다.

2.5.5 각에 대한 오개념

- 정확한 각의 정의에 따라 각을 찾기 보다는 모난 부분, 뾰족한 부분에 중점을 두어 모나거나 뾰족하게 생긴 것은 모두 각이라고 하는 오개념
- 각은 도형이 아니라, 도형의 일부분으로 생각한다. 그 이유는 도형을 닫혀 있는 모양, 즉, 삼각형, 사각형, 원 정도를 도형이라고 아로 있기 때문에 한 쪽이 열려 있는 모양의 각은 도형이 아니라고 생각하기 때문이다.
- 교과서의 각의 도입부분에서 제시된 크기의 각만을 각이라고 생각한다. 교과서에는 대체로, 각의 기선이 교과서와 평행한 예각을 범례로 삼기 때문에 임의의 방향으로 그려진 각이나 평각 등을 각으로 인정하지 않을 수 있다.

처방 코드번호 : 2030
주제 : 각, 각도 오류 유형 : 각, 직각 각을 반직선으로 표현하지 않았기 때문에 생길 수 있는 오류와 예각만을 각이라고 생각하는 오류 때문이다. 따라서 각은 '회전'이라는 동적인 성질과 기울기를 나타내는 정적인 면이 있다는 내용으로 지도해야 한다.

2.5.6 직각에 대한 오개념

- 교과서에 정례로 제시된 모양의 각만 직각으로 생각하고 방향이나 길이가 달라지면 직각을 찾지 못한다. 이에 대한 심리학적 근거로는 Fischbein이 언급한 '전형적 모델'의 부작용일 수도 있다. 즉, 예시적 정의를 사용하면 특수한 예로부터 보편적인 성질을 이끌어낼 수 있지만, 가르치고자 하는 보편적인 내용을 학습자가 배우지 못하고 단지 예를 배우게 될 수도 있는 것이다.

  예시적 정의는 대표적인 예를 제시함으로써 학생들의 심리를 고려하여 쉽게 받아들여지지만 도형이미지가 그것으로 굳어져 위치나 방향, 길이 등을 변형시켰을 때는 쉽게

받아들이지 못하고, 도형개념 이미지가 고착되어 다시 바꾸기가 쉽지 않는 단점을 가지기 때문에 조심스럽게 접근해야할 필요가 있다.

따라서 직각에 대한 다양하고 풍부한 정례와 반례가 필요하며, 직각을 정의할 때 정례와 비례를 다양하게 제시하며, 직각의 크기에 대한 감각을 길러줄 수 있는 다양한 교구를 활용해야 한다.

처방 코드번호 : 2031
주제 : 각, 각도 오류 유형 : 각, 직각 각은 '회전'이라는 동적인 성질과 기울기를 나타내는 정적인 면이 있다는 내용으로 지도해야 하며, 직각은 $\frac{1}{4}$ 바퀴 회전한 결과로서, 위치와는 무관하다는 사실을 지도해야 한다.

2.5.7 교구 제작

위에서 논의한 바에 의하면 각과 직각의 지도에는 적절한 교구를 활용하는 것이 바람직하다고 하였다. 이 절에서는 각과 직각의 지도에 필요한 교구 중에서 회전각을 지도하는 교구를 제작하는 방법을 설명하기로 한다.

① 회전판

1. 색이 다른 도화지 2개에 일정한 지름의 원 2개를 그린다.	2. 그린 원의 선을 따라 가위로 자른다.	3. 색이 다른 원판 2개를 준비하고 원의 중심과 반지름을 표시한다.	4. 원판의 중심과 반지름을 표시한 선을 따라 가위로 자른다.
		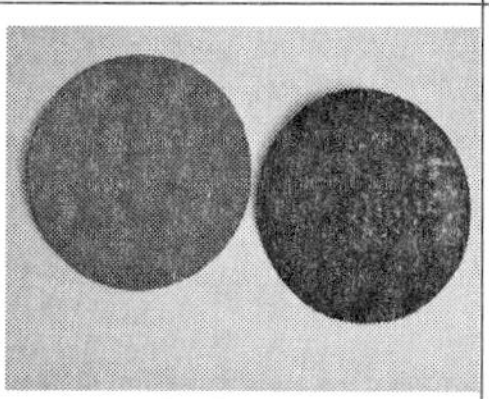	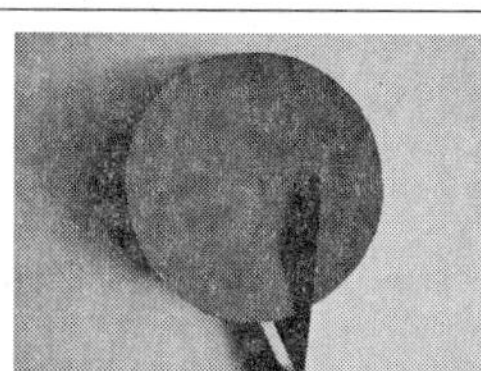
5. 반지름이 잘라진 두 개의 원판을 서로 엇갈리게 포갠다.	6. 원의 중심보다 살짝 옆 부분에 진주핀을 꽂는다.	7. 진주핀을 꽂은 뒷부분은 다칠 수 있기 때문에 구부린다.	8. 완성
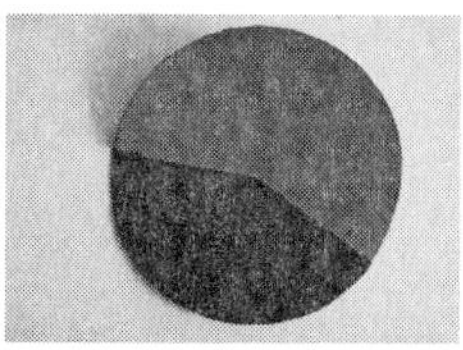	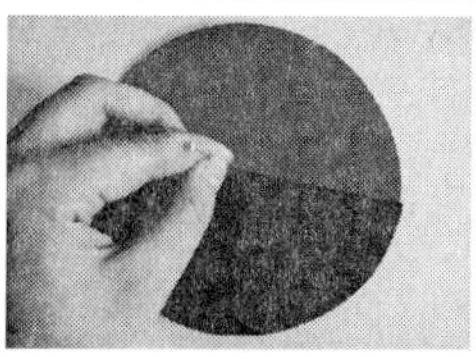		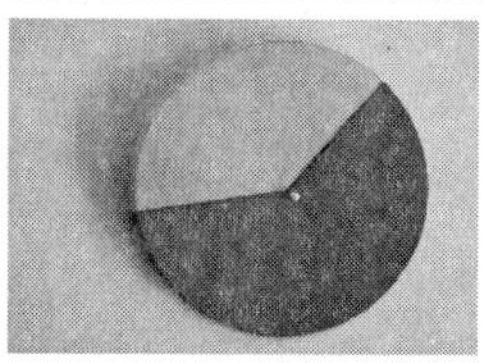

② 시계 바늘

1. 시계바늘 모양으로 잘라 코팅한 후 오리고, 할핀을 준비한다.	2. 두 개의 시계 바늘을 겹쳐 놓고 송곳으로 구멍을 뚫는다.	3. 뚫어진 구멍 사이로 할핀을 넣어 고정한다.	4. 완성
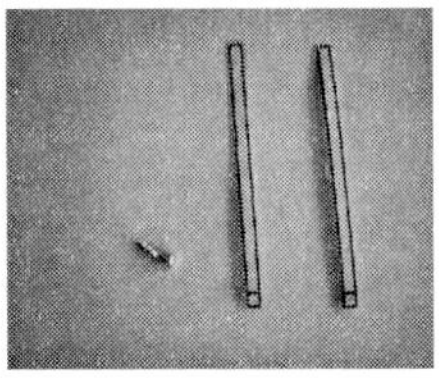	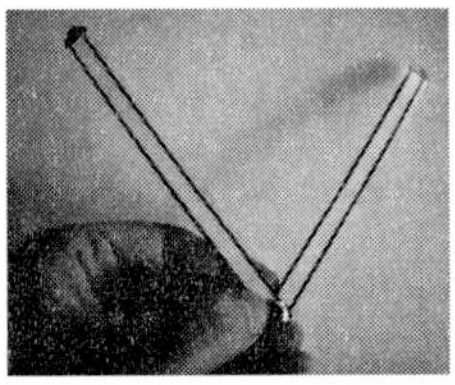	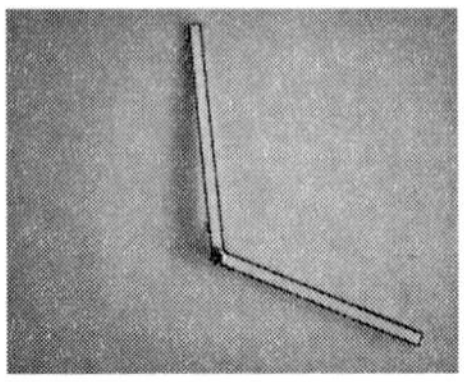	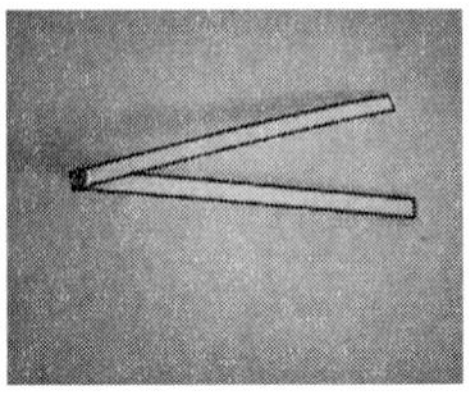

❑ 직각 시계 바늘

1. 시계바늘 교구와 할핀을 준비한다. OHP에 4직각모양의 원판을 복사한 후 오린다.	2. 4직각모양 원판의 중심에 구멍을 뚫어 할핀을 꽂는다.	3. 직각모양 원판과 시계 바늘 교구를 할핀으로 연결한다.	4. 완성
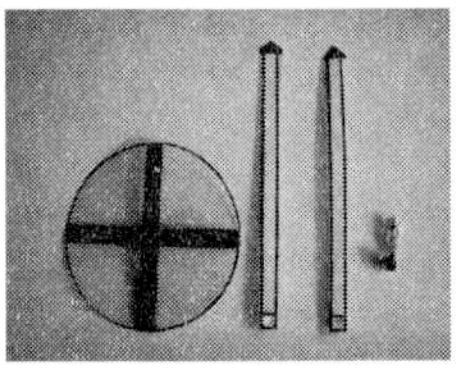		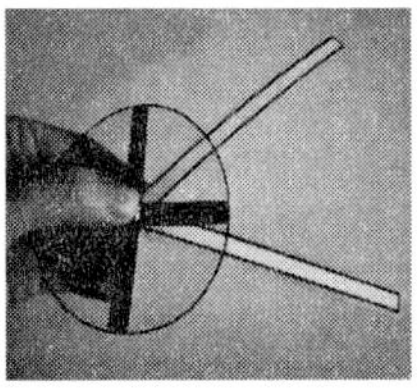	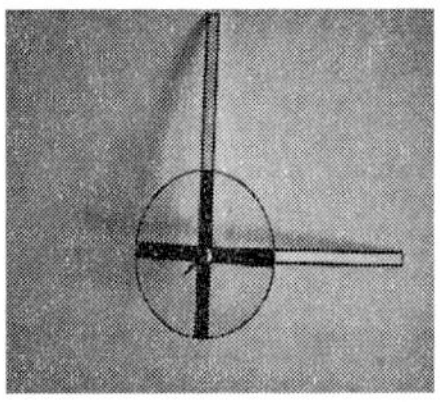

2.5.8 각의 성질

두 각의 크기를 합하여 180° 되는 경우에 두 각을 서로 '보각'이라고 부른다.

① 맞꼭지각

두 직선이 교차할 때 두 쌍의 맞꼭지각이 생긴다. 한 쌍은 각 A와 B로 구성되며, 다른 쌍은 각 C와 D로 구성된다.

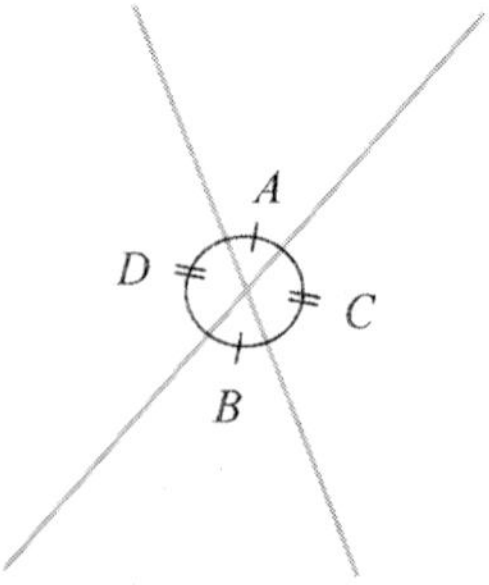

기하학에서 맞꼭지각이란 교차하는 두 직선이 한 점에서 만날 때 생기는 한 쌍의 교각 중 서로 이웃하지 않는 것을 뜻한다.

- 맞꼭지각 정리

  두 개의 직선이 한 점에서 만날 때 4개의 각이 형성되며, 서로 이웃하지 않는 각을 맞꼭지각이라고 부른다. 한 쌍의 인접한 각은 서로 보각이며, 한 쌍의 맞꼭지각은 서로 그 크기가 같아 합동을 이룬다.

(증명) 두 직선 AB와 CD의 교점을 O라 하면,

$\angle AOB$와 $\angle COD$는 평각이므로

$\angle AOC + \angle AOD = 180^\circ$ ……(1)

$\angle BOD + \angle AOD = 180^\circ$ ……(2)

(1), (2)에 의해서

$\angle AOC + \angle AOD = \angle BOD + \angle AOD$

$\therefore \angle AOC = \angle BOD$

② 동위각

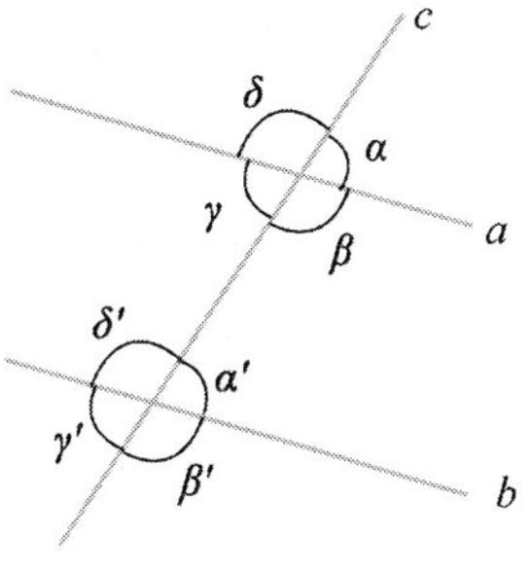

두 직선 a, b에 다른 한 직선 c가 만나서 이루는 각을 [그림]과 같이 나타낼 때 α와 α'', β와 β'', δ와 δ''는 서로 동위각이라고 한다.

한 쌍의 동위각이 같을 때 최초의 두 직선은 평행하고, 최초의 두 직선이 평행하면 동위각은 모두 같다.

거꾸로 횡단선에 의해 잘려진 두 개의 동위각이 같다면 두 직선은 평행하다.

③ 엇각

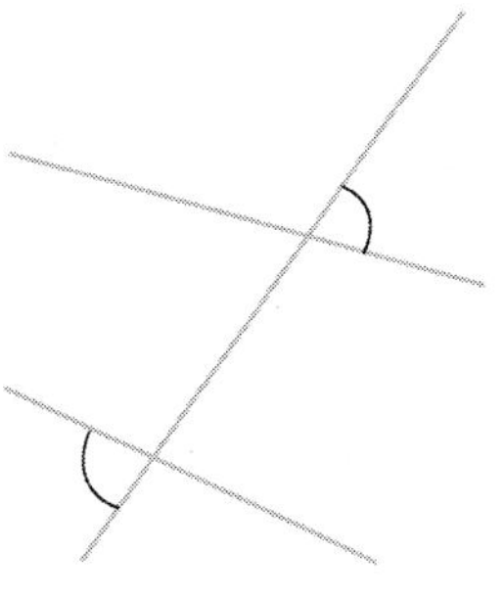

아래 그림에 표시한 두 각을 엇각이라고 한다.

횡단선에 의해 나뉘어진 두 선이 만약 평행하다면 엇각도 같다.

거꾸로 횡단선에 의해 잘려진 두 개의 엇각이 같다면 두 직선은 평행하다.

2.5.8 각도

각의 측정은 주로 천체 연구를 위해서 연구되었다. 고대에서도 측정의 도구로서의 추와 직각 개념은 중요했으며, 직각은 다른 각을 비교하거나 예각과 둔각을 정의할 수 있는 기준이 된다. 각을 회전으로 생각한 초기 천문학의 기록에서는 각의 단위로 직각을 사용하였으나, 천체 연구에서는 별이 한 바퀴 도는데 오랜 시간이 걸리므로 작은 각을 재는 단위가 필요하게 되었다.

고대로부터 천문학자들은 지구에서 관측되는 별과 별사이의 위치관계를 거리로 측정할 수 없다는 사실을 알면서부터, 별들의 위치관계를 측정할 수 있는 또 다른 측정방법을 찾게 되었다. 그 방법이 지구상에서 바라보는 회전량으로 측정하는 각도이었다.

1) 각도의 발생

① 고대 바빌로니아에서는 종교 행사와 곡물의 수확 패턴 등을 알기 위해 천문학에 관심을 가졌다. 그들은 관찰 자료를 모으고, 계산을 하고 예측을 하는데 천문학을 사용했다. 그들은 60진법을 개발하여 사용했고, 그것으로 자연수와 분수가 표현되었다. 또한 그들은 일 년을 360일 계산하여 원주를 360등분하여 일년력으로 사용했던 것이 원주를 360°로 사용하게 되었다고 알려지고 있다.

② 이집트와 바빌로니아 문명에서 삼각형의 길이와 관련된 계산과 표를 만들기는 했지만, 그들은 현대적 의미의 각의 측정을 소개하지는 않았다. 이 결과는 각의 측면에서보다는 기하학적 도형에서 길이의 비의 개념에서 온 것이었다.

③ 그리스에서는 천체 데이터를 체계적으로 연구하기 시작하였고, 각 사이의 관계, 각에 대응하는 호와 그에 대응하는 현의 길이와의 관계를 연구하기 시작하였다. 초기에는 그 결과를 직각이나 직각의 4분의 1과 분수로 표현하였다.

④ Hipparchus는 원을 360 등분하여, 그것을 기초로 일련의 각을 사용하여 한 각의 현과 호의 길이에 대한 표를 처음 만들었다. 그는 황도대의 원을 360으로 나눈 첫 번째 천문학자인 Hypsicles의 영향을 받았다. 황도를 십이궁과 서른여섯 개의 십 분각으로 나누는 360°라는 값은 천문학에서 이루어졌다고 생각할 수 있으며, 약 360일인 한 해의 주기는 각 궁을 서른 개의 부분으로 십 분각을 다시 열 개의 부분으로 잘게 나눔으로써 황도 십이 궁계와 십 분각의 체계에 쉽게 대응시킬 수 있다. 따라서 각도 체계는 이 대응 관계에서 유래한 것으로 볼 수 있다. (Boyer, 1991/2000)

2) 1°

직각은 $\frac{1}{4}$ 바퀴이다. 따라서 직각의 크기는 $360° \times \frac{1}{4} = 90°$ 이며, 직각을 90등분한 양을 1°라고 한다.

처방 코드번호 : 2040
주제 : 각, 각도 오류 유형 : 각도 위에서 설명한 각도의 발생을 설명하여, 한 바퀴는 360°라고 정하였으며 직각은 $\frac{1}{4}$ 바퀴이므로 $360° \times \frac{1}{4} = 90°$ 라는 사실을 알도록 지도한다.

3) 라디안

호의 길이를 이용한 각의 단위로서 Muir와 Thomsom이 1873년에, 한 원에서 반지름과 길이가 같은 호의 중심각을 실수인 1라디안(radian)으로 정의하였으며, 라디안의 도입으로 각도를 실수로 변환하게 되어 삼각함수의 미적분 이론이 급속도로 발전하게 되었다.

2.6 다각형

2.6.1 단일폐곡선과 영역

① 단일폐곡선

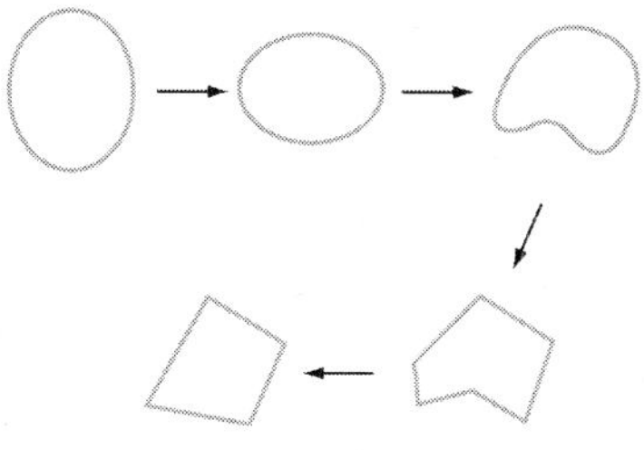

구부러진 선을 곡선이라고 하며, 곡선의 양 끝이 오직 한번만 만나서 만들어진 것을 단일폐곡선이라고 한다. 단일 폐곡선에 의해서 평면은 단일폐곡선, 곡선의 내부, 곡선의 외부의 세 영역으로 나누어진다. (조르단의 정리)

※ 프랑스 수학자 죠르단(Camille Jordan, 1838~1922)은 처음으로 단일폐곡선이란 용어를 사용하였다.

② 평면에서 단일 폐곡선의 내부와 외부

단일폐곡선의 안쪽에 있는 영역을 내부, 바깥쪽에 있는 영역을 외부라고 부르며, 내부에 있는 점을 내부 점, 외부에 있는 점을 외부점이라 부른다.

2.6.2 볼록한 도형과 오목한 도형

단일폐곡선인 도형의 임의의 두 내부 점 P와 Q를 연결하는 선분 PQ가 도형에 포함될 때 볼록한 도형이라고 부르고, 볼록하지 않는 도형을 오목한 도형이라고 부른다.

2.6.3 다각형

유한개의 선분으로 구성되는 단일폐곡선을 다각형이라고 부른다. 선분의 끝점은 꼭짓점이라고 하고, 선분 그 자체를 다각형의 변이라고 한다.

① 볼록 다각형

다각형의 내부는 다각형의 영역이라고 부르며, 내부가 볼록한 다각형을 볼록 다각형이라고 한다.

② 다각형의 이름

다각형의 이름은 다각형을 이루고 있는 변 또는 꼭짓점의 수에 따라 이름이 결정된다. 예를 들어 17개의 변을 가진 다각형은 헵타데카곤(헵타 = 7, 데카 = 10)이라고 한다. 보다 더 직접적으로 17-gon(17각형) 이라고 부를 수 있다.

꼭짓점 개수	이름	
1	1-gon	henagon (또는 monogon)
2	2-gon	digon
3	3-gon	triangle (또는 trigon) 트리곤
4	4-gon	quadrangle(또는 tetragon) 테트라곤
5	5-gon	pentagon 펜타곤
6	6-gon	hexagon 헥사곤
7	7-gon	heptagon 헵타곤
8	8-gon	octagon 옥타곤
9	9-gon	enneagon (또는 nonagon) 노나곤
10	10-gon	decagon 데카곤
11	11-gon	hendecagon
12	12-gon	dodecagon
13	13-gon	tridecagon (또는 triskaidecagon)
14	14-gon	tetradecagon (또는 tetrakaidecagon)
15	15-gon	pentadecagon (또는 quindecagon 또는 pentakaidecagon)
16	16-gon	hexadecagon (또는 hexakaidecagon)
17	17-gon	heptadecagon (또는 heptakaidecagon)
18	18-gon	octadecagon (또는 octakaidecagon)
19	19-gon	enneadecagon (또는 enneakaidecagon 또는 nonadecagon)
20	20-gon	icosagon

2.7 삼각형

삼각형은 세 개의 선분으로 이루어진 단일폐곡선이다. 따라서 삼각형은 변이 세 개, 각이 세 개다.

2.7.1 종이접기

1) 준비물

종이(얇고 색이 있는), 가위, 자, 각도기, 연필, 테이프

2) 방법

도형의 개념, 도형의 성질, 도형간의 관계에 관한 많은 내용을 종이접기를 통하여 알 수 있다. 종이접기를 이용하여 삼각형뿐만 아니라 모든 다각형의 개념과 성질을 알아보는 데에 중요한 조작인 수직선 만들기, 각 이등분하기, 수직이등분하기 등의 기본적인 접기 활동에 대해서 먼저 알아보기로 한다.

3) 기본적인 접기 활동

① 수직선 만들기

종이 위에 선분 l을 긋고, 선분 l위에 임의의 점 P를 찍는다. 점 P에서 선분 l의 왼쪽과 오른쪽이 겹치도록 종이를 접는다. 각도기를 이용하여 접힌 선과 선분 l이 90°를 이루는지 확인한다.

② 각의 이등분선 찾기

아래에 있는 $\angle BAC$의 꼭짓점 A를 중심으로 두 반직선 AB와 반직선 AC가 겹치도록 종이를 접었다 편다. 각도기를 사용하여 접힌 선이 $\angle BAC$를 이등분하는지를 확인한다.

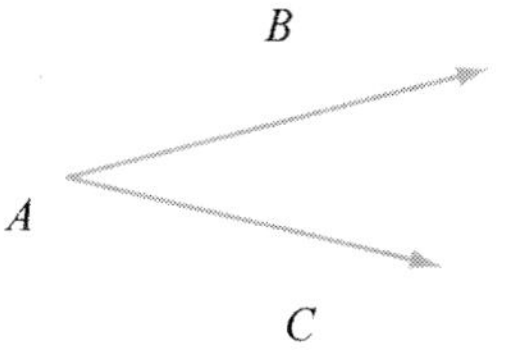

③ 선분의 수직이등분선 긋기

점C와 점D를 양 끝으로 하는 선분을 그린 다음 점C가 점D에 겹쳐지게끔 종이를 접었다 편다. 선분 CD위에 접힌 자국에 M을 표시한 후 다음의 사항을 확인한다.

—점 M이 점 C와 점 D에서 같은 거리에 있는지

—종이에 접힌 자국과 선분 CD가 수직이 되는지

4) 삼각형의 세 내각의 합

- 종이로 만든 삼각형 ABC의 변 AC를 접어 삼각형의 높이 AD를 찾는다.
- 삼각형의 세 꼭짓점 A, B, C가 점 D에 모이도록 접는다.
- 삼각형이 직사각형으로 변하며, 오른쪽 그림과 같이 삼각형 ABC의 세 내각의 합은 평각(180°)이 되는 것을 알 수 있다.

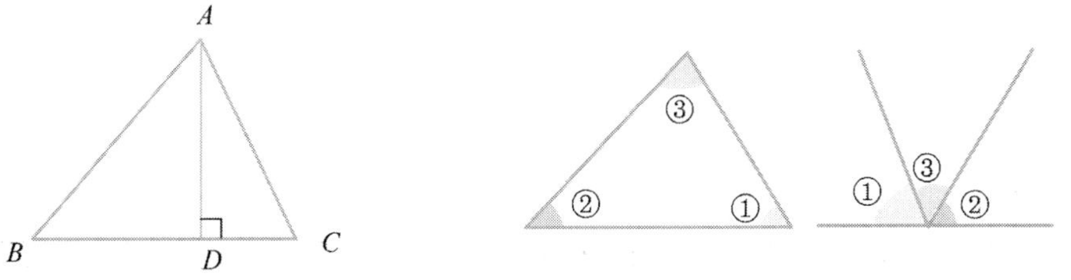

2.7.2 도형학습에 필요한 조작교구와 교수공학

1) 조작교구

<table>
<tr><td>지오보드</td><td>탱그램</td><td>패턴 블록</td><td>기하학 고체
(나무 또는
플라스틱)</td><td>펜토미노</td><td rowspan="2">Mira(프로그램)
과 같은 그림
도구</td></tr>
<tr><td></td><td></td><td></td><td></td><td></td></tr>
</table>

2) 도형 지도용 컴퓨터 프로그램

최근에는 기하학 도형을 만들고 그들의 성질을 파악할 수 있도록 고안된 여러 가지 컴퓨터 프로그램이 있다. 그 중, The Geometer's Sketchpad(GSP)는 점, 직선, 선분, 반직선, 원, 부채꼴과 다각형의 내부 등을 손쉽게 작도할 수 있으며 도형의 구성요소를 이용하여 도형의 여러 가지 성질과 관계를 알아내는 데에 사용되고 있다. 예를 들면, 선분을 그은 다음, GSP에 내장된 프로그램을 이용하여 선분의 중점을 빠르게 작도할 수 있으며, 직선과 직선 밖의 한 점이 그리고, 그 점을 지나면서 직선과 평행한 선을 쉽게 작도할 수 있다. 또한 교점, 수직선, 각의 이등분선등의 것을 빠르고 쉽게 작도할 수 있으며, 전통적인 작도교구인 컴퍼스와 자보다 더 정확하고 세밀하게 작도가 가능하며 작도한 도형의 길이, 각, 넓이, 경계의 길이 등을 높은 정확도로 측정할 수 있다.

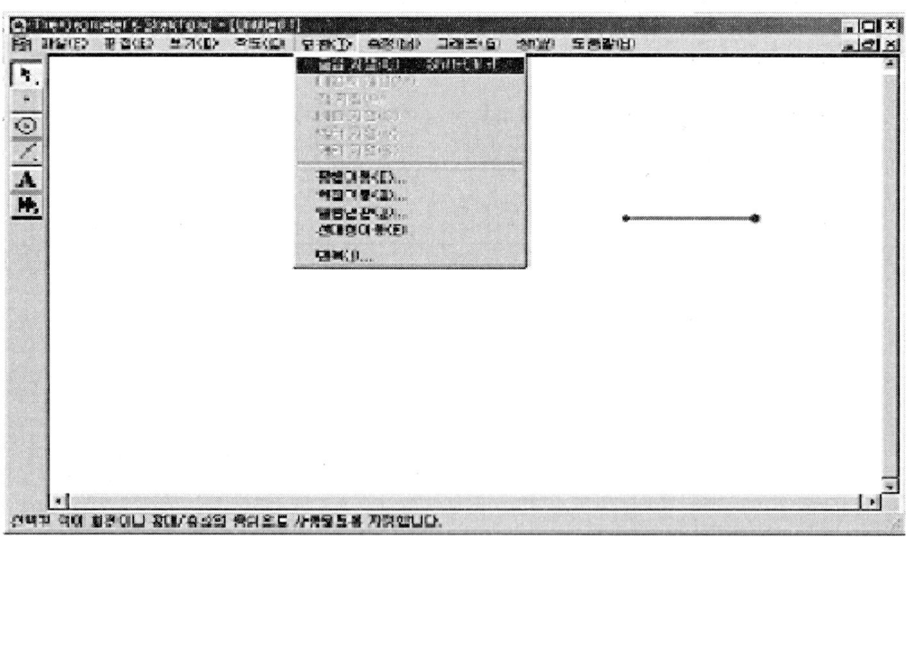

2.7.3 삼각형의 합동

두 삼각형의 모양과 크기가 같을 때 두 삼각형을 완전하게 겹쳐진다. 이때 두 삼각형은 '합동'이라고 부른다.

1) 대응각, 대응변

- 두 삼각형이 합동일 필요충분조건은 대응변과 대응각이 합동인 것이다.
- △ABC와 △PQR가 합동일 때, △ABC ≅ △PQR라고 적는다.
- 대응점은 A ↔ P, B ↔ Q, C ↔ R이다.
- 대응변은 합동이다. : AB ≅ PQ, BC ≅ QR, CA ≅ RP.
- 대응각은 합동이다. ∠A ≅ ∠P, ∠B ≅ ∠Q, ∠C ≅ ∠R.

2) 합동 조건의 탐구

두 삼각형이 합동이 되는지를 알아보려면 세 개의 대응 선분의 길이와 세 개의 대응각이 같아야 한다. 그러나 두 삼각형이 다음의 조건을 만족하면 나머지 조건도 따라서 만족하게 된다. 이것을 삼각형의 합동조건이라고 하고, 그 조건은 다음과 같이 네 가지가 있다.

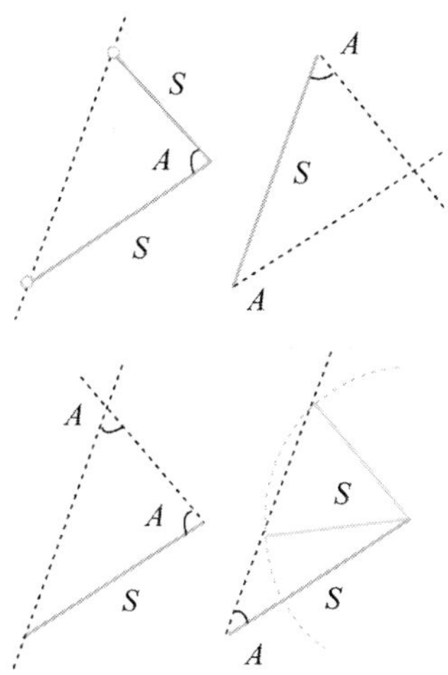

- 변(Side) = S, 각(Angle) = A로 표기한다.
  두 삼각형이 합동이 되는지를 알아보려면 세 개의 대응 선분의 길이와 세 개의 대응각이 같아야 한다. 그러나 두 삼각형이 다음의 조건을 만족하면 나머지 조건도 따라서 만족하게 된다. 이것을 삼각형의 합동조건이라고 하고, 그 조건은 다음과 같이 네 가지가 있다.

① 변－변－변(SSS) 합동

- 작도 방법

  △ABC의 세 변의 길이가 주어져있다. △ABC과 세 변의 길이가 같은 △PQR을 다음과 같은 단계로 작도한다.

  1단계 : 컴퍼스를 이용하여 선분 AB와 길이가 같은 선분 PQ를 그린다.

  2단계 : 점 Q를 중심으로 선분 BC를 반지름으로 하는 원을 그린다.

  3단계 : 점 P를 중심으로 선분 AC를 반지름으로 하는 원을 그려서 2단계에서 그린 원과의 교점을 R로 놓아라.

  4단계 : 선분 PR과 RQ를 그린다.

위의 활동에서 알아낸 점은 다음과 같다.

• 두 삼각형의 세 대응변끼리 합동이면 두 삼각형은 합동이다.

※ 유클리드 기하학에서는 SSS 조건은 공리로 받아들여진다. 즉, SSS는 증명의 대상이 아니라 (직관적으로)참이다.

• SSS 조건 활용하기

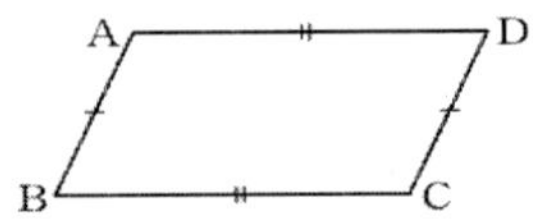

어떤 사각형 ABCD의 마주보는 변 AB=DC와 AD=BC이다. 그러면 사각형 ABCD가 평행사변형이다.

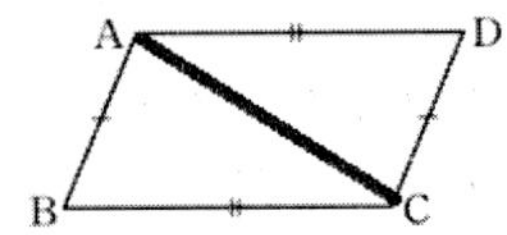

(이유) 기하학에서 많은 문제가 보조선이나 보조 호를 그으면 해결될 수 있다. 보조선으로 대각선 AC를 그어 보자. AC가 그 자체로 합동이기 때문에 우리는 △ABC≅△CDA가 SSS 조건에 의해 합동임을 알 수 있다. 따라서 각 ∠BAC와 ∠DCA에 대응하는 각은 합동이므로, 내각의 정리에 의해 AB∥DC이다. 같은 방법으로, ∠BCA=∠DAC이므로 AD∥BC이다. 따라서 사각형 ABCD는 평행사변형이다.

• SSS 조건을 활용하여 '각 옮기기'

주어진 각 ∠D에 합동이면서 점 Q를 중심으로 하는 각을 그린다.

1단계 : 직선자를 사용하여 반직선 QY를 그려라.

2단계 : D와 Q를 중심으로 하는 같은 반지름을 갖는 호를 그려라. ; E와 F를 주어진 각의 변과 만나는 변이라고 하자. 점 R을 QY와 만나는 곳에 찍어라.

3단계 : 점 E에 컴퍼스의 점을 놓고 F를 따라 호를 그려라. S를 잡기 위해 점 R을 중심으로 하는 같은 반지름을 갖는 호를 그려라.

4단계 : S를 지나는 반지름 Q를 직선 자를 이용해서 그려라. 그러면 ∠Q ≅ ∠D이 된다.

(이유) 작도 과정에서 DE=QR, DF=QS, EF=RS임을 알 수 있다. 따라서 SSS 정리에 의해 △DEF ≅ △QRS 이다. 따라서 대응각 ∠D와 ∠Q는 합동이다.

• 삼각 부등식

삼각형의 어떤 두 변의 길이의 합은 다른 한 변의 길이보다 크다.

• 삼각 부등식의 활용

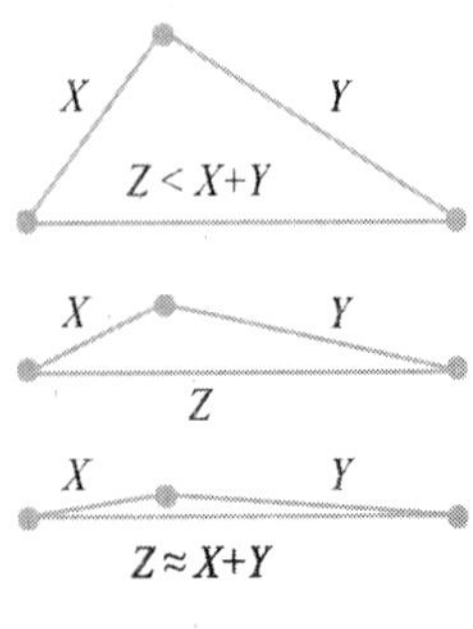

어떤 4개의 마을이 공동으로, 모든 마을에 전기를 공급할 발전소를 세우려고 한다. 전선의 비용을 최소화하기 위해 발전소에서 4마을까지의 거리의 합이 가장 작게 되도록 발전소의 위치를 선정해야한다. 기술자들은 어떤 지점 E에 발전소를 세울 것을 권했다. 한 수학자는 4 마을이 아래와 같이 볼록 사각형을 만들고 있는 것을 알고 발전소를 사각형의 대각선이 서로 교차하는 지점 M에 지어야 한다고 권했다. E 보다 M이 더 좋은 위치인 이유는 무엇인가?

(이유) 4마을의 위치 A, B, C, D를 이어 사각형 ABCD을 만든다. △ACE에 적용된 삼각형 부등식은 EA+EC > AC이다. M은 대각선 AC위에 있기 때문에 AC=MA+MC임을 알 수 있다. 따라서 EA + EC > MA + MC이다.

이때 △BDE에 삼각 부등식을 적용한다면 다음과 같은 부등식을 얻을 수 있다.

EB + ED > MB + MD

두 부등식을 더하면

EA + EC + EB + ED > MA + MC + MB + MD

따라서 지점 M에서 4마을까지의 거리의 합이, 사각형 ABCD 내부의 다른 지점에서의 4마을까지의 거리의 합보다 작다는 것을 알 수 있다.

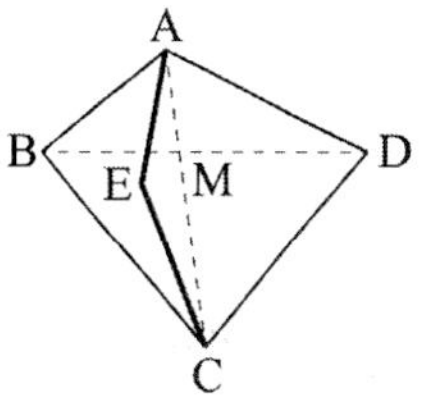

② 변－각－변(SAS) 합동

• 작도 방법

△ABC의 두 변 AB와 AC, 두 변 사이의 각 ∠A가 주어졌을 때 △ABC와 합동인 △PQR을 작도해 보기로 한다.

1단계 : SSS 조건을 활용하여 '각 옮기기'를 이용하여 각∠A와 합동인 각을 점 P에서 작도한다.

2단계 : 길이가 각각 AB와 AC인 각 ∠P의 변을 따라 선분 PQ와 PR를 그린다.

3단계 : 선분 QR을 그려서 △PQR을 완성한다. 이것은△PQR의 크기와 모양을 결정하는 유일한 과정이다. 따라서 △PQR≅△ABC이다.

위에서 설명한 과정은 △ABC의 변－(사이)각－변, 즉 세 부분만으로 △PQR의 크기와 모양을 결정할 수 있다. 위의 활동에서 알아낸 점은 다음과 같다.

• 한 삼각형에서 두 변과 사이 각이 다른 삼각형의 두 변과 사이각과 합동이라면 두 삼각형은 합동이다.

• SAS 조건의 활용

두 선분 AB와 CD가 공통 중점 M에서 만난다. AD와 BC는 서로 평행하고 길이가 같다.

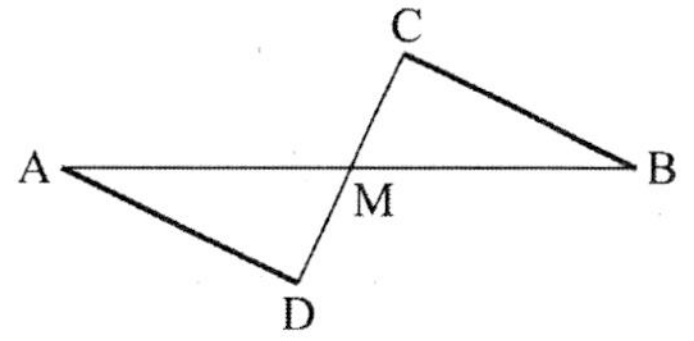

(이유) M은 AB의 중점이다. 따라서 AM=BM이다.

선분 AM와 BM위에 1개 점으로 이루어진 표시를 각각 해두었다.CM==M이고 선분 CM과 DM 위에 더블 마크를 해두었다. 또한 교차하는 선분으로 인해 생기는 M의 두 꼭지각의 합동을 표시하기 위해 단일선의 호를 그렸다. SAS 조건에 의해서 △AMD≅△BMC이다. 따라

△AMD≅△BMC이다. 따라서 대응변 AD와 BC가 합동이기 때문에 AD=BC이다. 또한 ∠A≅∠B이므로 엇각 정리에 의해 AD와 BC는 서로 평행이다.

• 이등변 삼각형의 성질

이등변 삼각형에서 마주보는 변과 마주보는 각은 합동이다.

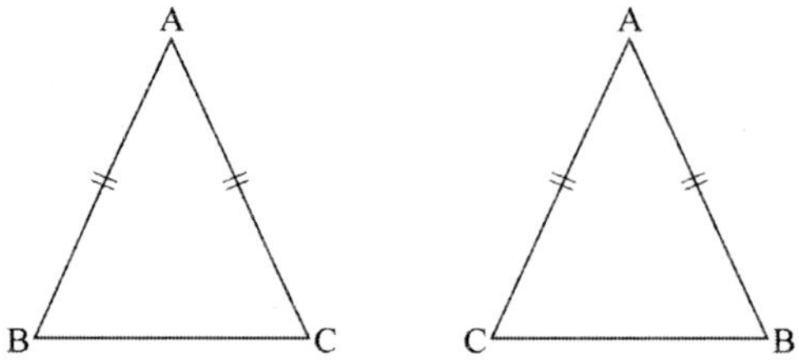

(이유) △ABC가 AB=AC인 이등변 삼각형이라고 하자. △ABC의 꼭짓점 A를 누르고 180° 회전시켜 놓은 △ACB에서, AB≅AC, AC≅AB이고 ∠A≅∠A이므로 SAS 합동조건에 의하여 △ABC≅△ACB임을 알 수 있다.
따라서 대응각 ∠B≅∠C이다.

처방 코드번호 : 2020
주제 : 도형과 측정-기초개념 오류 유형 : 도형의 포함관계 두 변의 길이가 같은 삼각형은 모두 이등변 삼각형이다. 따라서 세변의 길이가 같은 정삼각형 역시 이등변삼각형이다. 이등변 삼각형의 도입 지도시에 아동이 두 변의 길이만 같아야한다는 느낌을 갖지 않도록 유의해야 한다.

• 탈레스의 정리

고대 그리스의 수학자 탈레스(Thales, B.C. 640~546)는 '지름이 AC인 반원에 내접하는 모든 삼각형 ABC는 원주 위의 점 B에서 직각이 된다.' 라고 하였다. 그 이유를 알아보기로 한다.

(이유) 반지름 OB를 그으면, △ACB는 두 이등변 삼각형 △AOB와 △COB로 나누어진다. 그러면 이등변 삼각형의 성질에 의해서 △AOB의 두 밑각의 크기(x)는 같으며, △COB의 두 밑각의 크기(y)도 같다. △ABC의 내 각의 합이 180°이므로 $x+y+(x+y)=180°$가 된다. 그러므로 ∠B의 크기는 $x+y=90°$이다.

③ 각－변－각(ASA) 합동

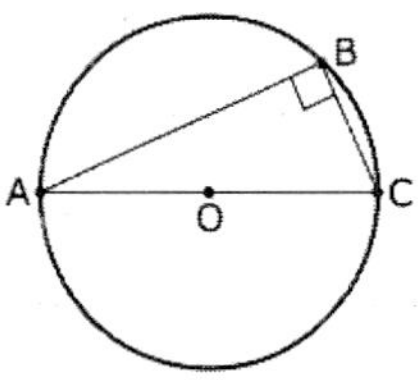

- 작도 방법

  △ABC의 한 변과 양 끝 각이 주어져있다. △ABC와 합동인 △PQR을 작도하는 방법은 다음과 같다.

  1단계 : ∠P≅∠A를 작도한다.

  2단계 : PQ＝AB가 되도록 ∠P의 변에 점 Q를 찍고, 선분 PQ를 그린다.

  3단계 : 선분 PQ를 기선으로, 점 Q에서 ∠B와 합동인 각을 그린다. ∠P의 다른 변의 연장선과 ∠Q의 연장선과의 교점을 R이라 하면, △PQR ≅ △ ABC이 된다.

④ 각－각－변(AAS) 합동

ASA 합동에서의 변은 두 각에 의해 둘러싸인 한 변을 나타낸다. 그러나 만약 한 삼각형의 임의의 두 각이 다른 삼각형의 두 각과 합동이라면 대응각의 모든 세 쌍이 합동이다. 이것은 삼각형의 세 각의 합은 180°이고 따라서 세 번째 각은 다른 두 각에 의해 유일하게 결정된다는 것을 의미한다. 이것은 각－각－변 조건이라고 하고 간단하게 AAS라고 한다.

- 각－각－변(AAS) 합동

  삼각형의 두 각과 한 변이 각각 다른 삼각형의 두 각과 포함되지 않은 대응변과 합동이라면 두 삼각형은 합동이다.

6) 삼각형의 내각의 합

종이접기에서도 알아 본바와 같이, 삼각형의 세 내각의 크기의 합은 180°이다.

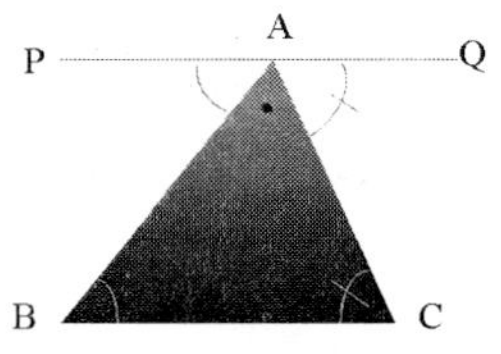

(이유) △ABC의 꼭짓점 A를 지나고 변BC에 평행한 직선 PQ를 긋는다. 그러면 ∠B= ∠PAB, ∠C= ∠QAC(엇각), 따라서

$\angle A + \angle B + \angle C = \angle A + \angle PAB + \angle QAC = 180°$

처방 코드번호 : 2081
주제 : 합동과 대칭 오류 유형 : 도형의 합동 삼각형의 합동지도 순서는 다음과 같다. ① 변－변－변 합동지도 주어진 삼각형의 세 변과 같은 삼각형을 그려서 두 삼각형이 완전히 포개지는 것을 확인시킨다.

② 나머지 합동조건의 지도

변－각－변 합동조건과 각－변－각 합동조건을 지도할 때에는 두 조건대로 그리면 결국 변－변－변 합동이 된다는 사실을 지도한다.

2.8 사각형

2.8.1 사각형의 성질

1) 사각형의 정의

네 개의 선분(변)으로 이루어진 단일 폐곡선

2) 사각형의 종류

① 사다리꼴

한 쌍의 마주보는 변이 평행한 사각형

② 평행사변형

두 쌍의 대변이 평행한 사각형

- 마주보는 변의 길이와 마주보는 각의 크기가 같다.
- 두 쌍의 평행인 변으로 구성되어 있다.
- 두 개의 대각선은 서로 다른 것을 이등분한다.
- 도형의 중심에 대한 점대칭 도형이다.

③ 직사각형

마주보는 변의 길이가 같고 4각 모두 직각인 사각형

- 평행인 변이 두 쌍이다.
- 두 개의 대각선은 서로 같고 다른 것을 이등분한다.
- 도형의중심에 대한 점대칭 도형이다.
- 선대칭도형이다
- 1개의 대각선으로 접을 때는 두 개의 합동인 직각삼각형이 만들어진다.
- 2개 의 대각선으로 접을 때는 대각선은 서로 이등분된다.
- 대칭축이 2개 있는 선대칭도형이다.
- 대각선의 교점을 중심으로 점대칭 도형이다.

④ 마름모

마주보는 변의 길이가 같고 마주 보는 각의 크기가 같은 직사각형

- 평행인 변이 두 쌍이다.
- 두 개의 대각선은 서로 같고 다른 것을 수직 이등분한다.
- 도형의 중심에 대한 점대칭 도형이다.
- 대각선을 대칭축으로 하는 선대칭도형이다.

⑤ 정사각형

4변의 길이가 같고 4각의 크기는 모두 직각인 사각형

- 평행인 변이 두 쌍이다.
  따라서 정사각형은 직사각형인 동시에 마름모인 사각형이다.
- 두 개의 대각선의 길이는 같으며, 서로 수직 이등분한다.
- 도형의 중심에 대한 점대칭인 도형이다.
- 대각선, 수평축, 수직축을 대칭축으로 하는 선대칭도형이다.
- 사각형의 성질의 비교표

	평행사변형	직사각형	마름모꼴	정사각형
각의 크기	맞각의 크기는 같다.	네 각이 모두 직각이다.	맞각의 크기가 같다.	네 각이 모두 직각이다.
변의 길이	맞변의 길이가같다.	맞변의 길이가 같다.	네 변의 길이는 모두 같다.	네 변의 길이는 모두 같다.
평행인 변	평행인 변이 두쌍이다.	평행인 변이 두쌍이다.	평행인 변이 두쌍이다.	평행인 변이 두쌍이다.
한 개의 대각선에 의한 분할	두 개의 합동인 삼각형으로 분할된다.	두 개의 합동인 삼각형으로 분할된다.	두 개의 합동인 삼각형으로 분할된다.	두 개의 합동인 이등변삼각형으로 분할된다.
대각선끼리의 관계	서로 이등분한다.	· 서로 이등분한다. · 두 대각선의 길이가 같다.	· 서로 이등분한다. · 두 대각선은 수직이다.	· 서로 이등분한다. · 두 대각선의 길이가 같다. · 두 대각선은 수직이다.
점대칭	도형의 중심에 관한 대칭인 도형이다.	도형의 중심에 관한 대칭인 도형이다.	도형의 중심에 관한 대칭인 도형이다.	도형의 중심에 관한 대칭인 도형이다.
선대칭		대칭축이 2개인 선대칭도형이다.	대칭축이 2개인 선대칭도형이다.	대칭축이 4개인 선대칭도형이다.

처방 코드번호 : 2021
주제 : 도형과 측정－기초개념 오류 유형 : 도형의 포함관계 마주보는 두 쌍의 대변이 각각 평행하면 평행사변형이다. 따라서 직사각형의 두 쌍의 대변이 평행하므로 직사각형 역시 평행사변형이다. 평행사변형의 도입 지도 시에 아동이 평행사변형을 비스듬하게 기울어진 도형으로만 인식하지 않도록 유의해야 한다.

2.8.1 사각형의 지도

1) 지도 방향

사각형의 특징을 '수직'과 '평행'이라는 관점에서 살펴보는 활동을 통하여, 사다리꼴, 평행사변형, 마름모, 직사각형과 정사각형에서 성립되는 성질을 알아내게 하며, 사각형에 대한 이해가 심화되게 한다. 사각형과 다각형 단원의 차시별 지도 방법은 매우 유사하며, 그 중 마름모의 지도 방법을 예로 들면 다음과 같다.

2) 마름모의 지도 방법

마름모는 다음과 같은 과정으로 지도한다.

① 마름모의 정의
생활 속 마름모의 모습을 사진으로 제시하고 이전 차시의 평행사변형 모양을 마름모의 모습으로 변형시켜 보게 하는 활동 과정에서 아동들의 생각을 다양하게 수용하고 이를 비교·검토하는 활동을 통해 4개의 변이 모두 같은 사각형을 '마름모'라고 한다는 것을 정의하도록 안내한다.

② 실생활에서 마름모 활용 사례 찾기
마름모를 생활에서 활용한 사례를 찾아보도록 하여 도형에 관한 지식이 실생활에 도움이 된다는 사실을 알도록 한다.

③ 교구를 활용한 마름모(사각형)의 지도
- 색종이로 마름모를 접어보기
- 모눈종이와 점판에 마름모 그려보기
- 지오보드판에 다양한 크기와 모양의 마름모를 만들어보기 등을 통하여 마름모를 작도

하거나 제작하고, 주어진 도형이 마름모인지를 확인하게 하는 등의 활동을 통해 마름모의 성질에 대한 이해가 심화되게 한다.

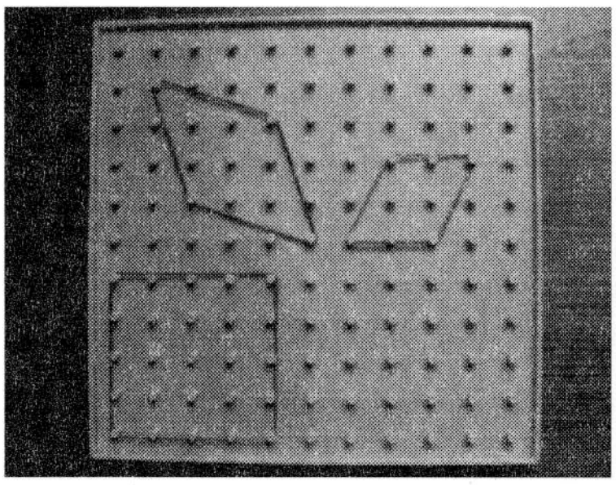

• 자석 블록, 아일렛 펀치(심), 할핀 등을 이용하여 사각형을 만들면 네 변의 움직임이 변화 가능하므로 사각형의 변환 과정을 통하여 귀납적으로 사각형의 특성을 알도록 지도한다.

처방 코드번호 : 2080
주제 : 합동과 대칭 오류 유형 : 도형의 합동 사각형은 삼각형과 달라서 위의 그림과 같이 네 변의 길이가 정해진 사각형을 밀면 모양이 다른 사각형이 될 수 있다. 따라서 네 변이 같은 사각형이 모두 합동이 되는 것은 아니다.

2.8.2 볼록 다각형의 내각과 외각의 합

1) 볼록 다각형의 외각의 합

볼록 다각형의 외각의 합은 360°이다.

(이유 1) 아래 그림과 같이 다각형의 외각을 $\angle 1$, $\angle 2$, ⋯ 등으로 나타내기로 하고, 그 각의 크기(각도)를 각각 $m(\angle 1)$, $m(\angle 2)$, ⋯ 으로 나타내기로 한다. 그러면,

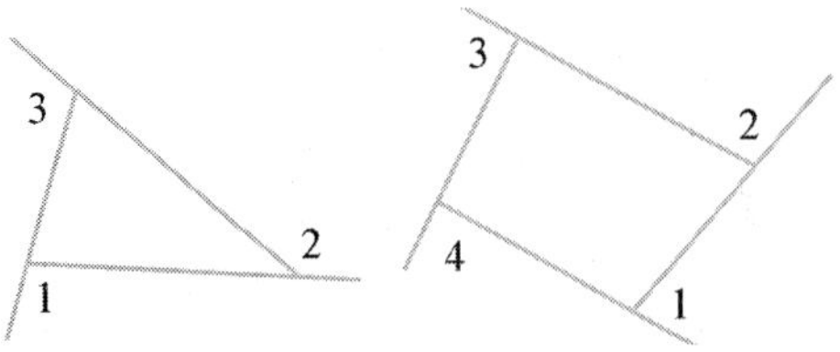

다각형을 따라서 한 바퀴 걸어보면, 다각형의 각 점에서 외각을 따라 돌아야 한다. 마지막 꼭짓점에서 처음의 방향을 따라서 가게 된다. 따라서 전체 회전은 360°이다. 만약 $\angle 1$, $\angle 2$, ⋯ , $\angle n$을 외각이라고 하면, $m(\angle 1)+m(\angle 2)+\cdots+m(\angle n)=360°$이다.

(이유 2) 종이에 다각형을 임의로 그려놓고 외각을 표시하여 잘라낸 후 그것을 모아보았더니 한 점에 모였다. 한 점의 둘레는 360°이므로 외각의 합은 360°이다.

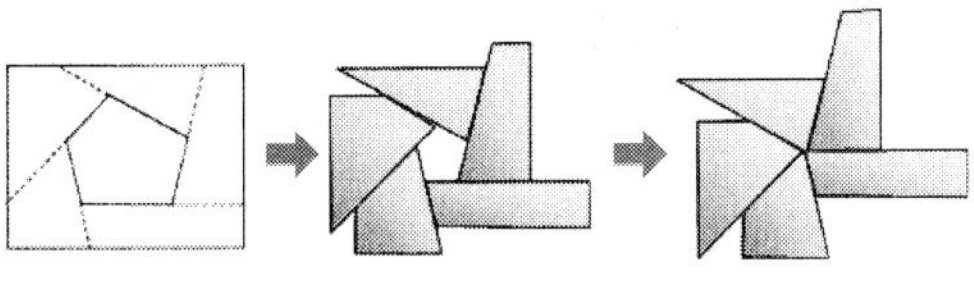

(이유 3) 원을 여러 개의 부채꼴로 자른 후, 부채꼴을 펼쳐서 내부에 다각형이 생기게 한다. 이때 부채꼴의 중심각들이 내부에 생긴 다각형의 외각이 되므로 외각의 합은 360°이다.

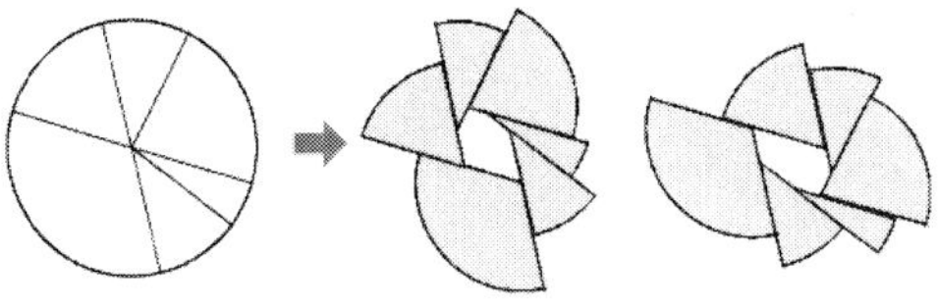

2) 볼록 $n-$다각형의 내각의 합$=(n-2)\times 180$

(이유 1) 다각형의 외각과 내각을 합하면 180°이라는 사실을 이용하여 이유를 설명하기로 한다. 외각 $\angle 1$, $\angle 2$, ⋯ , $\angle n$에 있는 내각을 각각 $\angle 1'$, $\angle 2'$, ⋯ , $\angle n'$로 나타내기로 하자. 그러면 $m(\angle 1')=180°-m(\angle 1')$, $m(\angle 2)=180°-m(\angle 2')$, ..., $m(\angle n)=180°-(m(\angle n')$이 되므로,

$m(\angle 1)+m(\angle 2)+\ldots+m(\angle n)$

$=n\times 180°-[m(\angle 1')+m(\angle 2')+\ldots+m(\angle n')]=n\times 180°-360°$

$=(n-2)\times 180°$이다.

(이유 2) 모든 다각형은 삼각형으로 분해 될 수 있다. 예를 들면 사각형은 한 개의 대각선에 의해서 두 개의 삼각형을 나누어지고, 오각형은 두 개의 대각성에 의해서 3개의 삼각형으로 나누어진다. 그런데 3각형의 내각의 합은 180°이므로 사각형의 내각의 합은 $180° \times 2$, 오각형의 내각의 합은 $180° \times 3$, 6각형의 내각의 합은 $180° \times 4$, … 이 된다. 즉, 볼록 $n-$다각형의 내각의 합은 $(n-2) \times 180°$이다.

[참고] 각은 도형이고 각도는 양이다. 그러나 보통 각과 각도를 혼용해서 사용한다. 예를 들면, '삼각형의 내각의 크기의 합은 180°이다'를 '삼각형의 내각의 합은 180°이다'라고 사용한다.

2.9 원

2.9.1 원의 발생

고대인들은 하늘에 있는 별들이 둥그렇게 움직이는 형상을 보면서 원의 관념이 생기기 시작하였다. 또한 우주의 모든 것은 정확하게 기하학적인 대상으로 생각하여서 우주를 만든 '신은 기하학자'라고 표현하였다.

고대의 수학자이자 철학자에게 원은 1이라는 수를 상징했다. 그들은 원이 그 다음에 나오는 모든 모양의 원천, 즉 모든 기하학적 패턴의 발달해 나오는 모태라고 믿었다. 원으로 표현되는 원리를 그리스어로 '모나드(Monad)라고 하는데, 그 어원은 안전하다는 뜻인 menein과 단일성이란 뜻의 monas이다.

원 내부의 (중)점은 이집트와 중국과 마야문명에서는 빛을 상징했다. 원은 자연과 인간의 창조물이 만들어 낼 수 있는 가장 실용적이고 효율적인 기하학적 공간이며, 최소의 길이로 최대의 공간을 가둘 수 있는 가장 효율적인 도형이다. 또한 중세의 수학자들은 컴퍼스를 하느님의 눈을 나타내는 추상적인 상징으로 생각했으며, 컴퍼스는 중심의 씨점으로부터 원이라 부르는 초월적인 구멍을 만든다고 생각했던 점으로 미루어 보면, 원과 컴퍼스는 뗄 수 없는 관계가 있다. 따라서 초등학교 교육과정에서 원을 지도할 때에는 컴퍼스를 이용하는 것이 원의 발생 상태에 적합한 것이다. 유클리드 기하학에 원의 성질을 설명하는 내용의 많은 정리되었으며, 원의 성질을 연구하는 과정에서 삼각비의 성질도 많은 연구가 있었다.

2.9.2 원의 구성요소

1) 원의 정의

원은 컴퍼스의 움직이는 다리가 고정된 다리의 둘레로 도는 동안 그려지는 자국

2) 중심, 원주, 반지름, 지름

원을 그린 컴퍼스의 고정된 다리의 위치를 원의 중심, 원의 둘레를 원주, 중심에서 원주를 잇는 선분(컴퍼스의 두 다리를 이은 선분)을 원의 반지름, 중심을 지나 양쪽으로 원주를 이은 선분을 지름이라고 부른다.

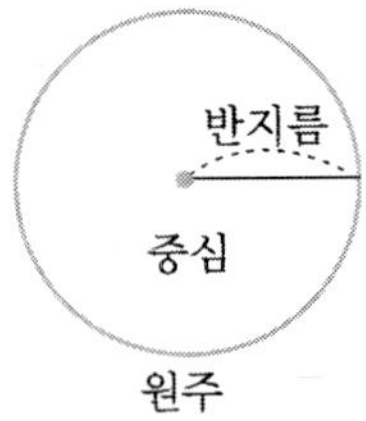

처방 코드번호 : 2050
주제 : 원과 원주율 오류 유형 : 원의 지름 원의 약속부분의 도입에서, 역사발생에 따라 원은 컴퍼스의 움직이는 다리가 고정된 다리의 둘레로 도는 동안 그려지는 자국이라는 사실을 알도록 지도하고, 위의 내용과 같이 지름의 뜻을 지도하면 된다.

3) 원의 중심 찾기

주어진 원의 중심을 찾는 문제는 원의 지름과 원주율을 구할 때에 중요하다. 이제 아래에 있는 원들의 중심을 찾는 방법을 알아보기로 한다.

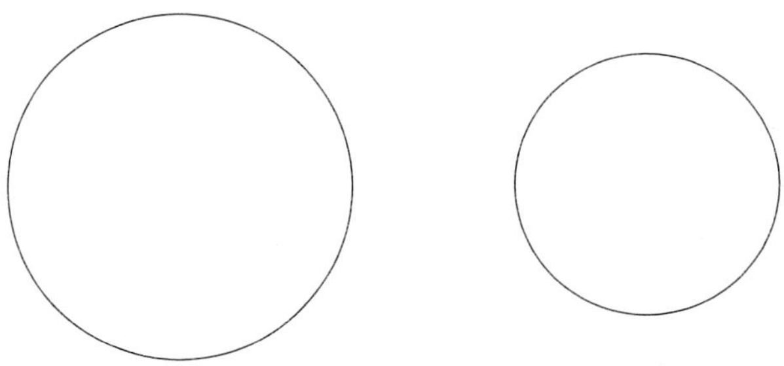

(방법 1) ① 원에 두 개의 현을 그린다.
② 두 현의 수직이등분선을 그린다.
③ 두 수직이등분선의 교점이 원의 중심이다.

(방법 2) 2.7.3절에서 알아 본, 탈레스의 정리를 이용한다.
① 원주각이 직각이 되는 현을 그으면 그 현은 원의 지름이다.
② 지름의 중점(이등분 점)이 원의 중심이다.

처방 코드번호 : 2060
주제 : 원과 원주율 오류 유형 : 원의 중심 찾기 원주율의 도입부분에서 주어진 원에서 지름과 원주를 구하는 문제가 발생한다. 둥근 캔이나 원 모양의 밭을 예로 든 경우에, 밭과 캔의 중심을 찾아야 지름을 구할 수 있다. 따라서 위에서 설명한, 일반적으로 주어진 원의 중심 또는 지름을 찾는 방법을 아동이 알도록 지도한다.

2.9.3 중심각, 원주각

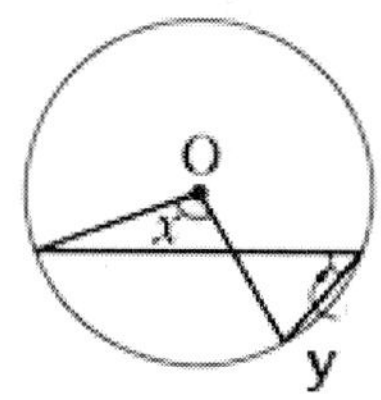

원주 위의 두 점 사이의 원의일부분을 호라고 하며, 원둘레 위의 두 점을 이은 선분을 현이라 한다. 또한 아래 그림에서 중심과 원둘레 위의 두 점으로 이루어진 각(x)을 중심각이라고 부르며, 원둘레 위의 점을 이은 현만으로 이루어진 각(y)을 원주각이라고 부른다.

2.9.4 부채꼴, 현

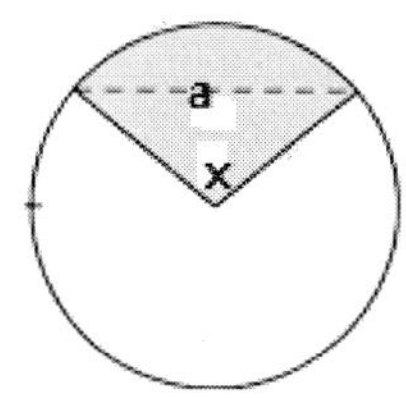

아래 그림의 색칠된 부분과 같이, 두 개의 반지름과 반지름사이의 호로 이루어진 도형을 '부채꼴', x를 부채꼴의 중심각, 선분 a를 '현'이라고 부른다.

2.9.5 원주율

원주의 길이나 원의 넓이를 구하기 위해서 꼭 필요한 지식이 원주율이다.

1) 원주율의 정의

모든 원의 원주의 길이와 지름의 비는 일정하다. 따라서 모든 원에서 원주의 길이를 지름으로 나눈 값이 같으며, 그 값을 원주율이라고 하며, 기호 π(파이)로 마타낸다.

• 원주율=(원주)÷(지름)

[참고] 원주와 지름은 도형이므로, 원주율=(원주의 길이)÷(지름의 길이)가 옳은 표현이지만, 보통 원주율=(원주)÷(지름)이라고 하기로 한다.

2) 원주율의 발견

아동의 주변에서 있는 여러 가지 원모양을 본떠 위에서 언급한 원의 중심 또는 원의 지름을 찾는 방법을 이용하여 원주와 지름의 비를 알아보도록 한다. 원주율을 정확하게 계산하면 3.1415926535…와 같이 끝없이 소수로 나타내 지므로, 필요한 정확도에 따라서 3 또는 3.14 또는 3.1415 등, 소수점 몇 자리까지 사용할 것인지를 결정하면 된다.

3) π의 역사

원주율은 고대 바빌론의 점토판에서 원이나 구 등의 넓이 부피 계산과정에서 3 으로 계산하였다. 그 후 B.C. 3세기에 아르키메데스는 π는 대략 $3\frac{1}{7}$ 임을 알아냈다. 아르키메데스의 아이디어는 반지름이 1인 원의 넓이가 원주율 π와 같다는 사실을 알고, 다음과 같은 과정으로 반지름이 1인 원의 넓이를 계산하여 π의 값을 계산하였다.

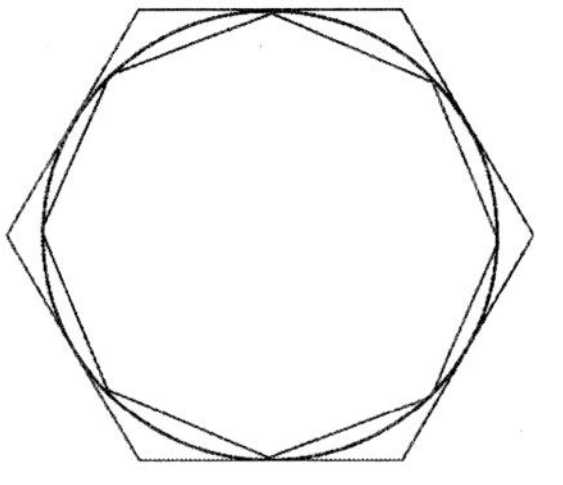

① 원에 직사각형을 내접시킨 다음, 원의 지름에 대한 직사각형의 둘레의 길이의 비를 계산하였다. 내접한 육각형을 이용하여 π가 약 3이라는 것을 보였고, 아래 그림과 같이 내접 정 12각형, 정 24각형, …, 정 96각형까지 계산하여 아르키메데스는 $3\frac{10}{71}<\pi<3\frac{10}{70}$ 임을 밝혔다.

② 아르키메데스와 같은 방법으로 네덜란드의 수학자 Van Ceulen(1610)는 π를 소수 20번째 자릿수까지 계산하기 위해 정 32,212,254,720각형을 사용하였고, 1세기 후에 영국의 수학자 John Machin은 계산기를 이용하여 π를 100자릿수까지 계산하였다.

③ 1949년에는 최초의 컴퓨터인 ENIAC을 이용하여 70시간에 걸쳐 π를 소수 2,037번째 자리까지 계산하였고, 슈퍼컴퓨터를 사용하여 2002년에 도쿄 대학의 컴퓨터 센터의 Yasumasa Kanada는 1초에 2조 번의 계산 능력을 가진 슈퍼컴퓨터로 약 400시간에 걸쳐서 π를 1.2411 조자리까지 계산하였다.

④ 오일러의 방법

오일러가 밝힌 등식 $\frac{\pi}{4}=1-\frac{1}{3}+\frac{1}{5}-\frac{1}{7}+\cdots$ 을 이용하면 원하는 만큼 정확하게 π값을 구할 수 있다. 원의 지름 d에 대한 원의 둘레 C의 비율을 π이므로, $\frac{C}{d}=\pi$

따라서 $C=\pi\times d$

⑤ 원의 반지름을 r이라 하면 $C=2\times\pi\times r$

⑥ 1761년에 John Lambert는 π가 무리수라는 사실을 밝혔으며, 따라서 π를 분수나 유한소수 또는 순환 소수로 정확하게 나타낼 수 없다.

처방 코드번호 : 2061
주제 : 원과 원주율 오류 유형 : 원주율 원주는 원의 지름에 비례한다는 사실을 원주율의 도입부분에서 아동이 알도록 지도하여, 모든 원에서 원주율이 같다는 사실을 알도록 지도한다.

❑ 원 이야기

고대 수학자와 철학자들은 원이 수 1을 상징하고 모든 모양의 원천이라고 생각하였기 때문에 원을 씨앗 또는 공간을 만드는 불변의 진리로 생각하였다. 원의 넓이를 처음으로 구하기 시작한 사람들은 메소포타미아인이었다. 그들은 삼각형, 사각형, 오각형, 육각형의 넓이와 둘레 길이의 비를 구한 다음 변의 개수를 점점 더 늘려 가면서 넓이와 둘레 길이의 비를 구한 결과로 원주율을 $3\frac{1}{8}$로 정하여 사용하였다. 그 후 고대 그리스의 수학자 히포크라테스는 원의 넓이를 구하기 위하여 노력하였는데 초승달의 넓이를 정사각형으로 만드는 데는 성공하였지만 원의 넓이를 구하는 데는 실패하였다. 같은 시대에 그리스 수학자 안티폰은 처음으로 원의 안쪽으로 그린 다각형과 바깥쪽으로 그린 다각형의 넓이를 통해 원주율(π) 값의 범위를 구하였다. 같은 방법으로 아르키메데스는 원주율(π)은 $3\frac{10}{71}$ 보다 크고 $3\frac{1}{7}$보다 작다는 사실을 발견하였는데 이 값은 현대의 원주율의 값과 거의 비슷하고, 이를 이용하여 원의 넓이를 구하였다. 또한 아르키메데스는 구의 부피와 겉넓이를 구하였고, 구의 겉넓이는 구를 둘러싼 원기둥의 옆넓이와 같다는 사실을 발견하였다. 이 업적을 기념하기 위하여 아르키메데스의 묘에 다음과 같은 그림을 담고 있는 비석을 세웠다.

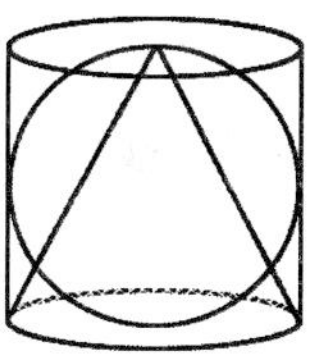

2.10 넓이의 지도법

도형의 넓이를 재는 일은 그 도형을 완전히 덮는 단위넓이의 개수를 세는 일이 라고 하였다. 이러한 직접측정 단계를 지나면, 다양한 간접측정방법으로 넓이를 측정하게 된다. 따라서 먼저 단위넓이의 도입 지도 방법을 설명한 다음, 직사각형 넓이, 정사각형의 넓이, 다각형의 넓이, 원의 넓이의 측정 순서로 지도방법을 알아보기로 한다.

2.10.1 넓이 측정의 발생

고대이집트에서 국민들에게서 징수할 세금을 정하기 위해서 개인이 소유하고 있는 땅의 넓이를 잴 필요가 발생하였으며, 파라밋 축조에 필요한 돌의 개수를 예측하기 위하여 피라미드의 겉넓이 등을 계산하였다, 고대의 문헌에 나타난 땅의 넓이의 측정 방법은 도형의 부분들의 길이를 큐빗으로 측정하여 넓이를 구하였다. 그 후, 국가별로 고안한 면적의 단위를 사용하여 땅의 넓이를 측정하였는데, 그의 대부분이 발의 길이, 손가락의 길이 등과 같이 신체의 일부분과 관계있는 단위넓이를 사용하였다.

2.10.2 고대인의 '두 수의 곱'

고대로부터 'x^2'은 'x square'라고 읽었다. 플라톤은 그의 저서 'Theitetos'에서 다음과 같이, 수를 'square' 또는 'equilateral' 과 'rectangular'라는 두 종류로 나누고 있다.

- THEITETOS : 우리는 모든 수를 두 종류로 나눕니다. 이들 중 하나는 같은 종류의 양들의 곱셈으로 구성할 수 있는 수인데, 우리는 그 수를 정사각형이라는 도형으로 표현해 왔고 그들을 'square' 또는'equilateral'이라고 합니다.
- SOCRATES : 잘 했다.
- THEITETOS : 다른 한 종류는 제곱수 사이에 있는 3과 5와 같이, 작은 수 와 큰 수를 곱하거나 또는 큰 수와 작은 수를 곱하는 것은 동일하지 않은 변으로 이루어진 도형에 의해 표현되는 경우인데, 우리는 직사각형이라는 도형으로 그들을 표현하고 'rectangular' 이라고 합니다.

즉, 그들은 두 수의 곱은 직사각형의 넓이이며, 같은 수의 곱(제곱)은 정사각형의 넓이로 생각하였다는 것이다.

2.10.3 넓이의 경험

1) 넓이의 심상

아동이 일상생활에서 얻게 되는 도형의 넓이에 관한 심상과 개념사이의 간극을 메우기 위해서는 아동의 연령과 상황에 따라서, 관찰되는 성질과 관계 등을 규명하는 논리적인 설명이 필요하다.

① 8세 아동은 넓이에 관한 시각적인 아이디어를 가진다. 그 아동은 직사각형, 정사각형, 원, 부채꼴 등의 넓이의 반이나 $\frac{1}{3}$을 색칠하여 표현할 수 있고 정다각형과 관련된 다양한 문제를 해결할 수 있다. 또한 일반 다각형에 관한 문제에도 합리적인 추정을 통하여 문제를 해결할 수 있다.

② 열 살 아동은 모눈종이 위에서 도형의 넓이를 비교하거나 측정함으로서 넓이를 좀 더 깊게 통찰한다. 직사각형의 넓이 공식인 '가로×세로'를 배우기 전에 일상생활이든지 수학이 응용되는 사실에서부터 넓이를 이해하여야 한다.

③ 넓이는 아동의 경험과 분석을 통하여 점진적으로 개념을 획득하고 구성된다. 넓이의 심상은 다양한 양상을 띠고 있으므로, 아동으로 하여금 넓이의 개념을 형성시키기 위해서는 아동에게 생성된 심상에 따른 다양한 접근 방법을 모색해야 한다. 즉, 다음과 같은 인식론적 장애 등을 예상하여 지도방법을 마련해야 한다.

- 모눈종이 위에서 합동인 두 도형의 넓이가 같음을 직관적으로 이해하기는 어렵다.
- 아동은 '둘레가 길면 넓이가 크다.'는 인식론적인 장애를 가질 수 있다.

2) 넓이의 비교

① 직접비교

두 개의 피자를 포개놓고 넓이를 비교하는 등의 활동을 통하여 두 넓이를 비교하는 방법 등을 말한다. 넓이가 비슷한 2개의 물건 중에서 넓이가 큰 것을 가려내도록 한 다음, 귀납 또는 일반화하여 넓이의 비교 결과를 넓이가 '크다', '작다'로 표현할 수 있도록 한다.

② 간접비교

교실에 있는 창문과 집에 있는 창문의 넓이와 같이 직접비교가 힘들거나 불가능할 경우에, 두 창문의 넓이를 손바닥을 이용하여 비교하는 등, 신체의 부분 또는 도구와 같은 대체물과 비교하거나 평행이동이나 대칭 등의 변환을 이용하여 넓이를 비교하는 방법을 말한다. 넓이의 비교 결과를 '넓이가 크다 또는 작다'로 표현할 수 있도록 한다.

3) 넓이의 변환

수업시간에 다각형의 넓이를 비교하거나 구할 때, 아동으로 하여금 그 다각형을 잘라내기, 옮기기, 반사시키기, 분해하기, 재배열하기, 확대하기, 축소하기, 카발리에리 원리 적용하기 등의 다양한 방법으로 변환하여 넓이를 구하기 쉬운 도형으로 만들어 보도록 한다. 아동들에게 이러한 변환에 의해 다각형의 넓이가 어떻게 될 것인지를 묘사하고, 예측하고, 설명하도록 한다.

2.10.4 넓이 측정 단위의 지도법

넓이의 단위는 길이의 단위와 마찬가지로 임의단위 ⇒ 보편단위 ⇒ 표준단위의 순서로 도입한다.

1) 임의단위

① 손바닥의 넓이, 종이의 넓이 등과 같이 넓이를 특정할 수 없는 단위를 말한다.

② 임의단위의 불편성

아동들이 각자의 손바닥 6개만큼의 액자를 만들었더니 각각의 액자의 크기가 같지 않게 되는 상황 등을 통하여, 넓이를 비교하거나 측정할 때에 서로 사용하는 임의단위가 다를 때의 불편함을 해소하기 위해서 표준단위를 도입하게 된다.

- 단위넓이가 모두 달라서 불편함
  → 단위넓이도 단위길이처럼 단위를 정하자 → 우리가 알고 있는 cm 단위 길이를 이용하자 → 회의를 통해 단위넓이 정하자.

2) 단위 정사각형의 존재성

우리나라 초등학교에서 사용하고 있는 다각형의 넓이를 측정하기 위한 위 넓이는 cm^2, m^2, km^2 등이 있다.

3) 단위 넓이 과제

첫 번째 집단의 아동들에게 단위 정사각형으로 덮을 수 있는 세 개의 다각형을 제공하고 각각의 경우에 대해 몇 개의 정사각형이 필요한지 알아내도록 한다. 두 번째 아동의 집단에게는 정사각형 타일의 절반인 삼각형 타일을 충분히 주고 다각형들을 덮는데 얼마나 많은 삼각형이 필요한지 알아내도록 한다.

4) 넓이의 가법성

- 아동들에게 넓이는 같으나 모양이 다른 두 개의 다각형을 제시한 후, 두 다각형보다 작은 다각형 조각을 이용하여 두 다각형을 덮도록 한다. 아동들에게 각각의 다각형을 덮은 작은 다각형들을 따로 모아서, 넓이를 비교하도록 한다.
- 다각형들을 분해한 후, 그 조각들을 재배열하여 다른 모양을 만든다. 아동들에게 두 도형의 넓이를 비교하도록 한다.

5) 표준 단위의 도입

임의 단위의 불편함을 제거하기 위하여 모두가 공동으로 사용할 수 있는 표준단위인 미터법을 도입한다. 10진법으로 만든 인도-아라비아 숫자체계가 계산속도가 제일 빠르기 때문에, 미터법의 크고 작은 단위를 모두 10진법으로 만들게 되었다.

① $1cm^2$의 도입

가로, 세로가 각각 1cm 인 정사각형의 넓이를 $1cm^2$ 라고 쓰고 일 제곱센티미터라고 읽는다.

처방 코드번호 : 2100
주제 : 평면 도형 오류 유형 : 넓이의 개념 $1cm^2$는 가로, 세로가 각각 1cm인 정사각형의 넓이를 뜻하는 넓이의 단위이며, 따라서 $8cm^2$는 $1cm^2$가 8번 포함되는 넓이를 뜻하는 것이다.

② $1m^2$의 도입

운동장과 같이 큰 땅의 넓이를$1cm^2$ 단위로 표현하기가 힘들기 때문에 좀 더 큰 넓이의 단위가 필요하게 되었다.

- 가로, 세로가 각각 1m인 정사각형의 넓이를 $1m^2$라고 쓰고 일 제곱미터라고 읽는다.
- $1cm^2$와 $1m^2$의 관계 : $10{,}000cm^2 = 1m^2$이다.

③ $1km^2$의 도입

우리나라의 넓이와 같이 더 큰 땅의 넓이를 $1cm^2$ 또는 $1m^2$ 단위로 표현하기가 힘들기 때문에 좀 더 큰 넓이의 단위가 필요하게 되었다.

- 가로, 세로가 각각 1km인 정사각형의 넓이를 $1km^2$ 라고 쓰고 일 제곱킬로미터라고 읽는다.
- $1m^2$와 $1km^2$의 관계 : $1{,}000{,}000m^2 = 1km^2$ 이다.

6) 현재 사용되는 넓이의 단위

- 미터법 : m^2, cm^2, mm^2, km^2

④ 기타

$1m^2$와 $1km^2$의 간격이 너무 커서 사용하기 불편하기 때문에 그 사이의 넓이 단위인 a(아르)$= 10m \times 10m = 100m^2$와 ha(헥타르)$= 100m \times 100m = 10000m^2$ 와 ft^2, yd^2, acre(에이커) 등을 사용하게 되었다.

⑤ 넓이단위 간의 관계

단위	m^2	a(아르)	ft^2	yd^2	acre
$1m^2$	1	0.01	10.764	1.1958	0.00024
1a	100	1	1076.4	119.58	0.02471
$1ft^2$	0.092903	0.000929	1	0.1111	0.000022
$1yd^2$	0.83613	0.00836	9	1	0.000207
1acre	4046.8	40.468	43560	4840	1

2.10.5 다각형의 넓이

직접측정으로서의 도형의 넓이를 직접 측정하는 방법은 그 도형을 단위넓이로 완전하게 덮는 횟수를 세는 것이다. 그러나 직접측정은 번거로우며 비효율적이기 때문에, 더 간편하고 효율적으로 넓이를 측정하는 방법인 간접 측정으로 다각형의 넓이를 구하는 방법을 알아보기로 한다. 다각형의 넓이를 측정하는 가장 간단하고 기본적인 방법은 직사각형의 넓이를 이용하는 것이다. 즉, 직사각형의 넓이를 구하는 방법 또는 공식을 이용하여 모든 다각형의 넓이를 구할 수 있다.

1) 직사각형의 넓이

가로가 5cm, 세로가 4cm 인 직사각형의 면적은 공통단위를 1cm라고 하면 5×4개의 공통단위로 완전히 덮어진다. 따라서 면적은 20cm이다. 결국 이 관념은 5×4=5+5+5+5 로 인식해서 얻은 결과이다. 다시 말해서 ×4를 '4번 더 한다'라고 인식하는 경우이다. 또한 가로가 $\frac{3}{5}$cm, 세로가 $\frac{2}{7}$cm인 직사각형의 면적은, 공통단위를 $\frac{1}{35}$cm라고 하면 3×2개의 공통단위로 완전히 덮어진다. 따라서 면적은 $\frac{6}{35}$cm이다. 즉 $\frac{3}{5}\times\frac{2}{7}$(cm)이다. 즉, 가로, 세로가 자연수 또는 분수인 경우의 직사각형의 넓이는 항상 '가로×세로' 이다.

[참고] 직사각형의 넓이는 가로의 길이와 세로의 길이의 곱이지만, 보통 '가로×세로'로 표현하기로 한다.

처방 코드번호 : 2011
주제 : 도형과 측정－기초개념 오류 유형 : 선분, 직사각형, 각 기둥의 측정 개념 도형의 넓이는 단위넓이의 몇 배로 측정한다.

• 가로가 A, 세로가 B인 직사각형의 넓이 $A\times B$ 즉, '두수의 곱'이다.

2) 삼각형의 넓이

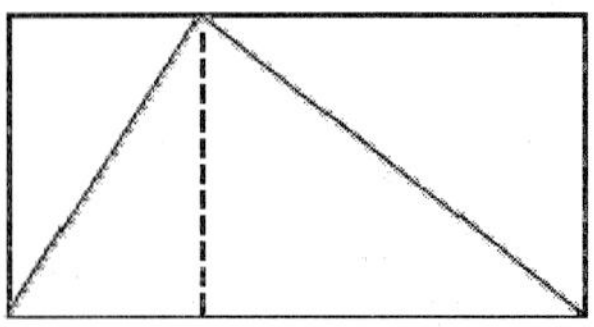

삼각형의 넓이는 아래 그림에서 알 수 있듯이 직사각형 넓이의 반이다.

• 밑변이 A, 높이가 B인 삼각형의 넓이 $\frac{A\times B}{2}$ 즉, 직사각형 넓이의 반이다.

처방 코드번호 : 2110

주제 : 평면도형

오류 유형 : 삼각형의 높이

삼각형 또는 평행사변형의 높이를 위의 그림과 같이 꼭짓점에서 밑변에 내린 수선이라고 보통 지도한다. 이 그림이 아동에게 너무 강한 선입감으로 남아있기 때문에 꼭짓점에서 내린 수선이 밑변과 만나지 않는 경우에 아동들은 당황하게 된다. 따라서 삼각형과 평행사변형의 높이를 '꼭짓점에서 땅에 내린 추의 길이'로 지도하면 된다.

3) 평행사변형의 넓이

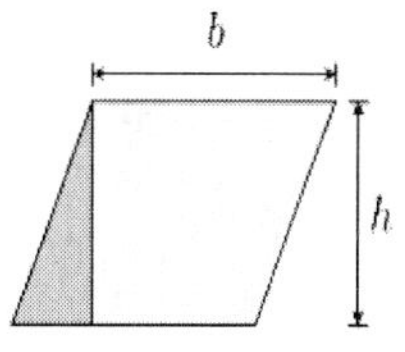

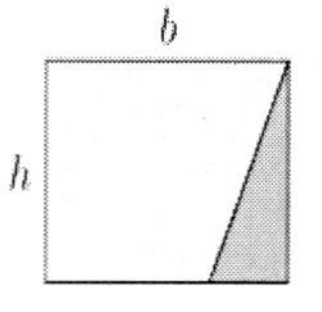

오른쪽 그림과 같이 평행사변형은 직사각형으로 변형되므로 넓이 역시 직사각형의 넓이와 같다.

- 밑변 b, 높이 h 인 평행사변형의 넓이 $b \times h$ 즉, 직사각형의 넓이와 같다.
  따라서 이러한 평행사변형의 넓이는 폭이 h, 밑변이 b인 직사각형과 넓이가 같다.

4) 사다리꼴의 넓이

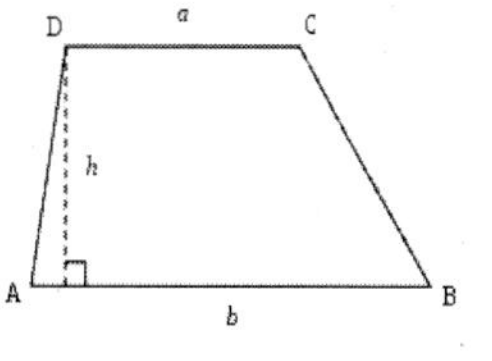

사다리꼴의 넓이를 측정하는 방법은 여러 가지이지만 가장 알기 쉬운 방법은 사다리꼴을 뒤집어 붙여서 평행사변형으로 만드는 것이다. 그러면 평행사변형의 밑변은 사다리꼴의 아랫변과 윗변을 이은 선분이 되고 높이는 사다리꼴과 같으므로, 사다리꼴의 넓이는 평행사변형 넓이의 반이 된다.

- 윗변이 a, 아랫변이 b, 높이가 h 인 사다리꼴의 넓이 $\frac{a+b}{2} \times h$

5) 다각형의 넓이의 스키마 학습

위에서 다각형의 넓이를 구하는 방법을 관찰하면, 모든 다각형의 넓이는 직사각형의 넓이와 같거나 직사각형의 넓이의 반이다.

- 직사각형의 넓이 = 가로 × 세로,
- 삼각형의 넓이 = 직사각형 넓이의 반,
- 평행사변형의 넓이 = 직사각형의넓이

- 사다리꼴의 넓이 = 직사각형 넓이의 반
- 마름모의 넓이 = 직사각형 넓이의 반

처방 코드번호 : 2120
주제 : 평면도형 오류 유형 : 다각형의 넓이 다각형을 둘러싸고 있는 직사각형의 넓이에서 다각형의 나머지 부분의 넓이를 빼는 방법을 알도록 지도한다.

6) 단위가 있는 두 양의 곱셈과 나눗셈

단위 e와 f가 주어진 두 양의 $a=\alpha e$ 와 $b=\beta f$의 곱셈 또는 나눗셈을 $a\times b$로 나타낸다면,

- $a\times b=(\alpha e)\times(\beta f)=(\alpha\beta)(e\times f)$ 이다. 즉, $e\times f$를 측정단위로 한 $a\times b$의 측도는 $\alpha\beta$이다. 다시 말하면, 두 양의 곱셈 또는 나눗셈은 수끼리 곱하거나 나누고, 단위끼리도 곱하거나 나눈다. 예를 들어 보기로 한다.
- 가로, 세로가 4cm, 6cm인 직사각형의 면적은 $(4\times6)(cm\times cm)$ 즉, $24cm^2$
- 자동차로 400km를 4시간에 달렸을 때, 자동차가 달린 시속은 다음과 같다.
  400km ÷ 4시간(h) = (400÷4)(km÷h)= 100(km÷h)= 100(km÷h) 즉, 시속 100km

처방 코드번호 : 2011
주제 : 평면 도형 오류 유형 : 넓이의 개념 단위가 있는 양끼리의 곱셈과 나눗셈에서는 수끼리, 단위끼리 각각 곱하고 나눈다는 사실을 여러 가지 예를 들어서 설명한다.

2.10.6 원의 넓이

1) 원 넓이 측정의 역사

원의 넓이는 고대 이집트로부터 현재까지 수학의 오랜 역사만큼 다양하게 연구가 이루어져 왔다. 현존하는 문헌 중에서 원주율을 최초로 기록한 것은 고대 이집트의 수학자인 아메스가 기록한 아메스 파피루스(B.C. 1650 경)에서 찾을 수 있다. 아메스는 지름이 9인 원의

넓이는 한 변이 8인 정사각형의 넓이와 같다고 하였다. 즉, 문제 48번에서 아메스는 한 변이 9인 정사각형의 각 변을 3등분하고, 네 귀퉁이에서 한 변이 3이고 넓이가 $4\frac{1}{2}$인 직각 이등변 삼각형을 잘라내어 만든 8각형의 넓이를 원의 넓이로 계산하였다. 즉 8각형의 넓이는, 정사각형의 넓이 9^2에서 네 개의 직각이등변 삼각형의 넓이 $4\frac{1}{2}\times 4 = 18$을 뺀 나머지인 63이므로 한 변이 8인 정사각형의 넓이인8^2으로 계산하였다. 따라서 원의 넓이 공식 πr^2과 비교해 보면 $\pi\times(\frac{9}{2})^2 = 8^2$으로 생각하여 원주율 π를 $4\times(\frac{8}{9})^2$으로 사용하였다.

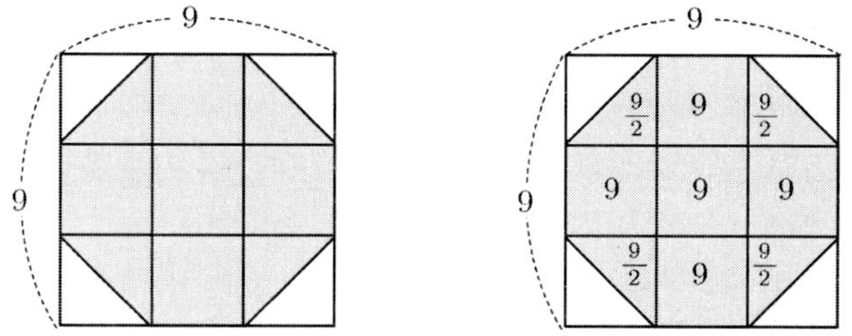

〈그림〉 아메스의 원의 넓이 계산

이것은 현대의 원의 넓이 공식 πr^2과 비교하면 아메스는 원주율을 $3\frac{1}{6}$쯤으로 계산하였던 것이다. 그러나 그들은 도형사이의 관계를 간과하여 원과 넓이가 같은 정사각형을 쉽게 만들 수 있다고 생각하였기 때문에 정확한 원주율을 계산할 수 없는 요인이 되었으며, 모든 도형문제에서 논리적 추론이나 엄밀한 계산을 하지 않았다.(Boyer, 1959) 실제로 원의 넓이를 가장 정확하게 계산한 그리스 수학자는 아르키메데스(B.C.287~212)이다.

2.9.5 절에서 보는 바와 같이 아르키메데스의 원래의 의도는 반지름이 1인 원의 넓이가 원주율 π와 같다는 점에 착안하여, π값을 계산하는 과정에서 거꾸로 원의 넓이를 구하는 과정을 후세의 우리에게 알려준 것이다. 또한 아르키메데스는 아래 그림과 같이 '원의 넓이는 밑변이 원주이고 높이가 반지름인 직각삼각형의 넓이와 같다'고 증명하였다.

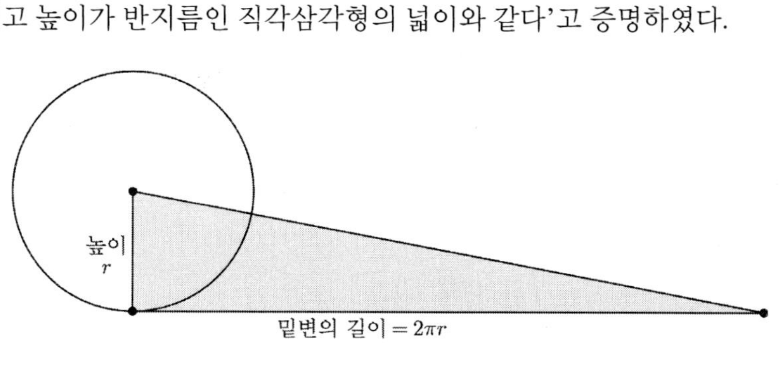

2) 원 넓이의 지도

원의 넓이는 다각형의 넓이와 매우 다른 방법을 이용하여 구하기 때문에, 학생 스스로 구하는 방법을 생각해내기는 어렵다. 따라서 원의 넓이 지도는 다음의 순서로 귀납적으로 지도하도록 한다.

① 1단계 : 내접, 외접 다각형의 넓이와 비교

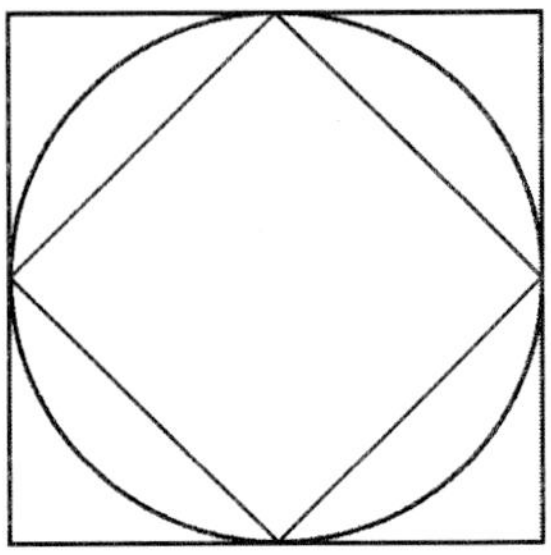

지름이 5cm인 원의 넓이는 한 변이 10cm인 정사각형보다 작고, 대각선이 10cm인 마름모꼴보다 크기 때문에 $10\times10\div2(\text{cm}^2)$ < 원의 넓이 < $10\times10(\text{cm}^2)$이다.

즉, 50cm^2 < 원의 넓이 < $100(\text{cm}^2)$이므로 $25\times2(\text{cm}^2)$ < 원의 넓이 < $25\times4(\text{cm}^2)$이다.

• 원의 넓이

(반지름)×(반지름)×2 보다는 크고, (반지름)×(반지름)×4 보다는 작다.

② 몬테카를로의 방법

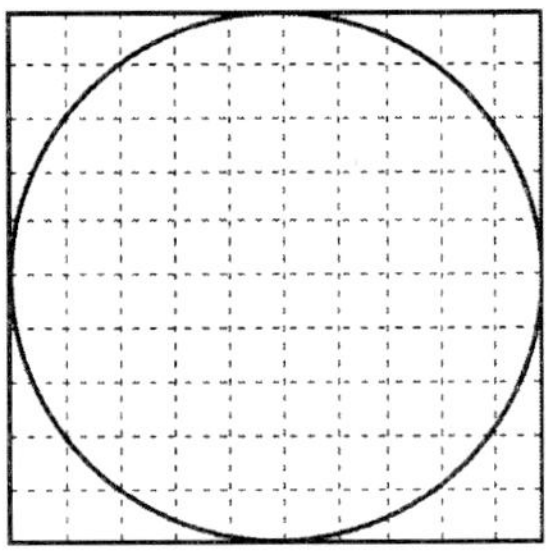

넓이 측정판이나 모눈종이를 이용하여 원에 포함된 모눈의 수를 세어 원의 넓이를 근사적으로 계산하고, 그 넓이가 반지름을 한 변으로 하는 정사각형의 넓이의 몇 배인지를 조사하는 몬테카를로 방법(Monte Carlo method)으로 구한다. 이 방법을 통하여 아동으로 하여금 원의 넓이가 (반지름)×(반지름)의 몇 배쯤 될 것인지를 알아보도록 한다.

• 원의 넓이

(반지름)×(반지름)×□보다는 크고, (반지름)×(반지름)× △ 보다는 작다.

③ 모눈종이위에서 원 넓이의 범위 정하기

원의 넓이는 원의 내부에 있는 모눈의 합보다는 크고 원을 둘러싸고 있는 모눈의 합보다는 작다. 그러나 이 방법을 활용하는 과정에서 일부분만이 포함되는 모눈의 넓이 계산이 매우 어렵다. 예를 들면, 아래 그림은 모눈종이에 반지름이 $10m$인 원을 그려 놓고, 색칠된 정사각형의 개수로 원의 넓이를 어림하면, 원의 안쪽에 포함된 정사각형의 개수는 276개이므로 원의 넓이는 276m^2보다는 작고, 원의 내부와 원주에 걸쳐서 원을 포함하는 정사각형의 개수는 344개이므로 원의 넓이는 344m^2보다는 크다는 것을 알 수 있다. 이 그림을 통하여 다음과 같은 사실을 알도록 지도한다.

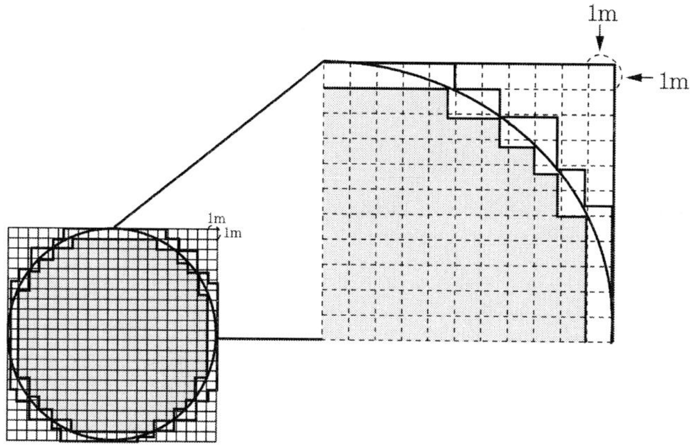

• 반지름이 10m인 원의 넓이

$276m^2 = 10 \times 10 \times 2.76(m^2)$보다는 크고, $10 \times 10 \times 3.44\ (m^2)$보다는 작다.

지금까지의 예를 차례로 정리해 보면, 다음과 같은 사실을 알 수 있다.

④ (반지름)×(반지름)×2 < 원의 넓이 < (반지름)×(반지름)×4,

(반지름)×(반지름)×2.76 < 원의 넓이 < (반지름)×(반지름)×3.44

⋮

이 과정을 계속해 가면(반지름)×(반지름)에 곱하는 수가 왼쪽에서는 2, 276, ⋯ 등으로 점점 커가고, 오른쪽에서는 4, 3.44, ⋯ 등으로 점점 작아져서 실제로 3.14에 접근하게 된다는 사실을 알 수 있게 된다.

즉, 원의 넓이는 (반지름)×(반지름)×3.14 가 된다는 사실을 알게 된다.

⑤ 등적변형을 이용한 원의 넓이 측정

아동으로 하여금 삼각형을 직사각형으로 등적 변형하여 넓이를 구했듯이, 원의 경우도 직사각형으로 등적 변형한 후, 직사각형의 가로는 원의 어느 부분과 같았는지 또, 직사각형의 세로는 처음 원의 어느 부분과 같았는지 알아보게 한다. 아래 그림과 같이 원을 그리고 지름을 따라 등분한 부채꼴 모양의 조각을 엇갈리게 붙이면 가로 방향의 길이는 원주의 $\frac{1}{2}$이 되고, 세로 방향의 길이는 반지름의 길이가 된다는 것을 이해하도록 한다.

• 원의 넓이

원을 잘게 잘라 붙인 직사각형의 넓이인(반지름)×(반지름)×π와 같아지게 된다.

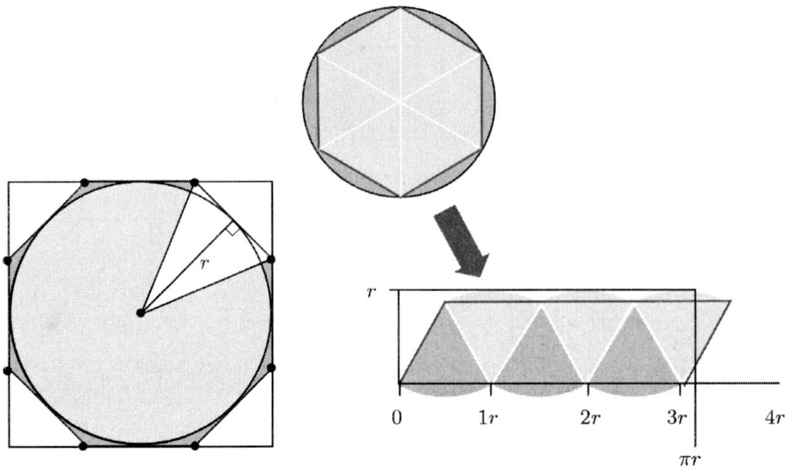

[참고] 원의 넓이는 (반지름의 길이)×(반지름의 길이)×π로 정의해야 되지만 보통 (반지름)×(반지름)×π라고 한다.

⑥ 의문점

위의 과정에서 곡선인 원주의 일부분이 갑자기 곧게 되어 선분이 된다는 내용을 이해할 수 없다. 즉, 곡선을 아무리 잘게 나눈다고 해도 직선이 될 수 있는가?

초등학교나 중학교 과정에서는 극한 개념으로 설명할 수는 없으므로, 원을 더 많은 조각으로 등분할수록 등분한 조각을 엇갈리게 붙인 것이 직사각형 모양에 더 가까워진다는 내용을 교사와 아동들이 토론하여 확인하도록 한다. 만일 이 과정에서 의문점을 제기하는 아동에게는, 원의 넓이공식은 일상생활에서 매우 많이 사용되므로 지금은 우선 직관적으로 이 공식을 이해하고, 고등학교에서 이와 관련된 내용을 다시 배우게 된다는 사실을 알도록 한다.

⑦ 아르키메데스의 방법

이 방법은 아르키메데스가 내접다각형과 외접다각형의 변의 수를 늘려가면서 원의 넓이에 가까운 값을 구한 과정으로서, 아동의 수준에 맞게 변형하여 탐구하도록 유도하도록 한다.

- 반지름이 r인 원을 그리고 내접하는 정 6각형을 그린다.

  원의 반지름 r을 원주위에서 연속적으로 6번 찍은 점을 연결하면 내접 정6각형이 작도된다.

- 내접 정6각형의 △ABC 면적인 밑변 BC와 변심거리(높이) AH의 반을 곱한 것(아르키메데스와 같은 방법으로 피타고라스 정리를 이용하여 정확한 면적을 구할 수도 있

다)을 6배한 것과 같다.

그러면 내접 정6각형의 면적보다 원의 면적이 더 크다.

- 원의 중심 A에서 내접 정6각형의 각 변의 중점을 잇는 연장선과 원의 호의 교점 6개와 기존의 내접 정6각형의 6개의 꼭짓점을 이으면 정12각형이 만들어 진다. 이렇게 만든 내접 정12각형은 원의 중심 A를 꼭짓점으로 하는 12개의 이등변삼각형으로 이루어진다. 따라서 내접 정12각형의 넓이는 12개의 이등변삼각형의 면적의 합과 같다. 한 개의 이등변삼각형의 넓이는(물론 아르키메데스와 같은 방법으로 피타고라스 정리를 이용하여 정확한 면적을 구할 수도 있다) 밑변×높이÷2이고, 내접 정12각형의 넓이는 (밑변×높이÷2)×12 이다.

  그러면 내접 정12각형의 넓이보다 원의 면적이 더 크지만, 내접 정6각형보다는 훨씬 넓이의 차이가 줄어들었다.
- 같은 방법으로 내접 정12각형의 넓이는 (밑변×높이÷2)×24이고, 연필로 그리면 거의 원과 같아지게 보인다.

  이 과정을 계속진행하면,
- 원에 내접하는 정다각형은 변의 수가 많아질수록 점점 원에 가까워짐을 알 수 있다. 그런데 내접 정다각형의 면적은 변 BC와 변심거리 AH의 반을 곱한 것을 다각형의 변의 개수와 곱한 것과 같다. 이 때 다각형의 변의 개수를 무한까지 확장하면 그 넓이, 둘레, 변심거리는 각각 원의 넓이, 원주, 반지름과 같아지므로 원의 넓이는 (원주)×(반지름의 반), 즉 $2\times\pi\times r\times\frac{r}{2}$ 이므로 원의 넓이는 $\pi\times r\times r$이다.

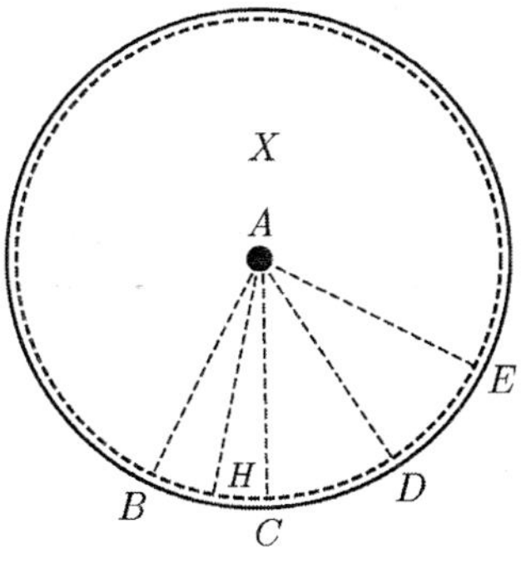

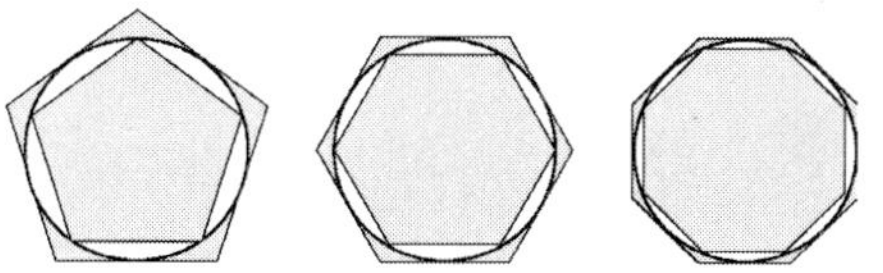

⑧ 원의 넓이는 반지름을 높이로 하고 원주의 길이를 밑변으로 하는 삼각형의 넓이와 같다.

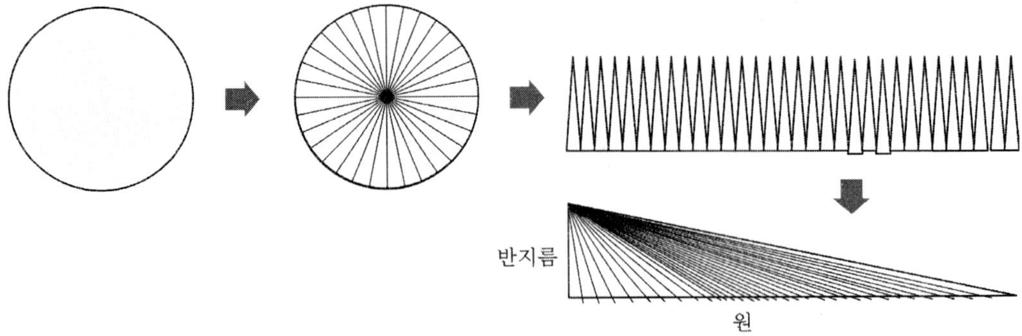

⑨ 이 내용을 컴퓨터 프로그램(예를 들면 GSP)을 활용하여 구현하면 아동들에게 역동적으로 내접 또는 외접 정다각형의 넓이가 원의 넓이와 같아지는 장면을 보여줄 수 있다. 그러나 정256다각형부터는 거의 완벽하게 정다각형이 원으로 보이기 때문에, 무한 개념을 충분히 파악하지 못한 초, 중, 고학생들에게는 유한 번만 등분해도 직각사각형의 넓이와 같게 만들 수 있다는 오개념을 형성할 수 있다. 아직 극한 개념을 이해하지 못하는 단계에서 이러한 오개념을 가지게 되면 이후의 학습에서 문제가 생길 수 있으므로, 컴퓨터 화면에서 곡선이 직선으로 보인다는 점에 현혹되지 않도록 유의하면서, 다만 내접 또는 외접 정다각형이 원에 달라붙는 과정과 각각의 삼각형의 높이가 원의 반지름으로, 정다각형의 둘레는 원주와 같아진다는 내용을 직관적인 지도해야 한다.

처방 코드번호 : 2130

주제 : 평면 도형

오류 유형 : 원의 넓이

원의 넓이는 극한과정을 이해해야 하므로 초등학교 아동에게 정확한 내용을 전달하기란 쉽지 않다. 따라서 아동의 인지 능력에 맞도록 위에 제신한 다양한 방법으로 지도한다.

2.11 다면체

2.11.1 다면체의 정의와 종류

1) 다면체의 정의

다면체(polyhedron)는 다각형들을 면으로 가지는 입체 도형이다. polyhedron은 '많은'을 뜻하는 poly와 입체를 구성하는 '면'을 뜻하는 hedron에서 유래한 합성어이다. 기하학에서의 다면체는 보통 틈이 없이 다각형의 변을 붙인 여러 개의 다각형을 조합한 3차원 입체를 말한다.

2) 다면체의 종류

다면체는 볼록다면체와 오목다면체로 분류한다. 다면체의 어느 면을 연장해도 그 평면이 다면체의 내부를 자르지 않는 다면체를 '볼록다면체'라고 하며, 각뿔과 정육면체가 여기에 속한다. 오목다면체는 어느 면을 연장할 경우 그 평면이 다면체의 내부를 자르게 된다. 초등수학에서는 특별한 경우 이외에는 볼록다면체만을 다루고 있다.

2.11.2 정다면체

볼록다면체 중에서 특히 정다면체의 대칭성은 매우 아름다워서 옛날부터 많은 수학자들이 정다면체에 매료되어있다. 피타고라스는 정4면체, 정6면체, 정12면체를 발견했으며, 정8면체와 정20면체는 플라톤과 동시대의 사람인 테아이테토스(Theaetetus)가 발견한 후에 5개의 정다면체를 수학적으로 설명하였으며, 그 외의 다른 정다면체는 없다는 사실을 최초로 증명한 사람이라고 알려져 있다. 또한 정다면체는 플라톤의 철학에서 중요한 역할을 했기 때문에 '플라톤의 다면체'라고도 부른다. 아래에서 설명하는 다면체에 관한 유명한 내용인 스위스 수학자 오일러(Leonhard Euler 1707～1783)의 정리와 정다면체 정리는 중요하기 때문에 참고로 그의 정리의 증명과정을 설명하기로 한다.

1) 오일러의 다면체정리

다면체의 면, 꼭짓점, 모서리의 수를 각각 f, v, e라 하면 $f+v-e=2$ 이다.

(설명) f개의 면이 한 변을 공유하도록(그림 ①) 차례로 변를 붙여서 $\alpha_1, \alpha_2, \cdots, \alpha_f$라고 하자.

①

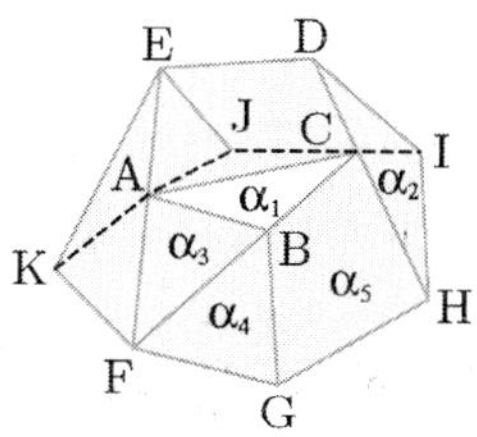

②

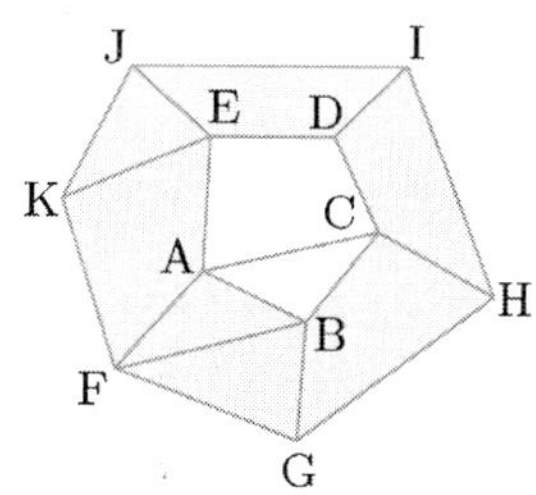

α_1 면의 다각형의 꼭짓점과 변의 수를 각각 v_1, e_1이라 하고, α_2 면의 다각형의 꼭짓점과 변의 수에서 α_1과 공통인 것을 제외한 수를 각각 v_2, e_2라 한다. 다음에 α_3 면의 다각형의 꼭짓점과 변의 수에서 α_1, α_2와 공통인 것을 제외한 수를 각각 v_2, e_3라 하고, 같은 방법을 차례로 계속하면 α_f 면에서 꼭짓점과 변은 모두 다른 면과 공통이므로

$$v_1=e_1,\ v_2=e_2-1,\ v_1=e_1-1,\ \cdots,\ v_{f-1}=e_{f-1}-1,\ v_f=e_f=0$$

인 f개의 관계식을 얻고, 이를 변끼리 더하면

$$v_1 + v_2 + \cdots + v_{f-1} = e_1 + e_2 + \cdots + e_{f-1} - (f-2)$$

그런데 $v_1 + v_2 + \cdots + v_{f-1} = v$, $e_1 + e_2 + \cdots + e_{f-1} = e$이다.

따라서 $f + v - e = 2$이다.

- 초등학교 교육과정에서는 $f + v - e = 2$가 오일러 공식이며, 여러 가지 다면체를 예를 들어 오일러 공식이 성립함을 알 수 있도록 지도하면 된다.

2) 볼록 정다면체의 정리

볼록 다면체에서 정다면체는 정사면체, 정육면체, 정팔면체, 정십이면체, 정이십면체의 5 종류뿐이다.

(설명) 정다면체의 면, 꼭짓점, 모서리의 수를 각각 f, v, e라 하며, 각 면이 정 m각형이고, 또 각 꼭짓점에 모이는 면의 수를 n이라고 하면

$$m \times f = 2 \times e, n \times v = 2 \times e$$

이다. 따라서 $f = \frac{2}{m} \times e$, $v = \frac{2}{n} \times e$ 이고, 이 식을 오일러의 공식에 대입하면

$e\left(\frac{2}{m} + \frac{2}{n} - 1\right) = 2$이므로 $\frac{2}{m} + \frac{2}{n} > 1$.

그런데 $m \geq 3$, $n \geq 3$이므로

$$\frac{2}{m} > 1 - \frac{2}{n} \geq 1 - \frac{2}{3} = \frac{1}{3}$$

따라서 $3 \leq m < 6$이고, $3 \leq n < 6$ 이다. 즉, m과 n은 3,4,5 중의 하나이다.

따라서 $m = 3$(정삼각형)인 경우에는 $3 \leq n < 6$, $m = 4$(정사각형)이면 $3 \leq n < 4$

$m = 5$(정오각형)이면 $3 \leq n < \frac{3}{10}$이고 또한 $e = \frac{2mn}{2(m+n) - mn}$이므로, 이들로부터 가능한 모든 경우는 다음 표의 5종류뿐이다.

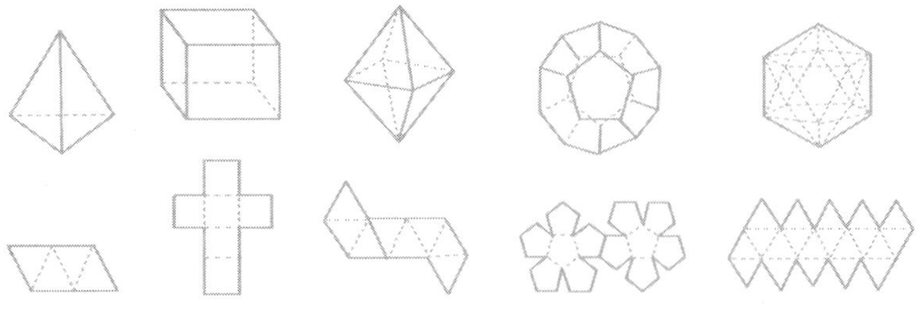

m	n	e	v	f	다면체
3	3	6	4	4	정사면체
3	4	12	6	8	정팔면체
3	5	30	12	20	정이십면체
4	3	12	8	6	정육면체
5	3	30	20	12	정십이면체

- 초등학교 교육과정에서는 정다면체는 5종류뿐이며, 정다면체의 모양과 전개도만을 지도하면 된다.

2.11.3 준 정다면체

고대 그리스 수학자 헤론(Heron of Alexandria,10-70 AD 경)에 의하면 아르키메데스가 13종류의 준정다면체를 발견하였으며, 그 것을 '아르키메데스의 입체'라고 부른다. 그러나 그러한 다면체에 관한 아르키메데스의 자료가 사라져 '아르키메데스의 입체는 그 구체적인 모양을 알 수 없다. 르네상스 시대를 거치면서 여러 예술가들이 점차 이들 입체를 복원하였는데 마침내 그 구체적인 모습은 케플러에 의해 1619년에 재발견 되었다.

1) 아르키메데스의 입체

아르키메데스의 입체의 특징은 다음과 같다.

- 볼록하다 .
- 2개 이상의 정다각형으로 구성되었다.
- 각 꼭짓점에서 모인 다각형의 순서가 동일하다.

2가지 종류 이상의 정다각형으로 구성되었다는 점만 제외하면, 정다면체 즉 플라톤의 다면체와 유사하기 때문에 준정다면체(Semi-Regular Polyhedra)라고 부른다. 준정다면체는 정다면체를 변형시켜 만드는 방법으로 분류하면 다음과 같이 편의상 네 종류로 나눌 수 있습니다.

① 깍은 정다면체 (1)

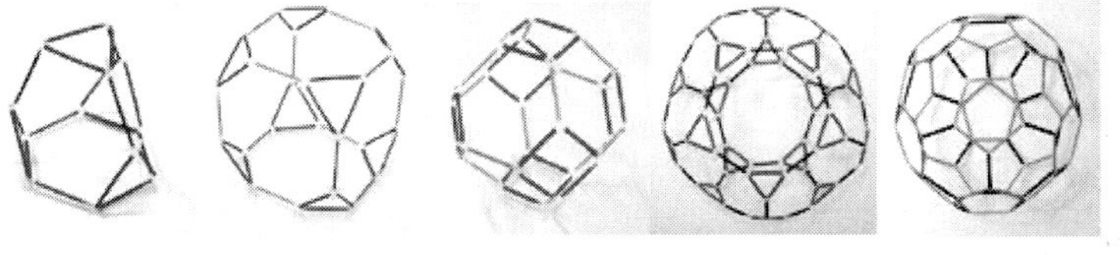

깍은정사면체 깍은정육면체 깍은정팔면체 깍은정십이면체 깍은정이십면체

② 깎은 정다면체 (2)

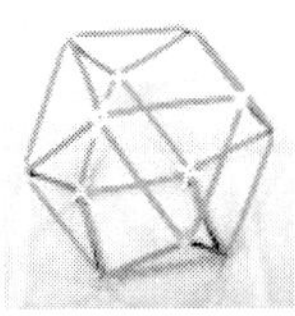
육팔면체

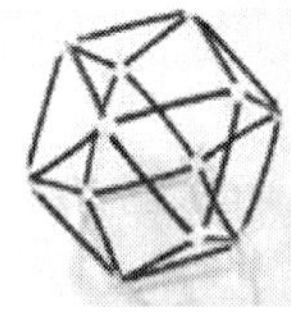
육팔면체

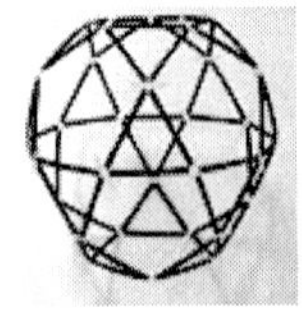
십이이십면체

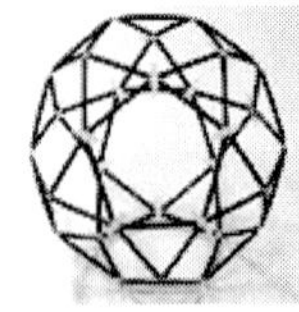
십이이십면체

③ 이중 절단된 준정다면체

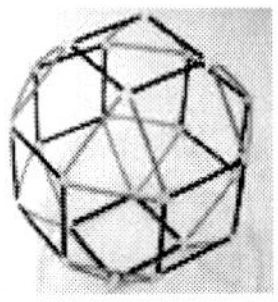
부풀린 정육면체

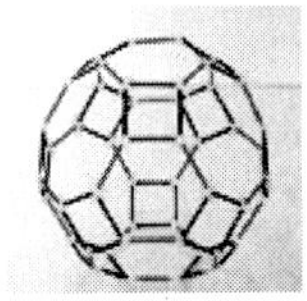
깎은 육팔면체

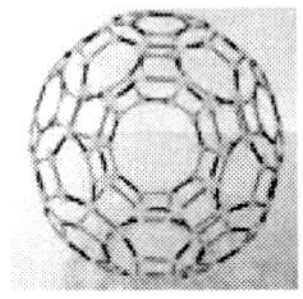
깎은 십이이십면체

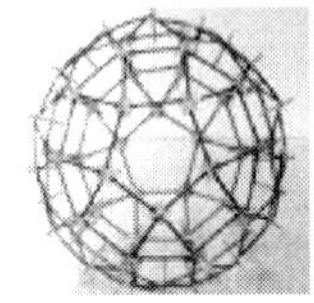
부풀린 정십이면체

④ 부풀려서 회전한 준정다면체

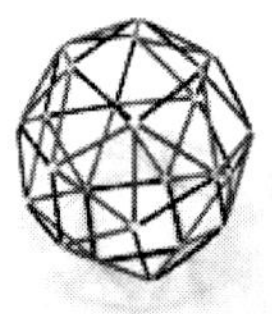
부풀려 회전한 정육면체

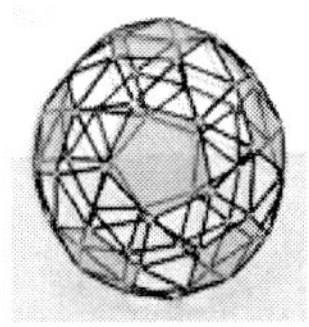
부풀려 회전한 정십이면체

면의 모양	정삼각형	정사각형	정오각형	정육각형	정팔각형	정십이각형
깎은 정사면체	4			4		
깎은 정육면체	8				6	
깎은 정팔면체		6			8	
깎은 정이십면체			12	20		
깎은 정십이면체			20	12		
육팔면체	6	6				
십이이십면체	20		12			
부풀린 정육면체	8	20				
깎은 육팔면체		14		6	6	
깎은 십이이십면체	30			20		12
부풀린 정십이면체	20	30	12			
부풀린 회전한 정육면체	30	6				
부풀려 회전한 정십이면체						

2.11.4 회전체

1) 회전체의 정의

평면도형을 한 직선을 축으로 하여 한 번 돌려 얻는 입체도형을 회전체라고 하며, 이때 축으로 사용한 직선을 회전축이라고 한다. 또한 입체도형을 평면으로 자를 때 생기는 도형의 면을 단면이라고 한다.

2) 회전체의 종류

① 구
반원의 지름을 회전축으로 하여 한 번 돌려 얻는 회전체를 구라고 합니다. 이때 반원의 중심은 구의 중심이 되고, 반원의 반지름은 구의 반지름이 됩니다.

② 원기둥, 원뿔
직사각형의 한 변을 회전축으로 하여 한 번 돌려 얻는 회전체는 원기둥이 되며, 직각삼각형의 직각을 낀 변을 회전축으로 하여 한 번 돌려 얻는 회전체는 원뿔이 된다.

처방 코드번호 : 2150
주제 : 입체도형의 측정 오류 유형 : 회전체 회전체란 어떤 축 또는 도형을 360° 회전시켜 만든 도형이므로, 그 모양이 항상 원모양이 된다는 감각을 길러줘야 한다.

2.11.5 한붓그리기

한붓그리기(traverse)란 연필을 떼지 않고, 같은 길을 두 번 지나지 않고 도형을 완성하는 것을 말한다.

1) 쾨니히스베르크 다리 문제

오일러는 잠시 동안 쾨니히스베르크의 동쪽 프로이센 도시인 지금은 러시아 연합국의 칼리닌그라드라는 곳에 살았다. 프레겔 강이 이 도시를 흐르고, 두개의 섬으로 이뤄져 있다. 오일러가 사는 동안, 강의 한쪽 섬에서 다른 쪽 섬을 연결하는 7개의 다리가 있었다. 그 곳의 주민들은 일요일마다 쾨니히스베르크를 지나는 일이 빈번했기 때문에 2번 건너는 것 없이 7개의 모든 다리를 건너가는 것이 가능한지 궁금해 하였다.

오일러는 지금은 '쾨니히스베르크 다리 문제'로 알려진 문제를 풀었고, 그 문제를 해결한 아이디어를 "위치의 기하학"이라 불렀으며, 오늘날은 위상 기하학(topology)이라고 한다.

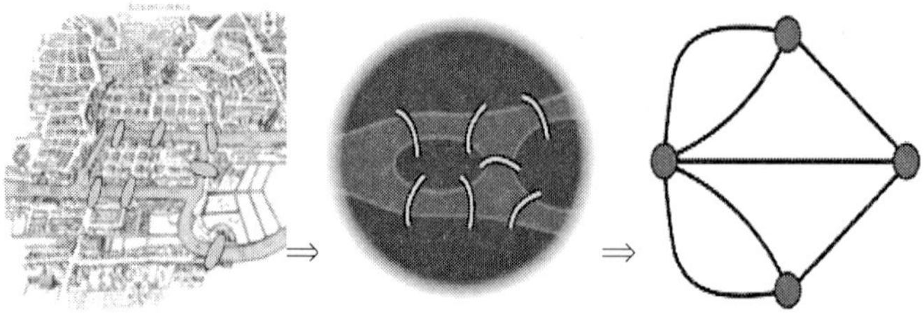

※ 점 사이의 거리와 곡선으로 연결된 모양은 중요하지 않으며, 각 지점들의 순서만이 중요하다.

2) 회로망

회로망(network)은 다음의 두 가지 성분으로 이루어진 것이다.

- 평면위의 점인 꼭짓점
- 두 꼭짓점을 잇는 선분 또는 곡선인 모서리

3) 차수, 짝수와 홀수 꼭짓점

- 꼭짓점의 차수는 꼭짓점으로부터 나오는 모서리의 개수이다.
- 홀수차수인 꼭짓점을 홀수점,
- 짝수차수인 꼭짓점을 짝수점이라고 한다.

4) 오일러 경로와 한붓그리기

오일러는 꼭짓점을 통해 두 모서리를 이용하여 경로를 한 번에 통과하는 방법을 다음과 같이 알아냈다.

- 각 꼭짓점을 통과할 때마다 두 개의 경로가 생긴다.
- 꼭짓점이 시작(출발)점이거나 도착(끝)점이면 홀수점이 된다.
- 한붓그리기가 가능하려면 시작(출발)점이거나 도착(끝)점을 제외한 모든 꼭짓점은 짝수 점이어야 하고, 홀수점이 2개보다 많으면 한붓그리기가 불가능하다.
- 따라서 홀수점이 없거나 2개일 때만 한붓그리기가 가능하다.
- 만약 2개의 홀수점이 있다면 그 점은 한붓그리기의 출발점이거나 도착점이 된다.

5) 오일러의 연결성 이론

홀수점이 없는 도형은 어느 지점에서 출발하여도 한붓그리기가 가능하며, 홀수점이 두 개 있는 도형은 반드시 홀수 점에서 출발해야 한붓그리기를 할 수 있다.

※ 퀴니히스베르크 다리 회로망은 4개의 홀수 점이 있으므로 한붓그리기를 할 수 없다.

2.12 입체도형의 전개도, 겉넓이

2.12.1 전개도

1) 전개도의 정의

각기둥 또는 각뿔의 모서리를 잘라서 펼쳐 놓은 그림을 각기둥 또는 각뿔의 전개도라고 하며, 원기둥 또는 원뿔의 원과 옆면을 밑면에 수직으로 잘라서 펼쳐놓은 그림을 원기둥 또는 원뿔의 전개도라고 한다.

• 정육면체의 전개도

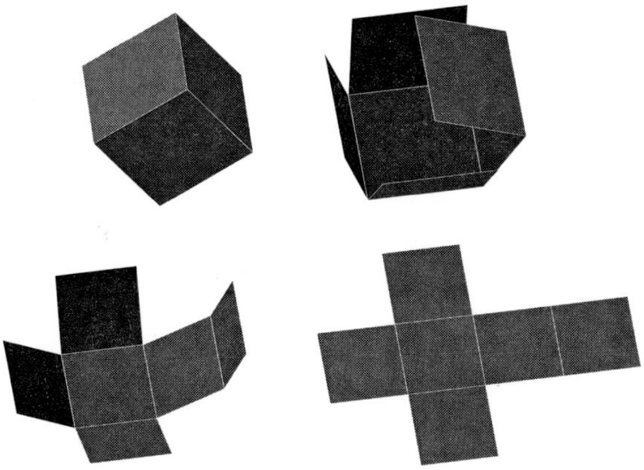

처방 코드번호 : 2140, 2041
주제 : 입체도형의 측정 오류 유형 : 입체도형의 전개도, 겉넓이 ① 입체도형영역은 아동의 공간감각 인지능력의 수준에 따라 다양한 교구를 활용하여 지도해야한다. 전개도를 그리는 가장 기본적이 도형이 직육면체이다. 따라서 위의 그림과 같이 직육면체를 여러 가지 방법으로 전개하여 나타나는 모습을 그림으로 나타내도록 훈련하는 것이 필요하다. ② 입체도형의 겉넓이를 구하는 가장 확실한 방법은 전개도를 그려서 넓이를 구하는 일이다. 따라서 주어진 입체의 전개도를 그리도록 하여 보이지 않는 부분까지의 넓이를 모두 구하도록 지도한다.

2.12.2 입체의 겉넓이(표면적)

1) 기둥의 겉넓이

기둥의 겉넓이는 보통 기둥의 전개도의 넓이로 구한다. 각기둥의 전개도는 두 개의 합동인 밑면과 각기둥의 옆면을 펼친 직사각형으로 이루어진다.

- 각기둥의 겉넓이

  각기둥 또는 원기둥의 높이가 h이고 밑면의 둘레가 p일 때, 옆넓이는 직사각형의 넓이인 $h\times p$이다. 따라서 각기둥의 겉넓이는,

$$(\text{밑넓이})\times 2+h\times p$$

- 예

  직육면체의 겉넓이는 전개도를 이용하여 구하면 편리하다. 예를 들면, 밑면의 가로, 세로가 각각 3cm, 2cm이고 높이가 5cm인 직육면체의 부피를 구할 때에는 아래와 같이 전개도를 그려보면, 밑넓이 2개와 옆넓이 1개로 구성되어있음을 알 수 있다. 따라서 겉넓이는, 밑넓이 $6\text{cm}^2\times 2$와 옆넓이 $(2+3+2+3)\times 5\text{cm}^2$의 합이다.

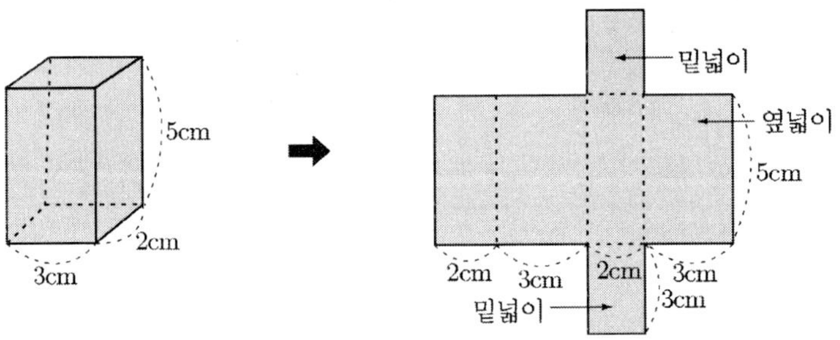

2) 직육면체의 겉넓이 지도

겉넓이는 넓이의 지도에 속할 수도 있으나, 우리나라의 수학과 교육과정에서는 부피의 지도와 연계하기로 되어 있기 때문에 입체의 부피 지도 다음에 겉넓이를 지도하고 있다.

① 겉넓이를 구하는 방법

- 각 면의 넓이의 합
- 밑넓이와 옆넓이의 합
- 마주 보는 3쌍의 면이 합동
- 전개도를 이용

② 예를 들어

- 직육면체의 겉넓이의 가로, 세로, 높이가 각각 a, c, b라면

$=2\times a\times b+2\times b\times c+2\times a\times c$

$=2\times(a\times b+b\times c+a\times c)$

또한, 전개도를 이용하여 구하면, 겉넓이는

$2\times a\times c+2\times(a+c)\times b$

- 정육면체는 합동인 정사각형 6개로 둘러 쌓여있기 때문에, 정육면체의 겉넓이는 한 변의 길이가 a인 정사각형 넓이인 a×a의 6배가 된다. 즉 6×a×a이다.

2.13 들이의 지도법

초등학교에서는 부피와 들이의 측정 지도하도록 되어 있다. 부피와 들이의 개념은 매우 유사하면서, 서로 다른 개념이므로 지도할 때 세심한 주의를 요한다. 현재 우리나라 수학과 교육과정에 따라서 먼저 들이의 지도부터 알아보기로 한다.

2.13.1 들이의 개념

측정에서의 들이는 '들이다'에서 온 개념으로'(용기의 안으로) 들여진 정도'를 의미하며, 기름 등과 같이 유동성이 있기 때문에 용기에 담아서 잴 수밖에 없는 물체의 부피를 용기의 내부 공간에 담을 수 있는 양을 의미한다. 들이(capacity)는 라틴어 capax에서 온 것으로 '양을 많이 차지할 수 있다'는 의미이다. 이처럼 들이는 용기를 전제로 한 개념이므로 들이는 보통 용기에 들어가는 용량의 부피로서 측정된다.

액체를 크기가 같은 컵이나 비커 등을 이용하여 등분하거나, 또는 역으로 컵이나 비커의 액체를 한 용기에 부어서 그들의 양이 불변임을 인식시키는 지도는 양의 조작의 가역성을 알게 하는 것으로서 중요한 의미를 갖는다. 그러나 부피는 물체의 분할, 변형에 대하여 양의 보존성이 유지되지만, 들이는 용기자체의 내부공간의 모양에 크게 의존하기 때문에 부피와는 구별하여 지도한다.

2.13.2 들이의 비교지도

들이의 개념을 지도에서는 용기를 사용한다. 예를 들면 컵, 물통, 그릇, 병 등의 내부 공간에 담을 수 있는 양의 크기를 비교하게 한다.

1) 직접비교

① 한 그릇에 물을 가득 채운 후 다른 그릇에 부어본다.

② 두 그릇에 물을 가득 채운 후, 수조에 차례로 부어 높이를 알아본다.

2) 간접비교

들이는 그의 내부공간에 담을 수 있는 양이므로 외형만으로는 크기를 정확하게 비교할 수 없으므로, 용기의 모양이나 크기가 다른 경우에는 직접 비교할 수 없게 되어 간접 비교를 하게 한다. 즉 들이를 비교할, 두 용기가 비어 있는 경우에는, 물을 부어 가득 찰 때까지의 각각의 시간을 재거나 또는 같은 양의 물을 두 용기에 부어서 남은 양으로 비교할 수 있다. 또는 컵이나 비커 등을 이용하여 물의 양을 등분할 하면서 들이를 비교한다. 이와 같이 물의 양을 등분할하거나 여러 용기의 물의 양을 큰 용기에 합치는 실험을 통하여, 아동들은 들이의 보존성을 이해하게 된다. 컵이나 비커에 의한 물의 양 등분할 활동은 임의 단위에 의한 측정이므로 한 컵, 두 컵, 세 컵, … 등으로 셀 수 있다.

3) 들이의 특성

① 들이는 모양과는 관계가 없다. (들이의 불변성)

② 들이는 가법성을 갖는다. (들이의 가법성)

③ 두 들이의 중간에 해당되는 부피를 갖는 들이가 항상 존재한다. (들이의 연속성분)

임의 단위에 의한 들이 측정은 꼭 맞아떨어지는 경우가 거의 없고 대부분 약간의 양이 남게 된다. 이때에는 어림값으로 '약간 더 된다' 또는 '약간 더 될 된다' 또는 '약 얼마이다'로 표현하면서, 자연스럽게 보편단위의 필요성을 이해한다.

2.13.3 들이의 보편 단위의 도입

각 나라마다 사용하는 들이의 단위가 달라서 교역할 때마다 복잡한 환산을 해야 하는 번거로움을 해결하기 위해서, 프랑스 과학원에서 1793년에 정한 길이의 단위인 1cm를 이용하여 다음과 같이 들이의 보편단위(미터법)를 정하여 지금은 우리나라를 포함한 세계의 거의 모든 나라에서 사용하고 있다.

1) 1L의 개념

1795년 프랑스과학원에서는 한 변의 길이가 10cm인 정육면체의 부피를 1liter로 정하고 1*l*로 표기하였으나, 1979년부터는 1L로 표기하였으며 1L의 $\frac{1}{1000}$을 1mL(milli liter)로 표기하였다.

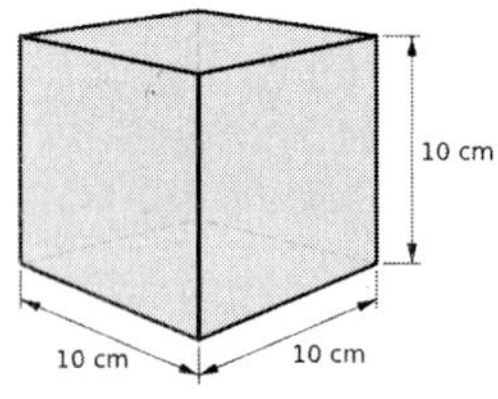

2) 1L의 개념 지도

수학교구인 천 모형만큼의 부피를 1L, 일 모형(낱개)만큼의 부피를 1mL로 지도한다. 천 모형은 일모형(낱개)이 1000개가 모여서 이루진다는 사실은 알지만, 머릿속에서 형상화시키기 어려워하는 아동에게 ' 일 모형(낱개) 10개를 붙여서 십 모형을 만들고, 십 모형을 10개 붙여서 백 모형을, 백 모형을 10개 붙여서 천 모형을 만드는 과정'을 설명하고, 실제 수모형으로 보여준다. 이러한 활동은 아동들의 양감을 기르는데 도움이 된다.

용기의 들이를 측정하는 방법으로는 1L 용기, 1dL, 1mL 용기를 이용하여 측정한다. 그러나 1dL 보다 적은 양에 대해서는 이들로서는 측정하기 어렵다. 이때에는 적은 양이므로 계기의 표면에 외부에서 쉽게 관찰 할 수 있도록 용량을 눈금으로 나타내어 사용한다.

들이의 단위를 이해한 다음에는 들이의 양을 더하거나 빼는 계산을 한다. 이를 위하여 1L=10dL=1000mL의 관계를 이용하여 단명수와 복명수의 관계를 이해한다. 예를 들면 28dL=2L 8dL임을 실험을 통하여 확인한다. 계산 방법의 지도는 실제적인 조작과 더불어 시행하여야 효과적이다.

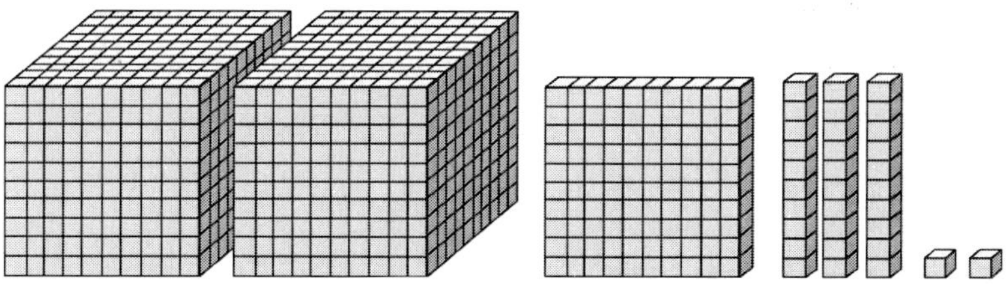

처방 코드번호 : 2160
주제 : 입체도형의 측정 오류 유형 : 들이 1L=10dL=1000mL

3) 어림하여 측정하기의 지도

어림하기는 측정 도구를 사용하지 않고 측정에 이르는 지적 과정이다. 측정 발달에서 어림을 강조하는 몇 가지 이유는, 우선 단위의 크기와 단위 간의 관계를 강화하는 데 도움을 줄 수 있으며, 일상생활에서 특정한 용기에 얼마나 담을 수 있는지를 대략적으로 알아야 하는 들이에 대한 양감을 줄 수 있기 때문이다. 어림하기에는 크게 두 가지 유형이 있다.

① 첫째는 가장 전형적인 유형으로 '이 병의 들이는 얼마인가?'와 같이 대상과 속성은 주어지고 측정값은 알려지지 않는 경우이다.

② 둘째는 '들이가 1L쯤 되는 물건을 찾아보시오.'와 같이 측정값을 알고 대상을 선택해야 하는 경우이다.

아동들은 대체로 첫째 유형에는 익숙해져있지만, 상대적으로 두 번째 유형에 익숙해져 있지 않은 경향이 있다. 따라서 교사는 위의 두 종류의 어림의 중요성을 감안하여 어림 활동을 확장시킬 수 있는 다음과 같은 전략을 사용할 수 있다.

- 기준 척도와 비교

  자신이 가지고 있는 병의 들이가 500mL임을 안다면 이보다 조금 더 큰 병의 들이는 600mL라고 어림할 수 있다.

- 덩어리 짓기(chunking)

  대상을 여러 가지 부분으로 나누고 각 부분을 어림하여 전체 측정값을 구하는 것이다. 예를 들어, 어떤 병의 들이를 어림할 때, 병을 적절히 부분으로 나눠서 각각을 어림해 봤더니, 200mL, 100mL, 50mL라면 전체 들이는 약 350mL로 어림할 수 있다.

- 단위화하기(unitizing)

  대상의 한 부분(unit)을 어림하고 전체에 이 부분이 몇 번 들어가는지를 생각해 보는 것이다. 예를 들어, 어떤 용기의 들이를 어림할 때, 100mL를 어림하고 이것이 전체 용기에 몇 번 들어가는지를 생각해서 전체 들이를 어림하는 경우이다.

4) 들이에 관련된 학생들의 오개념

학생들이 가지고 있는 오개념을 교사가 미리 안다면, 가르칠 때 이러한 오개념이 형성되지 않도록 주의할 수 있고, 수업 중에 오개념이 드러난 경우 이에 능숙하게 대처할 수 있을 것이다.

① L가 mL보다 큰 단위이므로 L앞에 더 큰 수가 와야 하는 것이 아닐까?

아동들은 종종 L가 mL보다 큰 단위이므로, L앞에 mL보다 더 큰 수가 와야 한다고 생각하여 1000L=1mL라고 쓰기도 한다. 단위의 수와 단위의 크기 사이에는 역관계가 있다는 사실을 알지 못하고 이런 오개념을 범하는 학생들에게 1L= 1000mL라고 약속한다는 사실을 강요하는 것은 효과가 없다.

이때는 아동의 사전 지식과 등호의 개념을 이용하여 L가 mL보다 큰 단위인데(학생의 생각 인정), 등호는 양쪽이 같다는 것을 뜻하므로 양변이 같아지기 위해서는 큰 L단위 앞에는 작은 수가 와야 하고, 작은 mL단위 앞에는 큰 수가 와야 한다는 점을 이해시키는 것이 효과적이었다.

또는 각설탕 등과 같은(수모형 낱개) 약 1mL를 나타낼 수 있는 물건을 제시하면서, 1L의 용기는 각설탕을 1,000개 넣어야 채울 수 있다는 점을 아동이 감각적으로 알도록 하면서 1,000mL가 1L와 같다는 것을 지도할 수 도 있다.

2.14 각기둥, 원기둥의 부피

2.14.1 기둥 부피 측정의 역사

기둥이라는 용어는 유클리드 원론의 XII장에 나타나지만 현재의 용어는 1600년대부터 사용하였다.

1) 파피루스 두루마리

직육면체는 고대 이집트와 고대 바빌론 수학에서 다루어 졌지만 직육면체와 관련된 계산 문제는 KAHUN 파피루스에서 처음 발견되었다. 런던 박물관에 소장되어 있는 KAHUN 파피루스 문제 55, 4에는 2원 일차 연립 방정식의 해법에 관한 것이다. 그런데 이 문제에는 직육면체의 곡물창고의 부피에 관한 내용이 수록되어 있다. 즉, 직육면체 모양의 곡물 창고에 90 hinu들이 바구니 40개 만큼의 곡물을 부었더니 깊이가 d만큼 되었다. 창고의 가로, 세로의 길이를 구하는 문제이다. 또한 고대 이집트인들은 피라미드의 부피를 직육면체의 $\frac{1}{3}$로 구하고 있었으며, 피라미드을 쌓기 위해서는 피라미드의 겉넓이를 구하는 방법을 알았으므로 필요한 돌의 개수를 추정할 수 있었으며, 피라미드을 짓는 중간 과정의 모양인 각뿔대의 부피를 귀납적으로 비를 사용하여 구하였던 방법이 모스크마 파피루스(MMP 14)에 수록되어 있다. 또한 모스크바 파피루스(MMP) 문제 10번에는 반원기둥(semicylinder)의 겉넓이를 '$\frac{1}{2}\times\pi\times$지름$\times$높이' 로 구하고 있으며, 이 계산은 그들 고유의 이진법 곱셈 방식으로 수행되었지만놀랍게도 현대의 공식과 정확하게 일치하고 있다. (Gillings, 1972)

2) 고대 그리스

유클리드는 원론의 XII장에서는 구체적인 수치계산이 아닌 원기둥의 부피의 비를 계산하였으며, 아르키메데스는 '구와 원기둥 제2편'의 Proposition 1에서 길이의 비를 이용하여 원기둥의 부피를 구하였다.

2.14.2 부피 단위의 도입

부피란 입체가 공간 속에서 차지하는 크기이다. 바로 위에서 논의한 들이는 용기 안에 담긴 내용물의 양이므로 들이와 부피는 구별되는 점을 제외하면 양으로서의 들이와 부피의 성질은 동일하다. 따라서 부피의 역사발생에서의 갈등과 갈등의 해결과정은 들이와 유사한 방법으로 지도하면 된다. 특히, 부피는 입체도형과 관련된 양이므로, 부피를 측정하는 방법의 기본이 되고 설명하기 쉬운 직육면체의 부피를 구하는 방법으로 부터 시작한다.

1) 부피의 특성

① 부피는 모양과는 관계가 없다.(부피의 불변성, 찰흙의 조작)

② 부피는 가법성을 갖는다.(부피의 가법성, 찰흙의 조작)

③ 두 물체의 부피의 중간에 해당되는 부피를 갖는 물체가 항상 존재한다. (부피의 연속성, 찰흙의 일부분)

2) 부피의 보편단위의 도입

각 나라마다 사용하는 부피의 단위가 달라서 교역할 때마다 복잡한 환산을 해야 하는 번거로움을 해결하기 위해서, 프랑스 과학원에서 1793년에 정한 길이의 단위인 1cm를 이용하여 다음과 같이 부피의 보편단위(미터법)를 정하여 지금은 우리나라를 포함한 세계의 거의 모든 나라에서 사용하고 있다.

① $1cm^3$의 개념

부피의 보편단위를 도입하기 위해서는, 크기가 같은 쌓기 나무(블럭)로 어떤 상자 속을 꽉 채울 수 있는 개수나, 직육면체를 만들 때 필요한 쌓기 나무의 개수 등을 생각하게 하여 길이와 넓이의 단위관계로부터 한 변이 1cm인 정육각형(수모형의 낱개모형)의 부피를 보편단위 $1cm^3$(cubic centimeter)로 도입한다.

② $1m^3$의 개념

컨테이너와 같이 커다란 물건의 부피를 측정할 경우에는 측정 단위로 $1cm^3$를 사용할 때 불편함을 알도록 한 후 더 큰 단위인, 한 모서리의 길이가 1m인 정육면체의 부피인 $1m^3$를 도입한다.

③$1000000cm^3 = 1m^3$

처방 코드번호 : 2170
주제 : 입체도형의 측정 오류 유형 : 각기둥, 원기둥의 부피 아동들은 계산에 앞서 암묵적인 선입견에 의존하려는 경향이 있다. 실제로 수모형의 천 모형이 낱개모형의 1000배라는 사실도 이해하지 못하는 경우도 있다. 수모형 또는 블록을 활용하여 아동 스스로 직접확인하는 과정이 필요하다.

④ 들이와 부피 단위의 관계

내부의 한 변이 10cm인 정육면체의 그릇에 들어갈 수 있는 단위부피인 $1cm^3$의 개수와 같은 그릇에 1L의 액체를 주입한 경우의 들이를 비교시켜 같은 단위로 통합될 수 있음을 깨닫게 하고, 그들 단위 사이의 관계는 $1L=1000cm^3=1000mL$ 임을 이해시킨다.

처방 코드번호 : 2012
주제 : 도형과 측정-기초개념 오류 유형 : 선분, 직사각형, 각 기둥의 측정 개념 도형의 부피는 단위부피의 몇 배로 측정한다.

2.14.3 직육면체의 부피 지도

직육면체(각 기둥)는 크기가 같은 벽돌을 쌓아 올린 모양과 땅 속에 곡식을 저장하는 창고의 모양에서 인식되었으며, 그 기둥을 축조하는데 필요한 벽돌의 개수와 창고의 크기를 알아내기 위하여 직육면체의 부피를 계산 할 필요가 발생하였다. 이절에서는 고대인들과 끌레로의 방법을 활용하여 직육면체의 부피를 지도하는 방법을 설명하도록 한다.

1) 부피의 정의

입체도형이 차지하는 공간을 그 입체도형의 부피라고 한다. 아동에게는 직관적으로 '사물의 크기'를 그 사물의 부피라고 지도한다.

① 직육면체 부피의 직접측정

단위 정육면체를 정하여 직육면체를 구성하고 있는 단위 정육면체의 개수를 세면된다. 그러나 직육면체의 부피가 클수록 이 방법은 점점 더 힘들어 진다.

② 직육면체 부피의 간접측정

책 또는 벽돌 등을 포개가면서 아동에게 다음과 같은 질문을 한다.

- 직육면체의 가로의 길이가 달라지면 부피는 어떻게 변하는지 알아보시오.
- 직육면체의 세로의 길이가 달라지면 부피는 어떻게 변하는지 알아보시오.
- 직육면체의 높이가 달라지면 부피는 어떻게 변하는지 알아보시오.

아동으로 하여금 다음과 같은 사실을 알아내도록 한다.

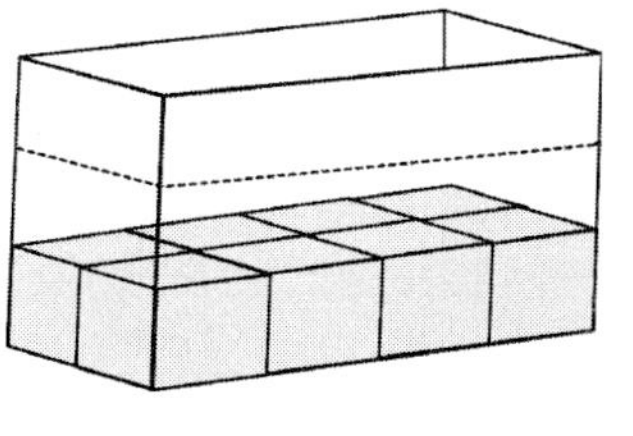

- 벽돌(책) 두개를 옆으로 붙여 놓으면 부피가 2배가 되고, 또한 벽돌(책)을 3층으로 쌓으면 부피가 3배가 된다. 따라서 직육면체의 부피는 밑넓이와 높이에 따라서 결정된다.

③ 직육면체의 부피

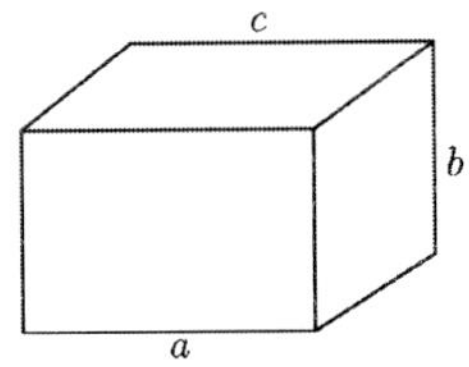

- 아래와 그림과 같이 가로, 세로, 높이가 각각 a, c, b인직육면체의 부피는 밑넓이$=a \times c$이므로
  밑넓이×높이$=a \times c \times b$
- 따라서 아래 그림과 같이 $a=b=c$ 즉, 세 모서리가 모두 a인 정육면체의 부피는 a ×a ×a이다.

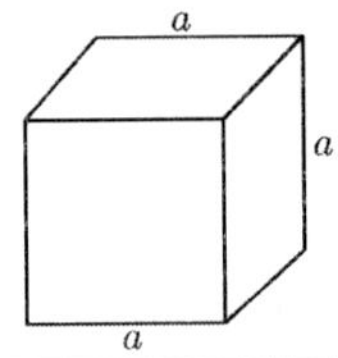

④ 들이와 부피의 단위

단위	cm^3	m^3	L	in^3	ft^3	yd^3	gal(美)
1 cm^3	1	0.000001	0.001	0.06102	0.00003	0.00001	0.00026
1 m^3	1000000	1	1000	61027	35.3165	1.30820	264.186
1 L	1000	0.001	1	61.027	0.03531	0.00130	0.26418
1 in^3	16.387	0.000016	0.01638	1	0.00057	0.00002	0.00432
1 ft^3	28316.8	0.02831	28.3169	1728	1	0.03703	7.48051
1 yd^3	764511	0.76451	764.511	46656	27	1	201.974
1 gal(美)	3785.43	0.00378	3.78543	231	0.16368	0.00495	1

⑤ 기타

단위	약어	'피트'로 표현
티스푼	tsp	1/3 tbl
테이블스푼	T or tbl	2 fl. oz
액량 온스	fl. oz	1/8 C
컵	C	8 fl. oz, 1/4 qt
쿼트	qt	4 C, 1/4 gal
부셸	bu	2150.42 인치 입방체

⑥ 미터법 단위

접두사	수	기호
킬로	1000 = 103	k
헥토	100 = 102	h
데카	10 = 101	da
없음	1 = 100	(없음)
데시	0.1 = 10−1	d
센티	0.01 = 10−2	c
밀리	0.001 = 10−3	m
마이크로	0.001 = 10−4	μ(그리스어 mu)

2.14.4 기둥의 부피 지도

1) 귀납적 방법

밑면이 합동이고 높이가 두(세, 두 배 반) 배가 되면 두(세, 두 배 반) 번 쌓아올린 결과이므로 체적은 두(세, 두 배 반) 배가 된다. 마찬가지로, 높이가 같고 밑면적이 두(세, 두 배 반) 배가 되면 두(세, 두 배 반) 번 옆으로 붙인 결과이므로 체적은 두(세, 두 배 반) 배가 된다.이 과정을 분수까지 확장한다.

2) 각기둥의 부피

각 기둥의 밑면의 넓이를 m^2 또는 cm^2 등으로 측정한 다음, 구한 수를 각 기둥의 높이를 m 또는 cm 등으로 각각 측정한 수로 곱한다. 그들의 곱은 텐서곱의 정의에 의해서 주어진 각기둥에 포함되는부피가 $1m^3$ 또는 $1cm^3$인 단위 정육면체의 수(배)이므로, 결국 그 각 기둥의 부피이다. 따라서 각기둥이 단위 정육면체의 밑면적(m^2 또는 cm^2)의 m 배, 높이(m 또는 cm)의 n배가 되면 각기둥의 체적은 정육면체의 $m \times n$배(즉, $m \times n(m^2 \times m) = m \times n(\mathrm{m}^3)$ 또는 $m \times n(\mathrm{cm}^2 \times \mathrm{cm}) = m \times n(\mathrm{cm}^3)$)가 된다. 즉, 입체의 체적은 정육면체를 공통단위로 하여 다음 정리를 얻는다.

① 밑면이 합동인 두 각기둥의 체적은 그 높이에 비례하고, 높이가 같은 두 각기둥의 체적은 그 밑면적에 비례한다. 따라서

② 각기둥의 체적은 밑면적과 높이의 곱이다.

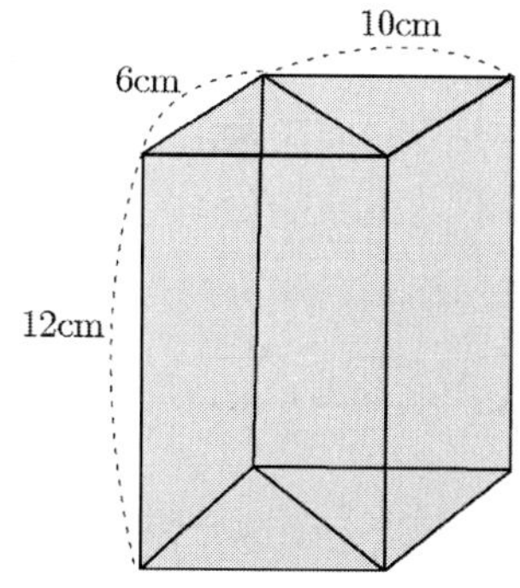

(각기둥의 부피)=(밑넓이)×(부피)

3) 원기둥의 부피

평행으로 마주하는 합동인 원을 두 밑면으로 하고 그 원주둘레로 구부러진 평면으로 둘러싸인 입체를 원기둥이라고 한다.

원기둥은 직원기둥과 빗원기둥이 있다. 각기둥과 같은 방법으로 다음 사실을 알게 된다.

① 밑면과 높이가 같은 두 원기둥의 부피는 같다. 따라서

② 원기둥의 부피는 밑넓이와 높이의 곱이다.

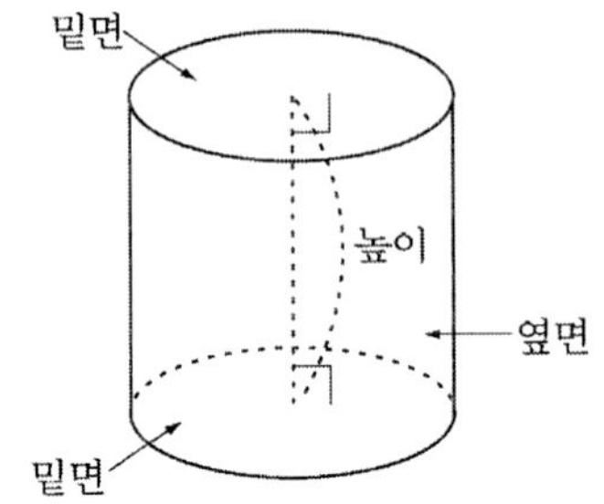

(원기둥의 부피)=(밑넓이)×(부피)

③ 원의 넓이 공식을 이용한 원기둥의 부피 구하기

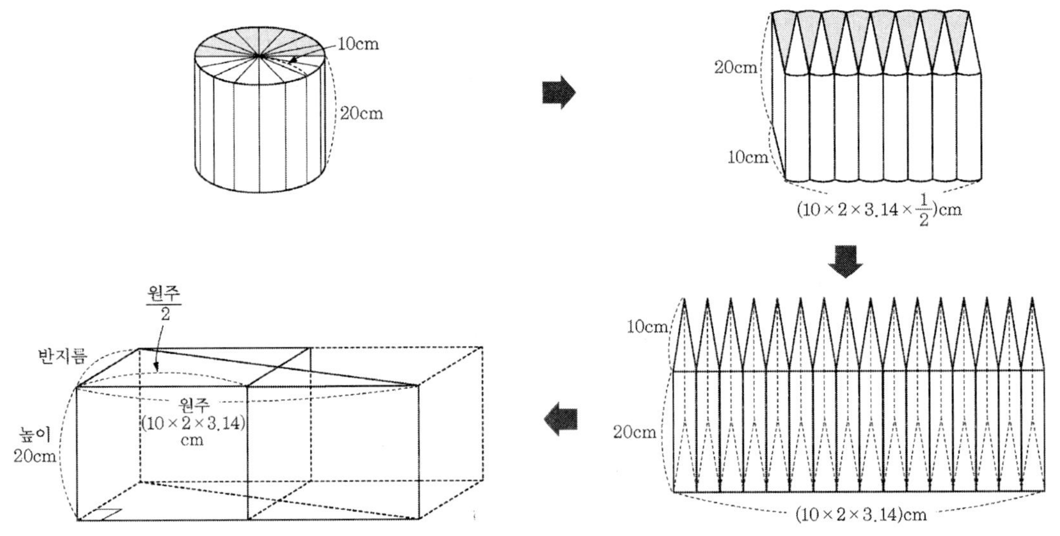

처방 코드번호 : 2171
주제 : 입체도형의 측정 오류 유형 : 각기둥, 원기둥의 부피 원기둥의 부피는 원의 넓이와 마찬가지로 극한 개념이 설명되어야하므로 초등학교 아동에게는 의미충실하게 지도하기 힘든 내용이다. 따라서 먼저, 원의 넓이를 구하는 방법을 아동이 이해한 다음, 원기둥은 기둥이므로 기둥의 부피 공식인 (밑넓이)×(높이)를 적용하여 지도하면 될 것이다.

2.14.5 각뿔과 원뿔의 부피 지도

1) 정의

다각형 밖의 한 점(꼭짓점)에서 출발하여 그 다각형의 밑면에서 끝나는 몇 개의 삼각형으로 둘러싸인 입체를 (직)각뿔이라 하며, 원 밖의 한 점(꼭짓점)에서 원을 잇는 선분으로 둘러싸인 입체를 (직)원뿔이라 한다. 만일 꼭짓점이 밑면에 수직이 아닌 경우에 만들어지는 뿔은 빗(원)각뿔이라고 한다.

2) 각뿔의 부피

① 카발리에리 원리

- 두 각뿔의 밑면적과 높이가 같으면 체적이 같고, 밑면의 모양은 다르지만 면적이 같고 높이가 같으면 두 각뿔의 체적은 같다.

  유클리드는 원론 XII 권에서 원뿔의 체적은 원기둥의 $\frac{1}{3}$ 임을 증명하였으며, 끌레로는 다음과 같이 직관적인 방법으로 각뿔의 부피를 설명하였다.

② 끌레로의 방법

주어진 각뿔과 높이가 같은 정사각뿔을 생각하자. 두 각뿔의 높이가 같으면 체적의 비는 밑면적의 비가 되므로 다음이 성립한다.

- 높이가 같은 두 각뿔의 체적은 밑면적에 비례한다.

  (설명) 정사각형의 면적 : 다각형의 면적 = 정사각뿔의 체적 : 각뿔의 체적 이다. 예를 들어 이 비를 $a : b$로 놓으면 각뿔의 체적은 정사각뿔의 체적의 $\frac{b}{a}$ 배이다. 따라서 다음식이 성립한다.

- 각뿔의 체적 = 정사각뿔 $\times \frac{b}{a} = \frac{1}{3} \times$ 높이 $\times$ 정사각형 $\times \frac{b}{a} = \frac{1}{3} \times$ 높이 $\times$ 다각형

③ 고대 이집트인들의 방법

피라미드(정사각뿔)의 부피를 구하는, 다음과 같은 두 가지의 방법이 있다.

- 방법 1

  '밑넓이가 B이고 높이가 h인 각기둥이 있다면, 각각의 각뿔의 부피는 $\frac{1}{3} \times B \times h$이다.'

  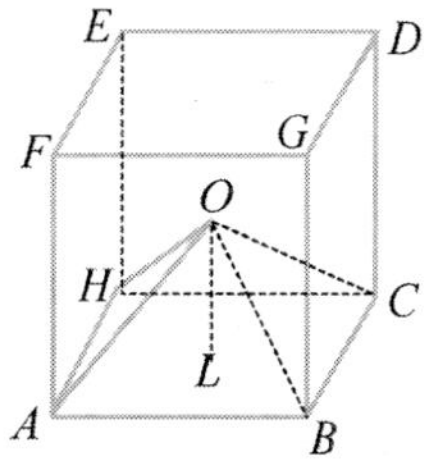

  (설명) 평면에서 대각선은 정사각형을 두 개의 합동인 삼각형으로 잘라낸다. 삼차원 공간에서 정육면체의 한 쪽 코너에서의 대각선은 정육면체를 채우고 있는 세 개의 합동인

사각뿔을 만든다. 그러므로 각각의 사각뿔은 정사각형의 부피의 3분의 1이 된다. 정육면체 대신에 직육면체를 생각하자. 한 쪽 코너에서의 대각선을 이용하여 세 개의 사각뿔로 입체도형을 분할한다. 그 일반적으로 세 개의 사각기둥은 각각 합동이 아니다. 그러나 세 개의 사각기둥의 부피는 모두 같다.

• 방법 2

'정사각뿔의 체적은 정육면체의 체적의 $\frac{1}{6}$이다.'

(설명) 위의 정육면체의 4개의 대각선 AD, BE, CF, HG은 정육면체를 6등분한다. 따라서 대각선들의 교점인 O를 꼭짓점으로 하는 피라미드(정사각뿔)의 부피는 각각 정육면체의 $\frac{1}{6}$이다.

④ 각뿔의 부피

각뿔의 체적은 밑면과 높이가 같은 각기둥의 체적의 $\frac{1}{3}$이다.

3) 원뿔의 부피

고대인들은 원뿔의 부피를 원기둥에 꼭 맞는 원뿔을 넣고, 원기둥의 남은 공간을 모래로 채운 다음, 원뿔을 꺼내면 모래가 원기둥의 $\frac{2}{3}$을 채운다는 사실을 알게 되어, 원뿔의 부피가 원기둥 부피의 $\frac{1}{3}$임을 알게 되었다고 한다.

2.15 무게와 온도

무게는 길이나 부피와 같은 연속량이지만 눈으로 볼 수 없는 양으로 무거운 정도를 나타내는 양이다. 수학에서의 무게의 개념은 중력 가속도를 고려하지 않는 질량(mass)을, 물리학에서는 중력 가속도를 감안한 질량(weight)을 의미한다. 같은 물체의 경우 형태가 변하거나 작게 나누어도 원래의 무게는 변하지 않지만 부피가 같더라도 그 재질(밀도)에 따라 다를 수 있다. 따라서 무게의 직접 비교는 대상을 들어보고 근육의 이완정도에 의해서 판단할 수 밖에 없다.

2.15.1 무게의 비교

부피와 마찬가지로 무게 역시 직접비교와 간접비교를 할 수 있다.

1) 직접비교

무게를 비교하는 가장 간단한 방법의 하나는 두 물체를 양손으로 들어 보는 것으로, 필통과 책, 지우개와 연필 등, 두 물체의 무게가 차이 날 경우에는 무게를 비교할 수 있다. 아동들은 이 과정에서 모든 물체는 무게를 지니고 있으며, 무게는 모양이나 부피만으로 판단할 수 없으며, 가법적인 양임을 알도록 지도하고 '더 무겁다 또는 '더 가볍다'로 표현하도록 한다.

2) 간접비교

손으로 들 수 없는 무거운 물체이거나 두 물체의 무게가 비슷할 때, 또는 너무 가벼운 물체의 경우에는 무게의 비교가 어렵다. 이러한 불편을 극복하기 위하여 무게를 시각적인 양으로 표현되어야 한다. 특히 물체의 크기가 작거나, 수학책과 수학 익힘책과 같이 두 물체의 무게가 비슷할 때에는 양팔 저울(천칭)을 이용하여 비교할 수 있다. 양팔 저울을 이용하면 무거운 물건이 있는 쪽이 '아래로 내려가는' 사실을 통하여, 아동들은 두 물체의 무게가 다를 때에는, 그 사이에 존재하는 무게(연속량)가 있으며, 무게에도 순서가 있음(무게의 순서성)을 알게 된다.

3) 무게의 임의 단위

천칭에 의한 무게 비교는 '어느 편이 더 무거운가?'는 알 수 있으나 '얼마나 더 무거운가?'는 알 수 없으므로, 매개물을 이용한 임의 단위로서 바둑돌, 구슬, 성냥개비, 건전지 등의 구체물을 이용하여 '그들 무게의 몇 개분인가?'를 측정한다. 무게는 외연량 중에서 가장 가법성이 강한 양이고 똑 더하는 방법과도 무관하다. 따라서 무게에 관한 실험은 아이들로 하여금 다양한 활동을 가능하게 한다. 예를 들면 물체를 분할, 합성하거나 또는 가루로 만들어 분리하거나 혼합하여 측정하더라도 그 무게는 불변이다.

4) 무게의 특성

① 무게는 그 부피와는 관계가 없다. (무게의 불변성, 솜과 쇠붙이)
② 무게는 그 모양과 관계가 없다. (무게의 불변성, 찰흙의 조작)
③ 무게는 가법성을 갖는다. (무게의 가법성, 찰흙의 조작)
④ 두 물체의 무게의 중간에 해당되는 무게를 갖는 물체가 항상 존재한다. (무게의 연속성, 찰흙의 일부분)

2.15.2 무게의 보편단위

무게는 길이, 넓이, 부피와 같은 시각적인 양이 아니기 때문에 이를 단위로부터 유도할 수 없다. 그러나 동일한 재질의 물체의 무게는 그의 부피에 비례하기 때문에 무게는 부피와 밀접한 관련이 있다. 그런데 천칭에 의한 무게의 비교에는 한계가 있다. 즉, 상대적인 무게는 알 수 있으나, 절대적인 무게를 알 수 없기 때문에 임의단위를 사용할 때 불편한 점을 아동들에게 인식하도록 지도한다.

1) 보편단위의 도입

보편단위를 도입하기 위하여 저울을 사용한다. 저울에는 접시저울, 용수철저울, 대저울, 천칭 등이 있다. 이러한 저울을 통하여 무게는 선분으로 시각화되고, 실수에 대응시킬 수 있다.

2) 미터법의 지도

무게의 표준단위인 g의 도입과정을 지도한다.

① 1g, 1kg, 1mg의 도입

1795년 생물학자들에 의해 물의 비중이 3.98C°일 때 가장 밀도가 큰 사실을 발견한 후, 1799년 12월 10일에 프랑스과학원에서 3.98C°(약 4C°)일 때 순수한 물 1cc(cubic centimeter, cm^3)의 무게를 1g으로 유럽의 공통척관법으로 정하였다. 또한 1g의 1,000배를 1kg으로, $\frac{1}{1000}$을 1mg 등으로 표기하였는데, 그 이유는 10진법으로 구성된 인도-아라비아 숫자(Hindu-Arabic numeral)인 0, 1, 2, 3, 4, 5, 6, 7, 8, 9로 표현된 수의 계산 속도가 세계에서 가장 빠르기 때문이다.

② 1kg의 지도

무게의 지도는 1kg부터 지도한 후에 1g을 지도한다. 교실수업시간에 아동들에게 들이를 지도할 때, 수학교구인 천 모형만큼의 들이를 1L, 일 모형(낱개)만큼의 들이를 1mL로 정하였다. 따라서 천 모형만큼의 물의 무게를 1kg으로 약속하여 아동들에게 양감을 갖도록 한다.

- 과학실에서 1L 들이의 그릇을 저울위에 올려놓고 그릇에 물을 완전히 채우면 저울의 눈금이 1kg 움직이는 과정을 아동들이 관찰하도록 한다.

[유의점]

- 물건이 놓이지 않은 상태에서 저울의 바늘이 눈금 0에 놓여 있는지를 확인한다.
- 저울의 눈금을 읽기 전에 저울의 모양과 눈금의 구성 원리를 지도한다. 저울의 눈금 읽기는 모든 계기의 눈금 읽기의 기초가 되기 때문이다.

③ 1g의 지도

저울 위에 올려놓은 물건의 무게가 눈금 사이에 있게 되거나, 연필 등과 같이 작은 물건의 무게를 잴 때에는 1kg보다 더 작은 눈금이 필요하게 되는 상황을 경험하도록 한 후에, 새로운 단위인 1g을 일 모형(낱개)만큼의 물의 무게로 약속하여 아동이 양감을 갖도록 한다.

- 물 $1cm^3$인 무게를 1g으로 약속한다.

• 이 관계를 이용하여 물체의 무게를 복명수로 나타내게 한다.
5kg과 250g의 무게는 5,250g으로 환산하고 무게의 합과 차를 병행하여 구체적 실험을 통하여 확인한다. 이를 통하여 양의 보존성을 이해한다.
• 1,000g=1kg임을 지도한다.
• 무게의 단위로는 kg, g 외에 큰 무게를 재기 위하여 톤(t)을 도입하고 1t=1,000kg임을 이해하도록 지도한다.

④ 무게의 어림 지도
눈금이 예민한 저울위에서는 동일한 물건의 무게를 잴 때 또는 눈금을 바라보는 각도에 따라서 측정값이 조금씩 달라질 수 있다.
• 물건의 길이를 잴 때와 마찬가지로, 어림하여 근사값으로 측정하는 방법을 지도한다.

처방 코드번호 : 2190
주제 : 입체도형의 측정 오류 유형 : 무게 교과서의 약속 부분에서 천 모형만큼의 물의 무게가 1kg이었던 사실을 기억하여 물 1L의 무게가 1kg이라는 것을 알도록 지도한다.

⑤ 무게의 단위 비교

단위	g	kg	ton	그레인	온스	lb
1 g	1	0.001	0.000001	15.432	0.03527	0.0022
1 kg	1000	1	0.001	15432	33.273	2.20459
1 ton	1000000	1000	1	–	35273	2204.59
1 그레인	0.06479	0.00006	–	1	0.00228	0.00014
1 온스	28.3495	0.02835	0.000028	437.4	1	0.06525
1 lb	453.592	0.45359	0.00045	7000	16	1

⑥ 들이, 부피, 무게의 관계

입방체	부피	무게(물)
1 m^3	1 kL	1 ton
1 dm^3	1 L	1 Kg
1 cm^3	1 mL	1 g

⑦ 온도

• 섭씨

섭씨온도(Celsius, 攝氏溫度, °C)는 스웨덴 천문학자인 Anderson Celsius(1701~1744)의 이름을 한자로 표현한 것으로 원래는 백단계(centigrade)이었다. 즉, 1744년에서부터 1954년까지는 0°C를 물이 어는점, 100°C를 물이 끓는점으로 정하여 사용하였다.

• 절대 온도

Vienna Standard Mean Ocean Water(VSMOW)의 물(소금이나 다른 물질을 포함하지 않는 순수한 물)을 기준으로 삼았으며, 모든 물질의 활동이 정지(zero entropy)되는 온도를 기준으로 만든 Kelvin 온도(K)를 사용하게 되었다. 즉, 0 K =−273.15°C, 0°C = 273.15K이고 섭씨와 K의 온도 간격은 같다.

• 화씨

화씨온도는 독일의 다니엘 가브리엘 파렌하이트(Daniel Gabriel Fahrenheit, 1686~1736)의 이름을 딴 온도 단위이며, 기호로는 °F를 쓴다. 화씨(華氏)란 이름은 독일인명인 파렌하이트(Fahrenheit)의 중국 음역어 '화륜해(華倫海)'에서 유래한다.

화씨온도에서는 물이 어는점은 32°F, 끓는점은 212°F이고, 그 사이의 온도를 180등분하여 눈금은 화씨 1°=섭씨 $(\frac{5}{9})°$ 이다. 따라서 절대 0점은 −459.67 °F가 된다.

• 섭씨, 절대온도, 화씨온도의 관계

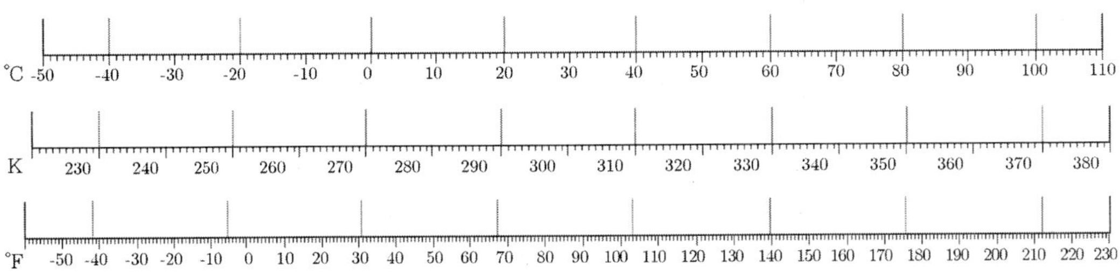

2.16 쌓기나무

쌓기나무는 아동의 공간감각을 기르는 데에 중요한 요소이다. 이 절에서는 쌓기나무 지도에 사용되는 소마큐브를 이용한 공간감각 신장방안을 알아보기로 한다.

2.16.1 소마큐브

1) 소마큐브의 종류

소마큐브(soma cube)는 모양이 다른 7개의 소마 조각으로 이루어진 입체퍼즐입니다. 이들 조각을 조합하면 새로운 입체 도형을 만들 수 있는데, 조합관계를 탐구하고 숨겨진 규칙들을 직접 찾아봄으로써 공간 감각을 한층 더 높일 수 있습니다. 제시된 답에 구애받지 않고 자신의 창의적인 모양을 제작하고 입체에 담긴 규칙을 찾아보는 활동은 창의력 향상 뿐 아니라 소마큐브와 수학을 공부하는 즐거움을 느낄 수 있다.

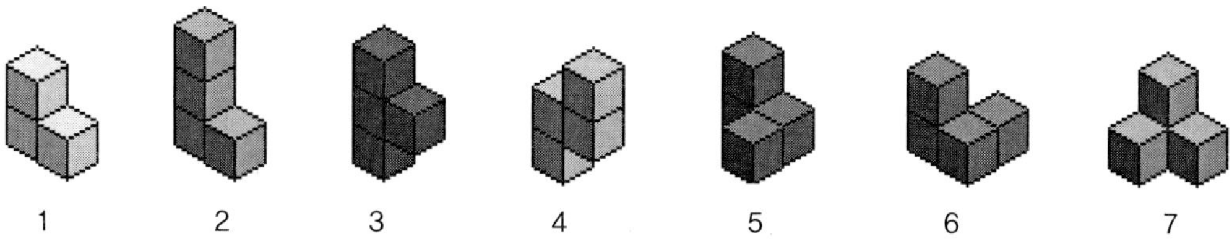

2) 소마큐브의 활용방법

각각의 소마큐브를 앞에서 본 모습, 옆에서 본 모습, 위에서 본 모습을 색칠하고, 쌓인 블록의 번호를 써 넣는 활동을 통하여 입체에 관한 공간감각을 기르도록 지도한다.

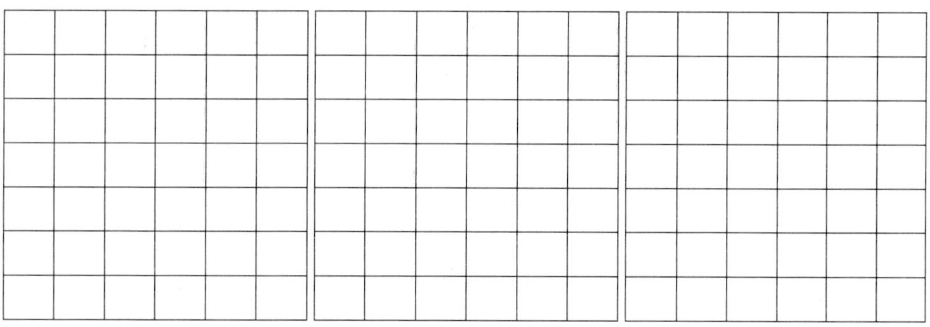

앞에서 본 모습　　옆에서 본 모습　　위에서 본 모습

처방 코드번호 : 2180

주제 : 입체도형의 측정

오류 유형 : 쌓기나무

쌓기나무는 공간감각과 밀접한 영역이므로 아동들에게는 소마큐브 등의 교구를 쌓아가면서 앞면, 측면, 밑면을 관찰한 그림을 그려보도록 해야 하며, 거꾸로 앞면, 측면, 밑면의 그림을 보면서 큐브를 쌓는 활동을 다양하게 경험하도록 지도해야 한다.

2.16.2 소마큐브의 조립

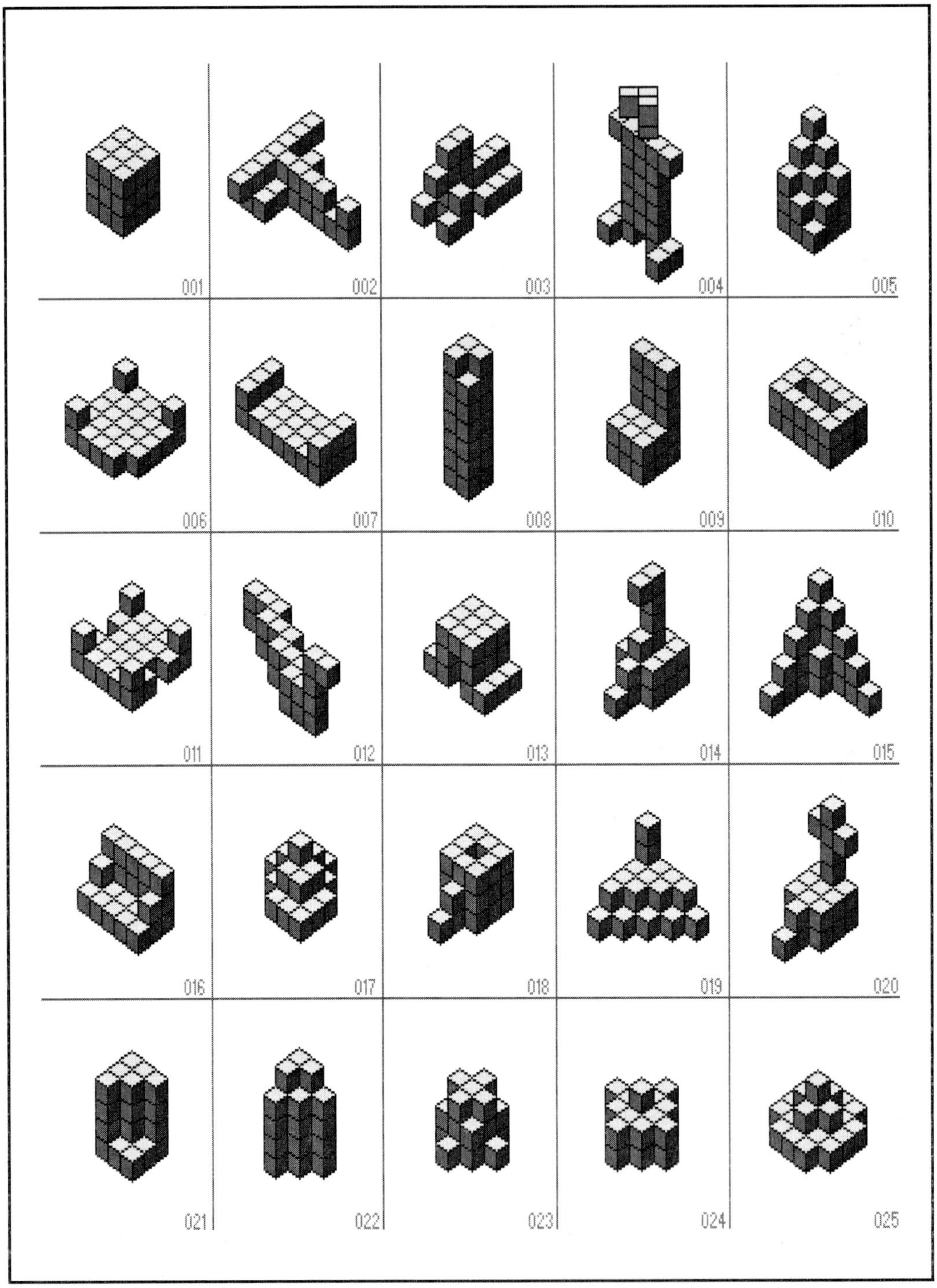

❏ 측정영역에 대한 NCTM의 원리와 규준

• 취학 전에서 초등2년 아동의 측정의 관념과 측정할 수 있는 속성

어린이들은 물체를 직접적으로 비교하거나, 만지고, 관찰하면서 성질에 대한 이해를 발달하기 시작해야 한다. 그들은 물체를 들어 올림으로써 두 물건 중 어느 것이 더 무거운지 인식하거나, 쌓여있는 대상물 크기를 바라봄으로써 '누가 더 많이'를 결정할 수 있다. 그들은 나란히 섬으로써 어느 신발이 더 긴지 비교할 수 있다. 성인은 '저 것은 깊은 구멍이다.', '큰 상자안의 장난감을 들어보자', '저것은 긴 로프이다.'라는 그들의 대화를 통해 어린아이가 성질을 인식할 수 있도록 도와야 한다.

학교에서 학생들은 대상들을 설명하고, 비교하고, 서로 다른 성질로써 배열하면서 성질에 대해서 학습해 나간다. 축구공이 야구공보다는 크지만, 비치 발리 볼보다는 작다는 등의 순서적 관계를 아는 것은 측정 개념을 발달시키는데 중요하다.

교사는 측정 가능한 자료를 만들어주고, 측정의 기회를 계획하고, 그들의 행동의 결과를 학생에게 설명하는 것을 장려하는 방법으로 학생들의 탐구를 지도해야 한다. 이야기는 학생들의 측정의 개념적, 절차적 지식을 형성시켜주고, 교사에게는 다음 단계를 계획하고, 진보를 기록하기 위한 가치 있는 정보를 제공한다. 같은 대화와 질문은 학생들의 이해와 오개념들에 대하여 교사가 알 수 있도록 하는 어휘를 학생들이 만들어 내는 것을 도와준다. 예를 들어 학생이 막대와 함께 있는 책상의 길이를 측정할 때, 교사는 만약 그들이 길이가 절반인 막대를 사용한다면 무슨 일이 생길 것 같습니까? 라고 질문할 수 있다.

그들은 더 많은 막대가 필요할 까요? 아니면 더 적은 수의 막대가 필요할 까요? 만약에 학생들이 책상의 높이를 조사하고 있는 중이라면 교사는 무슨 측정도구가 적철하고, 왜 사용하는지에 대해서 물어볼 수 있다. 어린 시절동안에는 서로 다른 많은 속성을 측정하기 위한 개념적인 토대가 발달되어야 하지만, 선형적인 측정이 주로 강조된다.

측정 탐구는 표준 단위와 비표준 단위(임의 단위)를 사용하는 것만큼 직접 비교하는 것이 포함되어야 한다. 예를 들어 교사는 학생에게 직육면체인 책상의 길이를 측정하거나, 방안에서 그들의 발만큼 긴 것을 찾는 것을 요구할 수 있다. 나중에 그들은 교실의 식물을 측정하는 자와 같은 표준화된 측정도구를 사용할 수 있고, 식물의 성장을 표로 만들기 위해 측정을 사용할 수 있다.

2.17 평면도형의 이동

초등학교에서 3학년과 5학년에는 '평면도형의 이동'에 대하여 아동들이 공부하는 기회를 갖는다. '평면도형의 이동'이 교육과정에 들어가게 된 이유를 살펴보면 크게 두 가지로 나눌

수 있다. 하나는 '공간감각 기르기'이고 다른 하나는 '강체 운동의 기초 및 논리'이다.

2.17.1 강체운동의 발생

강체란 힘을 주었을 때, 위치는 변하지만 모양이 변하지 않는 물체를 말한다. 이러한 강체를 밀거나 돌리거나 뒤집는 활동을 강체운동이라고 한다. 이 개념은 19세기말에 수학교육 개혁을 선도했던 독일의 수학자 클라인(F. Klein, 1849~1925)이 정다각형을 강체운동만으로 분류하기 위하여 고안한 개념이다. 예를 들면, 전통적으로 정삼각형과 정사각형은 변의 개수, 꼭짓점의 개수, 각의 개수 등으로 구별하고 있다. 그러나 클라인은 다음과 같은 방법으로 두 도형을 분류하자고 한 것이다.

	기존의 정의	강체운동에 근거한 정의
정삼각형	길이가 같은 세 변과 크기가 같은 세 각으로 이뤄져 있는 도형	도형의 중심점을 회전점으로 잡고, 120° 회전시켰을 때, 완전히 겹쳐지는 도형
정사각형	길이가 같은 네 변과 크기가 같은 네 각으로 이뤄져 있는 도형	도형의 중심점을 회전점으로 잡고, 90° 회전시켰을 때, 완전히 겹쳐지는 도형
⋮	⋮	⋮

2.17.2 네 가지 기본적인 강체운동

강체운동[6]은 크게 평행이동, 회전, 반사등을 일컫는다.

1) 평행이동(Translations)

비형식적 수준에서는 '밀기(Slide)'라는 용어를 사용한다. 이것은 같은 방향, 같은 거리로 평면의 모든 점이 움직이는 강체 운동이다.

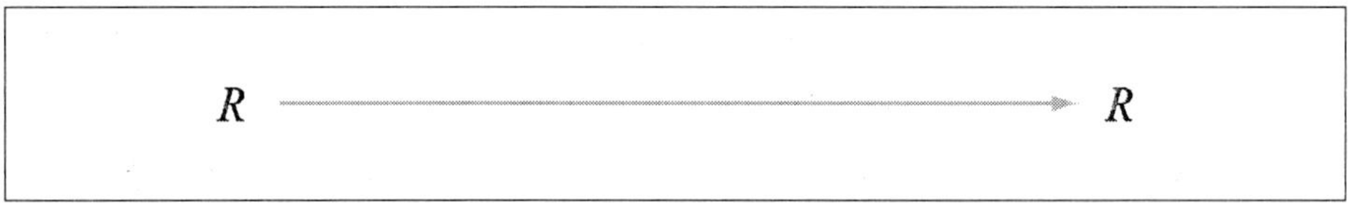

위 그림에서 왼쪽의 'R'에서 오른쪽의 'R'까지 표시된 화살은 밀기를 하기 위해 요구되는 두 가지의 정보인 방향과 거리를 알려주고 있다. 밀기의 방향은 화살의 방향이며, 움직인 거리는 화살의 길이이다.

6) 강체운동은 평행이동, 회전이동, 반사, 미끄럼반사로 크게 4가지로 분류하지만 이 중 미끄럼반사는 초등학교에서는 다루기 어렵다. 필요에 따라서 영재교육 등에서는 다룰 수도 있다.

2) 회전(Rotations)

돌리기라고도 불린다.

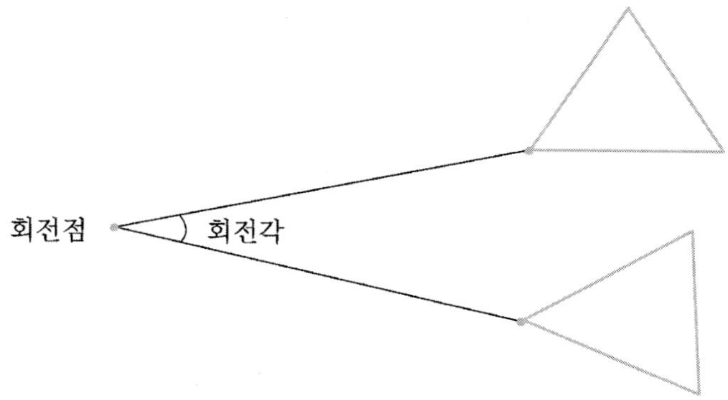

〈회전〉

그림과 같이 평면의 한 점은 고정된다. 이점을 회전점이라고 하며, 남아있는 점은 회전점을 축으로 같은 각도(반시계 방향)만큼 돌려준다. 회전은 주어진 회전점과 회전각에 의해 결정된다. 시계 방향 회전을 음(−)각, 반시계 방향의 회전 각도를 양(+)각으로 약속한다. 이런 식으로 −120° 회전은 같은 중심에서 240°에 해당한다.

3) 반사

세 번째 기본적인 강체 운동은 뒤집기, 거울 반사 등으로 불리는 반사이다.

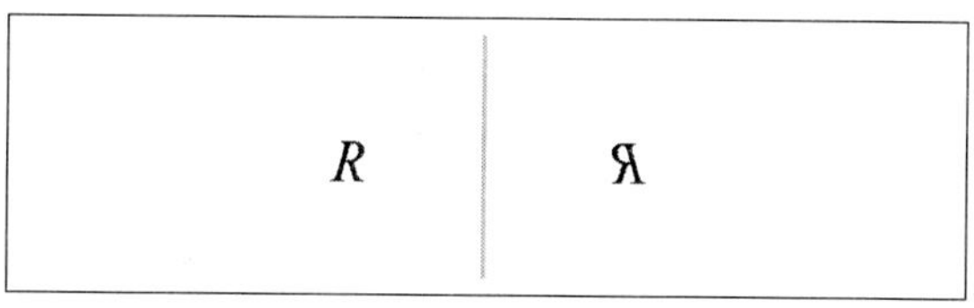

반사는 평면위에서 반사 축 혹은 대칭축(거울 축)이라는 선에 의해서 결정된다. 평면의 각 점 P는 거울 축 m의 반대쪽 점 P"으로 이동하고 m으로부터 같은 거리만큼 이동한다. 두 점 P와 P"을 잇는 선과 거울 축 m과의 교점을 P'이라하면, 거울 축 m은 두 점 P와 P"을 수직 이등분한다. 따라서 점 P'은 선분 PP"의 수직이등분 점이 된다.

- 뒤집기 활동 1

  뒤집기는 투명지를 사용하여 투사와 뒤집기 과정을 통해서 설명할 수 있다. 첫째, 반사 축과 기준점을 포함하여 원래 그림의 자취를 그린다. 그 후 투명지를 뒤집고 뒤집기의 축을 지나는 점은 원래의 위치 위에 위치시킨다. 기준점의 정렬은 반사 축 상에서 어떤 미끄러짐도 없음을 의미한다.

• 뒤집기 활동 2

뒤집기는 또한 종이 접기를 통해서 실행될 수 있다. 이 때 접는 선은 거울 축 역할을 한다. 예를 들어, 잉크로 종이의 절반에 그림을 그린다.(혹은 잉크나 포스터 칼라의 큰 얼룩점을 떨어뜨린다.) 그리고 잉크나 페인트가 마르기 전에 다른 한 쪽이 그림을 덮도록 접는다. 만약 투사지나 패티 페이퍼가 사용 가능하다면 접어진 종이의 한쪽면의 바깥쪽에 상을 그린다. 그 후 접어진 종이를 위아래로 돌리고 두개의 접어진 막을 통해 보이는 그림의 자취를 남긴다.

4) 미끄럼 반사

마지막 네 번째 기본적인 강체 운동은 미끄럼 반사이다. 이는 미끄럼 반사는 미끄러짐과 뒤집기가 결합된 변환형태이다. 가장 쉽게 상기되는 예는 왼발자국에서 오른발자국으로 옮겨가는 동작이다. 미끄러짐 반사라 불리는 반사의 축은 미끄러짐의 방향과 평행해야 한다. 미끄러짐은 뒤집기의 앞에 실시된다. 하지만 뒤집기가 미끄러짐보다 먼저 시행되어도 결과는 같다. 미끄러짐 뒤집기에서 왼발자국의 상은 오른발자국이다.

	필요한 정보	설명	방향 속성
평행이동(밀기)	옮기는 방향, 거리와 방향을 명시	평면상의 모든점은 같은 거리와 방향으로 이동한다.	방향이 유지됨
회전(돌리기)	회전점과 회전각	평면상의 모든 점이 회전점에 대해 지시받은 각의 크기만큼 회전한다.	방향이 유지됨
반사(뒤집기)	반사축	반사축 위를 제외한 평면상의 모든점은 반사축의 반대편의 상으로 이동한다. 반사축위의 점은 고정된다.	방향이 뒤집힘
미끄럼 반사	미끄러지는 방향과 그 방향과 평행한 반사축	평면상의 모든점은 평행이동을 하고, 미끄러진 방향과 평행하는 축을 중심으로 반사된다.	방향이 뒤집힘

2.17.3 강체운동의 지도법

1) 밀기의 지도

(활동1) 학생이 앞에 나와 상하좌우로 몇 걸음씩 걷게 한다. 이때 변한 것과 변하지 않은 것이 무엇인지 알아본다.

(활동2) 다음의 도형이 그려진 모눈종이를 배부하고 투명한OHP필름에 도형을 본뜨게 한 다음 상하좌우로 몇 칸씩 옮기기를 한 도형을 그린다. 변한 것과 변하지 않은 것이 무엇인지 알아본다.

(활동3) 밀기 활동을 통하여 모눈종이에 도형을 규칙성 있게 배열한다.

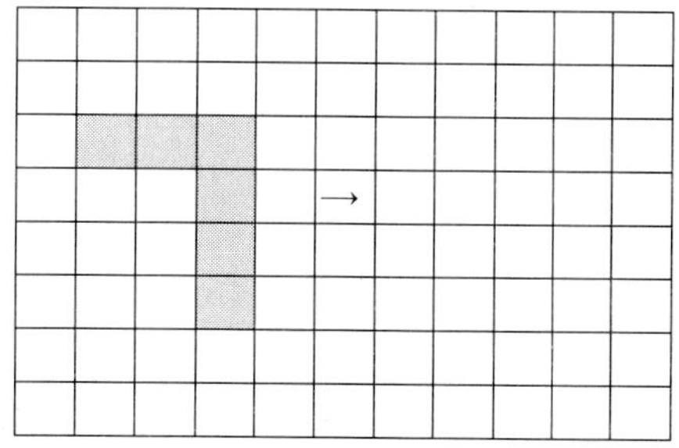

2) 돌리기의 지도

(활동1) 놀이용 돌리기판으로 간단한 게임을 하면서 바늘이 회전한 다음의 모습이 처음과 같은 점과 다른 점이 무엇인지 알아본다.

(활동2) 아래와 같이 도형이 그려진 모눈종이를 배부하고 투명한OHP필름에 도형을 본을 뜬다. 그리고 회전점을 연필로 고정하여 반시계 방향으로 직각만큼 회전시킨다. 이때에도 변한 것과 변하지 않은 것을 알아본다.
오른쪽 도형을 OHP필름에 본 뜬 다음 점을 중심으로 왼쪽으로 직각만큼 돌리기한 도형을 그려보고 처음 도형과 비교해 봅시다.

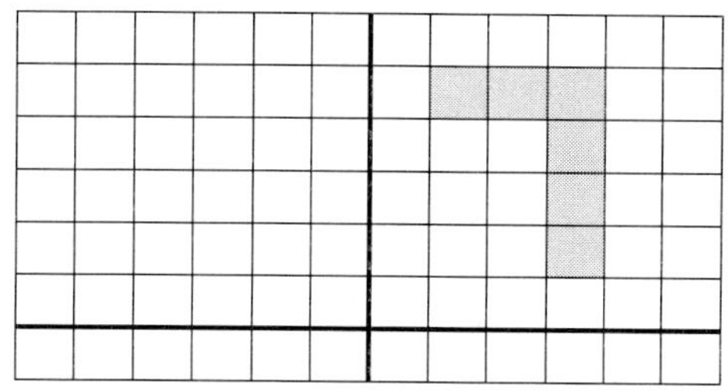

(활동3) 모눈종이에 주어진 도형을 OHP필름에 본을 뜬 다음 회전점을 중심으로 반시계 방향으로 직각, 2직각, 3직각, 4직각 회전한 모양을 모눈종이에 그린다. 상하좌우에 OHP필름을 사용하지 않고도 돌리기를 할 수 있는 학생은 그 장면을 생각하여 그려본다.

처방 코드번호 : 2070
주제 : 도형의 이동 오류 유형 : 도형의 이동 방법 밀기는 위와 같이 한 장의 모눈종이에서 지도해야 하며, 모눈종이 위에서 밀기의 결과가 구체적으로, 상하좌우 각 몇 칸씩 움직였는지를 알도록 하며, 밀기의 규칙을 정하여 밀기를 해보도록 지도한다.

3) 뒤집기의 지도

(활동1) 거울을 보면서 손으로 왼쪽 눈이나 귀를 가리키는 활동을 하면서 실제 자기가 하는 행동과 거울 속의 모습을 비교한다. 이때 변한 것과 변하지 않은 것이 무엇인지 알아본다.

(활동2) 아래와 같이 도형이 그려진 모눈종이를 배부하고 투명한 OHP필름에 도형을 본뜨게 한 다음 뒤집어 본다. 또 반사축에 거울을 대고 실제도형과 거울 속의 도형 모습을 비교하게 한다. 이때에도 변한 것과 변하지 않은 것이 무엇인지 알아본다. 오른쪽 도형을 반사축에 거울을 대고 거울에 반사된 도형을 그려보고 처음 도형과 비교해 봅시다.

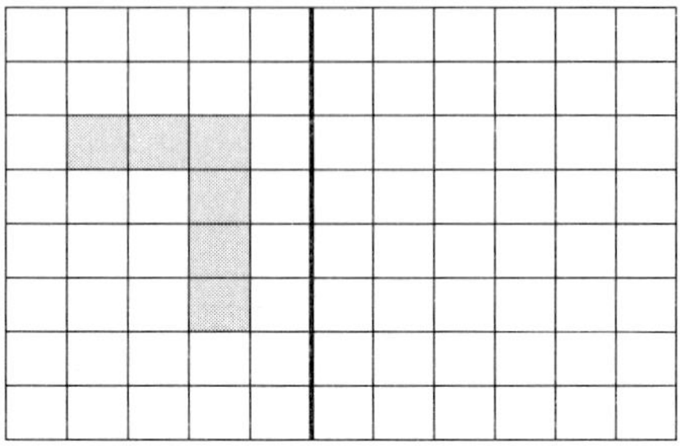

(활동3) 주어진 도형을 상하좌우에 대칭축을 그리고 뒤집은 모양을 그린다. 거울을 사용하지 않고도 뒤집기를 할 수 있는 학생은 거울이나 OHP필름을 사용하지 않도록 한다.

(활동4) 도형 뒤집기 방법을 사용하여 모눈종이에 도형을 규칙성 있게 배열하도록 지도한다.

2.17.4 강체운동의 합성

어떤 도형을 두 번 이상 강체운동을 행하는 것을 강체운동의 합성이라고 한다.

1) 밀기(평행이동)를 계속한 결과는 밀기가 된다.

2) 돌리기를 계속한 결과는 돌리기가 된다.

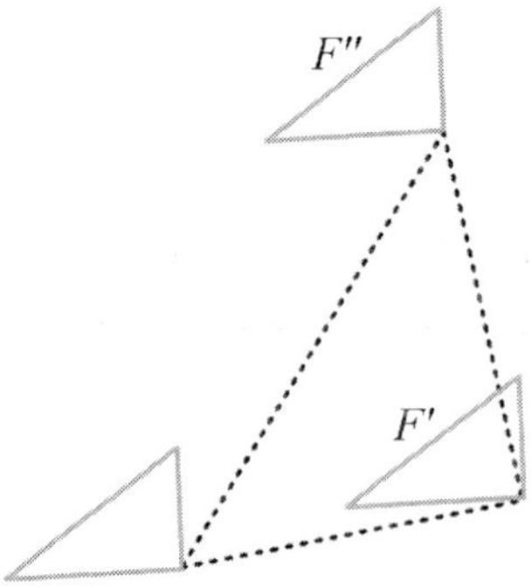

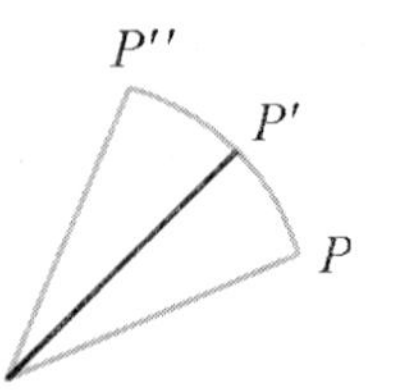

3) 밀기를 한 다음 돌리기를 한 결과는 돌리기가 된다.

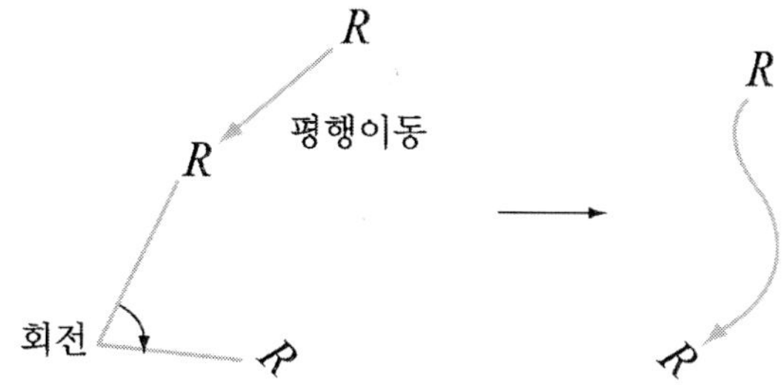

4) 뒤집기를 계속 두 번 한 결과는 밀기가 되거나 돌리기가 된다.

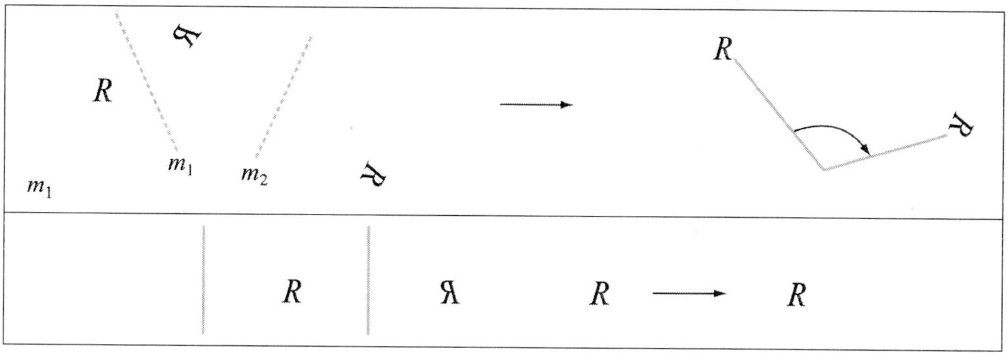

2.17.5 강체운동의 합성의 지도법

1) 놀이를 통한 지도

① 도형 움직이기를 이용한 놀이를 한다.

- 교사는 모양카드 본래의 모양을 보여주고 학생이 움직이는 방법을 모르게 한다.
- 모양카드를 움직인 후 어떤 방법으로 이동한 것인지 탐구하도록 한다.
- 정답을 말하는 아동에게는 스티커를 붙여주고 상대방이 모양카드를 제시하도록 한다. 이와 같은 방법으로 한 번씩 번갈아 가며 놀이를 하도록 하여 가역적 사고를 기르도록 한다.

② OHP필름을 이용한 지도

- 도형이 그려진 모눈종이를 배부하고 OHP필름에 도형을 본을 뜬 후에 같은 이동을 합성한 복합적인 경우를 생각한다.
- 먼저 옮기기를 2회하기(예를 들면 오른쪽으로 3칸, 위로 2칸 등), 뒤집기를 2회(예를 들면 오른쪽으로 뒤집고 다시 또 오른쪽으로 뒤집기), 돌리기를 2회(예를 들면 왼쪽으로 2직각만큼 돌리고 다시 또 오른쪽으로 직각만큼 돌리기) 등 같은 종류의 이동을 합성하는 경우이다.

• 다른 종류의 이동을 합성 하는 경우는 아주 쉽게 결과를 기대할 수 있는 경우를 학습한다.

③ 모눈종이를 이용한 지도

• 다음 모눈종이의 도형을 왼쪽으로 6칸 옮기기를 한 도형과 오른쪽으로 10칸 옮기기를 한 도형을 그리시오.

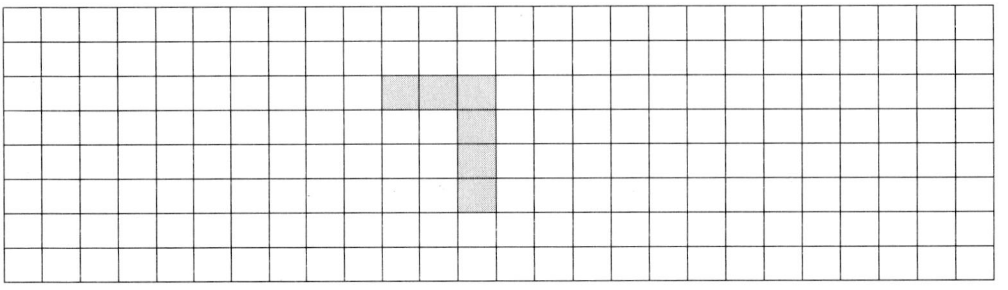

• 다음 모눈종이의 도형을 뒤집기한 도형을 그리시오.

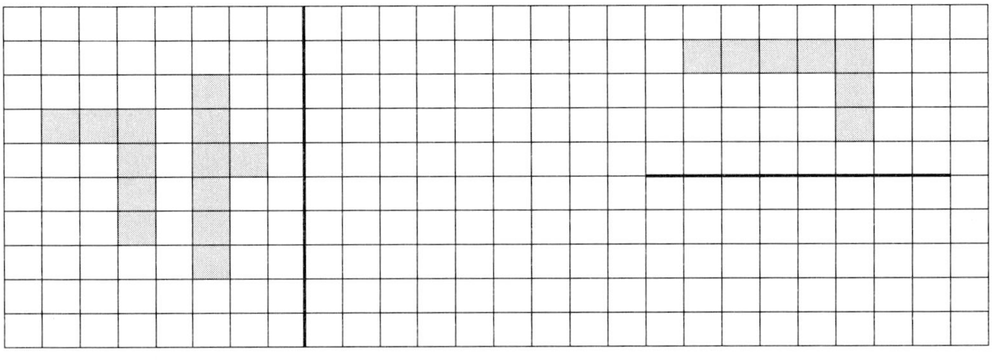

• 아래 모눈종이의 도형을 시계 반대 방향으로 1회, 2회, 3회 돌리기한 도형을 그리고, 컴퓨터를 이용하여 확인하시오.

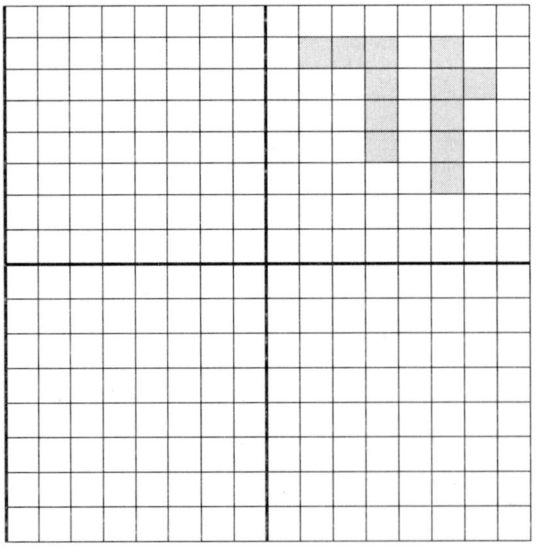

처방 코드번호 : 2071, 2072
주제 : 도형의 이동 오류 유형 : 도형의 이동 방법 밀기와 마찬가지로 돌리기와 뒤집기 역시 한 장의 모눈종이에서 활동하도록 지도해야 한다. ① 뒤집기는 대칭축에 거울을 놓고 비치는 사을 관찰하거나, OHP필름에 도형을 본을 떠서 뒤집어 붙이는 활동을 통하여 뒤집기를 이해하도록 지도한다. ② 돌리기는 회전점을 누르고 돌린다는 사실을 지도해야 하며, OHP필름에 도형을 본을 떠서 모눈종이 위에서 회전점을 누르고 원하는 각도만큼 돌린 결과를 알도록 한다.

2.18 테셀레이션

강체운동을 이용하여 벽지, 포장지, 보도블럭 등을 아름답게 구성하는 방법을 설명하기로 한다.

2.18.1 바닥 깔기와 에셔(M. C. Escher)의 디자인

이 절에서는 어떤 모양(장식)이 체계적이고 반복적으로 구성된 평면의 패턴(규칙)을 알아보기로 한다. 바닥 깔기와 장식 패턴 미술은 인류의 문명의 역사만큼 오래 되었다. 모든 고대 문화에서는, 구조적이거나 기능적인 요구에 의한 미적 충동에 의해서 예술가는 강렬한 색감과 형태를 선택하였으며, 공상적이고 복잡한 패턴은 바구니, 도자기, 건축물, 외벽, 무기 등에 장식되었다.

이러한 전통이 최근에 와서 수학의 한 분야인 바닥 깔기와 패턴이 되었으며, 그 내용으로 인하여 야금학자와 결정학 학자에게는 규칙적인 정렬에 어떻게 원자 스스로 그렇게 되는지를, 건축가들에게는 간단한 구성 요소가 어떻게 조직적으로 결합되어 큰 건물과 같은 복합체가 만들어지는지를, 컴퓨터 기술자들에게는 간단한 회로 패턴이 신경 통신망이라고 불리는 강력한 처리장치로 통합되는지를 알도록 도와주고 있다. 바닥 깔기의 대표적인 인물은 네덜란드 미술가인 에셔(M. C. Escher, 1898~1972)이다.

1) 바닥 깔기

타일과 바닥 깔기란 다음과 같다.

- 바닥 깔기(tessellation 또는 tiling)란 어떤 평면을 빈틈없이, 겹치지 않도록 평면도형으로 꽉 채우는 것을 말한다.

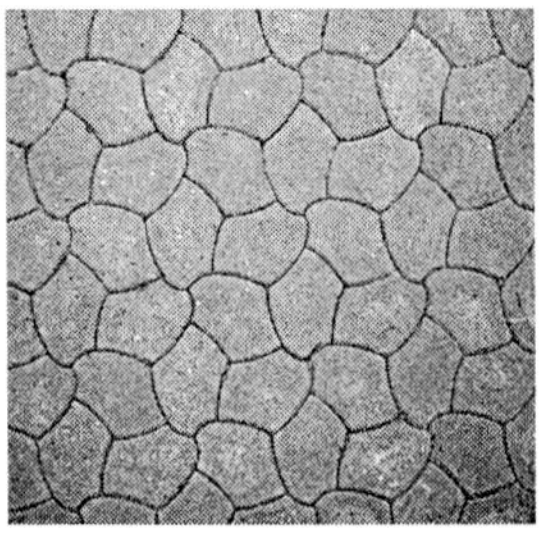

도로포장

벌집

천사와 악마

• 평면에서 규칙적인 바닥 깔기

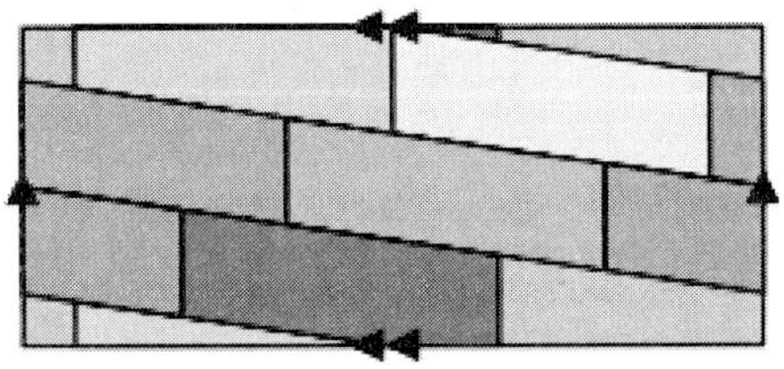

평행사변형 깔기

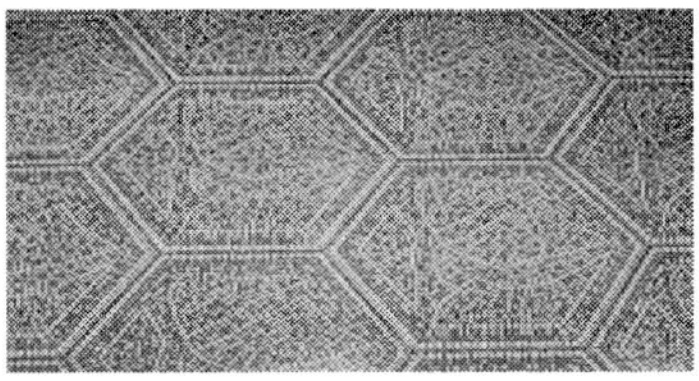

정육각형 깔기

• 에셔(Maurits Cornelis Escher, 1898～1972)

네덜란드 미술가인 에셔는 많은 양의 예술적인 바닥 깔기를 만들었다. 그의 디자인은 일반 대중에서 깊은 감명을 주었고, 전문적인 기하학자들의 흥미도 사로잡았다. 에셔(Escher) 시대의 그림은 주로 변형된 다각형과 수학자들도 놀랄만한 대칭 원리에 기본을 두고 있다. 에셔의 새 그림은 평행사변형에 기초한 격자무늬로 시작하고 있으며, 평행사변형의 꼭지 점은 이웃하는 새의 날개 끝들과 만나도록 구성되어 있다. 에셔의 작품을 몇 가지 소개한다.

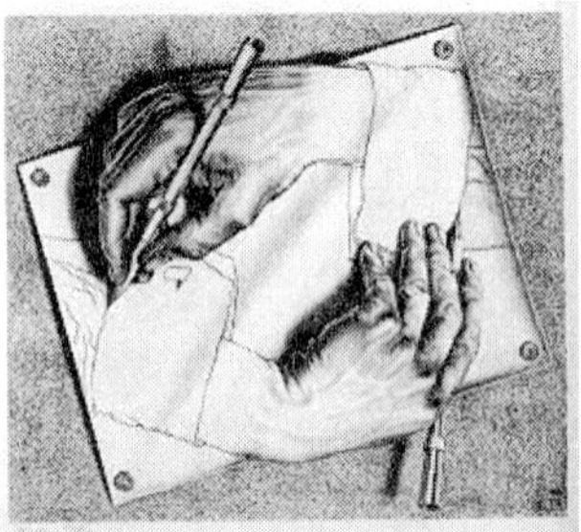

그림 그리는 손(1948)

상대성(1953)

원의극한III(1959)

2) 바닥 깔기 지도 방안

① 모눈종이에서 보물찾기

- 준비물 : 모눈종이, 색종이, 유성펜, OHP필름, 가위, 연필, 풀, 기본도형
- 밀기 규칙
  a는 오른쪽 2칸, b는 아래로 1칸, c는 왼쪽으로 3칸 밀기
- 기본 도형을 주어진 움직임에 따라 옮기기 - 결합법칙 발견
- 순서 바꿔 옮기기 - 교환법칙 발견
- 잃어버린 동전 찾기 : 집에 오다 떨어뜨린 동전 찾으러 갔다 집으로 돌아오기 - 역원 발견

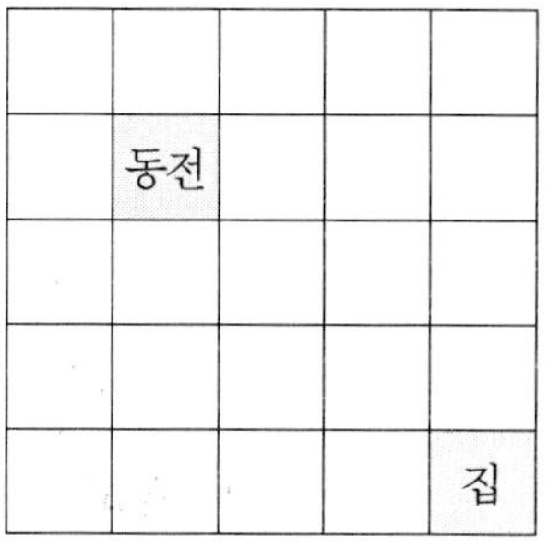

〈그림〉

② 밀기로 바닥 덮기

- 도형(색종이로 만든 여러 가지 도형 이용)의 좌우상하 옮기기를 통해 옮기기의특징을 찾고 바닥(8절 도화지)을 덮을 수 있는 도형 찾기 - 닫힘성 발견
- 단위 도형(정사각형, 정삼각형 등)을 변형하여 단위 타일을 만들어 바닥(8절 도화지) 덮기

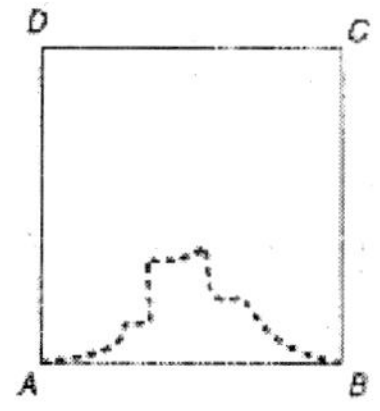

(1) 정사각형에서 시작하여 점 A와 B를 곡선으로 연결한다.(곡선은 마음대로 그릴 수 있다.

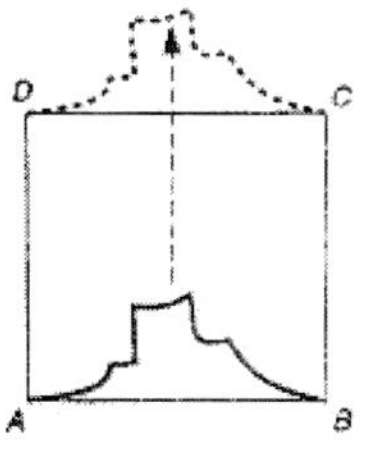

(2) 기름종이나 투명한 플라스틱을 곡선 AB위에 놓아 펜으로 본을 뜬 다음 곡선 AB의 끝점이 변 CD와 일치하도록 투명한 용지를 옮긴 후 그 위에 곡선을 옮겨 그린다(평행이동이 이루어진다).

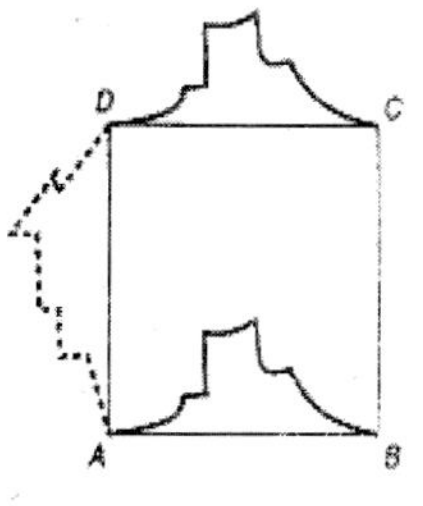

(3) 곡선 AD를 원하는 모양으로 그린다.

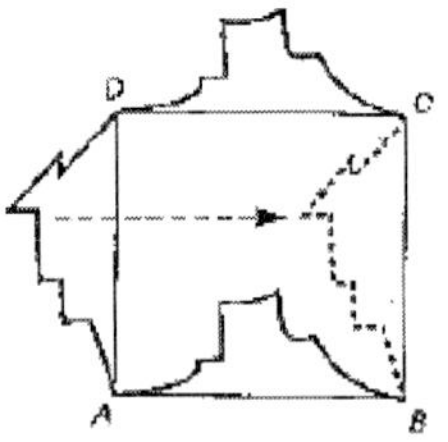

(4) (2)와 같은 방법으로 곡선 AD를 반대쪽 변 BC위에 옮긴다.

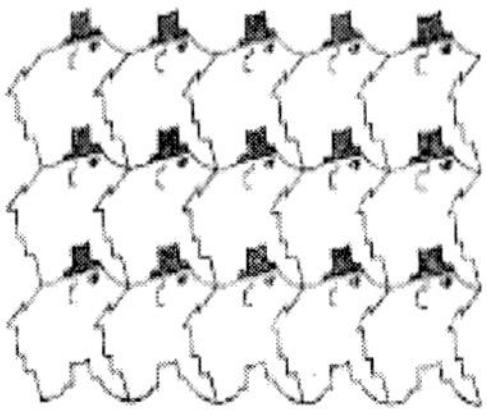

(5) 전 단계에서 완성된 모양을 본 뜬 후 다른 정사각형에 옮겨 그린다. 모양의 내부를 색연필로 색칠하여 평행이동 테셀레이션을 완성한다.

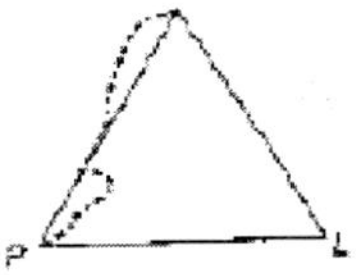

(1) 선분 PE의 끝점끼리 연결시켜 곡선 PE을 만든다.

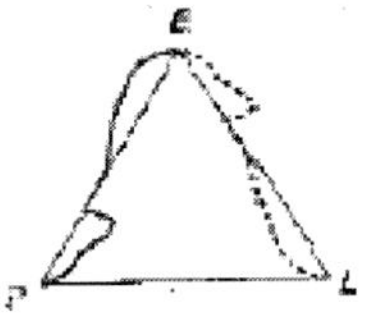

(2) 곡선 PE을 밑면 PL을 대칭축으로 하여 반사(뒤집기)시킨 후 선분 LE위로 평행이동 시킨다(미끄러짐 반사).

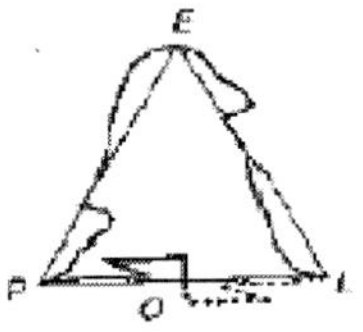

(3) 점 P에서 선분 PL의 중점 O까지의 새로운 곡선을 만들어 점 O를 중심으로 180도 회전시킨다.

(4) 전 단계의 변형된 도형을 펭귄 모양으로 꾸민다.

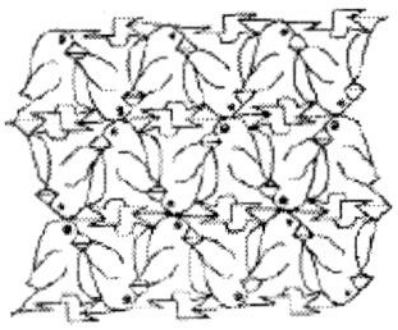

(5) 전 단계의 펭귄 모양을 미끄러짐 반사시켜 평면 전체로 확장시키고 각 펭귄을 예쁘게 꾸민다.

3) 바닥 깔기 기법의 종류

수학자들이 발견하고 증명한 17가지의 바닥 깔기 기법을 다음과 같은 순서를 따라 알아보기로 한다.

① 한 평면에서 정다각형의 가장 작은, 한 내각의 크기는 정삼각형의 60°이고, 삼각형의 한 내각이 180°일 수 없으므로 한 꼭짓점에는 3개 이상의 정다각형이 모일 수 있으며, 6개보다 더 많은 정다각형이 모일 수 없다. 따라서 한 꼭지점에 모일 수 있는 것은 3, 4, 5, 6 정다각형뿐이다.

② 그런데 n정다각형의 한각의 크기는 $\frac{(n-2)180°}{n}$이다.

- 만일 평면의 한 꼭짓점에 세 개의 n_1, n_2, n_3 정다각형이 모여 있다면
  $(\frac{n_1-2}{n_1}+\frac{n_2-2}{n_2}+\frac{n_3-2}{n_3})180° = 360°$이므로 $\frac{1}{n_1}+\frac{1}{n_2}+\frac{1}{n_3}=\frac{1}{2}$이다.
- 만일 평면의 한 꼭짓점에 네 개의 n_1, n_2, n_3, n_4정다각형이 모여 있다면
  $\frac{1}{n_1}+\frac{1}{n_2}+\frac{1}{n_3}+\frac{1}{n_4}=1$이고
- 한 꼭짓점에 5개의 n_1, n_2, n_3, n_4, n_5정다각형이 모여 있다면
  $\frac{1}{n_1}+\frac{1}{n_2}+\frac{1}{n_3}+\frac{1}{n_4}+\frac{1}{n_5}=\frac{3}{2}$이고
- 한 꼭짓점에 6개의 n_1, n_2, n_3, n_4, n_5, n_6정다각형이 모여 있다면
  $\frac{1}{n_1}+\frac{1}{n_2}+\frac{1}{n_3}+\frac{1}{n_4}+\frac{1}{n_5}+\frac{1}{n_6}=2$이다.

위의 네 개의 방정식을 차례로 풀면 다음과 같이 17가지의 경우를 얻는다.

번호	n_1	n_2	n_3	n_4	n_5	n_6
1	3	7	42			
2	3	8	24			
3	3	9	18			
4	3	10	15			
5	3	12	12			
6	4	5	20			
7	4	6	12			
8	4	8	8			
9	5	5	10			
10	6	6	6			
11	3	3	4	12		
12	3	3	6	6		
13	3	4	4	6		
14	4	4	4	4		
15	3	3	3	4	4	
16	3	3	3	3	6	
17	3	3	3	3	3	3

• 정다각형의 내각

다각형	변, 각의 개수	내각의 합	한 내각의 크기
정 삼각형	3	180°	60°
정 4각형	4	360°	90°
정 5각형	5	540°	108°
정 6각형	6	720°	120°
정 7각형	7	900°	$128\frac{4}{7}°$
정 8각형	8	1,080°	135°
정 9각형	9	1,260°	140°
정 10각형	10	1,440°	144°
정 12각형	12	1,800°	150°
정 15각형	15	2,340°	156°
정 18각형	18	2,880°	160°
정 20각형	20	3,240°	162°
정 24각형	24	3,960°	165°
정 42각형	42	7,200°	$171\frac{3}{7}°$
n각형	n	$(n-2)\times 180°$	$\frac{(n-2)\times 180°}{n}$

2.19 대칭

우주는 대칭적으로 구성되어있다. 무지개의 둥근 호와 얼음 결정의 6각형 모양의 대칭과 같이 우주의 많은 자연법칙 과정에서 대칭성은 관찰된다. 또한 생물학적 대칭의 아주 멋진 예는 조개껍데기와 공작의 부채모양의 꼬리이다. 선사시대를 포함한 세계의 모든 문명은 대칭의 기초적인 개념을 직관적이며 매우 유용하게 이해하고 발전시켰다.

도자기, 벽, 기구, 무기, 악기, 옷 등에 있는 장식은 대체로 대칭성을 이룬다. 건물과 사원, 무덤 등 여러 건축물들은 보통 대칭과 균형의 관점에서 설계된 것이다. 음악, 시, 춤 역시 근본적인 짜임새가 대칭성을 이루고 있다. 인류는 오랫동안 대칭에 대한 관념을 비형식적으로 이해해오다가, 현대수학의 영향으로 대칭에 대한 보다 깊은 이해를 하게 되었다.

2.19.1 평면도형의 대칭

1) 대칭의 정의

대칭(symmetry)이란 균형 또는 '반복적 자기 닮음'을 말한다. 도형에서는 도형의 모든 점들이 대칭축을 가로질러서 서로 반사되는 성질을 말한다.

2) 평면도형의 대칭

① 종교 문양, 탑, 단지

② 카펫트

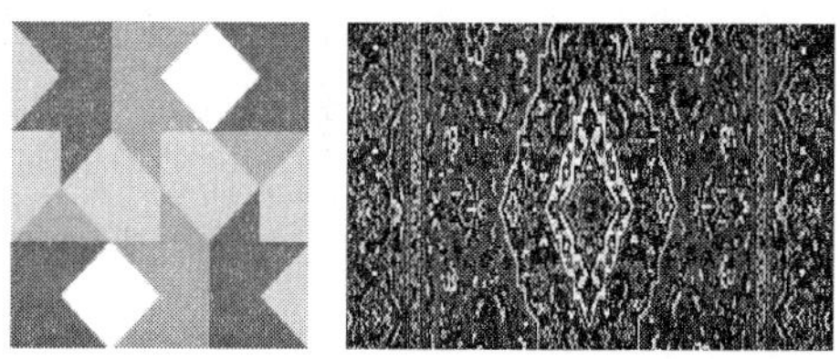

③ 건반, 자수품

2.19.2 대칭의 종류

1) 반사(선) 대칭

① 한 도형이 어떤 선이 반사축이 되는 경우, 그 도형은 반사 대칭 또는 선대칭이라고 한다. 반사축은 도형의 대칭축이라고 불린다.

② 대칭축의 한쪽에 있는 도형의 각 점 P는 대칭축의 반대쪽에 있는 도형의 점P'와 대응된다. 반사대칭은 선대칭 또는 좌우대칭으로 불린다.

③ 직선 ㄱㄴ을 따라 접었을 때, 완전히 겹치는 두 도형을 직선 ㄱㄴ에 대하여 선대칭의 위치에 있다고 하고, 두 도형을 선대칭의 위치에 있는 도형이라고 합니다. 이때 직선 ㄱㄴ을 대칭축이라고 합니다.

④ 대칭인 도형 찾기

도형 자체에 대칭축을 가지는 도형을 찾는 일로서 대칭감각을 기르는 중요한 요소이다.

2) 회전 대칭

① 도형이 0°와 360° 사이의 어떤 각만큼 돌려서 본래 도형과 완전히 겹쳐질 때, 그 도형이 회전 대칭을 이룬다고 한다. 돌리기의 중심을 회전점이라고 한다.

② 90° 회전 대칭을 이루는 도형은 자동적으로 180°와 270° 회전대칭을 이룬다. 회전대칭을 이루는 회전각은 가장 작은 양의 각도를 말한다. 따라서 그 각도의 배수를 이루는 각 역시 대칭을 이룬다.

③ 회전대칭의 각도 찾기

- 정육각형의 가장 작은 회전각은 60°이다. 따라서 60°, 120°, 180°, 240°, 300° 회전시켜도 회전 대칭이 된다.
- 정9각형의 회전대칭을 이루는 회전각은 $\frac{360°}{9} = 40°$ 이다. 따라서 40°의 배수를 이루는 각은 모두 회전 대칭이 된다.

3) 점대칭

① 두 도형 사이의 한 점을 중심으로, 한 도형을 180° 돌렸을 때 나머지 도형과 완전히 겹쳐지는 일을 말한다.

② 점 ㄱ을 중심으로 180° 돌렸을 때, 완전히 겹치는 두 도형은 점대칭의 위치에 있다고 하고, 두 도형을 점대칭의 위치에 있는 도형이라고 합니다. 이때 점 ㄱ을 대칭의 중심이라고 합니다.

③ 어떤 점 0에 대하여 180° 회전대칭을 이루고 있다면 그 도형은 점대칭을 이룬다고 한다.

처방 코드번호 : 2091, 2092
주제 : 합동과 대칭 오류 유형 : 선대칭, 점대칭

점대칭이란 180° 회전대칭과 같다. 따라서 모눈종이 위에서, 문제에서 주어진 대칭의 중심을 꼭 누르고 180° 회전하는 활동을 통하여 점대칭 도형을 그려보도록 지도한다.

2.19.3 대칭의 지도

초등학교 아동들은 종이접기와, 거울 대보기, 패턴 블록, 지오보드, 고무도장 등을 이용하여 대칭 패턴을 만들고 조사할 수 있다.

1) 준비물

깨끗한 OHP용 필름, OHP용 펜, 티슈, 거울(가능하면 플라스틱이나, 철로 된 사각형 모양의 손거울)

2) 반사(선)대칭 지도

반사 대칭은 '투사하고 뒤집기'시험을 통해 확인할 수 있다. 투명필름 위에 도형과 대칭축을 본뜬다. 그리고 필름에 생성된 대칭축을 중심으로 뒤집어본다. 그리고 도형의 원래 모습과 본뜬 모습의 지점을 확인한다. 반사대칭은 도형의 대칭선위에 거울을 놓는 방법으로도 확인할 수 있다. 대신에 대칭축 위에 위치된 거울을 볼 때는 도형의 모든 모습이 나타날 수 있도록 해야 한다.

① 주어진 도형과 대칭축(접은 선)을 정한다.
② 투명필름에 본을 뜬다.
③ 대칭선을 중심으로 뒤집는다.
④ 도형이 겹치는지 확인한다.

처방 코드번호 : 2090
주제 : 합동과 대칭 오류 유형 : 합동과 대칭 정사각형의 대칭축은 대각선 두 개, 수평축, 수직축 4개가 있음을 설명하고 확인하도록 지도한다.

2) 회전 대칭 지도

① 본뜨고 돌리기 활동을 통하여 도형들이 회전대칭인지를 알아보고, 회전의 중심점과 회전된 각을 알아본다.

② 주어진 도형의 모든 대칭선을 그리고, 회전대칭인지 아닌지를 알아본다.

③ 점대칭 도형은 대칭점을 회전점으로 하는 180° 회전임을 알도록 지도한다.

④ 점대칭의 검증은 다음과 같은 과정으로 지도한다.

- 투명한 OHP필름에 유성펜으로 주어진 도형을 그리고 대칭축을 중심으로 뒤집기를 해 보고, 그 다음에 대응점을 이은 선분이 대칭축과 수직으로 만나는지, 대응점에서 대칭축까지의 거리가 같은지를 확인하도록 한다.
- 기하판에서 고무줄을 거는 조작으로 강체운동 표현하기를 충분히 연습한 다음에 그 사실을 모눈종이에 옮기게 한다.
- 점대칭의 위치에 있는 도형 그리기에서 점A의 대응점 A'을 찾을 때 반직선 OA에서 선분 OA의 길이와 선분 OA'의 길이가 같아지는 A'을 찾도록 한다. 이때 기하판에서는 대응점을 이은 선분의 기울기를 생각하여 대응점을 찾아야 한다.

❑ NCTM 규준

학생은 퍼즐을 풀 때, 조각을 돌릴 때, 조각을 뒤집고 새로운 배열로 나열해 볼 때 얻은 직관적인 물리적 경험을 통하여 자연스럽게 옮기기, 돌리기, 뒤집기와 같은 변환에 적응하게 한다. 또한 도형에 대해 대화형 컴퓨터 프로그램을 사용하면서 학생들에게 강체 운동을 자각할 수 있게 하고, 변화된 도형의 크기, 위치, 방향을 예측할 수 있도록 장려한다.

교사는 학생들에게 도구를 통해 만든 제작물의 대칭적인 특성을 비형식적으로 인식시키고, 그 내용을 서술하고 증명할 수 있도록 안내해야 한다. 학생들은 종이를 자르기, 종이 접기, 거울에 나타난 대칭선을 통해 디자인을 만들 수 있고, 패턴블럭 등을 사용할 수 있다.

3. 규칙성 영역

3.1 규칙성

수학을 패턴의 과학이라고 말할 수도 있다. 따라서 패턴의 과학인 수학을 이해하고 수학적 활동을 위해서 수학적 패턴의 탐구는 매우 중요하다. 우리나라 교육과정에서는 '규칙성과 문제해결' 영역에서는 패턴을 규칙 또는 규칙성이라고 표현한다.

3.1.1 규칙성의 발생

고대 바빌론수학과 이집트수학은 실용수학이었기 때문에, 그들은 구체적인 계산을 하는 것으로 만족하였다. 그러나 그들의 계산과정을 정리하면 현대의 수의 규칙성과 도형의 측정 공식을 일목요연하게 알려주고 있다.

예를 들면 바빌론의 삼중수는 그대로 피타고라스의 정리를 이끌었으며, 특정한 도형에서의 황금비의 규칙성을 발견했다. 또한 이집트에서는 분수의 발명으로 거대한 피라미드의 동서남북의 기울기를 똑 같게 하였으며, 물물교환을 할 때에 모두가 공정한 거래가 이루어지도록 분수의 계산규칙을 마련하였다.

그 후 기원전 500년경의 피타고라스에서 기원 후 300년경의 디오판투스까지의 고대 그리스 수학자들은 초등수론, 비례이론과 기하학의 규칙성을 막대의 길이와 넓이를 이용하여 일반화하였다. 16세기 후반에는 비에트는 수학의 기호화에 공헌한 사람으로서 그때까지 언어로 표현된 수학의 문장을 간결한 식으로 표현하였고, 오일러는 수학 분야의 많은 기호를 만들었다.

그들의 덕분으로 뉴턴과 라이프니츠가 각기 독립적으로 미적분학을 창안한 후 수학은 수, 형태, 운동, 변화 그리고 공간에 대한 학문이 되었으며, 19세기 말의 수학은 수, 형태, 운동, 변화, 공간의 연구에 사용되는 수학적 도구들에 대한 연구로 확장되었다. 19세기 말에 클라인은 함수는 수학의 심장이고 영혼이라고 주장하였다. 이러한 함수개념의 출발점이 패턴 즉, 규칙성이다.

3.1.2 NCTM 규준

1989년의 '학교수학의 교육과정과 평가의 규준'에서는 K−6, 5~8학년과 9~12학년에서 문제해결, 추론, 의사소통 등을 혼합하여 평가하도록 하였다. 특히 5~8학년에서의 함수영역에서의 규칙성은, 저학년에서의 규칙성 학습을 위한 활동내용을 통하여 수론, 유리수, 측정, 도형, 확률과 함수의 이해를 심화하도록 한다. 또한 아동으로 하여금 규칙성을 이용하여 문제를 탐구, 분석, 조사하도록 하고 그 규칙성의 이해, 일반화, 확장, 연결 하는 방안을 모색하도록 한다.

3.1.3 수학교육과 규칙성

- 수학교육에서 규칙성의 중요성은 다음과 같다.
- 수학은 규칙성의 과학이다.
- 수학에서의 문제해결은 규칙성 찾기와 많은 관계가 있다.
- 규칙성을 통하여 수학적 의사소통이 강화될 수 있다.
- 규칙성을 인식하고 기호화하는 과정을 통하여 수학적 추론, 특히 귀납적 추론능력을 향상시킬 수 있다.
- 규칙성은 수학 영역간의 연결성과 수학내용과 타 교과 또는 실생활과의 연결을 가능하게 한다.

3.1.4 수학적 규칙성의 종류

1) 일정한 관계를 갖는 수의 규칙성

배열되는 대상끼리 규칙적인 관계를 갖는 대상을 말한다. 예를 들면, 규칙성을 갖는 수열이 그것이다.

① 가우스 공식

$$1+2+3+\cdots+100=\frac{100\times(100+1)}{2}=5050$$

이 문제를 어린 가우스는 다음과 같은 계단을 보면서 해결했다고 전해진다.

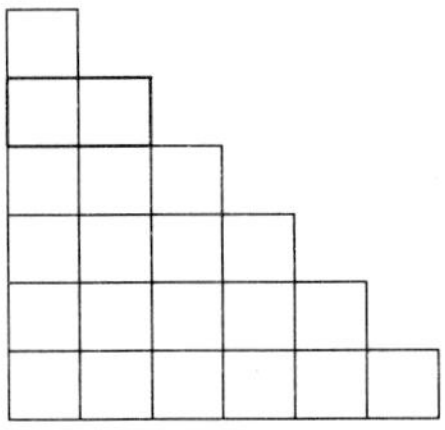

• 이 사실은 다음과 같이 지도할 수도 있다.

1+2+3+4+5의 합은 다음과 같이 늘어놓은 점(또는 바둑알)의 전체 수와 같다.

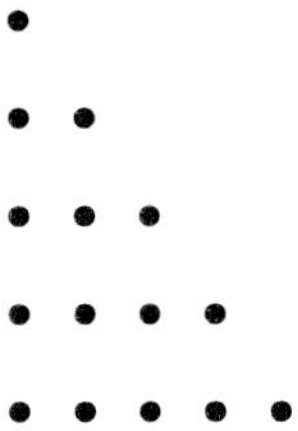

이 모양을 뒤집어서 붙이면 언제나 직사각형 모양이 된다. 즉,

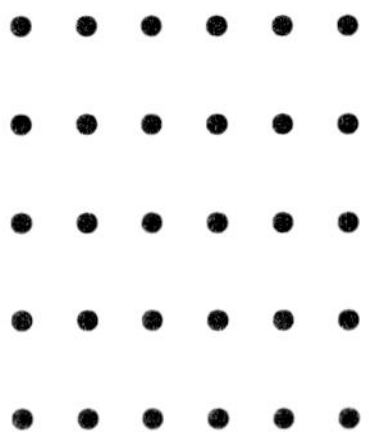

원래의 개수는 위의 직사각형에 있는 점의 개수의 반이므로

$\frac{(5+1)\times 5}{2}=15$ 이다.

즉, $\frac{(\text{초항}+\text{끝항})\times\text{항의 수}}{2}$ 이다.

이것을 등차수열의 합에 대한 가우스 공식이라고 한다.

② 파스칼 삼각형

1
1 1
1 2 1
1 3 3 1
1 4 6 4 1
1 5 10 10 5 1
1 … 1

(질문 1) 어떤 게임을 할 때에 파스칼삼각형과 같은 수의 배열이 나타나는가?

동전 던지기와 같이 한번 시행으로 일어날 수 있는 가능성이 두 개인 게임

(질문 2) 파스칼삼각형에서 대각선 위에 있는 수의 규칙과 다각형을 이루는 점 의 개수의 규칙성과의 관계를 알아보자.

• 삼각수

1, 3, 6, 10, …, $\frac{n(n+1)}{2}$, …

• 직사각형수

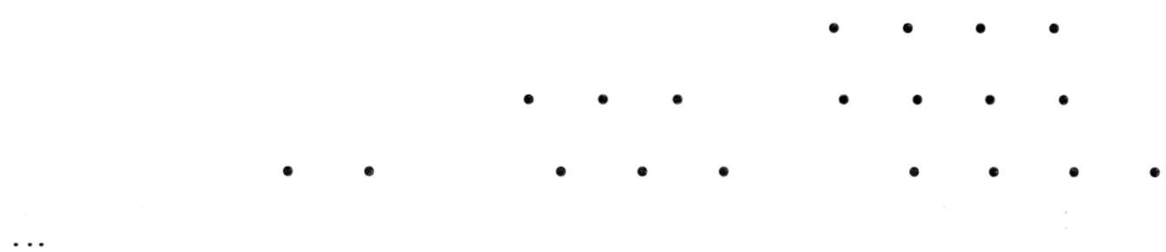

2, 6, 12, 20, 30, 42, 56, 72, 90, 110, 132, …, $n(n+1)$. 즉, 삼각수의 2배

• 사각수

1, 4, 9, 16, 25, …, n^2,…

• 오각수

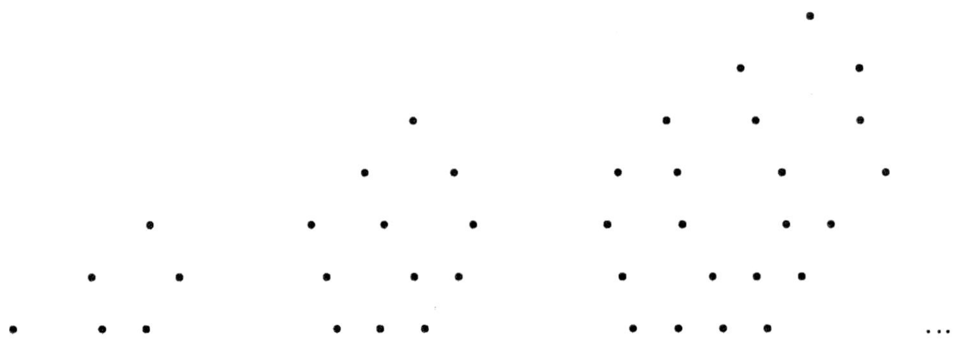

1, 5, 12, 22, 35, 51, 70, 92, 117, 145, ⋯

규칙 : $1+4+7+\cdots+(3n-2)=\dfrac{n(n+1)}{2}+n(n-1)=\dfrac{n(3n-1)}{2}$ 씩 증가하는 수열

③ 생활속의 반복적인 규칙

• 시계, 달력 등에는 반복적인 수의 규칙이 있다.
시계는 12시간을 반복적으로 나타낸다.
달력에는 1년은 12달, 한 달은 28 또는 29 또는 30 또는 31일이 반복되며, 한주는 7일씩 반복되고 있다

일	월	화	수	목	금	토
						1
2	3	4	5	6	7	8
9	10	11	12	13	14	15
16	17	18	19	20	21	22
23	24	25	26	27	28	29
30						

처방 코드번호 : 3010

주제 : 규칙성
오류 유형 : 규칙 찾기

일주일은 7일이며, 달력은 7일을 반복적으로 날짜를 적어놓고 있다. 따라서 미래의 날짜의 요일을 계산하기 위해서는, 오늘부터 그 날까지 남아있는 날을 계산하여 날의 수를 7로 나누고, 나머지 수만큼 오늘의 요일에서 세도록 한다.

2) 기하학적 규칙성

도형의 모양이나 성질과 등의 기하학적인 속성을 기초로 하는 규칙성을 말한다. 예를 들면, □△○□△○□△○⋯ 과 같이 사각형, 삼각형, 원이 차례로 하나씩 규칙적으로 배열되어 있는 것 등을 말한다.

3) 물리적 규칙성

방향, 크기, 색 등과 같은 물리적인 속성을 기초로 하는 패턴이 있다. 벌집 모양 등의 자연현상과 인위적으로 배열하는 규칙성이 있다.

4) 프랙탈, 기타

① 프랙탈(fractal)이란 자연현상에서 나타나는, 자기닮음의 성질을 가지고 유클리드도형이 아닌, 반복적인 규칙성을 가진 기하학적인 도형을 말한다. 프랙탈의 관념은 17세기부터 시작하여, 18세기에는 집합론을 창시한 칸토르 등에 의하여 프랙탈은 함수 연구의 목적으로 하는 엄밀한 수학적 대상이 되었다. 그 예로는 아래와 같은 만델브로 집합, 코흐 눈송이, 쥴리아 집합 등이 유명하다.

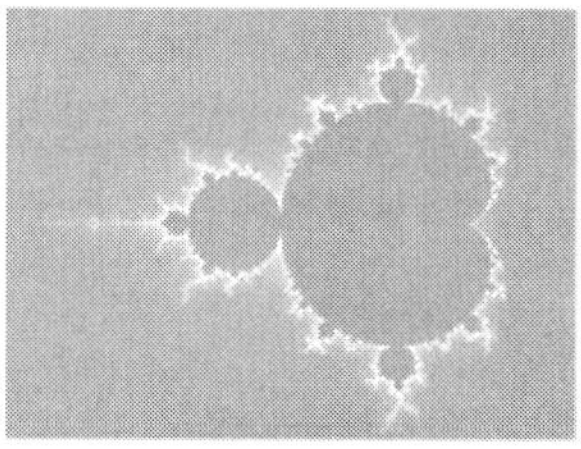

만델브로 집합 쥬리아 집합코흐 눈송이

② 반복적인 규칙성

수나 도형이 반복적으로 배열되는 규칙성이다.

③ 대칭, 테셀레이션

④ 복합적인 규칙성

위의 모든 유형이 복합적으로 적용된 규칙성을 말한다.

3.2 규칙성에서 비와 비례로

피아제에 의하면, 위에서 설명한 규칙성을 통하여 어린 아동이 최초로 인식하는 수학적인 대상은 비 관념이고 조금 더 발전하면 두 대상을 비교하는 비례 관념이 생기게 된다. 비는 정비례와 반비례가 있다.

3.2.1 비와 비율

1) 비

어떤 양 a가 0이 아닌 양 b의 몇 배인가를 알아보는 관계를 b에 대한 a의 비(또는 a의 b에 대한 비) 라하고, $a:b$로 나타내며 'a 대 b'라 읽는다. 이 때 a를 전항, b를 후항이라 한다.

- 비에서의 기준량은 항상 후항이다.

 (예) 축구 시합에서 두 골 대 세 골 ; 2 : 3.

2) 비의 값

a를 b로 나눈 몫 $\frac{a}{b}$를 $a:b$의 비의 값이라 한다. 비의 값은 b를 기준량, a를 비교하는 양으로 할 때 a가 b의 몇 배인가를 나타낸다. 즉 $a:b=1:\frac{a}{b}=k(b\neq0)$의 비의 값은 k이다. 3 : 5의 비의 값은 $\frac{3}{5}$=0.6이다. 비의 값을 가능한 한 작은 자연수의 비로 고친 것을 '가장 작은 자연

수의 비(기약형)'라고 한다. 비의 전항과 후항에 같은 수를 곱하거나 0이 아닌 수로 나누어도 비의 값은 같다.

3) 비율

어떤 양을 기준으로 비교하는 양이 몇 배인지를 나타내는 수를 비율이라 한다. 비율은 기준량을 1로 했을 때 비교하는 양의 크기를 나타내는 수이고, 기준량을 100으로 했을 때를 백분율이라고 한다.

[참고] 비의 값과 비율은 같은 수이다.

① 학생 수 1명과 공책 수 4권을 비교하기 위하여 비로 나타냅니다. 이것을 1 : 4라 쓰고 1 대 4라고 읽습니다. 1 : 4는 공책 수 4를 기준으로 하여 학생 수1을 비교한 것입니다. 이것을 4에 대한 1의 비 또는 1의 4에 대한 비라고 합니다. 또는 간단하게 1과 4의 비라고도 합니다.

② 남자 선생님 5명의 크기를 비교하기 위하여 여자 선생님 20명을 기준으로 할 때, 5명을 비교하는 양, 20명을 기준량이라고 합니다. 기준량에 대한 비교하는 양의 크기 $\frac{(\text{비교하는양})}{(\text{기준량})}$을 비율이라고 합니다.

③ 기준량을 100으로 할 때 비교하는 양 80의 비율 $\frac{80}{100}$을 백분율이라고 합니다. 백분율 $\frac{80}{100}$을 %을 써서 80%라 나타내고, 80퍼센트라고 읽습니다.

④ 비율을 소수로 나타낼 때, 그 소수 첫째 자리를 할, 소수 둘째 자리를 푼, 소수 셋째 자리를 리라고 합니다. 8에 대한 5의 비율을 소수로 나타내면 0.625이고 할, 푼, 리로 나타내면 6할2푼5리라고 읽습니다.

예 비 1 : 4의 비율은 $\frac{1}{4}$이고, 백분율은 $\frac{1}{4}\times100=25(\%)$이다.

처방 코드번호 : 3020
주제 : 규칙성 오류 유형 : 비와 비율 낙타 2마리와 소 5마리를 맞바꾸었다면, 낙타 값과 소 값의 비는 5 : 2이므로 소 값을 1로 했을때 낙타 값은 5 : 2= $\frac{5}{2}$: 1 이 된다.

3.2.2 비례식

1) 비례식의 정의

a의 b에 대한 비와 c의 d에 대한 비를 서로 같게 나타낸 식을 비례식이라 한다. 즉, $a : b = c : d$를 비례식이라 한다.

2) 내항, 외항 a를 b

a와 d를 외항, b와 c를 내항이라 하고 $a : b = c : d$는 $a : b$의 비의 값과 $c : d$의 비의 값이 같다는 것이므로 다음과 같은 의미가 된다.

$$\frac{a}{b} = \frac{c}{d}, \ \frac{a \times d}{b \times d} = \frac{c \times b}{d \times b}$$

따라서 $a : b = c : d \Leftrightarrow a \times d = b \times c$. 즉, 비례식에서는 (외항끼리의 곱)=(내항끼리의 곱)이 성립한다.

처방 코드번호 : 3030
주제 : 규칙성 오류 유형 : 비례식 위에 있는 비례식의 정의에서와 같은 이유로 (외항끼리의 곱)=(내항끼리의 곱) 이 성립한다.

① 3 : 2 = 60 : 40과 같이, 비의 값이 같은 두 비를 등식으로 나타낸 식을 비례식이라고 합니다.

② 비 3 : 2에서 3과 2를 비의 항이라 하고, 앞에 있는 3을 전항, 뒤에 있는 2를 후항이라 합니다.

③ 비례식 3 : 2=60 : 40에서 바깥쪽에 있는 두 항 3과 40을 외항이라 하고, 안쪽에 있는 두 항 2와 60을 내항이라 합니다.

④ $\frac{a}{b}=\frac{c}{d}$이면 $\frac{a+b}{b}=\frac{c+d}{d}$이다.

3) 삼수법, 비례추론

고대 바빌로니아인들이 처음으로 비례식을 이용하여 모르는 수를 구하였다. 즉, 비례식 $3:6=x:12$가 참이라면, $6\times x=36$이므로 $x=6$이라고 계산하였다. 이와 같이 세 수를 알고 나머지 수를 구하는 방법을 삼수법이라 하고, 삼수법으로 모르는 수를 알아내는 방법을 비례추론이라고 한다.

3.2.3 정비례와 반비례

1) 정비례

두 양 x, y에서 x가 2배, 3배, 4배, ……로 변함에 따라, y도 2배, 3배, 4배, ……로 변하는 관계가 있으면 y는 x에 정비례한다고 한다.

① y가 x에 정비례할 때, $y=2\times x$, $y=3\times x$, ……와 같이 나타낼 수 있습니다.

② $y=3\times x$를 표로 나타내기

x	1	2	3	4
y	3	6	9	12

2) 반비례

두 양 x, y에서 x가 2배, 3배, 4배, ……로 변함에 따라, y는 $\frac{1}{2}$배, $\frac{1}{3}$배, $\frac{1}{4}$배, … 로 변하는 관계가 있으면 y는 x에 반비례한다고 한다.

① y가 x에 반비례할 때, $x\times y=2$, $x\times y=3$, ……와 같이 나타낼 수 있다.

② 예를 들어 그림과 같이 두 개의 톱니바퀴가 연결되어 돌아가고 있다. 큰 톱니바퀴에는 50개의 톱니가 있고, 작은 톱니바퀴에는 20개의 톱니가 있다. 큰 톱니바퀴가 10바퀴 돌 때, 작은 톱니바퀴는 몇 바퀴를 돌겠는가?

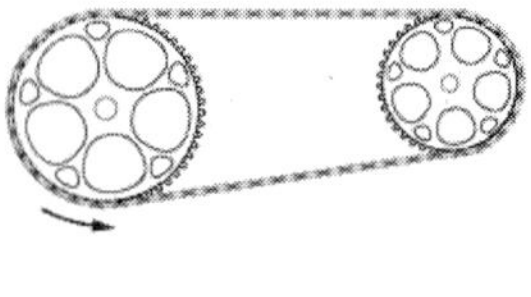

(풀이) 큰 바퀴의 톱니 수는 50, 작은 바퀴의 톱니 수는 x 이다. 큰 바퀴가 2번 회전할 때, 작은 바퀴의 회전 수 y라고 하면, y와 x의 관계를 표로 만들어서 식으로 나타내면 다음과 같다. 큰 바퀴가 2번 회전하면 돌아간 톱니 수는 100이므로,

표 :

x	1	2	4	5
y	100	50	25	20

식 : $x \times y = 100$ 또는 $50 : x = y : 2$

처방 코드번호 : 3040, 3041
주제 : 규칙성 오류 유형 : 정비례와 반비례 정비례는 두 양이 같이 커지거나 작아지는 관계이며, 반비례는 한 양이 커지면 다른 양은 작아지는 관계임을 여러 가지 예를 들어 설명한다. 특히, 톱니바퀴 문제는 큰 톱니바퀴가 더 많이 돌겠다는 선입감이 작용할 수 있으므로 실물을 활용하여 지도하는 것이 좋다.

3.2.4 연비와 비례배분

1) 연비

같은 종류의 양 a, b, c가 있을 때 세 양 사이의 관계 $a : b : c$를 연비라 한다.

① 연비의 성질

$a : b = a' : b', b : c = b' : c', \cdots$ 이면 $a : b : c = a' : b' : c' = \cdots$ 이다.

두 연비 $a : b : c = a' : b' : c'$가 성립하면 $\frac{a}{a'} = \frac{b}{b'} = \frac{c}{c'} (=k)$이고, 역도 성립한다.

② 예를 들어

$a : b = 2 : 3$이고 $b : c = 4 : 5$일 때, 연비 $a : b : c$를 구하시오.

(풀이) 연비에 관한 문제는 두 비에 공통으로 끼어있는 b를 중심으로 다음과 같은 단계로 연비를 계산한다.

- b에 대응하는 두 수인 3과 4의 최소공배수 12를 구한다.
- 두 비례식에서 b에 대응하는 수를 각각 12로 하는 비례식으로 고친다. 즉, $a : b = 8 : 12$이고 $b : c = 12 : 15$이다.
- 따라서 연비 $a : b : c = 8 : 12 : 15$가 된다.

2) 비례배분

어떤 양을 2개 이상으로 나누어서 그 각 부분의 비를 주어진 비와 같게 나누는 것을 비례배분이라고 한다.

① 예를 들어

7000원을 두 사람에게 4 : 3로 나누어 줄 때, 각각 얼마씩 갖게 될까?

(풀이) 비례배분 문제는 전체를 4 : 3으로 나누어야 하므로, 전체를 4+3=7로 간주한 다음 7중의 4만큼, 7중의 3만큼씩 나누면 된다. 즉, 전체 7000원을 $\frac{4}{4+3}$과 $\frac{3}{4+3}$ 만큼씩 나누는 것이다. 따라서 $7000\times\frac{4}{7}=4000$원, $7000\times\frac{3}{7}=3000$원 씩 가지면 된다.

4. 확률과 통계 영역

4.1 확률

확률이란 우연성, 가능성, 불확실성 등과 유사한 것을 말하며, 그 것을 수학적으로 표현한 것을 확률론이라고 한다.

4.1.1 경우의 수

1) 경우의 수의 뜻

어떤 일이 일어날 수 있는 경우의 가짓수 또는 방법의 수를 경우의 수라고 하며,

확률 계산에는 경우의 수를 알아보는 일이 매우 중요하다. 따라서 먼저 경우의 수를 계산하는 방법을 알아보기로 한다.

2) 사건, 표본공간

아래와 같은 동전을 4회 던지면 다음과 같은 경우가 생긴다.

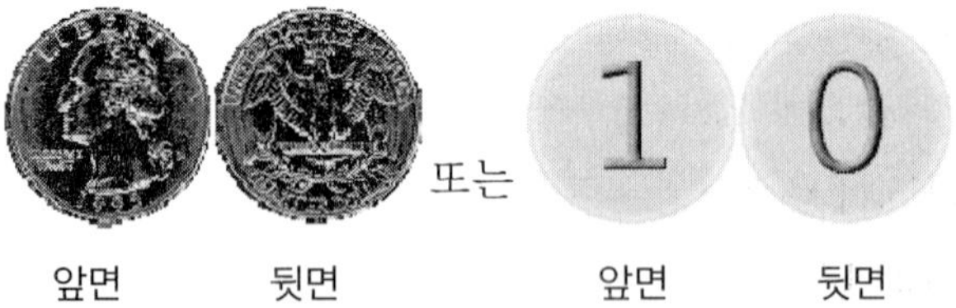

앞면의 수	던진 결과	경우의 수
0	0 0 0 0	1
1	0 0 0 1 0 0 1 0 0 1 0 0 1 0 0 0	4
2	0 0 1 1 0 1 0 1 1 0 0 1 0 1 1 0 1 0 1 0 1 1 0 0	6
3	0 1 1 1 1 0 1 1 1 1 0 1 1 1 1 0	4
4	1 1 1 1	1

이와 같이 어떤 행위(실험)를 했을 때, 일어날 수 있는 모든 가능성을 모아놓은 것(집합)을 '표본공간'이라고 하며, 그 중에서 특정한 일이 발생하는 가짓수가 모두 m일 때, 그 일이 일어나는 '경우의 수'는 m이라고 한다. 이때 확률과 통계에서는 실행을 '시행', 시행에 의해서 발생하는 일을 '사건'이라고 부르고 있다. 경우의 수를 세는 방법은 덧셈의 법칙과 곱셈의 법칙 두 종류가 있다.

3) 수 세기에 관한 덧셈 법칙

1~30까지의 수가 적힌 30장의 카드가 있다. 이 카드들 중에서 짝수 또는 3의 배수가 적힌 카드는 몇 장일까? 라는 문제에서 표본공간과 경우의 수를 구하면 다음과 같다.

- 표본공간

  1~30까지의 수가 적힌 30장의 카드. 이것을 간단하게 표시하면 {1, 2, 3,⋯, 30}

- 경우의 수

  1~30까지의 짝수의 모임 : 2,4,6,⋯,30 즉, 15개.

  1~30까지의 3의 배수의 모임 : 3,6,9,⋯,30 즉, 10개.

  1~30까지의 짝수이면서 동시에 3의 배수의 모임 : 6,12,18,24,30 즉, 5개.

  따라서 1~30까지의 수가 적힌 30장의 카드 중에서, 짝수 또는 3의 배수가 적힌 카드는 15+10−5=20장이다.

  즉, 경우의 수를 세는 문제에 '또는'이 있으면 다음과 같은 덧셈법칙을 적용한다. 이와 같은 사실을 정리하면 다음과 같다.

① 덧셈 법칙

(사건 A 또는 사건 B가 일어나는 경우의 수)

=(사건 A가 일어나는 경우의 수)+(사건 B가 일어나는 경우의 수)−(사건 A와 사건 B가 겹치는(동시에 일어나는) 경우의 수).

위의 식을 앞으로는 간단하게 다음과 같이 나타내기로 한다.

- (A 또는 B)=(A)+(B)−(A와 B).

  즉, 위의 그림의 두 원에서 빨간 부분이 두 번 겹쳐지므로, 그 부분을 한번 빼내는 것이다.

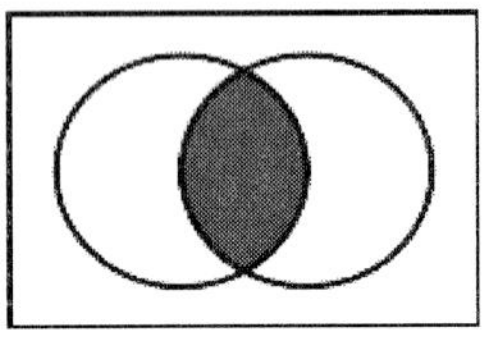

  그런데 두 사건 A와 B가 겹치지 않는 경우도 있다. 이때에는 두 사건 A와 B '배타적'이라고 한다. 그 것은 빨간 부분이 없는 경우이다.

- 두 사건 A와 B가 배타적인 경우

  (A 또는 B)=(A)+(B).

4) 수 세기에 관한 덧셈 법칙

아래 그림에서 P에서 출발하여 반드시 Q를 지나고, R에 도착하는 경우의 수를 생각해보자.

P에서 Q에 가는 길이 3개, Q에서 R에 가는 길이 2개 있다. 그러면 P에서 Q를 거쳐 R로 가는 길은 다음과 같다.

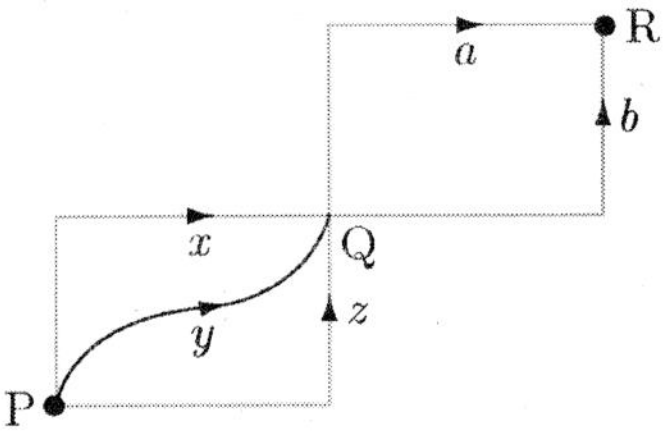

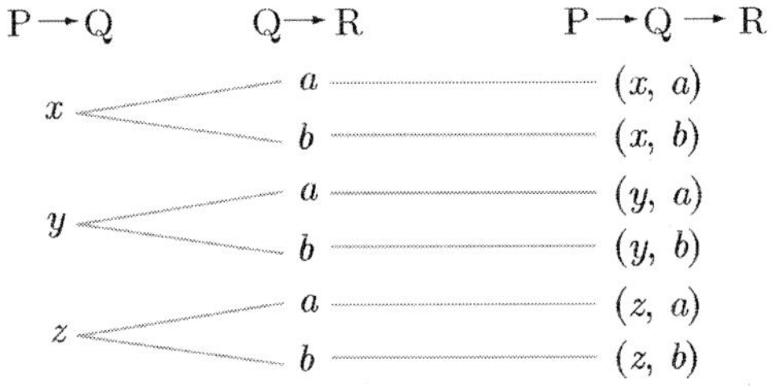

따라서 $3\times2=6$가지 방법이 있다.

즉, 경우의 수를 세는 문제에 '그리고'가 있으면 다음과 같은 곱셈법칙을 적용한다. 이와 같은 사실을 정리하면 다음과 같다.

① 곱셈 법칙

(사건 A 그리고 사건 B가 일어나는 경우의 수)

=(사건 A가 일어나는 경우의 수)×(사건 A가 일어난다는 가정 하에서, 사건 B가 일어나는 경우의 수).

위의 식을 앞으로는 간단하게 다음과 같이 나타내기로 한다.

• $(A$ 그리고 $B)=(A)\times(B|A)$
그런데, 위의 예와 같이 P에서 Q를 가는 방법과 Q에서 R에 가는 방법은 아무런 상관이 없다. 즉, P에서 Q에 어떤 길로 가든지 관계없이 Q에 도착하여 마음대로 R에 갈 수 있다. 이와 같이 두 사건 A와 B가 아무런 상관이 없는 경우도 있다. 이때에는 두 사건 A와 B '독립적'이라고 한다.

• 두 사건 A와 B가 독립적인 경우 : $(A$ 그리고 $B)=(A)\times(B)$

5) '순서와 관계있는' 경우의 수, '순서와 관계없는' 경우의 수

어떤 사건의 경우의 수를 셀 때, 매우 중요한 방법을 아래와 같은 예를 들어서 알아보기로 한다.

① 세 명의 친구 A, B, C를 한 줄로 세우는 경우의 수
이 경우에는 ABC로 줄을 서는 경우와 BAC로 줄을 서는 경우는 다른 경우이다. 즉, 세 친구가 서 있는 '순서에 따라' 경우가 달라지는 것이다.
이때는 맨 앞 '그리고' 둘째 '그리고' 마지막에 세 사람을 세우는 경우이므로, 곱셈법칙을 사용해야 한다.
따라서 $3\times2\times1=6$ 가지 경우가 생긴다.

② 세 명의 친구 A, B, C에서 대표 2명을 뽑는 경우의 수
이 경우에는 대표로 A를 먼저 뽑은 다음에 B를 뽑는 것과 B를 먼저 뽑은 다음에 A를 뽑는 것은 같다. 즉, 두 사람을 뽑는 순서와 관계없는 경우이다. A, B, C에서 대표 두 명을 뽑는 경우는 (A, B) (A, C) (B, A), (B, C), (C, A), (C, B) 모두 $3\times2=6$가지이지만, (A, B)와 (B, A), (A, C)와 (C, A), (B, C)와 (C, B)는 각각 같은 경우가 된다. 따라서 경우의 수는 3이다. 이 경우 역시 곱셈법칙을 사용해야 되며, 위의 과정을 잘 살펴보면 6가지 중에서 같은 경우가 2개씩 있으므로 $\frac{3\times2}{2}=3$가지가 된 것이다.
따라서 경우의 수를 셀 때, 순서와 관계가 있는지 또는 없는지를 잘 살펴보아야 한다.

처방 코드번호 : 4010, 4011
주제 : 확률 오류 유형 : 경우의 수 경우의 수를 셀 때에는 문장이 '또는' 이나 '따로따로'로 연결되어 있으면, 덧셈법칙을 적용하고 문장이 '그리고'나 '동시에'로 연결되어 있으면 곱셈법칙을 적용한다.

4.1.2 확률

1) 확률의 발생

확률론은 예측 불가능한 현상을 분석하는 수학의 한 분야이다. 즉, 확률이란 우연성, 가능성, 불확실성 등과 유사한 것이다. 확률론은 통계학의 수학적 기초의 학문으로서, 일부분의 정보를 이용하여 큰 집단의 양적인 문제를 분석하는데 유용하게 쓰이고 있다. 확률의 관념은 동전던지기, 주사위 던지지 게임 등의 도박에서 시작되었다. 확률이론은 파스칼이 친구인 메레(chevalier de Méré, 1607～ 1684)에게 질문한 다음의 문제에서 출발하였다. “실력이 대등하여 이기고 질 가능성이 반반인 두 사람 A, B가 3회전의 도박에서 2번 먼저 이긴 사람이 상금을 갖기로 하였다. 그러나 1회전에서 A가 이기고 난 후 사정에 의해 도박이 중단되었다면 상금을 어떻게 나누어야 할까?” 도박이 갖는 우연성에 합리적이고 보편적인 해석으로 1653년 파스칼과 페르마의 두 사람에 의해서 확률론이 탄생하게 되었다. 그 후 스위스의 수학자 베르누이(Jocob Bernoulli, 1645～1705)는 확률이론의 발전에 큰 공헌을 하였다. 그는 “일정한 확률을 갖는 독립시행의 횟수를 충분히 크게 하면 그 사건의 상대도수와 그 확률과의 차는 얼마든지 작게 할 수 있다.”는 “큰수의 법칙”을 창안하였다. 1812년에 라플라스(Pierre Simon Laplace, 1749～1827)는 ‘해석학적 확률론(Analytic Theory of Probability)’을 집대성하여 이때부터 확률론은 도박을 벗어나 우리생활의 여러 분야에 이용할 수 있는 과학으로 발전하였고 이것이 통계에 활용되면서 통계학의 발달에 큰 영향을 미치게 되었다. 최근 확률론의 선구자는 소련의 수학자로 ‘확률론의 기초개념’이라는 책을 지은 콜모고로프(A. Kolmogorov, 1903～1987)가 있다. 오늘날 확률론은 보험에서는 인간의 수명이나 교통사고율을 통한 보험료 산정에, 생물학자는 세균의 배양실험에서 박테리아의 분열에, 경제학자는 미래의 경제 현상을 예측에, 천문학자는 서로 다른 은하계에 존재하는 별들의 분포에 대하여 널리 응용되고 활용되고 있다. 그 밖에도 확률은 교육, 통계, 정치학 등의 많은 부분에서 사용되고 있고 그 내용은 심화되어 과학의 하나로 발전하고 있다.

2) 메레의 문제

메레의 문제를 알기 쉽게 말하면 다음과 같다. 철수와 영이가 2만원을 상금으로 걸고 가위, 바위, 보의 게임으로 내기를 하였다. 규칙은 먼저 5번을 이기는 사람이 상금을 모두 가지기로 하였다. 그런데 철수와 영이가 4 : 3인 상태에서 어쩔 수 없이 게임을 중단하게 되어 상금을 나눠 가지기로 하였다. 얼마씩 나눠가져야 공평하겠는가?

① 답 : 철수와 영이가 (3 : 1)로 가져가야 한다.

즉, 철수는 20,000원의 $\frac{3}{4}$ 인 15,000원을 가져가야 하며, 영이는 20,000원의 $\frac{1}{4}$ 인 5,000원을 가져가야 한다.

② 이유 :

	8번째 경기	9번째 경기	최종승자
다음 경기에서 이긴 사람	철수	철수	철수
	철수	영이	철수
	영이	철수	철수
	영이	영이	영이

3) 실험적 확률

확률에 대한 첫번째 관점은 미래의 실험에서 일어날 결과의 가능성을 예측하는 것으로서 이는 과거에 반복적으로 행해졌던 많은 횟수의 실험의 결과에 기초로 하고 있다. 예를 들면 과거에 동전을 10번 던지는 실험에서 앞면이 7번 나왔다면, 동전 던지기를 100번 반복할 경우 앞면이 70번 나올 것으로 예측하게 될 것이다. 실험적 확률은 경험적 확률(empirical probability)라고도 불린다.

① 실험적 확률

똑같은 실험을 n번 반복할 때, 특정한 결과 E가 r번 나왔다고 가정하자. 이때 실험적 확률(혹은 경험적 확률)은 $\frac{r}{n}$ 이다.

② 큰 수의 법칙

만약 똑같은 실험을 반복적으로 시행할 때 시행 횟수가 많을수록 실험적 확률은 어떤 특정한 값에 가까워진다.

- 실험적 확률의 예

책을 무작위로 펼쳐서 오른쪽 페이지의 숫자를 기록하자. 이 시행을 20번 반복하고 오른쪽 페이지의 숫자가 3의 배수일 경험적 확률을 구하라

(결과) 모든 3번째가 되는 오른쪽 페이지의 숫자는 3의 배수이기 때문에 실험적 확률이 1/3정도일 것이라 예측할 수 있다. 아래에 무작위로 얻은 20개의 페이지가 있다.

349	69	267	407	133
395	269	123	331	373
155	235	187	273	401
297	83	852	263	303

3의 배수는 각 자리의 합이 3의 배수이므로 이들 중에서 7개가 3의 배수임을 쉽게 알 수 있다. 그러므로 실험적 확률은 7/20 = 0.35이다. 이 값은 1/3에 매우 근접한 것을 알 수 있다.

• 통계에서의 실험적 확률

[문제 1] 다음은 5학년 학생 28명의 기말고사 성적이다. 학급에서 무작위로 선별된 학생이 70점대의 학생일 실험적 확률을 구하라.

67	56	76	84	36	50	84
47	59	54	79	100	48	80
60	100	100	68	79	95	81
98	76	33	73	83	77	67

(답) 28명의 학생 중에서 6명의 학생이 70대를 받았기에 무작위로 선별된 학생 중 70점대의 학생들의 실험적 확률은 6/28 = 0.21 이다.

[문제 2] 철수는 5개의 동전을 바닥에 던졌을 때 앞면이 최대 1개가 얼마나 자주 나올 것인지 궁금했다. 해답을 알기 위해 그녀는 5개의 페니를 반복적으로 던졌고 앞면이 나온 숫자를 세었다. 50번의 실험을 한 뒤 그녀는 다음과 같은 빈도표를 얻었다

앞면의 수	0	1	2	3	4	5
횟수	1	7	13	16	11	2

철수의 자료에 의하면, 5개의 동전을 던졌을 때 앞면이 최대 1개 나올 실험적 확률이 얼마인가?

(답) 자료는 앞면이 1번 나온 경우가 7번이고 앞면이 하나도 나오지 않는 경우(즉, 전부 뒷면)가 한 번 있음을 보여주고 있다. 이것은 앞면이 최대 한번 나오는 경우가 50번 중에 1+7 = 8 번이며, 실험적 확률은 = 8/50 = 0.16 이다.

4) 이유 불충분의 원리

수학적 확률 또는 이론적 확률을 정의한 프랑스 수학자 라플라스(Pierre-Simon, marquis de Laplace, 1749~1827)는 동전을 던질 때 앞면이 나올 확률을 $\frac{1}{2}$이라고 발표했을 때, 당시의 학자들이 실제로 동전을 던지면 앞면이 나올 확률을 $\frac{1}{2}$이 아닌 경우가 더 많아진다고 불평할 때에, 라플라스는 "충분한 이유가 없이 나의 이론을 반박하지 말라."는 유명한 일화가 수학적 확률의 의미를 설명해주고 있다. 즉, 동전을 던져서 앞면이 나올 확률을 실제로 실행한 결과를 적용하여 $\frac{1}{3}, \frac{1}{4}, \frac{1}{5}$ 심지어 0 등으로 정의할 수도 있다면, 과연 어느 것이 옳은가?

6) 수학(이론)적 확률

확률에 대한 또 다른 관점은 앞으로 일어날 어떤 사건을 합리적으로 분석하여서 실험이전에 그 사건이 일어날 확률을 결정하는 하는 것이다. 예를 들면 완벽한 6면체이며 무게가 균등하여 여섯 대칭면이 똑같이 나오는 주사위가 있다. 이런 경우 주사위를 굴려 5가 나올 확률이 1/6이라 생각하는 것이 합리적이다. 사실 각각 6개의 나올 수 있는 결과(1,2,3,4,5 그리고 6)는 완전히 똑같이 일어날 수 있기에 각각의 결과가 나올 확률은 $\frac{1}{6}$이다. 이 개념은 이론적, 수학적 확률이라 하거나 단순히 확률이라 한다. 이론적 확률은 실험이전에 결정되는 것이므로 선험적 확률이라고도 한다.

- 수학적 확률(이론적 확률, Laplace)

  일어날 수 있는 모든 경우(표본공간)의 수가 n가지 있고, 그들의 어느 두 경우도 동시에 일어나지 않고, 어떤 경우도 일어나는 일이 같은 정도로 기대된다고 하자. 이 n가지 중에서 어떤 조건 A(사건)가 일어나는 경우의 수가 a가지이면 A가 일어나는 확률은 $\frac{a}{n}$이다.

  기호로는 확률(Probability)의 P를 사용하여 다음과 같이 나타낸다.

$$P(A) = \frac{a}{n}.$$

- 예

  상자 속에 흰 구슬 4개와 검정 구슬이 5개가 들어 있다. 이 상자 속에서 3개를 꺼낼 때, 흰 구슬 2개, 검정 구슬이 1개일 확률을 구하여라.

  답 : $\frac{5}{14}$

처방 코드번호 : 4020, 4021

주제 : 확률

오류 유형 : 확률

수학적 확률을 계산할 때에는, 우선 어떤 시행을 했을 때에 일어날 수 있는 모든 경우(표본공간)의 수를 센 다음, 그 사건이 일어나는 경우의 수를 센다.

수학적 확률은 n가지 중에서 어떤 조건 A(사건)가 일어나는 경우의 수가 a가지이면, A가 일어나는 확률은 $\frac{a}{n}$이다.

---

7) 벤다이어그램

주사위를 두 개 굴려 전체 눈의 합이 결과인 실험이 있다. 그러면 표본공간 S는 직사각형이고, 사건들은 직사각형 안에 있는 동그라미이다.

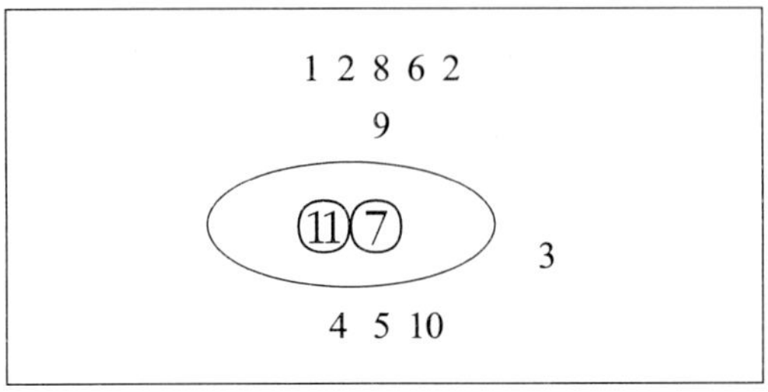

즉, 표본공간 S ={2, 3, 4, 5, 6, 7, 8, 9, 10, 11, 12}이고, 사건 "7이 나온 경우", "11이 나온 경우" "7 또는 11이 나온 경우 "를 나타내고 있다.

8) 배반사건의 확률

두 사건 A와 B가 배반 사건이면 A 또는 B가 일어날 확률은 $P(A)+P(B)$이다.

9) 독립사건

한 개의 동전과 한 개의 주사위를 던지는 경우에, 동전의 앞면 또는 뒷면이 나오는 것과 주사위의 어떤 눈이 나오는 것끼리는 아무런 영향을 미치지 않는다.

① 독립사건

사건 A가 일어나건 일어나지 않건 사건 B가 일어날 확률에 아무런 영향을 주지 않고, 사건 B가 일어나건 일어나지 않건 사건 A가 일어날 확률에 아무런 영향을 주지 않는 경우에 사건 A와 B를 독립사건이라고 한다.

② 독립사건의 확률

사건 A와 사건 B가 독립사건일 경우에, 두 사건이 동시에 일어날 확률은 $P(A)\times P(B)$이다. 예를 들어 빨간 주사위와 녹색 주사위가 굴려졌다. 빨간 주사위가 짝수가 나오고 파란 주사위가 3의 배수가 나올 확률은 어떻게 되는가?

(답) 빨간 주사위와 녹색 주사위에서 필요한 값은 각각 R= (2, 4, 6), G = (3, 6)이므로 P(R)=3/6, P(G) = 2/6이다. 그런데 R 과 G는 독립사건이므로 구하고자 하는 확률은 P(R 그리고G) = P(R) $\times$ P(G) = $\frac{3}{6}\times\frac{2}{6}=\frac{6}{36}=\frac{1}{6}$이다.

10) 조건부 확률

아래는 어느 유치원에 다니는 3살 또는 4살인 24명의 아동의 표이다. 물음에 답하시오.

	3살	4살
남자아이	8	3
여자아이	6	7

① 아동이 3살일 확률은 얼마인가?

② 선택한 아동이 남자였을 때 그 아동이 3살일 확률은 얼마인가?

(답) B를 남자 아동을 선택하는 사건, T를 3살인 아동을 선택하는 사건, S를 전제 아동의 집합이라고 하자. 그러면,

① $P(T) = \frac{n(T)}{n(S)} = \frac{14}{24} = \frac{7}{12}$

② 남자 아동이 골라졌다는 것을 알기 때문에 표본공간은 전체학생 S가 아니라 교실에 있는 남자아이 B가 된다. 그리고 문제의 사건은, 남자 아동이면서 3살인 경우이므로 T∩B 가 되는 것이다. 따라서 구하려는 확률은 $\frac{P(T \cap B)}{P(B)} = \frac{8}{11}$

위 문제의 ②는 남자 아동이라는 전제하에서(문제 ②의 표본공간) 3살인 아동일 확률을 계산하는 문제이다. 이러한 확률을 '조건부확률'이라고 한다.

11) 여사건의 확률

만약 A와 $\bar{A}$가 $A \cup \bar{A} = S$ 이고 $A \cap \bar{A} = \phi$이라면 A와 $\bar{A}$는 여사건이다. 그런데 여사건은 서로 배반사건이므로 $n(A)+n(\bar{A}) = n(S)$이다. 따라서 $P(S) = P(A \cup \bar{A}) = P(A)+P(\bar{A})$이므로 $P(A)+P(\bar{A}) = 1$이다. 즉, $P(A) = 1-P(\bar{A})$이다.

① 여사건의 확률

A와 $\bar{A}$를 여사건이라 하자. 즉 $A \cup \bar{A} = S$ 그리고 $A \cap \bar{A} = \phi$ 일 때,
$P(A) = 1-P(\bar{A})$

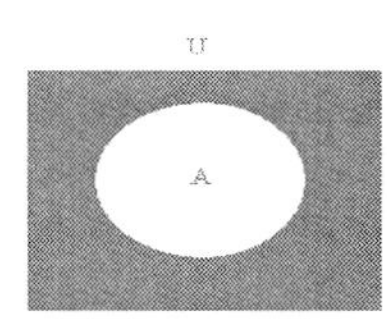

② 두 개의 주사위를 동시에 던질 때, 두 눈의 수의 합이 4 이상일 확률을 구하시오.

(풀이) 두 눈의 합이 4또는 5 또는 6또는 …또는 12인 경우이다. 따라서 여사건은 두 눈의 합이 2또는 3인 경우이다. 표본공간 S의 원소의 개수는 36이므로 여사건은 (1, 1), (1,2), (2,1)의 3가지 경우이다. 따라서 여사건의 확률은 $\frac{3}{36} = \frac{1}{12}$ 이고 구하고자 하는 확률은 $1 - \frac{1}{12} = \frac{11}{12}$ 이다.

12) 기댓값

주사위 한 개를 던져서 나온 눈의 1000배의 상금을 받는 게임이 있다. 주사위를 한번 던져서 얼마의 상금을 탈 수 있을 거라고 기대하는가? 운이 좋으면 주사위를 던질 때 마다 6000원을 받을 수도 있을 것이다. 그러나 큰수의 법칙 때문에 여러분은 6이 한 번 굴릴 때 1/6로 나온다는 것을 기대할 수 있다. 이러한 사실은 주사위의 모든 숫자에 해당하기 때문에 여러분이 기대할 수 있는 상금의 평균은 한 번에

$$\frac{1}{6}\times 1000+\frac{1}{6}\times 2000+\frac{1}{6}\times 3000+\frac{1}{6}\times 4000+\frac{1}{6}\times 5000+\frac{1}{6}\times 6000$$
$$=\frac{1}{6}\times(1000+2000+3000+4000+5000+6000)=\frac{1}{6}\times 21000=3500\text{원}$$

이다.

만일 한 게임당 4000원씩 한다면, 게임을 할 때마다 평균 500원 씩 잃을 것이다.

이 게임에서 주사위를 한번 던져 얻을 것으로 기대되는 3500원을 이 게임의 기댓값이라고 한다.

① 기댓값

어떤 실험에서의 얻을 수 있는 값이 $v_1, v_2, \cdots, v_n$ 이고, 값을 얻을 수 있는 확률이 각각 $p_1, p_2, \cdots, p_n$ 일 때, 그 실험의 기댓값(Expected value) E는

$$E=v_1\times p_1+v_2\times p_2+\cdots+v_n\times p_n$$

이다.

위의 예에서는 우리가 이기는 것보다는 질 확률이 높다. 따라서 그런 게임은 하지 않는 것이 좋다.

13) 기하학적 확률

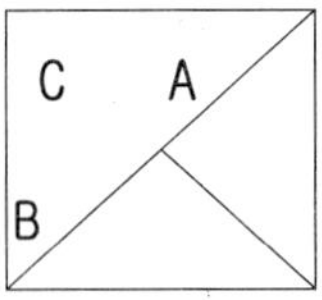

아래에 있는 정사각형 위에 찍기를 할 때, A 구역에 찍힐 확률은 $\frac{1}{4}$ 일 것이다. 그 이유는 정사각형 중 A 구역이 $\frac{1}{4}$ 을 차지하지 때문이다.

① 기하학적 확률

도형 D위의 일부분인 A가 선택될 확률은 $\frac{A\text{의 측도}}{D\text{의 측도}}$ 이다.

※ 도형 D는 선분, 평면, 공간일 수 있다.

② 크기가 같은 정사각형이 격자무늬로 그려져 있는 커다란 테이블이 있다. 이 격자무늬 위에 500원 짜리 동전을 던져서 격자인 사각형 안에 500원 짜리 동전을 완전히 넣는다

면500원 짜리 동전 2개를 얻게 되고, 격자 선에 동전이 닿으면 동전을 잃게 된다. 만일 동전의 직경이 2.5cm이고 각 사각형의 변이 6cm이라면 이게임을 하면 이익을 볼 수 있는가?

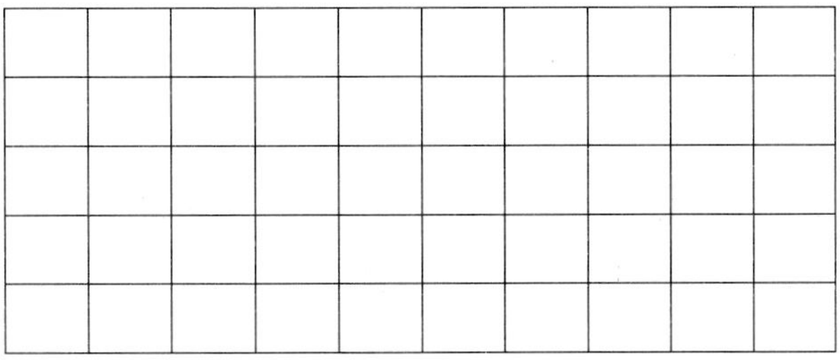

(풀이) 표본공간 S한 개의 정사각형이므로 $6 \times 6cm^2$이다. 이기기 위해서는 동전의 중심이 사각형의 한 변에서 적어도 1.25cm 떨어진 곳에 놓여야 한다. 즉, 이길 수 있는 구역 W는 그림에 나타난 큰 사각형 안쪽의, 넓이가 $3.5 \times 3.5cm^2$인 작은 정사각형 의 내부이다. 따라서 이 게임을 이길 확률은

$$P(W) = 작은\ 사각형\ 넓이 \div 큰\ 사각형\ 넓이 = \frac{3.5^2}{6^2} \fallingdotseq 0.34$$

따라서 이 게임의 기댓값은 $E = 0.34 \times 500 + 0.66 \times (-500) = -160$이다. 따라서 한 게임당 160원 씩 참가자는 잃고 주최자는 얻는다는 것을 예상할 수 있다.

4.2 통계

4.2.1 통계의 발생

옛날 이집트 사람들은 피라미드를 세우기 위해 좋은 땅을 조사하였으며 중국에서는 인구가 얼마인지 알아보기 위하여 통계 조사를 실시하였습니다. 또한 그리스에서는 세금을 걷기 위하여 시민의 재산을 기록한 여러 가지 자료를 찾을 수 있다. 400년 전 영국에서는 미래의 인구를 예상하기 위하여 한 해에 태어난 갓난아이의 수를 정부에서 조사하기 시작하였다. 나라가 발전하고 국가의 큰 위기에 효과적으로 대처하기 위해서는 통계를 잘 활용해야 한다.

우리는 일상생활에서 불확실하게 전개되는 사회 속에서 많은 자료들의 홍수 속에 살고 있다. 이러한 사회에서 발생한 많은 자료를 대상으로 과거와 현재의 상황을 분석하여 앞으로 전개될 사회에 대비하는 것은 매우 중요하다. 이때 보다 합리적이고 현명한 의사결정에 도움을 주는 대표적 과학적 방법의 체계가 통계학이다. 통계학은 영어로 statistics인데 이것은 국가를 뜻하는 라틴어 status 또는 정치인을 뜻하는 이탈리아어 statista에서 유래되었다고 전해

진다. 특히 17세기경 유럽에서 유행하던 확률게임은 확률이론을 발전시키는 계기가 되었으며, 통계에 확률개념을 도입한 확률이론은 통계학의 발전에 크게 공헌하였다.

4.2.2 통계의 목적

- 집단의 상황을 쉽게 알아볼 수 있도록 집단에서 얻은 자료를 정리하고 자료의 평균과 표준편차를 구한다.
- 모집단의 성질을 파악하기 위하여 표본을 추출하여 표본의 평균과 표준편차를 이용하여 모집단의 상황을 알아내거나 미래를 예측한다.

4.2.3 자료의 정리

1) 도수 분포표

통계는 자료를 바탕으로 연구하는 학문이다. 따라서 그 자료는 크기에 관계없이 자료의 분포 상태와 특성을 쉽게 찾을 수 있도록 간단명료하게 정리되어야 있다. 자료를 정리하는 대표적인 방법의 하나가 도수분포표의 작성이다. 도수분포표는 일반적으로 계급과 도수의 두 가지 요소로 이루어진다. 즉 자료를 계급으로 분류하여 각 계급에 속하는 대상의 수, 곧 도수를 집계하는 것이 편리하다.

① 계급

주어진 자료를 간단히 하기 위해 자료별로 정해진 기준에 따라 구분한 단일 변량의 구간을 말한다.

② 계급값

계급을 대표하는 값으로서 각 계급의 상한과 하한의 평균값이다.

이 때 계급값은 계급에 속하는 관찰 값과 일치하지 않아 자료의 값을 계급값으로 할 때는 오차를 수반한다. 이 오차를 분류오차라고 하며 분류오차의 한계는 계급 폭의 반과 같다.

③ 도수

각 계급에 속하는 자료의 개수를 말하며 빈도수(또는 계급도수)라 하며 기호는 f_i로 나타낸다.

④ 계급의 폭(또는 계급의 나비)

구간으로 표시되는 계급의 상한과 하한의 차를 말한다.

⑤ 도수분포표

계급으로 분류하여 각 계급과 도수의 대응관계를 도수분포라 하며 이것을 표로 정리한 것을 '도수분포표'라 한다.

⑥ 도수분포표 작성 단계

- 계급의 수는 자료의 최대값과 최소값의 차이인 범위로 정한다.
  계급의 수는 5~20개 정도가 적당하고 계급의 폭은 모든 계급이 같게 하며 보통 …, 0.01, 0.05, 0.1, 0.5, 1, 5, 10, … 등과 같이 정한다. 계급은 하한과 상한으로 표시하는데 하한은 이상, 상한은 미만의 형식을 취하며 마지막 계급의 상한은 이하가 되도록 한다.
- 계급의 도수를 구한다.
  각 계급에 속하는 자료를 획선법(tallying)이나, 카드법을 사용하여 분류 집계하여 도수를 구한다.
- 계급과 도수를 정리하여 도수분포표를 작성한다.

2) 상대도수분포

각 계급의 도수를 총 도수로 나눈 몫을 상대 도수라고 하며, 일반적으로 백분율로 나타내고, 도수분포에서 각 도수를 상대도수로 바꿔 넣은 것을 '상대도수분포'라고 한다.

3) 누적도수분포

각 계급의 상계보다 작은 모든 값의 총 도수를 누적도수라고 하며, 누적도수를 나타내는 표를 '누적도수분포'라고 한다.

4) 예

어느 회사에서 100명에 대한 키를 조사하여 작성한 도수분포표가 아래와 같이 나타났다.

대학생의 키

신장(cm)	학생수
160~163	2
163~166	4
166~169	6
169~172	13
172~175	35
175~178	25
178~181	12
181~184	3
계	

키의도수분포표

계급	도수
160~163	2
163~166	4
166~169	6
169~172	13
172~175	35
175~178	25
178~181	12
181~184	3
계	

계급의 수는 8, 계급의 폭은 4, 160~163의 계급값은 161.5, 163~166의 계급값은 164.5, …, 계급 160~163의 도수는 2, … 이다. 누적도수분포표는 다음과 같다.

계급	계급값	도수	누적도수	상대도수	누적상대도수
160~163	161.5	2	2	0.02	0.02
163~166	164.5	4	6	0.04	0.06
166~169	167.5	6	12	0.06	0.12
169~172	171.5	13	25	0.13	0.25
172~175	174.5	35	60	0.35	0.60
175~178	177.5	25	85	0.25	0.85
178~181	180.5	12	97	0.12	0.97
181~184	183.5	3	100	0.03	1.00
계		100		1.00	

4.2.4 그래프

도수분포표는 자료의 특성이나 분포형태를 분석하는데 목적이 있다. 한 자료의 분포상태나 여러 자료를 비교할 때 도수분포를 그림으로 나타낸 것을 도수분포도라 한다. 도수분포도는 도표나 그래프(graph)로 나타낸다.

1) 점그래프

수직선위에 자료의 개수를 점으로 찍은 그래프

2) 줄기와 잎 그래프

점그래프와 유사하며 비슷한 두 집단 자료를 비교하는 데에 특히 유용하다. 줄기-잎 그림은 주어진 자료의 값 자체를 확인할 수 있고 기둥그림표보다 더 많은 정보를 포함하고 있다. 모든 값이 크기 순서로 나열되어 있어 특정자료의 상대적인 위치를 쉽게 알 수 있다. 그러나 자료의 개수가 많은 경우에는 제한적인 공간에 모든 자료를 표시할 수 없다는 단점이 있다. 어느 초등학교학생 45명의 수학성적이 아래와 같을 때 이 성적에 대한 줄기-잎 그림을 그려보면 다음과 같다.

95	60	62	80	62	45	80	54	78	46	69	62	84	85	78
93	65	67	78	42	54	77	46	98	63	88	86	84	86	87
92	58	72	68	68	56	72	82	55	78	76	96	62	84	65

4	2 5 6 6
5	4 4 5 6 8
6	0 2 2 2 2 3 5 5 7 8 8 9
7	2 2 6 7 8 8 8 8
8	0 0 2 4 4 4 5 6 6 7 8
9	2 3 5 6 8

3) 히스토그램

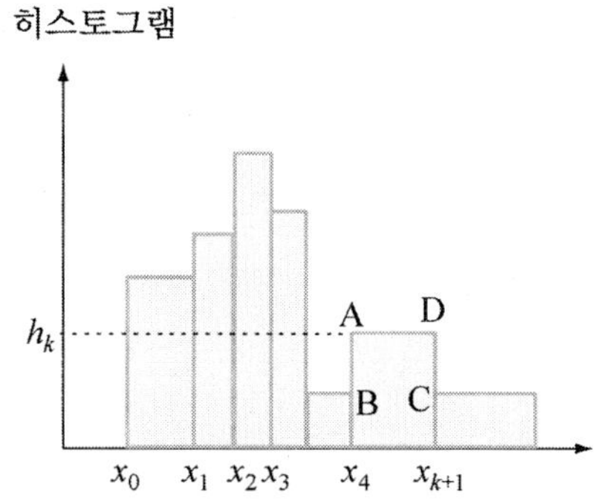

직교좌표위에 가로 축에는 자료 값이나 자료 값의 범위를, 세로축에는 도수를 나타내고, 각 구간위에 그 구간에 대응하는 도수를 직사각형의 높이로 표현하는 그래프이다. 즉, 도수 분포를 도시(圖示)할 때, 계급을 밑변으로 하고, 직사각형의 면적이 그 계급의 도수에 비례하도록 그린 기둥 모양의 그래프이다. 히스토그램은 사람들의 키와 같은 연속적인 자료의 특징을 시각적으로 보여주는 장점이 있으나 각각의 자료 값의 정확한 위치를 알려주지 못하는 단점이 있다.

4) 꺾은선 그래프

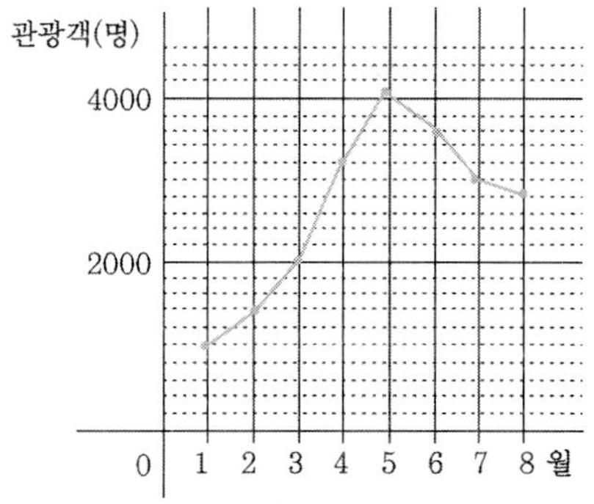

히스토그램에서 각 직사각형의 맨 위의 선분의 중점을 선분으로 이어서 만든 그래프이며, 도수다각형이라도 한다. 꺾은선그래프나 도수다각형은 경사진 선분 조각에 의해 강력하게 표현되는 다양함 때문에 연속적으로 바뀌는 자료를 나타내는데 특히 적절하며, 주어지지 않은 자료 값을 측정할 수도 있다.

- 다음은 어느 도시의 관광객 수를 반올림하여 백의 자리까지 나타낸 꺾은선그래프이다.

5) 원그래프

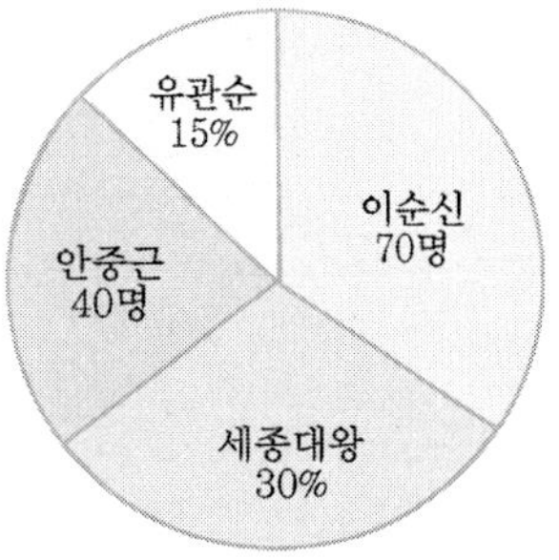

정보 전달을 위한 다른 그림으로 나타내는 도구는 원 그래프이다. 원그래프는 전체에 대한 부분의 양을 일목요연하게 나타내는데 사용된다.

예 다음 원그래프는 지연이네 학교 6학년 학생 200명이 존경하는 위인을 조사하여 나타낸 것이다.

6) 그림그래프

그림그래프는 그림이나 아이콘으로 나타내는 것으로서, 아이콘은 대개 자료와 관련된 그림으로 나타내고 수량은 그림의 크기로 낸다.

예 다음은 전국의 쌀 생산량을 그림그래프로 나타낸 것이다.

4.2.5 통계에 대한 NCTM 원리와 규준

중, 저학년의 아동은 자료를 모으고, 조직하고, 도식화하는 경험을 가져야한다. 그들은 주어진 자료의 표현적 도구인 도수분포표, 점그래프, 막대그래프, 꺾은선그래프 등과 대푯값과 분포를 측정하는 중앙값, 최빈값, 범위 등을 이해하고, 능숙하게 처리할 수 있어야 한다.

4.2.6 대푯값

어느 집단의 특성을 하나의 값으로 나타낼 수 있다면 그 집단을 파악하는데 도움을 준다. 집단의 전체를 대표하는 값을 대푯값이라 한다. 대푯값은 자료에 대한 분포의 집중경향을 나타내고, 집중위치는 대체로 중심이다. 대푯값에는 평균, 중앙값, 최빈값이 있는데 평균은 산술평균과 기하평균 그리고 조화평균으로 구분한다. 또 산술평균은 단순평균과 가중평균으로 구분할 수 있으나 이들은 각기 자료와 목적에 따라 장단점이 있다. 대푯값 중에서 가장 많이 사용하는 것은 평균이다.

1) 평균

평균은 자료의 대상에 따라 다음과 같은 종류가 있다.

① 산술평균

자료의 총합을 자료의 개수로 나눈 것을 평균(mean)이라 하는데 이때의 평균을 산술평균이라 한다.

② 모평균(population mean)

어떤 성질이나 특징을 조사하려는 대상전체의 집합을 모집단이라 하고, 모집단의평균을 모평균이라 하며, 기호로는 μ로 나타낸다.

③ 표본평균

모집단에서 추출한 표본의 평균을 표본평균(sample mean)이라 하며, 기호는 $\overline{x}$로 나타낸다.

2) 평균값 구하기

평균값의 개념은 그릇 안에 제멋대로 담겨져 있는 모래를, 그릇을 잘 흔들어서평평하게 만드는 작업과 같다.

① 산술 평균

모든 자료의 값을 합하여 자료의 개수로 나눈 값이다.

자료의 수가 n개이고 자료의 값이 $x_1, x_2, \cdots, x_n$ 일 때, 평균값 M은

$$M = \frac{x_1 + x_2 + \cdots + x_n}{n}$$ 이다.

처방 코드번호 : 4030
주제 : 통계 오류 유형 : 평균 평균값이란 모아 놓은 자료의 모든 값을 더해서 자료의 개수로 나눈 값이다. 즉, 자료의 수가 n개이고 자료의 값이 $x_1, x_2, \cdots, x_n$ 일 때, 평균값 M은 $M = \frac{x_1 + x_2 + \cdots + x_n}{n}$ 이다.

② 도수분포표를 이용한 평균값 구하기

그런데 자료를 정리하여 도수분포표를 작성한 경우에는 자료의 구체적인 값을 알 수가 없기 때문에, 도수분포표를 이용하여 평균을 구하는 방법은 다음과 같다.

계급값이 $\overline{x}_1$인 두수가 f_1, 계급값이 $\overline{x}_2$인 도수가 f_2, $\cdots$, 계급값이 $\overline{x}_k$인 도수가f_k일 때의 산술평균 $\overline{x}$는 다음과 같다.

$$\overline{x} = \frac{f_1\overline{x}_1 + f_2\overline{x}_2 + \cdots + f_k\overline{x}_k}{f_1 + f_2 + \cdots + f_k}$$

③ 도수분포표를 이용하여 평균의 특징

- 변량 x_i와 산술평균 $\overline{x}$와의 편차의 모든 합은 0이다.
- 변량 x_i와 임의의 수 a와의 편차의 제곱의 합은 $a = \overline{x}$일 때 최소가 된다.
- x_0를 가평균(assumed mean), a를 상수라고 할 때, $x_i = au_i + x_0$라고 놓으면 각각 다음과 같은 식이 된다.

$$\bar{x} = a\bar{u} + x_0 \text{단}, \ \bar{u} = \frac{1}{n}\sum_{i=1}^{n} u_i$$

$$\bar{x} = a\bar{u} + x_0 \text{단}, \ \bar{u} = \frac{1}{n}\sum_{i=1}^{k} f_i u_i, \ n = \sum_{i=1}^{k} f_i$$

- 도수분포표로부터 산술평균을 구하려고 할 때, x_0를 계급값 중에서 산술평균에 가까운 값으로 잡고 a를 계급간격과 같게 잡으면 간단히 계산할 수 있다.

3) 중앙값

자료를 크기 순서대로 나열했을 때 가운데에 위치하는 값을 중앙값(median)이라고 하고 M_e로 나타낸대. 자료의 개수가 홀수n일 때는 $\frac{n+1}{2}$번째의 자료 값을, 자료의 개수가 짝수일 때는 중앙에 위치하는 수가 2개이므로 이들의 평균값을 사용한다.

- 아래의 자료에서의 중앙값은?

1.2 1.4 1.6 1.9 21

(답) 자료가 5개이므로 $\frac{5+1}{2}$=3번째 자료의 값인 1.6이 중앙값이다.

- 아래의 자료에서의 중앙값은?

3 5 7 9 10 13

(답) 자료가 6개이므로 3번째와 4번째의 자료 값의 평균을 구한다. 즉,

$$\frac{7+9}{2}=8.$$

그러나 중앙값은 가운데 값 외에는 순서 정보만 이용하고 구체적인 값에 대한 정보를 무시하게 되어, 모든 자료를 다 이용하는 평균에 비해 정보의 손실이 많습니다. 반대로 평균은 정보의 손실이 적은 반면 이상값에 매우 민감한 약점이 있습니다.

4) 최빈값

자료의 분포에서 빈도수가 가장 많은 도수를 가지는 변량의 값을 최빈수(mode 또는 유행값)라 하며, M_0로 나타낸다. 최빈값은 범주자료와 수량자료 모두에서 사용된다. 도수분포표에서 최빈값은 도수가 최대인 계급을 최빈계급이라 한다. 이 때 최빈계급의 계급값이 최빈값이 된다.

5) 예

① 다음 도수분포에서 평균을 구하여라.

x_i	u_i	f_i	f_iu_i
165	−2	5	−10
170	−1	18	−18
$x_0 \rightarrow$ 175	0	42	0
180	1	27	27
185	2	8	16
		$n=100$	$\sum f_iu_i=15$

(풀이) $\bar{x}=a\bar{u}+x_0=a\left(\frac{\sum f_iu_i}{n}\right)+x_0$

$$=5\cdot\frac{15}{100}+175=175.75$$

② 다음 11개의 자료에서 중앙값을 구하여라.

10 15 6 7 16 9 6 11 9 4 7

(풀이) 자료를 순서로 나열하면M_e

4 6 6 7 7 9 9 10 11 15 16

n=11이므로 중앙값은 $\frac{n+1}{2}$=6번째의 값이다.

$\therefore M_e=9$

4.2.7 산포도

A반과 B반이 똑 같은 수학시험을 보았다. A반의 평균과 B반의 평균 모두 50점이었다. 그런데 A반의 반절은 100점이며 나머지 반절은 0점이고, B반은 모두 50점을 받았다. 이 중에서 어느 반이 좋은 집단인가? 이러한 질문에 답하기 위해서는 점수가 어떻게 분포되었는가를 고려해야한다. 따라서 지금부터는 자료의 분포상태를 설명하는 몇 가지 방법을 설명하기로 한다.

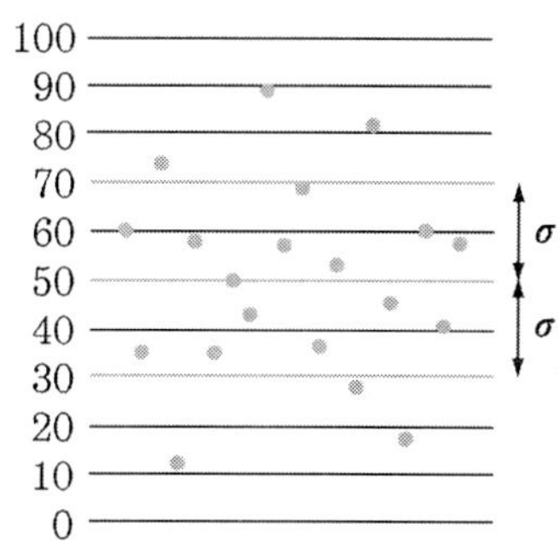

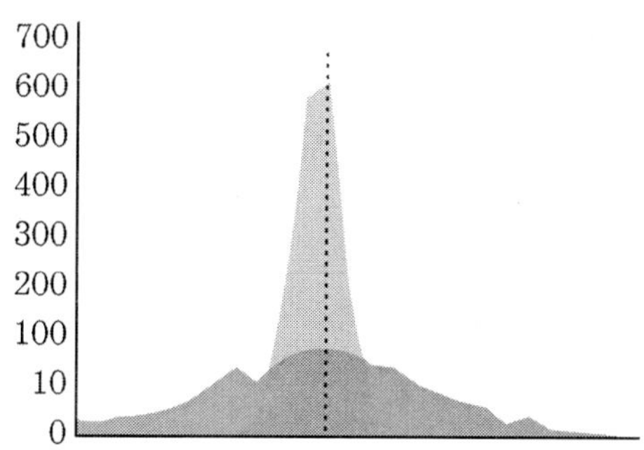

1) 4분위 수

통계 자료들의 관측 값을 작은 쪽으로부터 크기순으로 배열했을 때 전체 관측 값을 4등분하는 위치에 오는 값을 말한다. 4분위 수는 맨 처음을 하4분위수라고 하며 기호로는 Q_L이라고 쓰고, 두 번째 4분위 수는 중앙값이고, 맨 끝의 4분위 수를 상4분위수라고 하며 기호로는 Q_U라고 쓴다.

① 4분위 수 구하기

먼저 중앙값을 구한 다음 하4분위수와 상4분위수를 구하면 된다. 즉, 자료값의 약 25%는 Q_L이하이고, Q_L과 중앙값사이에 약 25%가 있고, 중앙값과 Q_U사이에 약 25%가 있고, 약 25%는 Q_U 이상이다. 그러므로 Q_L과 Q_U의 사이가 자료집합에서의 대략 절반의 값이므로 자료의 분포를 나타내는 좋은 척도이다.

2) 분산

자료의 분포상태를 나타내는 가장 좋은 방법은 자료들이 평균과 얼마나 가깝게 분포되어 있는지를 알아보는 것이다.

① 좋은 집단

통계에서 좋은 자료란 모든 자료 값이 평균값과 가깝게 분포된 것을 말한다. 위의 예에서 A반은 100이 많고 B반은 100점이 없으므로 A반이 좋은 집단으로 생각할 수도 있으나 통계에서는 B반이 좋은 집단으로 간주한다.

② 편차

편차=평균−자료 값

③ 분산

분산은 각 수치들에서 평균을 빼고, 다시 그 값들을 각각 제곱한 값들의 평균을 말한다.

예 얻은 자료가 1, 2, 3, 4, 5이라고 하자.

평균=3,

편차 : $1-3=-2, 2-3=-1, 3-3=0, 4-3=1, 5-3=2$

편차의 제곱 : 4, 1, 0, 1, 4.

편차의 제곱의 평균 $=\dfrac{4+1+0+1+4}{5}=2$

따라서 분산은 2이다. 이 사실을 일반화하여 다음 공식을 얻는다.

• 분산

n 개의 자료 값을 $x_1, x_2, \cdots, x_n$, 이들의 평균값을 $\overline{x}$이라고 할 때, 이 자료의 분산은 $\dfrac{(x_1-\overline{x})^2+(x_2-\overline{x})^2+\cdots+(x_n-\overline{x})^2}{n}$ 이다.

3) 표준편차

분산의 제곱근을 표준편차라고 한다.

예 다음 자료의 표준편차를 구하시오

$2, 4, 4, 4, 5, 5, 7, 9$

(풀이) 평균 :

$$\frac{2+4+4+4+5+5+7+9}{8}=5$$

편차의 제곱 :

$(2-5)^2=(-3)^2=9 \quad (5-5)^2=0^2=0$

$(4-5)^2=(-1)^2=1 \quad (5-5)^2=0^2=0$

$(4-5)^2=(-1)^2=1 \quad (7-5)^2=2^2=4$

$(4-5)^2=(-1)^2=1 \quad (9-5)^2=4^2=16$

표준편차 :

$$\sqrt{\frac{9+1+1+1+0+0+4+16}{8}}=2$$

4.2.8 통계적 추론

통계적 추론은 초등학교 교육과정의 내용이 아니므로, 이 절에서는 모집단과 표본의 정의만을 소개하기로 한다.

1) 모집단

통계학에서 정보 알기를 원하는 어떤 집단 전체집합을 말한다. 예를 들면, 만일 대한민국의 모든 성인의 연평균수입을 구하고 싶다면, 모집단은 대한민국의 모든 성인의 집합이다.

2) 표본

모집단의 성질을 정확하게 알기 위한 표본의 수는 보통 30개이다. 표본을 추출할 때는 무작위성이 전제되어야 한다. 무작위 표본이란 선택의 기회가 동일한 모집단의 부분집합을 말한다.

3) 통계적 추론

모집단의 성질을 알아보기 위해서 적당한 수의 표본을 무작위로 추출하여 표본의 평균과 표준편차를 이용하여 모집단의 평균과 표준편차를 추측하고, 모종의 가설을 세워, 그 가설의 타당성을 검증하는 일이다.

[질문] 그래프에서 세로 단위를 변화해보면 어떤 것을 알 수 있을까요?

[답] 그래프 중에서 가장 흔한 것은 선을 이용한 선 그래프이다. 선 그래프는 그리기가 쉬울 뿐 아니라 많은 숫자 속에 숨어 있는 경향을 잘 나타내 주기 때문에 데이터의 분석이나 예측에 가장 많이 쓰인다. 그러나, 데이터의 왜곡이 가장 많은 그래프도 선 그래프이다.

가) 아래의 그림은 같은 자료를 가지고 세로 눈금을 변화시켜 그린 꺾은선그래프입니다. 두 그래프에서 알 수 있는 사실들을 이야기해 보시오.

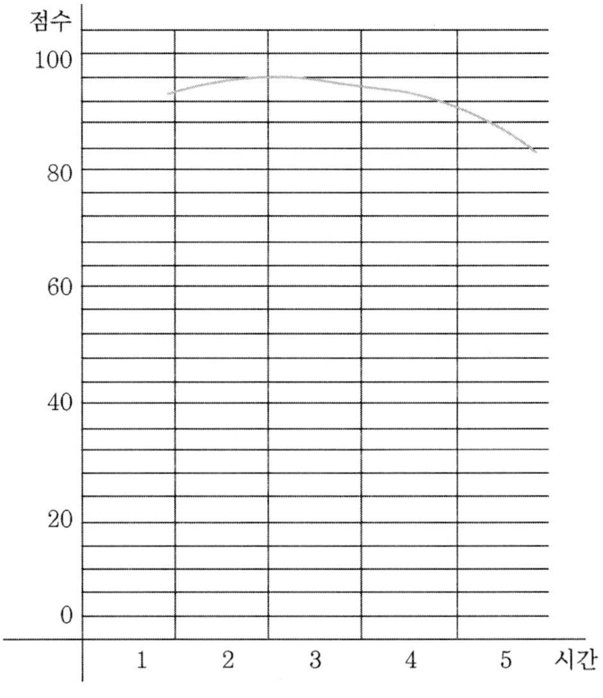

세로의 구간을 변경함으로써 증가가 둔감하게 되었는지, 또는 급격하게 되었는지 시각적으로 조작할 수 있습니다.

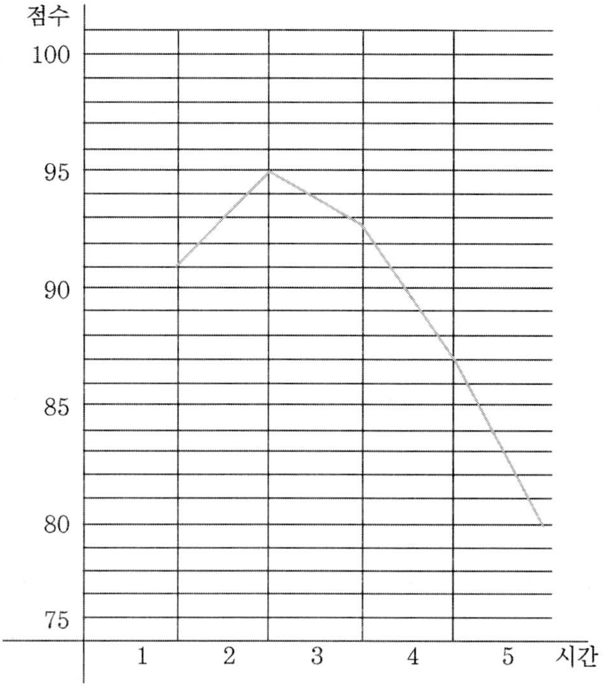

5. 문제해결 영역

5.1 문제 해결

문제해결이란 수학의 이론을 바탕으로 주어진 문제를 풀어가는 것을 말한다. 그를 위해서는 문제가 무엇인가를 알아본 다음, 그 문제를 풀어갈 방법을 찾아보기로 한다.

5.1.1 문제의 뜻과 형태

1) 문제의 뜻

문제란 주어진 현재의 상태와 원하는 상태, 표준상태와의 간극의 인식상태를 말하고, 대부분의 문제는 그 간극을 채워 주는여러 가지 해법이 존재하지만, 그 해법을 즉각적으로 동원할 수 없는 상태를 말한다. 그리스어인 'problēma'는 '앞에 내던져진 것'을 의미한다. 제기된 문제는 해결하게 되고 그 해결은 다시 새로운 문제를 계속 던지게 되므로 사람들은 스스로가 해결할 수 있는 것만을 문제로 제기한다고 한다.

N.하르트만은 아리스토텔레스의 학문적 사고방식에서 해결할 방도가 없는 난해한 문제(aporia)를 발견하는 철학으로서 문제학을 제기하였다. J.듀이는 불명확한 정황을 일정한 방향

으로 변형시키려 할 때 문제가 발생하고 이 문제적 정황에서 해결된 사태로의 이행에 '탐구의 논리'가 성립된다고 하였다. 따라서 문제에는 목표와 장애 요인, 해결자의 의식이 있어야 한다. 목표는 문제가 의도한 상태가 무엇인지에 대한 진술이다. 장애요인이란 그 목표에 즉각적으로 도달할 수 없게 만드는 요인이다. 따라서 어떤 상황이 개인에 따라 문제가 되거나 되지 않을 수 있고 중대한 문제나 사소한 문제가 될 수 있다.

2) 문제의 형태

수학적 문제해결에서는 문제가 수식이 아닌 문장으로 만들어지는 경우가 대부분이다. 이러한 문장제는 문장으로 나타낸 수학문제로 교과서의 문장제는 광범위한 일상생활에서 일어나는 현상에 의문을 가지고 그것을 수학문제로 해결하려는 적극적인 어린이의 육성을 목표로 하고 있다.

문장제는 이와 같은 문제의 모델을 생각하고 실제지도에서 어린이들을 둘러싸고 있는 실제의 살아 있는 문제를 지도하는 것이 바람직하다. 따라서 문장제의 지도 목표는 문제해결의 기능뿐만 아니라 그 배후에 잠재해 있는 원리와 아이디어를 통찰할 수 있는 능력을 기르려는 것이다. 문제는 일상적인 문제와 비일상적인 문제, 명확한 문제와 모호한 문제 등으로 나눌 수 있다.

① 일상적인 문제

"589 × 45 = ___"는 보통 성인들에게는 쉬운 문제이다. 이와 같이 문제를 해결하는 방법은 이미 알고 있으면서 실행에 옮기는 일만 남은 것을 일상적인 문제라고 한다.

② 비일상적인 문제

문제에 직면한 당사자가 아예 그 문제를 해결할 방법을 모르는 상태를 말한다. 수학교육에서 말하는 문제란 그러한 비일상적인 문제이다.

③ 명확한 문제

주어진 문제의 상황, 목표, 활용 가능한 방법이 명확하게 주어진 문제를 말한다. 예를 들면, 다음과 같은 물병문제이다.

• 21L, 127L, 3L짜리 세 개의 빈 물병이 있다. 물은 무한량이 있다. 세 물병을 이용하여 100L를 담아보시오.

④ 모호한 문제

주어진 상황, 목표, 활용 가능한 방법이 명확하지 않은 문제를 말한다.

• 사진 한 장을 주면서 "이 사람을 찾아오시오"

5.1.2 NCTM의 문제해결

2000년에 발간된 NCTM의 '학교수학의 원리와 규준'에서 모든 아동은 주어지는 양적인 문제를 상상력, 통찰력을 동원하여 사고하고 해결하는 방법을 배우도록 권장하고 있다. 1992년 우리나라의 6차 수학과 교육과정에서부터 문제해결력의 육성을 강조하고 있다. 최근에 문제해결지도가 강화되고 있는 것은 고도정보화사회에 대응하려는 수학교육의 요구에 따른다. 문제해결이란 목표 상태와 현재상태간의 차이를 줄이는 일련의 사고와 행동을 말하고, 그러한 일련의 사고와 행동을 발견하는 것이 문제를 해결한 것이므로 문제해결이란 목표지향적인 행동 또는 조절의 한 요소이다. 문제의 대상, 속성, 상태 공간, 연산, 선택준거 등으로 문제를 다양한 성분으로 분해하는 것이 효율적인 문제해결 방안이 된다. 이와 같이 문제의 영역을 분석하고 표현하는 방법을 바꾸면 문제해결은 더욱 쉬워지게 된다. 문제해결 전략에는 다음의 내용이 포함되어야 한다.

1) 추상화

실제의 문제에 적용하기에 앞서, 모델을 설정하여 문제를 해결해 본다.

2) 유추

유사한 문제를 해결한 방법을 사용한다.

3) 브레인스토밍(brainstorming)

특히 아동집단이 큰 경우에는 아동 각자의 해결책이나 아이디어를 결합, 발전시켜서 최적의 해법을 찾게 한다. 브레인스토밍은 만들어 내는 아이디어가 많을수록 주어진 문제에 대한 적합한 해답을 찾을 가능성이 커진다는 전제하에서 실행되며, 다음의 세 단계로 이루어진다.

- 아이디어의 창출
- 그 아이디어를 분석
- 행동계획수립

또한 브레인스토밍의 장점은 다음과 같다.

- 짧은 시간 내에 많은 아이디어를 창출한다.
- 창의적이고 자발적인 사고를 가능케 한다.
- 타인의 아이디어에 편승하거나 확장하게 한다.

브레인스토밍은 다음과 같은 순서로 진행한다.

1단계 : 주어진 문제를 '무엇을, 어디에서, 언제, 얼마나'의 형태의 문제로 바꾼다.I

2단계 : 집단이 10명을 초과하면 소집단으로 나눈다.

3단계 : 각 집단의 기록자를 정한다.

4단계 : 브레인스토밍의 다음과 같은 목적과 규칙을 설명한다.

- 가능한 한 많은 아이디어를 만들어라. 아이디어가 많을수록 이길 가능성이 높아진다.
- 남의 의견을 비평하거나 평가하지 말고 판단을 유보한다.
- 당돌한 방법으로도 생각한다. 당돌한 생각은 또 다른 당돌한 생각을 낳는다. 새로운 아이디어를 생각해내는 것보다 당돌한 아이디어를 잘 다듬는 것이 더쉽다.
- 아이디어들을 연합, 확장, 대입, 삭제, 역, 유추한다.

5단계 : 기록자는 모든 아이디어를 기록한다.

6단계 : 각 집단 내에서 익숙하지 않은 항목이나 아이디어를 토론하여 명확하게한다.

7단계 : 각 집단에서는 가장 적합한 아이디어를 선택하는 규준을 만들고 그 규준에 따라 각 아이디어를 평가한다.

8단계 : 선택된 아이디어를 실행할 단계를 정한다.

4) 문제의 분해

크고 복잡한 문제를 자고 해결 가능한 문제로 나누어 본다.

5) 가설검정

문제에 대한 가능한 모든 해법을 추측하고 그 추측을 증명하거나 반박해 본다.

6) 중간분석

목표에 접근해가는 각 단계를 설정하고, 각 단계에서의 해법을 탐구한다.

7) 해법을 알고 있는 다른 문제로 변형한다.

8) 시행착오

정답을 찾을 때까지 가능한 해법을 시험한다.

5.1.3 NCTM(2000)의 문제해결 규준

유치원부터 고3까지 다음과 같은 프로그램을 적용한다.

1) 문제해결을 통한 수학적 지식을 쌓는다.

2) 수학과 다른 교과에서 발생하는 문제를 해결한다.

3) 문제해결의 다양한 방법을 적용하게 한다.

4) 수학적 문제해결 과정을 모니터하고 반성하게 한다.

또한 문제해결 전략에는 다음 사항을 포함하도록 하였다.

- 수학은 추리와 증명이 기초임을 인식한다.
- 수학문제의 답을 어림하면서 조사한다.
- 수학문제에 대한 토론과 증명 능력을 발전시키고 평가한다.
- 다양한 타입의 추론과 증명의 도구를 선택하여 사용한다.

문제해결은 학교수학의 초석이므로, 아동에게 좋은 문제를 제공하여 수학의 중요한 아이디어를 탐구하고 다양한 전략과 수학적 성질과 그들의 관계를 이해하고 적용하도록 지도해야 한다.

5.2 폴리아의 문제해결

폴리아(G. Polya, 1887-1985)는 헝가리 출신의 저명한 수학자로서, 1924년에 무늬를 무시하면 테셀레이션의 방법이 17가지뿐임을 증명한 것으로도 유명하다. 폴리아의 수학교육관은 다음과 같다.

- 가르친다는 것은 과학이 아니라 예술이다. 만일에 그것이 과학이라면 가르치는 최선의 방법이 있을 것이고, 모든 교사가 그 방법으로 가르쳐야 할 것이다. 그러나 그 것은 과학이 아니기 때문에 교수법의 개인차가 매우 크다. 교수법에서 가장 중요한 것은 활동성, 즉 활동적 학습이고, 특히 수학교수법에서 중요한 것은 문제해결전략을 개발하는 것이다.

5.2.1 폴리아의 문제해결 원리

폴리아는 그의 저서 '어떻게 문제를 풀 것인가?'에서 문제를 해결하기 위한 기본적인 전략과 네 가지 원리를 제시 했다. 또한 학생들이 문제를 해결하는데 도움이 되는 질문 내용과 학생이 자기 자신에게 질문할 내용을 광범위하게 설명하였다. 우선 폴리아의 문제해결의 네 가지 원리를 나열하기로 한다.

1) 문제의 이해

교사는 학생들에게 다음과 같은 질문을 해야 한다.

- 문제에서 진술되고 사용되어진 모든 단어들을 이해할 수 있는가? 그렇지 않다면, 목차나, 사전 혹은 그것들을 발견할 수 있는 소재를 찾아보아라.
- 구하고자 하는 것이 무엇인가?
- 자신의 언어로 문제를 재 진술 할 수 있는가?
- 문제를 진술하는 다른 방법이 있는가?
- 핵심어의 진정한 의미는 무엇인가? 그것의 정의는 무엇인가?
- 문제를 명확하게 설명할 수 있는 예제를 제시할 수 있는가?

- 문제를 이해하는데 도움을 주는 그림이나 표를 생각할 수 있는가?
- 답을 찾을 수 있을 만큼 충분한 정보가 있는가?
- 관계없는 정보가 있는가? 그것이 문제가 되는가?
- 문제해결을 위해서 알아야하는 지식이 무엇인가?

2) 계획 수립

문제해결을 위한 계획을 수립한 후에는 계획을 실천하기 위한 실질적인 노력이 수반되어야 한다. 구체적인 실천목록은 다음과 같다.

- 대수적 사실을 이용
- 비둘기집 원리 이용
- 예상과 확인
- 규칙성 찾기
- 표 만들기
- 그림 그리기
- 부분적으로 해결된 문제 회상하기
- 이미 해결된 비슷한 문제 생각하기
- 유사 문제를 해결하기
- 교구활용
- 대칭 이용
- 거꾸로 풀기
- 특수한 경우를 해결하기
- 공식 이용
- 직접적인 증명
- 자신만의 방법으로 해결하기
- 방정식을 이용하여 풀기

3) 계획 실행

수립한 계획을 자신의 모든 지식을 활용하여 식을 세우고 정확하게 계산한다. 수학에서의 문제해결 과정은 그 문제해결을 위한 하위개념들을 회상하여 조직하는 것이 가장 중요하다. 그러한 방법을 분석법이라 부른다.

4) 반성

실행에서 얻은 답이 옳은지를 확인하고, 해결과정에서의 자신의 생각을 분석해보고 문제를 해결하는 핵심을 확인하는 반성과정은 자신의 이해 정도와 해결능력의 수준을 점검하는 데에 중요하다. 반성과정은 학생이 접해본 적이 없는 문제를 해결하는 데에 영감을 떠올리는 능력(수학적 힘)을 얻는 방법이다. 이에 대하여 프랑스 수학자이자 철학자인 앙리 푸앵카레(Henri Poincare, 1854~1912)는 다음과 같이 말하였다.

유사한 문제의 해결방법을 예측할 수 없었거나 확실성이 부족해서, 시행착오의 복잡한 계산과정을 거쳐 결과를 얻을 때까지에 겪은 고난은 가장 값진 것이다.

푸앵카레는 만약 수학적 힘을 증가시키는 안목과 경험을 얻지 못한다면, 단지 문제만 해결하는 것은 근본적으로 의미 없는 것이라 느꼈다. 문제해결과정에서 얻은 무언가가 있다면, 문제를 완벽하게 해결한 후 자신에게 다음과 같은 질문을 해본다.

- 무엇이 이 문제를 해결하기위한 효과적인 계획을 고안하게 한 핵심 요소인가?
- 이 문제를 해결하기 위한 더 단순한 전략을 생각 할 수 있는가?
- 이 문제를 해결하기 위해 좀 더 효과적이고 강력한 전략을 생각할 수 있는가?
- 이 문제를 해결하기 위해 어떤 다른 전략을 생각할 수 있는가?
- 효과적인 공격의 계획에 적용할만한 다른 전략을 찾을 수 있는가?

5.2.2 폴리아의 문제해결전략

이 절에서는 계획수립 단계에서 설정한 전략 중에서 몇 가지를 선택하여 구체적인 예를 통하여 설명하기로 한다. 나머지의 전략은 폴리아(polya, 1995)에 자세하게 안내되어 있다.

1) 예상과 확인

문제에서 주어진 조건을 만족하는 어떤 사실을 예상하고 확인하는 방법이다. 만일 그 사실이 문제를 만족하지 못하면 다른 사실을 예상하고 확인한다.

[문제] 왼편의 수의 규칙과 같도록 오른편의 □를 채우시오.

	⑧				⑯	
2		6		□		□
⑭	12	⑱		⑪	□	⑮

① 문제의 이해

왼편의 원안의 수는 바로 근처의 두수의 합이다. 따라서 오른편의 □안의 수를 a, b, c라고 하면 $a+b=16$, $a+c=11$, $b+c=15$이어야 한다.

② 계획 수립

우선 둘째 줄의 수들의 합이 16이 되도록 한 다음에 나머지 수들을 확인한다.

③ 계획의 실행

추측과 검토의 전략으로 해결하기 위해서, 우선 $a=10$, $b=6$ 이라고 추측해 보자. 즉,

⑯

10 6

⑪ □ ⑮

이 추측이 맞는가를 확인해 보자. 그런데 6+9=15이므로 □=9로 놓으면 10+9는 11이 아니다. 다시 추측해본다. 이번에는 6과 10을 바꾸어 적는다. 즉,

⑯

6 10

⑪ □ ⑮

이 추측이 맞는가를 확인해 보자. 10+5 = 15이므로 □ = 5로 놓으면 6+9 = 11이다.

④ 반성하기

왼편 수들의 규칙을 알아본다. 8+14+18 = 40, 2+6+12 = 20이다.

오른편 수들의 규칙을 알아본다. 16+11+15 = 42, 6+10+5 = 21이다.

즉 40÷2 = 20, 42÷2 = 21이다. 따라서 □안의 세 수의 합은 원안의 세 수의 합의 절반이다. 즉 a+b+c = 21이고 a+b = 16이므로 c = 5이다. 같은 방법으로 나머지 두 수를 구한다.

위의 규칙에 맞도록 다음의 빈칸을 채우시오.

㉒

□ □

⑬ □ ⑰

2) 표 만들기

다양한 가능성이 있는 문제는 수표를 만들어 빠뜨리는 경우가 생기지 않도록 하는 방법이다.

[문제] 1g , 5g, 10g짜리 추가 100개씩 있다. 이 추들을 이용하여 11g을 달 수 있는 방법은 몇인가?

① 문제의 이해

예를 들면 11g을 달기 위해서는 1g+10g도 되고, 1g짜리를 11개 놓아도 되고, 1g+5g+5g도 되고, …

② 계획 수립

여러 가지 방법이 있으므로 빠뜨리지 않고 모든 방법을 찾으려면 표를 그리면 되겠구나.

③ 계획의 실행

달아야 할 각 무게와 추의 무게를 표로 만들자.

1g의 개수	5g의 개수	10g의 개수	합
11	0	0	11g
6	1	0	11g
1	2	0	11g
1	0	1	11g

④ 반성하기

빠뜨린 경우는 없는가?

21g과 30g을 달 수 있는 방법은 몇 인가?

처방 코드번호 : 5010

주제 : 문제해결

오류 유형 : 표만들기

위와 같은 표를 만들어 17g을 다는 가짓수를 알아내면 된다.

1g의 개수	5g의 개수	10g의 개수	합
17	0	0	17g
12	1	0	17g
7	2	0	17g
7	0	1	17g
2	3	0	17g
2	1	1	17g

3) 그림그리기

문제의 자료에 나타나는 사물의 모양이나 도형을 가급적이면 정확하게 그려 놓고 해결하는 방법이다.

[문제] 5명의 자동차경주 결과가 다음과 같았다. 순서를 정하여라.

(a) F가 C보다 7초 빨랐다.

(b) P는 B보다 6초 늦었다.

(c) D는 B보다 8초 늦었다.

(d) C가 P보다 2초 빨랐다.

① 문제의 이해

5명이 서로 비교된 내용을 어떻게 순서를 정하는데 이용할 수 있을까?

② 계획 수립

5대의 차를 도착한 순서대로 일렬로 정렬시켜보기로 하자. 그러려면 수직선을 이용하자.

③ 계획의 실행

한 칸을 1초로 해서 (a)의 F부터 C, P, B, D를 문제에 맞도록 줄을 세워본다.

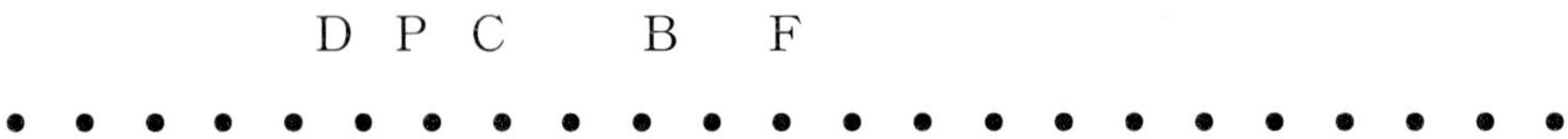

④ 반성하기

비슷한 문제를 만들어서 해결해 보자.

처방 코드번호 : 5020
주제 : 문제해결 **오류 유형** : 표만들기 위와 같이 수직선을 그려서 전체를 모두 비교하도록 한다.

4) 수와 도형의 합성

① 수학자 가우스가 열 살 때에 다음과 같은 계산을 하였다.

$$1+2+3+\cdots+100=\frac{100\times(100+1)}{2}=5050$$

이 문제를 어린 가우스는 다음과 같은 계단을 보면서 해결했다고 전해진다.

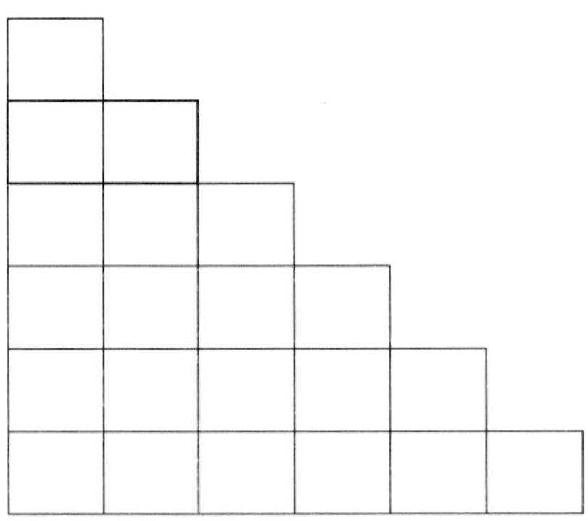

• 이 사실은 다음과 같이 지도할 수도 있다.

1+2+3+4+5의 합은 다음과 같이 늘어놓은 점(또는 바둑알)의 전체 수와 같다.

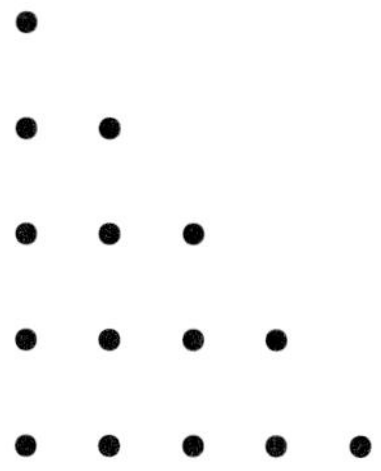

이 모양을 뒤집어서 붙이면 언제나 직사각형 모양이 된다. 즉,

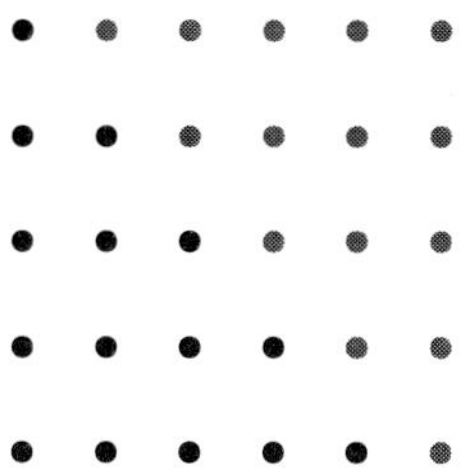

원래의 개수는 위의 직사각형에 있는 점의 개수의 반이므로

$\frac{(5+1)\times 5}{2}=15$ 이다. 즉, $\frac{(\text{초항}+\text{끝항})\times \text{항의 수}}{2}$ 이다.

이것을 등차수열의 합에 대한 가우스 공식이라고 한다.

5) 수열의 패턴 찾기(규칙성 찾기)

문제에 기술된 특정한 예로 주어진 정렬된 수열에서 일반적인 상황을 도출한 다음, 문제의 열쇠가 되는 규칙성을 찾아라. 대개는 수열, 도형, 계산, 목록 등이 이 있다.

[문제] 1, 4, 7, 10, 13, ⋯ 의 규칙성을 찾으시오.

① 문제의 이해

1, 4, 7, 10, 13, ⋯ 과 같이 5개의 수열을 잘 관찰하여 수들 간의 규칙을 찾는 문제이다.

② 계획 수립

규칙을 찾기 어려울 때는 그 다음에 나올 수를 몇 개 더 적어본다.

즉, 16, 19, 21,⋯

③ 계획의 실행

수열의 규칙은 앞의 수에 3을 더한 것이다. 이 사실을 문자로 표현할 수 있도록 한다.

즉, 1=1, 4=1+3, 7=1+4=1+3+3=1+3×2, 10=1+9=1+3+3+3=1+3×3, ⋯.

따라서 일반항은 $1+3\times(n-1)$이다.

④ 반성하기

- 100번째 항은 무엇인가?
- 다른 규칙을 갖는 수열의 규칙성을 찾아본다.

처방 코드번호 : 5050
주제 : 문제해결 오류 유형 : 수열의 패턴 찾기, 수와 도형의 합성 수열의 패턴 찾기, 수와 도형의 합성 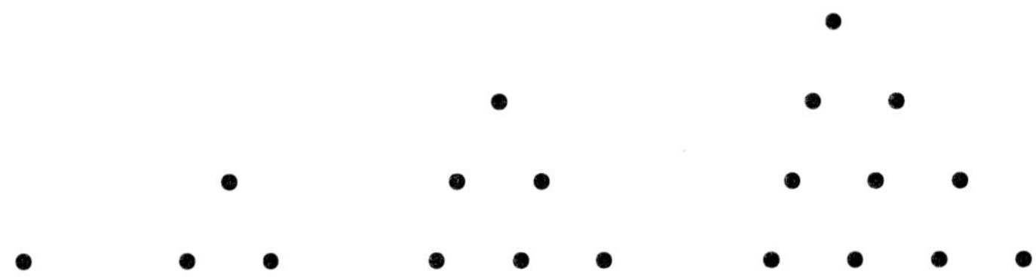 1 3 6 10 따라서 10 다음의 수는 그 다음 정삼각형에 있는 점의 개수이므로 14이다. 같은 방법으로 수 대신 도형을 그려가면서 답을 구한다.

6) 변수 사용하기

문제의 수들을 문자를 사용하여 표현하고, 그 문자를 활용하여 문제의 조건의 알맞은 등식을 세운다.

[문제] 다음과 같이 수열에 대응된 점 도형을 보면서 수열의 규칙성을 찾아보시오.

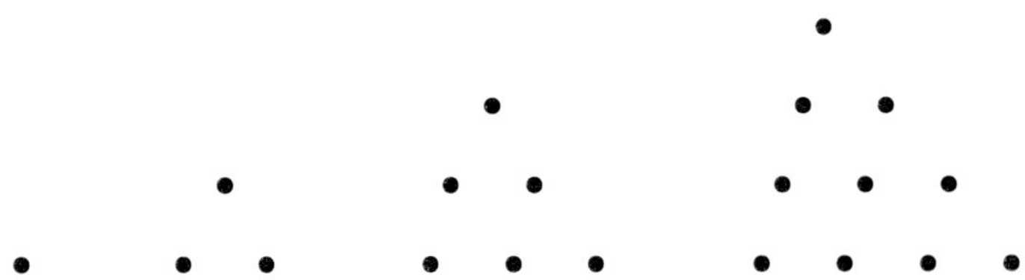

1 3 6 10

① 문제의 이해

1, 3, 6, 10,⋯ 의 수를 점으로 표현하면 그림과 같이 삼각형모양이 되므로 이러한 수열을 삼각수(triangular numbers)라고 부른다. 따라서 계속되는 정삼각형을 이루는 수의 개수를 찾는 문제이다. 따라서 n번째의 수를 t_n이라고 적기로 한다.

② 계획 수립

앞의 도형과 뒤의 도형은 어떤 관계가 있는가? 그 도형에 대응되어 있는 수끼리는 어떤 관계가 있는가? 그 다음에 올 도형과 대응하는 수는 무엇인가?

③ 계획의 실행

도형에 있는 점들의 개수가 변하는 모습을 표로 나타내어 본다.

삼각형의 순서	점의 개수
1	$t_1 = 1$
2	$t_2 = 1+2 = 3$
3	$t_3 = 1+2+3 = 6$
4	$t_4 = 1+2+3+4 = 10$
5	$t_5 = 1+2+3+4+5 = 15$

$t_n = 1+2+3+4+5+\cdots+n$이다. 따라서 가우스 공식에 의해서 $t_n = \dfrac{n\times(n+1)}{2}$ 이다.

④ 반성하기

- 가우스공식을 이용하여 1+4+7+10+⋯ 의 합을 구하시오.

7) 문자를 사용한 등식 이용하기

[문제 1] 영이의 시험점수는 59, 77, 48, 67이다. 그의 5번 시험을 본 후 평균점수가 70점이 되려면 다음 시험에서 몇 점을 맞아야 하는가?

① 문제의 이해

평균이란 자료의 모든 값을 합하여 자료의 개수로 나눈 것이다. 그런데 5번째 점수를 모른다.

② 계획 수립

모르는 그 점수를 문자 s라고 하자. 그러면 앞의 네 개의 점수와 s를 더하여 5로 나누면 70이 되어야 한다.

③ 계획의 실행

s의 범위는 0~100 사이이다. 그러면 영이의 5번 시험 본 평균값은 $\dfrac{59+77+48+67+s}{5}$ 이다. 그런데 최소점수 s를 포함하여 평균이 70점이 되어야 하므로 다음 식이 성립한다. $\dfrac{59+77+48+67+s}{5} = 70$ 즉, $251+s = 350$이므로 $s = 350-251 = 99$이다. 따라서 영이는 마지막시험에서 99점을 맞아야 한다.

④ 반성하기

검산은 59, 77, 48, 67, 99의 평균을 구하면 쉽게 확인할 수 있다.

[문제 2] 비율 문제

2년 전에 철수는 담장을 칠하는데 8시간 걸렸다. 작년에 민수는 6시간 걸렸다. 올해 철수와 민수가 함께 일하기로 결정하고 오후 남은 시간은 메기 낚시를 하기로 했다. 두 소년이 함께 일을 하는데 걸리는 시간은?

① 문제의 이해

철수와 민수가 함께 담장을 칠하는데 필요한 시간이 다르고, 둘이 담장을 전부 칠하는데 걸리는 시간을 모른다.

② 계획 수립

철수와 민수가 함께 담장을 칠하는데 필요한 시간을 미지수 T라고 한다. 또한 철수가 칠한 부분과 민수가 칠한 부분의 합은 전체, 즉 1이다.

③ 계획의 실행

철수는 8시간에 담장을 칠할 수 있으므로 1시간에 담장의 $\frac{1}{8}$을 칠할 수 있다. 따라서 T시간에 철수는 $\frac{1}{8}\times T$만큼 담장을 칠할 수 있다. 또한 민수는 1시간에 담장의 $\frac{1}{6}$을 칠할 수 있으며 T시간에는 $\frac{1}{6}\times T$를 칠할 수 있다. 따라서 두 사람이 칠한 넓이를 더하면 1이 되어야 한다. 즉, $\frac{1}{6}\times T+\frac{1}{8}\times T=1$이고, 양변에 48을 곱하면 $66T+8T=48$이 된다. 즉, $14T=48$이므로 $T=3\frac{3}{7}$(시간)이다.

④ 반성하기

함께 일한다면 철수와 민수는 3시간 반미만으로 담장을 칠할 것이고 오후에 고기잡이를 즐길 수 있다. 비슷한 문제를 만들어서 같은 방법으로 그 문제를 해결하여보자.

8) 거꾸로 풀기

구하고자 하는 결과에서 시작하여 문제의 처음 조건에 도달할 때까지 한 단계씩 거꾸로 해결해간다.

[문제] 영이와 철수가 다음과 같은 게임을 한다.

(a) 책상 위에 15개의 동전을 놓는다.

(b) 영이와 철수가 번갈아 가며, 자기 차례에 책상 위로부터 1 또는 2또는 3개를 가져올 수 있다.

(c) 마지막 동전을 가져오는 사람이 이긴다.

게임을 이기는 방법을 알아보자.

① 문제의 이해

동전 15개로 시작한다는 점, 각 차례에서 1, 2, 3개를 옮길 수 있다는 점, 마지막 남은 것을 가져오는 사람이 이긴다는 점들 중에서 무엇이 중요할까?

② 계획 수립

처음 사람이 몇 개를 가져가고, 몇 회까지 계속될 지가 명백하지 않기 때문에 맨 마지막 동전을 가져오려면 어동전이 몇 개가 남아야하는가? 하는 상황을 한 단계씩 거꾸로 만들어본다.

③ 계획 수행

최종적으로 문제의 해답을 구하기 위해 자신과의 가상 대화를 한 다음, 세운 계획을 실행해 보자.

문) 마지막 사람이 이기는 바로 전의 상황은 무엇이어야 되는가?

답) 책상 위에 1, 2, 3개가 있어야 한다.

문) 이 같은 배열을 상대방에게 남기지 않으려면 어떻게 해야 하나?

답) 최종 활동 바로 전에 책상 위에는 4개가 남아야 한다. 정확히 4개를 남긴다면 상대방은 1, 2, 3개를 취할 것이고, 3, 2, 1개가 남을 것이므로 이길 수 있다.

문) 최종 활동 바로 전에 정확히 4개를 남기는 가장 확실한 방법은?

답) 그 전 활동에서 5, 6, 7개를 남긴다면 상대는 4개를 나에게 남길 것이고 그(그녀)가 이길 수 있다. 그러므로 그 전 활동에서 8개를 상대에게 남겨야 한다.

문) 그 전 활동에서 8개를 상대방에게 남길 수 있는 방법은?

답) 9, 10, 11개를 그 전 활동에서 남긴다면 상대는 필연적으로 1, 2, 3개를 가져가 8개를 나에게 남긴다. 그렇게 되면 상대가 확실히 이기게 된다. 그러므로 여기서 12개를 책상에 남겨야 한다.

문) 이렇게 하는 것(12를 남기는 것)을 확신할 수 있나?

답) 그럴 수 있는 유일한 방법은 내가 먼저 해서 3개를 가져와야만 한다. 그렇지 않다면, 상대가 실수를 해서 내 차례에 12, 8, 4개를 남길 수 있도록 운을 바랄 수밖에 없다. 다음은 처음 시작할 때의 진행 과정이다.

→3개를 취하고 12개를 남긴다.

→상대는 1, 2, 3개를 취하고 11, 10, 9개를 남긴다.

→8개를 확실하게 남기기 위해 3, 2, 1개를 취한다.

→상대는 1, 2, 3개를 취하고 7, 6, 5개를 남긴다.

→4개를 확실하게 남기기 위해 3, 2, 1개를 취한다.

→ 상대는 1, 2, 3개를 취하고 3, 2, 1개를 남긴다.

→ 남은 것을 모두 취해 이긴다.

④ 반성하기

- 이 문제를 해결하는 핵심 내용은 무엇인가?
- 동전의 개수를 바꾸어도 위이 전략을 사용할 수 있나?
- 한 번에 5개까지 가져올 수 있는 게임의 전략을 알아보자.
- 거꾸로 풀기 전략은 패턴 찾기와 다소 비슷하고, 모든 문제해결에 필수적인 강력한 전략이다.

처방 코드번호 : 5030, 5060
주제 : 문제해결 오류 유형 : 거꾸로 풀기(분석법) 복잡한 상황을 시행착오로 해결하지 않고, 위와 같이 구하고자 하는 결과에서 시작하여 문제의 처음 조건에 도달할 때까지 한 단계씩 거꾸로 해결해간다. 눈금이 없는 물통으로 6L를 긷는 방법은, 6L를 길을려면 먼저 '몇 L를 만들면 될까?'를 생각한다. 이 과정을 표를 만들어 생각하면 더욱 쉽다.

9) 가능성 줄여가기

주어진 문제에 답이 될 만한 모든 가능성을 확보한 다음,한 개씩 지워가는 방법이다. 이 방법대로해서 모두 지우고 하나만 남았다면 그 가능성이 해이다.

[문제] 철이, 효식이, 창팔이는 같은 농구팀 소속이다. 그들의 위치는 포드, 센터, 가드이다. 다음의 정보에서 각각의 위치를 알아내시오.

(a) 철이와 가드는 창팔이를 위해 밀크쉐이크를 샀다.

(b) 철이는 포드가 아니다.

① 문제의 이해

주어진 정보 (a)와 (b)를 실마리 삼아 세 사람의 위치를 결정해야 한다.

② 계획 수립

세 사람에 관한 정보를 바탕으로 표를 만들어보자.

③ 계획 실행

(a)로부터 철이와 창팔이는 가드가 아닌 걸 알 수 있다. 이를 나타내기 위해 표에 X를 표시한다. 그러면 효식이가 가드임이 명백하다.

	철이	효식이	창팔이
포드	X	X	0
센터			
가드	X	0	X

(b)로부터 창팔이가 포드임을 안다. 따라서 철이는 센터이다.

④ 검산하기(반성하기)

우선 모든 가능성을 포함하는 표가 잘 만들어졌는가를 확인하고, 서로 모순이나 중복이 되지 않았는지를 살핀다.

10) 비둘기 집 원리

만약 100개의 방을 가진 호텔에 101명의 손님이 머문다면 한 개의 방에는 최소 2명의 손님이 머문다. 이런 추론이 기본적이고 명백하지만 놀라울 만큼 강력하다. 이 사실을 일반화하면 다음과 같다.

$m > n$, n개의 비둘기 집에 m마리의 비둘기가 들어있다면, 비둘기 집 하나에 최소한 2마리의 비둘기가 있어야 한다.

[문제] 12개의 동요 CD와 12개의 클래식 CD가 담긴 상자가 깜깜한 방에 놓여 있기 때문에 어떤 CD인지를 구별할 수 없다. 그 상자에서 최소한 같은 종류의 CD를 확실히 고르기 위해서는 몇 개의 CD를 집어내야 할까?

① 문제의 이해

박스 안에는 12개의 동요 CD와 12개의클래식 CD가 들어 있다. 그 상자 안에 들어 있는 CD를 구별할 수는 없지만 처음 시도에서 같은 종류의 CD를 최소 2개를 확실히 고르기를 원한다.

② 계획 수립

같은 종류의 CD를 최소 2개를 확실히 골라야 하기 때문에 처음 시도에서몇 개의 CD를 선택할 지를 결정해야 한다. 가능성을 생각해보고 표로 만들어 보자.

③ 계획 실행

학생이 두 개의 CD를 고른다면 다음 중에 하나의 경우일 것이다.

두 개의 동요 CD와 클래식 CD 0개

한 개의 동요 CD와 클래식 CD 1개

0 개의 동요 CD와 클래식 CD 2개

따라서 두 개의 CD를 꺼낼 때는 각 종류의 CD를 하나를 꺼낼 수도 있다. 한 개의 CD를 더 꺼내면, 세 개의 동요 CD, 두 개의 동요 CD와 1개의 클래식 CD, 3개의 클래식 CD중의 하나가 될 것이다. 어떤 경우라도, 같은 종류의 2개의 CD를 가지게 된다. 그러므로 상자에서 3개의 CD를 꺼내면 된다.

④ 반성하기

더 쉬운 방법이 있을까? 두 종류의 CD를 고르는 것은 두 개의 비둘기 집에 비둘기를 넣는 것과 같다. 그러므로 세 개의 CD를 고른다면, 비둘기 집 원리에 의해 최소한 두 개는 같은 종류여야 한다.

처방 코드번호 : 5040
주제 : 문제해결 오류 유형 : 비둘기집 원리 비둘기는 잠을 잘 때에는 한 집에 한 마라씩만 들어간다는 특성을 이용하는 방법이다. 즉, 인간의 머리카락의 개수가 15만 정도이라면 100만 명이 모이게 되면 비둘기의 집이 15만개인데 100만 마리의 비둘기가 밤에 잘 때 벌어지는 상황을 생각하면 된다. 비둘기는 적어도 한 짐에 2마리 이상이 자야한다는 것이므로 머리카락의 개수가 같은 사람이 반드시 있다는 결론을 얻게 된다.

11) 귀납적 추론

귀납적 추론이란 특별한 몇 가지 예로부터 얻는 규칙에 근거하여 결론을 이끌어내는 것이다. 이렇게 도출한 결론을 일반화라고 한다. 귀납적 사고는 정보를 만들어내고 조직화하는데 강력한 방법으로서 다음과 같은 과정을 거친다.

- 여러 가지 예에서 성립하는 공통성질을 알아낸다.
- 그 성질이 다른 예에도 적용되는가를 확인한다. 특히, 그 성질이 성립되지 않는 예(반례)를 찾아본다.
- 모든 예들에서 그 성질이 성립한다면 일반적으로 참일 것으로 추정되는 그 성 질을 일반화하고 검증해본다.

※ 참인 것처럼 보이지만 아직 증명되지 않는 결론을 추론(conjecture)라고 하고, 그 추론이 증명이 되면 정리 또는 이론(theorem)이라고 부른다.

[문제] 다음 수열(피라미드 합)의 공통성질을 알아내시오.

$$1=1$$

$$1+2+1=4$$

$$1+2+3+2+1=9$$

$$1+2+3+4+3+2+1=16$$

- 귀납적 추론에 의하여 n번째 피라미드 합은 제곱 수 n2과 같다는 추론을 도출하게 된다.
- 모든 자연수에 대하여 위의 성질이 성립하는지를 확인 해보자.
  $1+2+3+4+5+4+3+2+1=25$, 등등.
- $1+2+3+\cdots+(n-1)+n+(n-1)+\cdots+3+2+1$
  $=(1+2+3+\cdots+(n-1)+\mathrm{n})+((n-1)+\cdots+3+2+1)$
  $=\dfrac{n\times(n+1)}{2}+\dfrac{(n-1)\times n}{2}=\dfrac{n^2+n+n^2-n}{2}=n^2$이다. 이 사실을 점 도형으로 확인 해 보자.

12) 연역적 추론

참인 여러 개의 명제를 이용하여 다른 명제 또한 참이라고 밝히는 추론 방법을 연역법이라고 한다. 즉, (xi)절에서 어떤 수가 0과 자연수의 제곱수라면 그 수는 4의 배수이거나 4의 배수보다 1 큰 수라는 사실을 증명할 때, 이미 참이라고 알고 있는 몇 가지 명제를 사용하였다. 이와 같이 이미 참이라고 알려진 명제들을 가정(hypothesis)이라 하고, 새로 얻게 될 참인 명제를 결론(conclusion)이라고 한다. “만약 여러분이 훌륭한 초등학교 교사가 되기를 원한다면 여러분은 수학적 사고를 잘 해야 한다.”는 명제가 참임을 증명하려면 다음과 같이 가정과 결론부분을 나누어서 생각한다.

- 가정 : 여러분은 훌륭한 초등학교 수학 교사가 되기를 원한다.
- 결론 : 여러분은 수학적 추론 잘 해야 한다.

만약 “여러분은 훌륭한 초등학교 교사가 되기를 원한다.”는 명제를 p라고 하고, “여러분은 수학적 사고를 잘 해야 한다.”는 명제를 q라고 하면다음과 같은 결론에 이른다.

“$p\rightarrow q$가 참인 경우에”

- 가정 : p는 참이다.
- 결론 : 그러므로 q는 참이다.

이러한 추론 방법을 직접 추론이라고 하고 다음과 같은 과정을 거친다.

- 명제 q가 참임을 보이기 위해서는 $p\rightarrow q$를 참이게 하는 명제 p를 찾아라. 만약 p가 참이면 직접 추리에 의해 q 또한 참이라는 결론을 내릴 수 있다.

[문제] 이등변삼각형의 두 밑각의 크기는 같다.

(증명) 연역적 추론 :

이등변 삼각형의 꼭지 점에서 밑변에 수선을 긋는다. 그러면 직각 삼각형의 합동조건에 의해서 나누어진 두 삼각형은 합동이다. 따라서 대응각인 두 밑각의 크기는 같다.

13) 귀류법

'p → q가 참인 경우에' q가 거짓이라면 p는 반드시 거짓이라고 증명하는 방법을 간접추론 또는 귀류법이라 하고 다음과 같은 과정을 거친다.

- 명제 p가 거짓임을 보이기 위해서는 q가 거짓인 상황에서 p → q임을 보여라. 즉, 가정 p가 모순으로 된다는 것을 보이면 된다. 그러면 간접 추리에 p는 거짓이다.

※ 간적 추론(귀류법)은 가장 강력한 증명 방법으로서, 직접 추론이 어려운 경우와자명해 보이는 명제를 증명할 때에 가장 많이 쓰인다.

[문제] 이등변삼각형의 두 밑각의 크기는 같다.

(증명) 귀류법 :

결론을 부정하여 "삼각형의 세 각의 모두 다르다."라고 하면 삼각형의 내각과 그의 대변의 성질에 의해서 세 변의 길이가 모두 다르게 된다. 따라서 이등변 삼각형이 아니 결과가 된다. 따라서 원래의 명제인 "이등변 삼각형의 두 밑각의 크기는 같다."는 참이다.

14) 인식론적 장애의 극복

여러 가지 공식이나 수의 성질 또는 도형의 성질에 관한 인식론적 장애를 극복하는 과정을 찾아 문제를 해결한다.

처방 코드번호 : 5070, 5080
주제 : 문제해결 오류 유형 : 인식론적 장애의 극복 ① 코드번호 5070의 문제는 '카발리에리 원리'에 의하여 넓이가 같다. ② 코드번호 5080의 문제는 제논의 역설의 '이분법'에 관한 문제이며, 무한수열의 합에 관한 내용으로 계속 반절씩 걸어가면 벽에 닿게 된다.

CHAPTER 06 오류교정을 위한 면담 방법

이 장에서는 아동이 범하는 오류를 교정하기 위하여 시행하는 면담 방법과 면담에 필요한 게임을 설명하고자 한다. 면담과정에서는 아동의 사고과정과 수학적 개념발달 상황을 알아볼 수 있으며 다음과 같은 정보를 얻을 수 있다.

- 아동들이 생각하고 있는 내용
- 사고과정의 다양성
- 아동들이 문제를 해결하는 데 사용하는 고유의 전략

이 전략은 주로 일반적인 수학적 풀이 법과 아동자신만의 고유한 방법이 합성된 형태로 나타난다.

- 선호하는 구체적인 수학적 모델
- 아동의 수학적 능력과 성숙의 수준

그리고 보조 자료를 사용하여 면담을 통한 처방의 과정은 다음의 과정을 포함해야 한다.

- 아동과 면담을 시행한다.
- 면담과정에서 반드시 조작교구를 사용한다.
- 아동이 오류를 범하게 된 인식론적 장애를 찾는다.
- 인식론적 장애를 야기한 개념의 역사발생을 찾는다.
- 그 개념의 역사발생에 적절한 조작교구를 투여한다.

1. 수와 연산 영역

1.1 0과 자연수－기초 개념

면담 코드번호 : 1010
주제 : 0과 자연수－기초 개념 개념 : 기수 0 교규 : 칩 또는 바둑알 5개

- 아동에게 칩 5개를 주고, 그 중에서 4개의 칩을 책상 위에 놓게 한다. 나머지 칩 하나를 더 놓게 한다. 모두 몇 개인지 묻는다.
- 모두 몇 개인가?
- 아동에게 '0'개의 칩을 보이라고 한다.
- 만일 아동이 어려움을 느끼면, 5개의 칩에서 한 개 씩 없애 가면서 그에 해당하는 수를 말하게 한다.
- 마지막 한 개를 없애면서 지금 책상 위에 있는 칩에 해당하는 수를 무엇이라고 하는지 묻는다.

면담 코드번호 : 1020
주제 : 0과 자연수－기초개념 개념 : 기수 1－10 교규 : 칩 또는 바둑알 10개, 점 카드, 숫자카드, 자릿값 판, 난쟁이와 거인 그림

- 아동에게 6개의 칩을 보여준다. 모두 몇 개인지, 아동이 1개에서 10개까지의 양을 알고 있는가?
- 아동에게 10개의 칩을 보여준다. 칩을 셀 때 하나씩 집어가면서 센다.
- 카드에 그려진 점을 세어 보게 한다.
- 숫자카드 한 장씩을 보여주면서 아동에게 숫자를 말하게 한다.
- 서로 같은 점이 그려진 카드와 숫자 카드를 나란히 놓게 한다.
- 아동에게 1이 10개인 것과 십이 1개인 것의 차이점을 아래와 같은 예를 들어서 설명한다.

거인 나라	난쟁이 나라

(그림 출처 : 인터넷)

- 아동에게 20개의 칩을 보여준다.
- 아동에게 칩을 세도록 시키고 그 수만큼의 점을 찍게 한다.
- 아동에게 18개의 칩을 보여주고 몇 개인지 묻는다.
- 아동에게 26개의 칩을 보여주고 몇 개인지 묻는다.

면담 코드번호 : 1030
주제 : 0과 자연수－기초 개념 개념 : 수의 순서 교규 : 점이 그려진 카드 두 세트

- 점이 그려진 카드를 두 장 보여주고 두 카드 중에서 점이 더 많이 있는 카드와 점이 적게 있는 카드를 지적하도록 한다.
- 각각 다섯 개의 점이 있는 두 장의 카드를 보여주고, 어느 카드에 점이 더 많은지 가리키게 한다.
- 세 장의 카드를 보여준다. 점이 가장 적은 카드부터 차례로 놓게 한다.
- 다른 카드를 가지고 반복해서 해본다.
- 아동에게 세 장의 카드를 주고, 점이 가장 많은 카드부터 차례로 배열해 보도록 한다.
- 블록을 일렬로 늘어놓는다.
- 첫 번째 블록을 가리키면서, 이것이 첫 번째 블록이면 맨 마지막 블록은 어떤 것이니? 세 번째 블록은? 여섯 번째 블록은? 등등
- 아홉 번째 블록을 가리키면서, 이것은 몇 번째 블록이니?
- 손수건으로 다섯 번째까지의 블록을 가리고 아홉 번째의 블록을 가리키면서, 이것이 아홉 번째 블록이다. 천으로 가려진 블록은 몇 개일까? 왜 그렇지?

• 만일 아동이 맞추지 못하면, 여섯 번째 블록을 가리키면서, 이것이 여섯 번째 블록이다. 몇 개가 감추어져 있지? 왜 그러니?

1.2 0과 자연수 – 덧셈

면담 코드번호 : 1040, 1050
주제 : 0과 자연수 개념 : 여러 자리인 두 자연수의 덧셈(받아 올림이 있는 경우) 교구 : 수모형 – 낱개, 십 모형, 백 모형; 자릿값 판 3장

• 첫 번째 자릿값 판에 가장 적은 수의 수모형으로 27을 만든다.
• 두 번째 자릿값 판에 65를 만들고, 세 번째 자릿값 판에 두 수를 합한다.
• 낱 열 개와 십 모형 한 개를 교환한다. 모두 합하면 얼마가 되나?
• 수모형을 이용하여 방금 한 것과 같은 예를 만들어 보게 한다.
• 148과 237의 덧셈을 같은 방법으로 해본다.

〈참조〉

① 일 단위에서 십 단위로 받아 올림이 있는 세 자릿수의 덧셈을 예로 든다.

수의 덧셈				수모형, 칩			
천	백	십	일	천	백	십	일
	2	3	7		◆◆	◄◄◄	○○○○ ○○○
+	1	2	5		◆	◄◄	○○○○ ○

• 덧셈은 모으기임을 상기시킨다.
• ○ 열개와 ◄ 한 개를 바꾼다.

수의 덧셈				수모형, 칩			
천	백	십	일	천	백	십	일
 +	2 1	1 3 2	7 5		◆◆ ◆	◄ ◄◄◄ ◄◄	
			2				○○

수의 덧셈				수모형, 칩			
천	백	십	일	천	백	십	일
+	2 1	1 3 2	7 5				
	3	6	2		◆◆◆	◄◄◄ ◄◄◄	○ ○

• 수모형 또는 칩을 옮기는 즉시 그에 맞는 수의 변화를 적도록 한다. 아동에게 수모형로 조작한 것이 필산으로 계산한 것과 어떤 연관성이 있는지 묻는다.

1.3 0과 자연수 – 뺄셈

면담 코드번호 : 1060
주제 : 0과 자연수 – 뺄셈 개념 : 여러 자릿수의 뺄셈(받아 내림이 있는 경우) 교구 : 수모형 1세트

• 가장 적은 개수의 수모형으로 54와 27을 표현하게 한다.
• 54에서 27을 빼는 방법을 아동에게 묻는다.
• 54에서 27을 빼면 얼마인지 수모형을 사용해서 보게 하고 이를 식으로 나타내게 한다.
• 위의 방법으로 534에서 248을 빼게 한다.

〈참고〉

① 십 단위에서 일 단위로 받아 내림이 있는 세 자릿수의 뺄셈을 예로 든다.
올림이 있는 세 자릿수의 덧셈을 예로 든다.

수의 뺄셈				수모형, 칩			
천	백	십	일	천	백	십	일
−	3 1	4 2	5 7		◆◆◆	◄◄◄ ◄	○ ○ ○ ○ ○

수의 뺄셈				수모형, 칩 ○○○○○ ○○○○○			
천	백	십	일	천	백	십	일
  −	 3 1	3 4 2	15 5 7		◆◆◆	◄◄◄	○○○ ○○

- ◄ 한 개와 ○ 열개를 바꾼다.
- ○ 열개는 일의 나라 밖에서 대기하도록 한다.

수의 뺄셈				수모형, 칩			
천	백	십	일	천	백	십	일
  −	 3 1	3 4 2	15 5 7		◆◆	◄	○○○ ○○ ○○○
	2	1	8				

- 수모형 또는 칩을 옮기는 즉시 그에 맞는 수의 변화를 적도록 한다.

면담 코드번호 : 0780
주제 : 개념 : 교구 :

1.4 0과 자연수－곱셈

면담 코드번호 : 1071
주제 : 0과 자연수－곱셈 개념 : 같은 개수의 묶음의 합, 동수 누가 교구 : 칩 25개; 수모형－낱개, 십 모형, 백 모형, 수학양팔저울, 숫자카드

❑ 1 단계 : 같은 개수의 묶음의 합

- 칩이 4개씩 있는 3묶음을 보여준다. 모두 몇 개인가?
- 4개씩 3묶음을 나타내는 식을 적을 수 있겠는가?
- 6개씩 4묶음을 가지고 반복한다.

❑ 2 단계 : 동수 누가

- 12개씩 3묶음을 보여주고, 전체를 계산하고 이를 식으로 적게 한다.
- 수학양팔저울의 네 번째에 추를 두 개 걸고 반대쪽에 수평이 되도록 추를 건다.
- 이것을 식으로 나타내게 한다.
- 아동이 $4+4=8$이라 적으면 이것을 곱셈식으로 표현할 수 있는지 묻는다.
- 만일 아동이 처음에 $2\times4=8$이라 적으면 덧셈 식으로 표현하게 한다.
- 수학양팔 저울의 3번째 걸이에 3개의 추를 걸고 위와 같이 수평이 되도록 하여 덧셈식과 곱셈식으로 나타내게 한다.
- 아동에게 5×3, 4×2, 3×9, 4×6, 4×8과 같은 문제를 양팔저울을 이용하여 보이도록 한다.
- 플래시카드를 이용하여 구구단 중 아동이 암기하는 것과 암기하지 못하는 것을 알아본다.

❑ 3 단계 : 직사각형 모델

- 수모형으로 2×43을 보인다.
- 3×30, 4×201, 3×123 등을 보인다. 아동에게 각각에 대해서 수식을 적게 한다.
- 아동에게 개념 테스트에서 틀린 문제를 수모형을 사용하여 풀게 한다.
- 위의 문제를 십진 모눈종이를 이용하여 풀게 한다.
- 수모형으로 3×28을 보여준다.
- 가능한 경우 낱개를 십모형로 교환한다.
- 4×135를 보이고 이를 수식으로 적게 한다.
- 개념 테스트에서 틀린 문제를 가지고 반복한다.
- 세 개의 단위 막대 열 묶음을 10×3 배열로 늘어놓는다.
- 이것이 어떤 연산의 예를 나타내는가?
- 가장 적은 수의 막대로 나타내도록 막대를 교환할 수 있는가?
- 10×30의 배열을 만들고 가능하면 막대를 교환한다.
- 30×14의 배열을 수모형으로 표현하고 필요하면 막대를 교환한다.

- 30×14 배열을 그려보아라.
- 30×14를 계산해 본다.

30×14배열

30칸

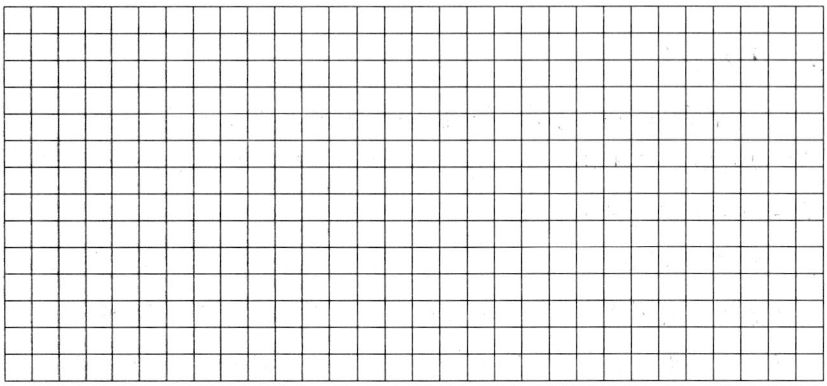

14줄

- 아동에게 십진 모눈종이를 주고, 다른 예들을 가지고 반복시킨다.

〈참고〉

① 문제 상황을 제시하고 이를 해결하는 방법을 토의한다.

- 예 : 연필 한 타스는 12개이다. 연필 13타스는 몇 개인가?

② 받아 올림이 있는, 두 자릿수끼리 곱하는 예를 제시한다.

- 연필 한 타스는 12개이다. 연필 13타스는 몇 개인가?
- 낱개 10개와 십 모형 1개, 십 모형 10개와 백 모형 1개를 바꾸면 결국, 백 모형 1개, 십 모형 5개 낱개 6개가 남는다.
- 백 모형 1개, 십 모형 5개 낱개 6개를 사용하여 가로가 12, 세로가 13인 직사각형을 만들면 아래와 같아진다.

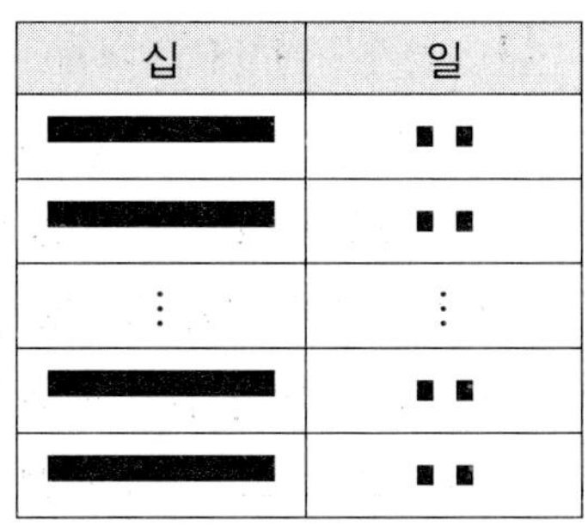

13줄

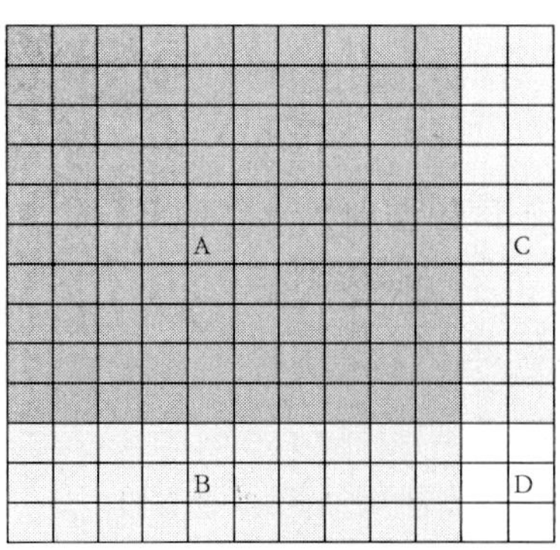


```
       12
    × 13
   ──────
    6(2×3)−D
   20(2×10)−C
   30(10×3)−B
  100(10×10)−A
  ────────────
   156
```

- 이것은 분배법칙
  $12\times13=(10+2)\times(10+3)=(2\times3)+(2\times10)+(10\times3)+(10\times10)$
  을 그림으로 설명한 것이다
- 12×24를 수모형으로 보이고, 이를 역으로도 해본다.
- 같은 예를 십진 모눈종이로 보인다.
- 25×17, 32×23 등과 같이 받아 올림이 있는 예를 반복한다.

1.5 0과 자연수－나눗셈

면담 코드번호 : 1080, 1081
주제 : 0과 자연수－나눗셈 개념 : 등분제, 포함제, 곱셈의 역의 도입, 세로셈 교구 : 칩, 수학양팔저울, 수모형, 플래시카드

❑ 1 단계 : 등분제

- 칩을 15개 센다.
- 세 개씩 묶으면 몇 묶음을 만들 수 있나? 이것을 수식으로 나타내어라.
- 아동에게 24÷6=?의 예를 칩으로 보이게 한다.

❑ 2 단계 : 포함제

- 칩을 24개 센다. 그 중 4개를 빼내어 책상 한쪽에 놓는다.
- 네 개를 또 빼낸다. 24개가 모두 없어 질 때까지 네 개씩 계속 뺀다.
- 이제 네 개씩 몇 묶음이 되었나?
- 처음에 몇 개를 가지고 시작했나?
- 방금 한 활동을 수식으로 표현해 보자.(24－4＝20, 20－4＝16, 16－4＝12, 12－4＝8, 8－4＝4, 4－4＝0)
- 24안에는 네 개씩 여섯 묶음이 있다.
- 30÷6=?을 보이고 칩을 가지고 답을 구할 수 있는지 묻는다.

❑ 3 단계 : 곱셈의 역

- 양팔저울 한 쪽의 8번째에 추를 건다.
- 아동에게 2개의 추를 주고 반대쪽에 추를 걸어서 수평이 되게 한다.

- 아동에게 3개의 추를 주고 반대쪽의 12(10과 2)와 수평이 되도록 걸게 한 다음 이와 같은 예를 들도록 한다. 아동이 곱셈 예를 들면 주어진 부분이 무엇이고 빠진 부분이 무엇인지 묻는다.
- 12 ÷ 2를 양팔 저울에 보인다. 이것이 어떤 곱셈식과 관계가 있는가?

❑ 4 단계 : 세로셈

- 32개의 칩을 정확히 세 개씩 묶는다. 모두 몇 묶음이 나오나? 남은 칩이 있나? 남은 것을 무엇이라고 부르는가?
- 69개의 칩이나 십진 막대를 여섯 개씩 묶어본다. 아동에게 칩으로 나머지가 얼마인지 보이도록 한다.
- 이와 비슷한 예를 종이에 적게 한다.
- 49 ÷ 8을 수모형으로 풀게 한 다음 지필로 풀게 한다.
- 97 ÷ 4, 619 ÷ 6 등을 문제를 같은 방법으로 계산하게 한다.

〈참고〉

- 58 ÷ 3 = ?

	십모형	낱개	나머지
답	□	●●●●● ●●●	●
3명	□□□□□	●●●●● ●●●	
	□□	●●●●● ●●●	
	●●●●● ●●●●● ●●●●● ●●●●●	●●●●● ●●●	

```
    19 … 1
3)  58
   −30
    28
   −27
     1
```

〈나눗셈판〉

- 왼쪽의 나눗셈 판에서 다음과 같은 활동을 한다.
- 십 모형 5개와 낱개 9개를 세 사람에게 똑같이 나누어 준다. (등분제)
- 십 모형을 세 사람에게 한 개씩 나누어주면, 십 모형이 세 개가 없어지고 심 모형 2개와 낱개 9개가 남는다.
- 십 모형 2개를 낱개 20개와 바꾼다. 그러면 낱개 29개만 남는다.
- 낱개 29개를 세 명에게 9개씩 나누어 주면, 낱개 2개가 남는다.
- 나눗셈 판에서 수모형이 움직이는 대로 오른쪽에 숫자를 적는다.

1.6 분수-개념

면담 코드번호 : 1100
주제 : 분수-개념 개념 : 분수의 정의, 전체-부분, 등분할, 동치분수, 크기비교 교구 : 분수 막대(띠), 퀴즈네어 색 막대, 칩

❑ 1 단계 : 분수의 정의

- 색이 다른 세 개의 분수 막대를 집어서 막대가 나타내는 수를 적는다.
- 분모를 나타내는 수를 가리키며 묻는다. 분모는 무엇을 의미하지?
- 분자를 나타내는 수를 가리키며 묻는다. 분자는 무엇을 의미하지?
- 분수의 가운데 선을 가리키고 이 기호의 의미를 묻는다. (분수 표시)
- 전체를 분수로 나타낼 수 있는가? 분수 막대로 이를 보이시오.
- 아동에게 진분수, 가분수, 대분수를 분수 막대를 이용하거나 수로 표현하도록 한다.
- 퀴즈네어 색 막대로 분수 표현하기

[연두색] $= \frac{3}{7}$

[검정색] $= 1$

〈퀴즈네어 막대로 $\frac{3}{7}$ 나타내기〉

❑ 2 단계 : 전체-부분

- 아동에게 초록색 칩과 빨강색 칩이 있는 묶음을 보여준다.
  책상에 모두 몇 개의 칩이 있나? 빨강색 칩은 몇 개인가?
  빨강 칩은 전체 칩의 몇 분의 몇인가?
- 다섯 개의 칩 중 빨강색의 수를 바꾸어서 위의 질문을 반복한다.
- 모두 여덟 개의 칩으로 위의 질문을 반복한다.
- 위의 과정을 거꾸로 해본다.
- $\frac{1}{2}$을 나타내는 칩의 상황을 만들게 한다.
  $\frac{1}{4}$, $\frac{3}{4}$, … 등을 나타내는 칩의 상황을 만들게 한다.

❑ 3 단계 : 등분할

- 아동에게 빗금이 없이 3으로 등분된 막대를 보여준다. 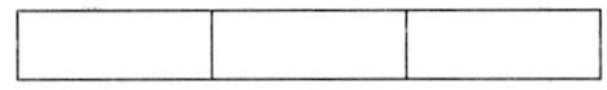
- 이 막대 안에 크기가 같은 부분(작은 막대)이 몇 개인가? 그 다음, 한 부분만 빗금이 있는 막대를 보여주고 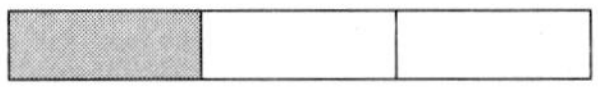, 이 막대에 빗금 친 부분이 몇 개인가? 이 분수 막대가 나타내는 수의 이름은 무엇인가?
- 위와 같은 과정을 $\frac{2}{3}$, $\frac{3}{3}$과 $\frac{0}{3}$을 가지고 반복한다.
- 4등분된 막대, 6등분된 막대를 가지고 반복한다.
- 이 과정을 거꾸로 해본다. 분수를 주고, 그 분수에 맞는 분수 막대를 찾게 한다.

❑ 4 단계 : 동치분수

- 아동에게 2분 분수막대 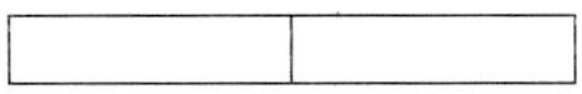 를 보여준다.
- 이 막대와 같은 크기의 (빗금 친 부분이 같은) 분수를 모두 찾게 한다.
- 이 막대에 $\frac{2}{4}$, $\frac{3}{6}$, $\frac{6}{12}$과 같은 이름을 붙인다. 식으로 표현한다. ($\frac{1}{2}=\frac{2}{4}$;$\frac{1}{2}=\frac{3}{6}$)

  $\frac{1}{3}$ 막대나 $\frac{3}{4}$막대로 위와 같은 식으로 반복한다.

  전체를 나타내는 분수 막대를 모두 고르게 하고 그 이름을 붙인다.($\frac{2}{2}$, $\frac{3}{3}$, $\frac{4}{4}$, …)

  이들의 공통적으로 나타내는 수는 무엇인가? (1)
- 크기가 같은 분수 찾는 법칙을 알았나?
- 그 법칙이 왜 성립하는지 보이고 설명하라.
- 퀴즈네어 색 막대를 사용하여 다음과 같이 단위길이를 12로 할 때, $\frac{2}{3}$와 크기가 같은 분수를 설명한다.

주황	빨강	= 1

갈색								$\frac{2}{3}$
빨강		빨강		빨강		빨강		$\frac{4}{6}$
흰색	흰색	흰색	흰색	흰색	흰색	흰색	흰색	$\frac{8}{12}$

- 12cm의 $\frac{2}{3}$는 갈색막대(8cm)의 길이다.

- 12cm의 $\frac{2}{3}$는 빨간색 막대(2cm) 6개 중 4개이므로, 12cm의 $\frac{4}{6}$와 같고,
- 12cm의 $\frac{2}{3}$는 흰색 막대(1cm) 12개 중 8개이므로, 12cm의 $\frac{8}{12}$과 같다.
- 위의 사실에서 $\frac{2}{3}=\frac{4}{6}=\frac{8}{12}$ 임을 설명한다.
- $\frac{2}{3}=\frac{4}{6}=\frac{8}{12}$ 에서 분모가 2배, 4배 커질 때마다 분자도 2배, 4배 커지면 크기가 같은 분수가 됨을 설명한다.
- 가분수에서 대분수로 ;
- 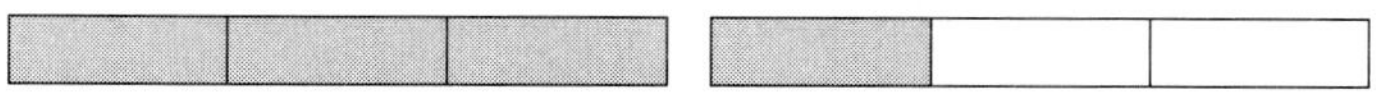
- $\frac{3}{4}$ 를 분수 막대로 보인다.

  두 분수에 이름을 붙인다. ($\frac{3}{3}$ 과 $\frac{1}{3}$)

  $\frac{3}{3}$의 다른 이름은? (1)
- 1을 이용하여 $\frac{4}{3}$의 다른 이름을 붙여 보자. ($1+\frac{1}{3}$ 또는 $1\frac{1}{3}$)

  $\frac{5}{2}$와 $\frac{9}{6}$인 경우 위의 과정을 반복한다.

  위에서 어떤 규칙성을 발견했으면 설명하게 한다.

  $2\frac{2}{3}$를 분수 막대를 이용하여 보인다.

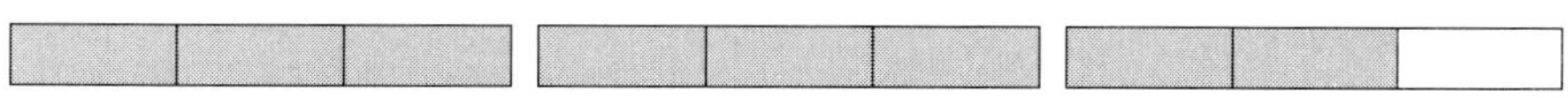

- 각 분수 막대에 대응하는 수를 적으라. ($\frac{3}{3}$ 또는 1, $\frac{3}{3}$ 또는 1, $\frac{2}{3}$)
- 전체에 $\frac{1}{3}$이 몇 개 있는가? ($\frac{3}{3}+\frac{3}{3}+\frac{2}{3}=\frac{8}{3}$)

  $2\frac{5}{6}$와 $1\frac{1}{2}$로 위의 과정을 반복한다.

  위에서 어떤 규칙성을 발견했으면 설명하게 한다.
- 단위 막대를 임의로 선택하여 퀴즈네어 색 막대로 대 분수 나타내기

❑ 5단계 : 크기비교

- $\frac{1}{3}$과 $\frac{2}{3}$의 크기 비교

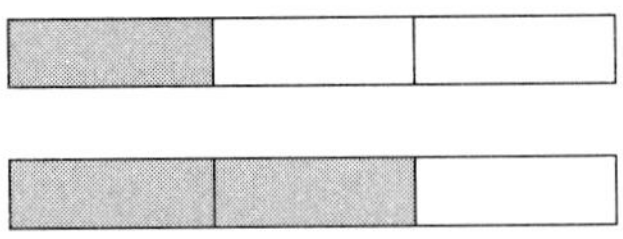

- 위와 같은 방법으로 $\frac{5}{12}$와 $\frac{7}{12}$의 크기를 비교하도록 한다.
- 같은 분모를 갖는 분수를 비교하는 법칙을 알았나?
- 위위 결과를 부등식으로 비교한 결과를 적는다.

$\frac{1}{3} < \frac{2}{3}$, $\frac{7}{12} > \frac{5}{12}$

$\frac{1}{2}$와 $\frac{1}{3}$ 중 어느 수가 더 큰가? 분수 막대를 이용하여 확인해 본다.

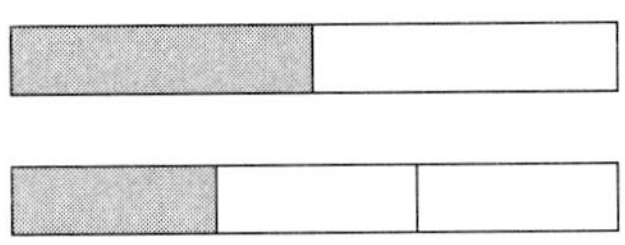

$\frac{3}{4}$와 $\frac{5}{6}$, $\frac{2}{3}$와 $\frac{3}{4}$ 등을 가지고 반복하고, 그 관계를 부등식으로 적게 한다.

- 퀴즈네어 색 막대를 이용하여 $\frac{1}{2}$과 $\frac{1}{3}$의 크기를 비교하도록 한다.

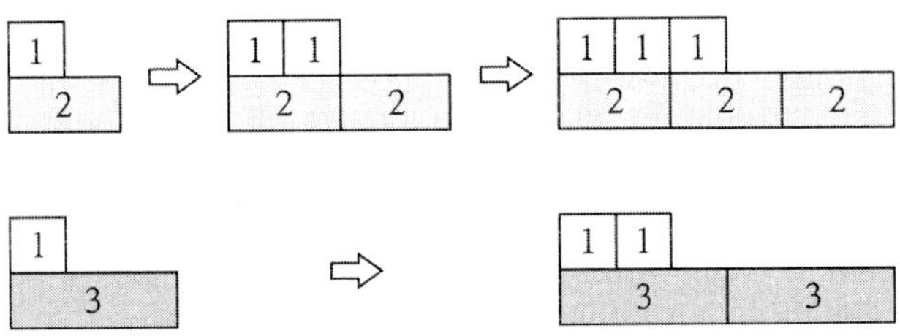

따라서 $\frac{1}{2} > \frac{1}{3}$

- 퀴즈네어 색 막대를 이용하여 $\frac{3}{4}$와 $\frac{5}{6}$, $\frac{2}{3}$와 $\frac{3}{4}$의 크기를 비교하여 부등식으로 나타내도록 한다.

1.7 분수–덧셈

면담 코드번호 : 1110
주제 : 분수 개념 : 분모가 같은 분수의 덧셈 교구 : 분수 막대

• $\frac{1}{4}+\frac{2}{4}$를 계산하자. 분수 막대로 확인한다.

$\frac{3}{4}$ 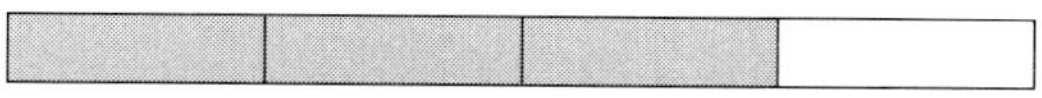

• $\frac{3}{6}+\frac{1}{6}$로 반복한다. $\frac{4}{6}$와 크기가 같은 다른 분수가 있는지 묻는다. $(\frac{2}{3})$

$\frac{3}{6}$ 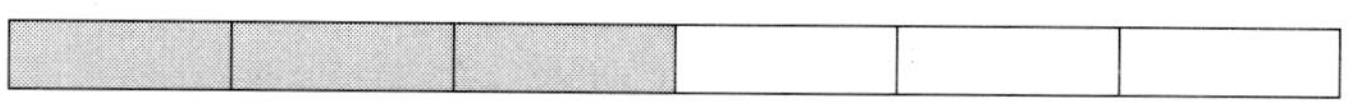

$+\frac{1}{6}$ 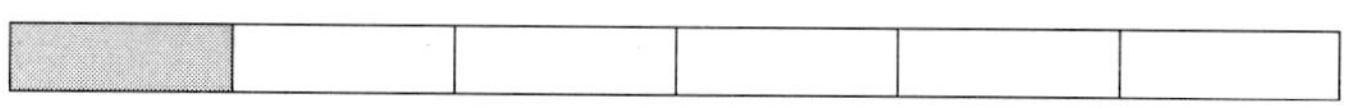

$\frac{4}{6}=\frac{2}{3}$ 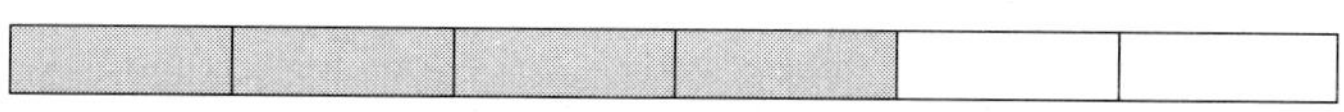

• 분모가 같은 분수를 더할 때의 법칙은 무엇인가?

• $\frac{3}{12}+\frac{7}{12}$, $\frac{3}{4}+\frac{2}{4}$, $\frac{}{5}+\frac{4}{5}$로 위의 과정을 반복한다.

• $1\frac{1}{3}+\frac{1}{3}$을 계산하고 분수 막대로 확인해 보라.

$1\frac{1}{3}$ 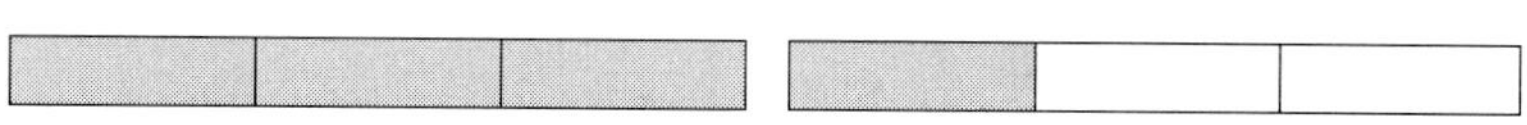

$+\frac{1}{3}$ 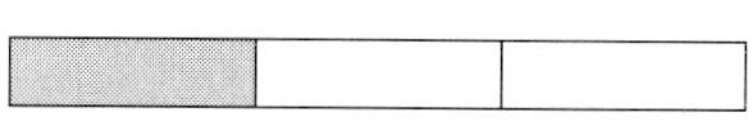

• $\frac{5}{3}$ 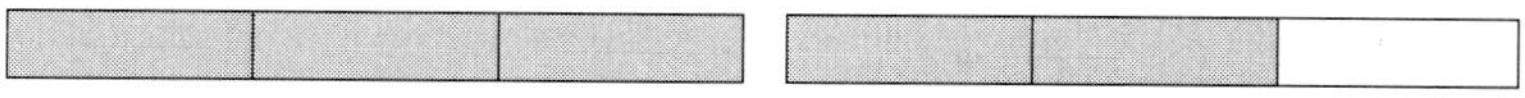

• $2\frac{1}{6}+\frac{3}{6}$과 $1\frac{7}{12}+1\frac{5}{12}$도 해본다.

분모가 같은 대분수를 더할 때 법칙은 무엇인가? 이 법칙을 다음 예에 적용시켜본다.

$1\frac{3}{4}+\frac{3}{4}$, $\frac{5}{6}+2\frac{5}{6}$, $2\frac{5}{8}+1\frac{7}{8}$

- 퀴즈네어 색 막대를 이용하여 분모가 같은 분수의 덧셈을 하도록 한다.

  예를 들어, 퀴즈네어 색 막대를 사용하여 $\frac{3}{6}+\frac{2}{6}=\frac{5}{6}$ 이 되는 사실을 설명한다.

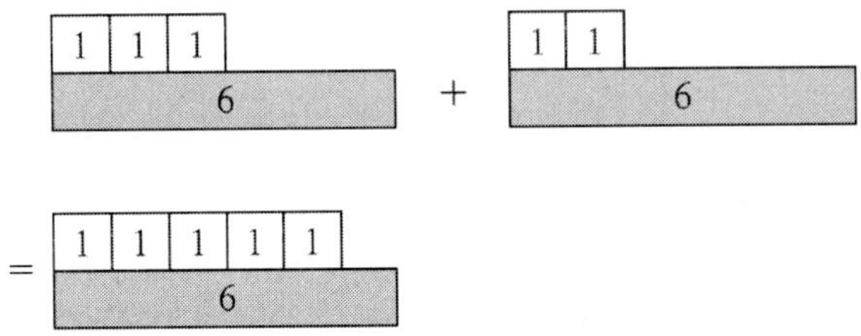

면담 코드번호 : 1120
주제 : 분수 개념 : 분모가 다른 두 분수를 통분해서 더하기 교규 : 분수 막대(띠), 퀴즈네어 색 막대

- $\frac{1}{4}+\frac{1}{3}$ 을 더하라. 분수 막대를 이용하여 답을 확인해 보라.

$\frac{1}{4}$ 막대 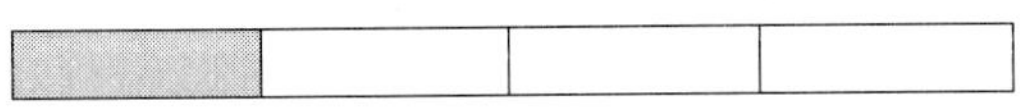

$\frac{1}{3}$ 막대 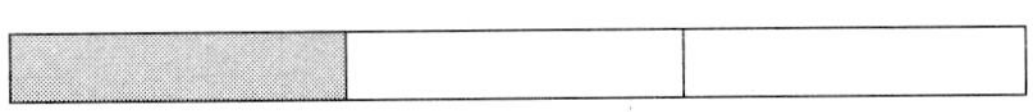

합과 같은 크기의 막대 $\frac{1}{4}=\frac{3}{12}$ 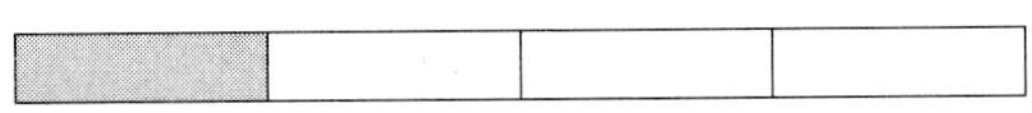

$+\frac{1}{3}=\frac{4}{12}$ 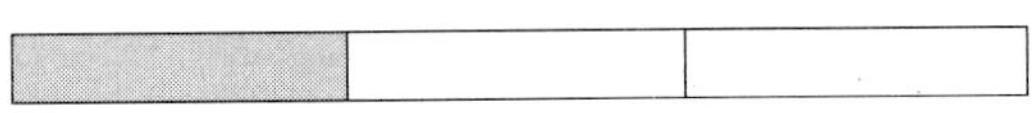

$\frac{7}{12}$ 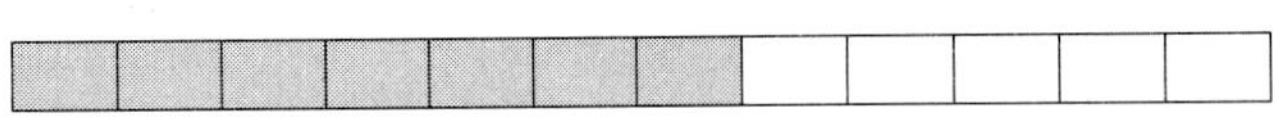

- 위의 조작을 설명하고 이유를 말하라.
- $\frac{1}{2}+\frac{1}{6}$, $\frac{3}{4}+\frac{7}{12}$ $\frac{5}{6}+\frac{1}{4}$ 을 해본다.
- 퀴즈네어 색 막대를 이용하여 분모가 다른 분수의 덧셈을 해 보도록 한다.

$\frac{1}{2}+\frac{1}{3}=$

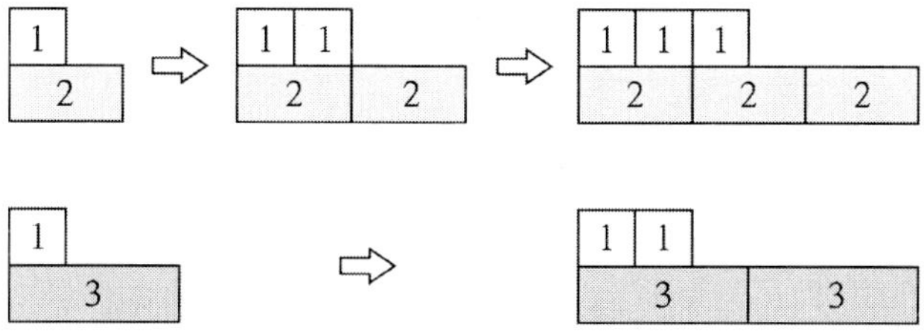

$\frac{1}{2}+\frac{1}{3}=$

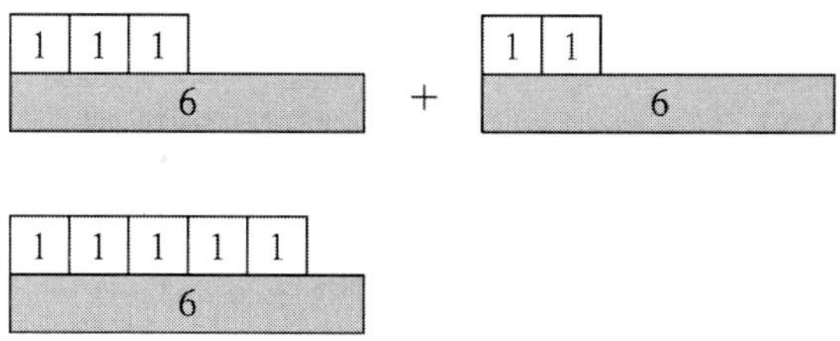

$=\frac{3}{6}+\frac{2}{6}$

$=\frac{5}{6}$

• $1\frac{1}{4}$과 $\frac{1}{6}$을 더하라. 분수 막대를 이용하여 답을 확인하여라.

$1\frac{1}{4}=1\frac{3}{12}$

$+\frac{1}{6}=\frac{2}{12}$

$1\frac{5}{12}$

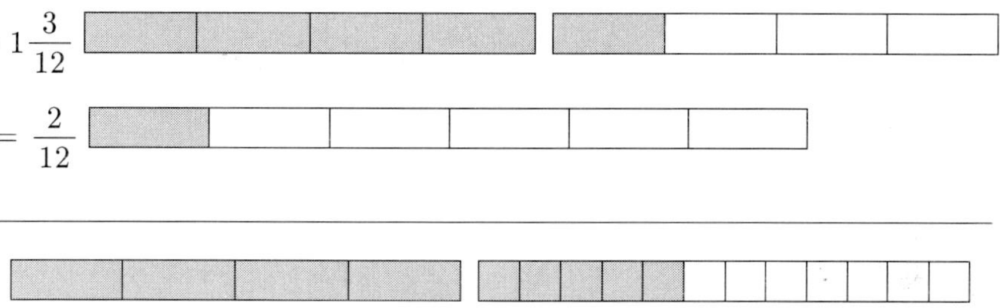

• 위의 조작 과정에 대해서 설명하고 그 이유를 말하라.

• $2\frac{5}{6}+1\frac{2}{3}$, $1\frac{1}{2}+1\frac{2}{3}$의 계산을 해보자.

• 퀴즈네어 색 막대를 활용하여 대분수의 덧셈을 하도록 한다.

1.8 분수 - 나눗셈

면담 코드번호 : 1130, 1131, 1132
주제 : 분수 개념 : 진분수의 나눗셈(포함제), 대분수의 나눗셈 교구 : 분수 막대(띠), 퀴즈네어 색 막대, 모눈종이

❑ 1단계 : 진분수의 나눗셈(포함제)

- $2 \div \frac{1}{2}$를 퀴즈네어 색막대를 이용하여 나타내도록 한다.

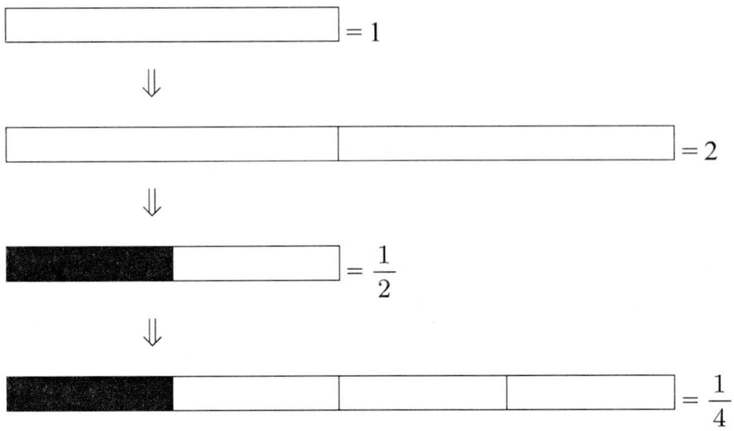

위의 활동에서 2(1막대 2개) 안에는 $\frac{1}{2}$ 막대가 4개 있다는 사실을 알 수 있다.

따라서 포함제의 맥락에서 $2 \div \frac{1}{2}=4$ 이다.

- $\frac{1}{2} \div \frac{1}{4}$은 무엇을 뜻하는가? ($\frac{1}{2}$ 안에 $\frac{1}{4}$이 몇 번 들어 있는가?)

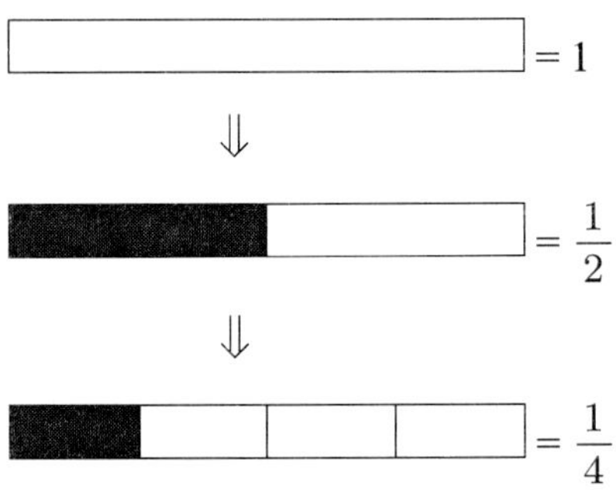

위의 활동에서 $\frac{1}{2}$ 안에는 $\frac{1}{4}$이 2개(번) 있다는 사실을 알 수 있다.

따라서 포함제의 맥락에서 $\frac{1}{2} \div \frac{1}{4} = 2$ 이다.

- 이와 같은 문제를 푸는 법칙을 알게 되었나?
- $\frac{1}{2} \div \frac{1}{3}$을 위와 같이 계산하도록 한다.
- 퀴즈네어 색 막대를 이용하여 위의 나눗셈을 하도록 한다. (158p. 분수의 나눗셈 참조)

- $1 \div \frac{1}{2}$ 의 곱셈 표현

먼저 기준 막대를 정하고 기준막대의 $\frac{1}{2}$ 인 막대를 찾는다.

예 : 기준막대는 붉은막대, $\frac{1}{2}$ 인 막대는 흰 막대

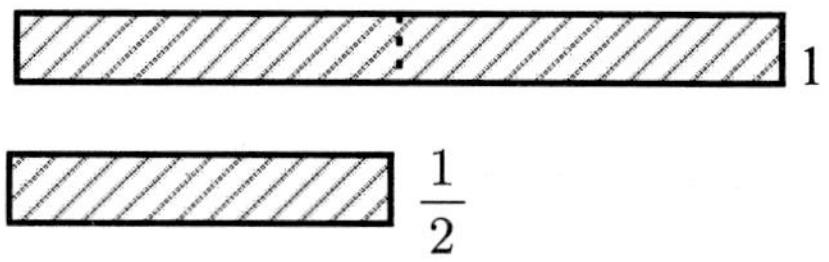

〈그림〉 표현-1

$1 \div \frac{1}{2}$ 는 1속에 $\frac{1}{2}$ 이 2번 들어있다(1은 $\frac{1}{2}$ 의 2배이다). 따라서 $1 \div \frac{1}{2} = 2$이다.

그런데 $1 \times 2 = 2$임을 안다. 다시 말하면 $1 \div \frac{1}{2} = 1 \times 2$이다.

여기에서 $\frac{1}{2} \times 2 = 1$인 관계가 있음을 확인한다.

- $1 \div \frac{1}{3}$ 의 곱셈 표현

먼저 기준 막대를 정하고 기준막대의 $\frac{1}{3}$ 인 막대를 찾는다.

예) 기준막대는 초록막대, $\frac{1}{3}$ 인 막대는 빨강막대

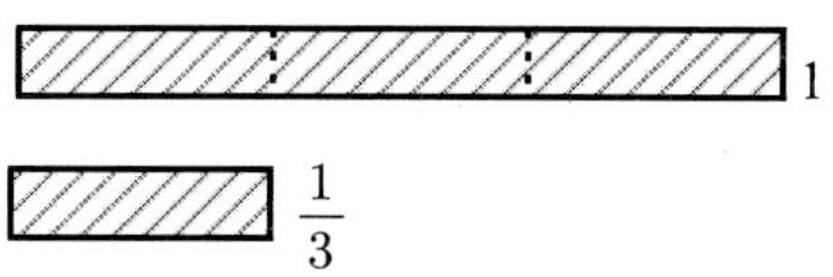

〈그림〉 표현-2

$1 \div \frac{1}{3}$ 는 1속에 $\frac{1}{3}$ 이 3번 들어있다(1은 $\frac{1}{3}$ 의 3배이다). 따라서 $1 \div \frac{1}{3} = 3$이다.

그런데 $1 \times 3 = 3$ 임을 안다. 다시 말하면 $1 \div \frac{1}{3} = 1 \times 3$ 이다.

여기에서 $\frac{1}{3} \times 3 = 1$ 인 관계가 있음을 확인한다.

- $1 \div \frac{1}{4}$ 의 곱셈 표현

먼저 기준 막대를 정하고 기준막대의 $\frac{1}{4}$ 인 막대를 찾는다.

예) 기준막대는 갈색막대, $\frac{1}{4}$ 인 막대는 빨강막대

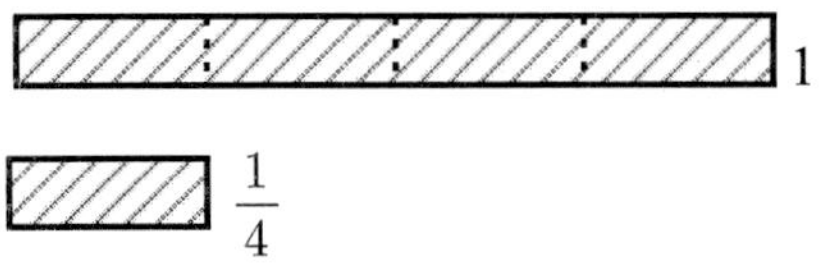

〈그림〉 표현-3

$1 \div \frac{1}{4}$ 는 1속에 $\frac{1}{4}$ 이 4번 들어있다(1은 $\frac{1}{4}$ 의 4배이다). 따라서 $1 \div \frac{1}{4} = 4$이다.

그런데 $1 \times 4 = 4$임을 안다. 다시 말하면 $1 \div \frac{1}{4} = 1 \times 4$이다.

여기에서 $\frac{1}{4} \times 4 = 1$ 인 관계가 있음을 확인한다.

• $1 \div \frac{2}{3}$ 의 곱셈 표현

먼저 기준 막대를 정하고 기준막대의 $\frac{2}{3}$ 인 막대를 찾는다.

예 : 기준막대는 연두색막대, $\frac{2}{3}$ 인 막대는 빨강막대

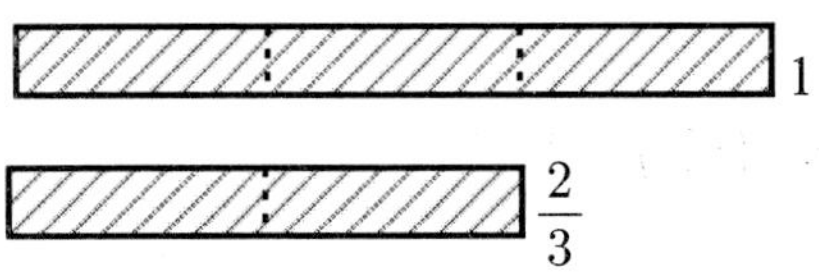

〈그림〉 표현-4

$1 \div \frac{2}{3}$ 는 1속에 $\frac{2}{3}$ 가 1번 반이 들어있다. (1은 $\frac{2}{3}$ 의 1과 $\frac{1}{2}$ 배이다)

따라서 $1 \div \frac{2}{3} = 1 + \frac{1}{2} = \frac{3}{2}$ 이다.

그런데 $1 \times \frac{3}{2} = \frac{3}{2}$ 임을 안다. 다시 말하면 $1 \div \frac{3}{2} = 1 \times \frac{3}{2}$ 이다.

여기에서 $\frac{2}{3} \times \frac{3}{2} = 1$ 인 관계가 있음을 확인한다.

• 유추에 의한 활동 I의 논리적 의미

0이 아닌 두 자연수 a, b에 대하여,

$1 \div \frac{a}{b}$ 는 1 안에 $\frac{a}{b}$ 가 포함되는 횟수이다. (1은 $\frac{a}{b}$ 의 배이다) 그러므로 $\frac{a}{b} \times$(횟수)는 1이다. 그런데 횟수$= \frac{b}{a}$ 가 됨을 알았다. 따라서 $1 \div \frac{a}{b} = 1 \times \frac{b}{a}$ 이다. 이 때 $\frac{a}{b} \times \frac{b}{a} = 1$ 이다.

즉, $1 \div (0$이 아닌 분수$) = 1 \times ($분수의 역수$)$이다.

(ii) 활동 II

• $2 \div \frac{2}{3}$의 곱셈 표현

기준막대는 연두색막대, $\frac{2}{3}$인 막대는 빨강막대.

연두색막대 두개를 잇는다. 그 안에 빨강 막대가 포함되는 횟수를 센다.

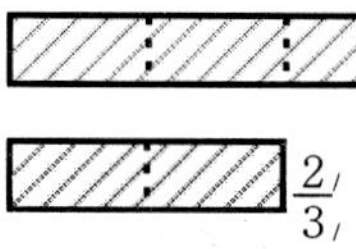

〈그림 〉 표현-5

$2 \div \frac{2}{3}$는 2속에 $\frac{2}{3}$가 3번 들어있다. 따라서 $2 \div \frac{2}{3} = 3$이다.

그런데 $2 \times \frac{3}{2} = 3$임을 안다. 다시 말하면 $2 \div \frac{2}{3} = 2 \times \frac{3}{2}$이다.

그 이유는 다음과 같다.

$2 \div \frac{2}{3} = (2 \times 1) \div \frac{2}{3} = 2 \times (1 \div \frac{2}{3}) = 2 \times \frac{3}{2} = 3.$

여기에서 $\frac{2}{3} \times \frac{3}{2} = 1$인 관계가 있음을 확인한다. $2 \div \frac{2}{3} = 2 \times \frac{3}{2}$이다.

• $3 \div \frac{3}{4}$의 곱셈 표현

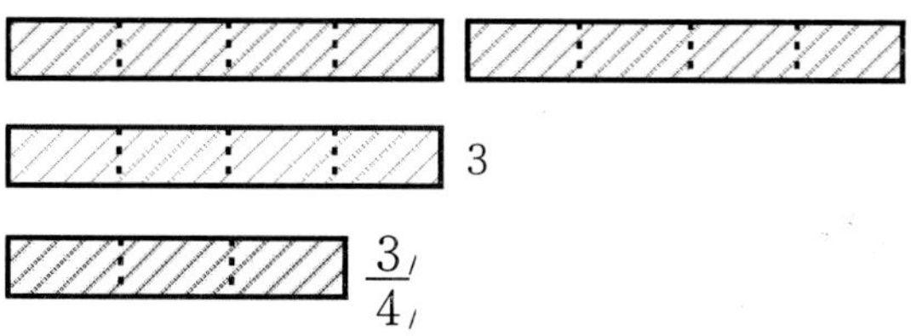

〈그림〉 표현-6

$3 \div \frac{3}{4}$는 3속에 $\frac{3}{4}$이 4번 들어있다. 따라서 $3 \div \frac{3}{4} = 4$이다.

그런데 $3 \times \frac{4}{3} = 4$임을 안다.

그 이유는 다음과 같다.

$3 \div \frac{3}{4} = (3 \times 1) \div \frac{3}{4} = 3 \times (1 \div \frac{3}{4}) = 3 \times \frac{4}{3} = 3.$

다시 말하면 $3 \div \frac{3}{4} = 3 \times \frac{4}{3}$ 이다.

여기에서 $\frac{3}{4} \times \frac{4}{3} = 1$ 인 관계가 있음을 확인한다.

- 유추에 의한 활동 II의 논리적 의미
  - (1) 활동 I과 마찬가지로

    (자연수) ÷ (0이 아닌 분수) = (자연수) × (분수의 역수)

    또는
  - (2) (자연수) ÷ (0이 아닌 분수) = (자연수) × (1안에 분수가 포함되는 횟수)로 이해한다.

    이러한 사실에서 다음과 같이 유추할 수 있다.

    $\frac{2}{3} \div \frac{3}{4} = (\frac{2}{3} \times 1) \div \frac{3}{4} = \frac{2}{3} \times (1 \div \frac{3}{4}) = \frac{2}{3} \times \frac{4}{3} = \frac{8}{9}$

    일반적으로
  - (3) (분수) ÷ (0이 아닌 분수) = (분수) × (1안에 분수가 포함되는 횟수)로 이해하면 결과적으로 (분수) ÷ (0이 아닌 분수) = (분수) × (분수의 역수)로 된다.

❑ 2 단계 : 대분수의 나눗셈

- $1\frac{1}{2} \div \frac{1}{4}$ 는 무엇을 뜻하는가?　1　$\frac{1}{2}$

$1\frac{1}{2}$ 막대를 보인다.

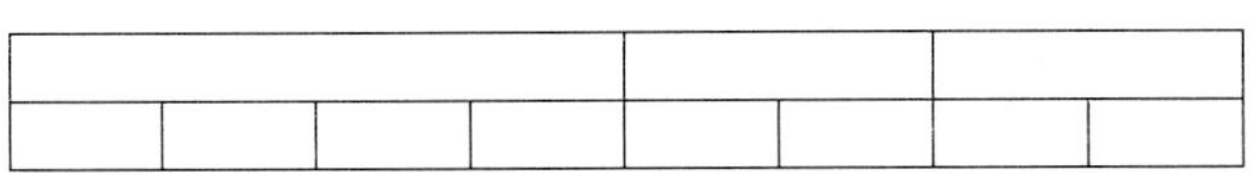

$\frac{1}{4}$ 막대를 보인다.　　$\frac{1}{4}$ 막대 6개

$1\frac{1}{2}$ 안에 $\frac{1}{4}$ 이 몇 개 있는지 세어본다.

이를 수식으로 쓰게 한다. $(1\frac{1}{2} \div \frac{1}{4} = \frac{3}{2} \div \frac{1}{4} = \frac{12}{2} = 6)$

위의 수식을 설명하게 한다.

$2\frac{1}{4} \div \frac{1}{8}$ 을 분수막대를 가지고 계산하고 이를 수식으로 쓰며, 각각의 단계에 대해서 설명한다.

- 퀴즈네어 색 막대를 활용하여 위의 계산을 하도록 한다.

1.9 소수 – 사칙연산

면담 코드번호 : 1140
주제 : 소수
개념 : 소수의 덧셈, 뺄셈
교규 : 소수판, 수모형, 십진 모눈종이

❑ 1 단계 : 소수의 덧셈

- 붉은색 놀이 카드를 두 장 선택한다. 합이 얼마인가? 이를 쓰게 한다.
- 소수판을 찾아서 답을 확인하게 한다.
- 초록색 두 장, 노란색 두 장으로 위의 활동을 반복한다.
- 수모형 또는 십진 모눈종이를 이용하여 소수의 덧셈을 하도록 한다.

❑ 2 단계 : 소수의 뺄셈

- 0.75와 0.40에 해당하는 소수판을 찾게 한다. 빗금친 부분의 개수의 차이를 알게 한다. (100개중 35개) 0.75−0.40은 무엇인가? (0.35)식으로 써보라.
- 0.70과 0.25로 위의 활동을 반복한다. 아동에게 소수판을 이용하여 $\frac{1}{10}$ 하나가 $\frac{1}{100}$ 열 개와 같은 이유를 묻는다. 소수판을 사용해서 0.425와 0.175의 경우 이를 설명하게 한다.
- 0.6과 0.475에 해당하는 소수판을 찾게 한다. 0.6 대신에 이용할 수 있는 $\frac{1}{1000}$ 로 된 소수판은 어떤 것인가? (0.600)
  0.6−0.475를 계산한다. 소수판으로 결과를 확인시킨다.
- 수모형 또는 십진 모눈종이를 이용하여 소수의 덧셈을 하도록 한다.

면담 코드번호 : 1150
주제 : 소수
개념 : 소수의 곱셈
교규 : 소수판, 수모형, 십진 모눈종이

- 0.4에 해당하는 소수판을 보인다. 이 소수판을 모으면 빗금친 부분은 몇 개인가? (5×4 = 20개의 빗금친 부분)

- 이것과 같은 크기의 소수판은 몇 장에 해당하나? (2장)
- 이를 수식으로 적게 한다.
- 0.8에 해당하는 소수판을 보인다. 0.3×0.8을 쓴다.
- 이것은 무엇을 의미하는가? 소수판으로 그 의미를 보여줄 수 있는가? 이에 대해서 설명하자. 0.3×0.8을 계산하라.
- 다음의 예를 보여준다.

0.62	0.327	18	1.7
× 3	× 0.45	× 0.73	× 3.2
186	14715	1314	544

- 위의 식이 답이 되도록 소수점을 찍을 수 있는가? 이 때 사용한 법칙은 무엇인가?
- 개념평가에서 틀린 문제의 답을 구하고 설명하게 한다.
- 수모형 또는 십진 모눈종이를 이용한 소수의 곱셈

1	$\frac{1}{10}$	$\frac{1}{100}$
백 모형	십 모형	낱개

- $1.3 \times 1.2 = ?$

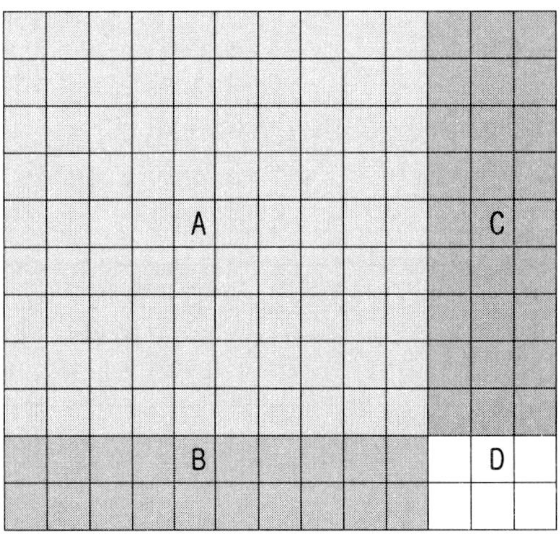

(대체-모눈종이)

$$
\begin{array}{rl}
 & 1.3 \\
\times & 1.2 \\
\hline
0.06 & (0.2 \times 0.3)-D \\
0.2 & (0.2 \times 1)-C \\
0.3 & (1 \times 0.3)-B \\
1 & (1 \times 1)-A \\
\hline
1.56 &
\end{array}
$$

- 위의 과정은 $1.3 \times 1.2 = (1+0.3) \times (1+0.2)$를 분배법칙을 이용하여 계산하는 과정을 수모형을 이용하여 그림으로 보여주는 장면이다.
- 소수점의 위치를 정하는 과정은 $1.3 \times 1.2 = \frac{13}{10} \times \frac{12}{10} = \frac{13 \times 12}{100}$ 을 계산하게 하여 소수

점을 없앤 자연수의 계산을 한 후, 분모의 0의 개수만큼 맨 오른쪽에서부터 이동하여 소수점을 찍도록 지도한다.

면담 코드번호 : 1160
주제 : 소수 개념 : 소수의 나눗셈 교구 : 소수판

- 0.60에 해당하는 소수판을 보인다. 0.60을 3등분하는 방법을 보이게 한다. 0.60÷3을 계산하고 곱셈으로 이를 확인하게 한다.
- 0.75와 0.05를 나타내는 소수판을 보인다.
- 0.75안에 0.05가 몇 번 들어 있는지 세어 보라. (15번)
- 0.75 ÷ 0.05 = ?을 계산하라.
- 다음의 예를 적는다.

  $21.14 \div 7 = 3.02$, $0.60 \div 0.15 = 4$, $44.00 \div 2.5 = 17.6$
- 위의 식에서 몫이 참이 되도록 소수점을 찍을 수 있는가?
- 이 때 사용한 법칙은 무엇인가?
- 소수의 나눗셈은 두 소수를 십진분수로 고친 다음, 분수의 나눗셈 방법을 따라 계산한다.

  $4.8 \div 0.6 = \frac{48}{10} \div \frac{6}{10} = 48 \div 6 = 8$
- 나머지가 있는 소수의 나눗셈은, 나머지를 제대로 계산하기 위해서 유념해야한다.

  $5.87 \div 1.6 = \frac{587}{100} \div \frac{16}{10} = \frac{587}{100} \div \frac{160}{100} = 587 \div 160 = 3 \cdots 107$이 아니고, 나머지는 $\frac{107}{100} = 1.07$임을 설명한다.
- 개념평가에서 틀린 문제를 풀게 하고 설명하게 한다.

1.10 소수와 분수의 관계

면담 코드번호 : 1170
주제 : 소수 개념 : 소수와 분수의 관계 교구 : 소수판, 수모형, 십진 모눈종이

- 색깔이 다른 세장의 소수판을 택한다.
- 빗금친 부분의 개수를 세도록 한다.
- 전체에 대해서 빗금친 부분의 수를 소수로 어떻게 읽는지 묻는다.
- 이 소수를 적게 한다.
- 다른 종류의 소수판을 택해서 위와 같은 과정을 반복한다.
- 붉은 색 소수판 (10등분) 또는 십 모형을 한 개 집는다.
- 붉은색 카드는 몇 개의 부분으로 나누어져 있는가?
- 빗금 친 부분은 몇 개인가? 이를 소수로 읽어보아라.
- 초록색 소수판(100등분) 또는 백 모형을 한 개 집어서, 이 판이 의미하는 수를 소수로 읽게 한다.

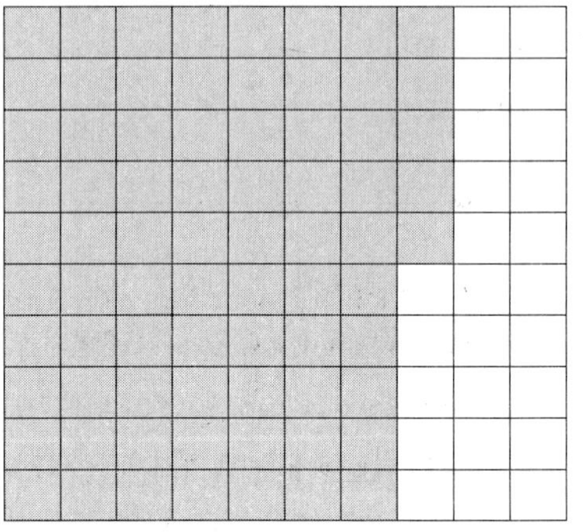

- $\frac{1}{10}$ 과 $\frac{1}{100}$ 이 몇 개 있는가?(0.75는 $\frac{1}{10}$ 이 7개, $\frac{1}{100}$ 이 5개)
- 노란색 소수판(천 모형)을 집어서 천 모형이 의미하는 수를 소수로 읽고, 이를 적게 한다.
- $\frac{1}{10}$, $\frac{1}{100}$, $\frac{1}{1000}$ 의 자릿수는 어떻게 되는가?
- 4자리로 소수를 쓰고, 각 자릿값과 그 자리의 수를 읽게 한다.
- 5자리 소수, 6자리 소수의 경우에 위의 과정을 반복한다.

2. 도형과 측정영역

2.1 도형의 포함관계

면담 코드번호 : 2020, 2021
주제 : 도형과 측정－기초개념 개념 : 도형의 포함관계 교구 : 지오보드

• 지오보드위에서 정삼각형을 만들어보도록 한다.
• 정삼각형의 특징을 설명하도록 한다.
• 지오보드위에서 이등변삼각형을 만들어보도록 한다.
• 이등변삼각형의 특징을 설명하도록 한다.
• 이등변삼각형과 정삼각형의 공통점을 알아보도록 한다.
• 정삼각형도 이등변삼각형의 한 종류라는 사실을 알도록 지도한다.
• 지오보드위에서 직사각형을 만들어보도록 한다.
• 직사각형의 특징을 설명하도록 한다.
• 지오보드위에서 평행사변형을 만들어보도록 한다.
• 평행사변형의 특징을 설명하도록 한다.
• 직사각형과 평행사변형의 공통점을 알아보도록 한다.
• 직사각형도 평행사변형의 한 종류라는 사실을 알도록 지도한다.

2.2 각, 각도

면담 코드번호 : 2031
주제 : 각, 각도 개념 : 직각 교구 : 시계바늘

• 아래와 같이 제작한 시계바늘을 회전해 보도록 한다.

1. 시계바늘 교구와 할핀을 준비한다. OHP에 4직각모양의 원판을 복사한 후 오린다.	2. 4직각모양 원판의 중심에 구멍을 뚫어 할핀을 꽂는다.	3. 직각모양 원판과 시계바늘 교구를 할핀으로 연결한다.	4. 완성
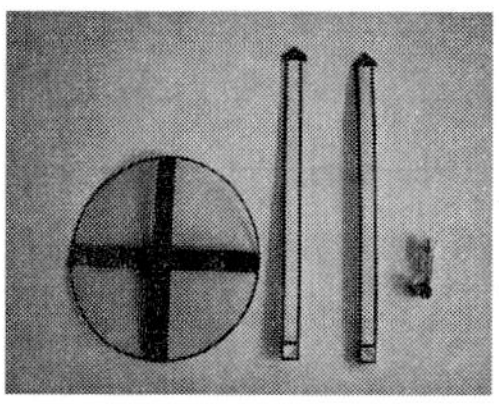	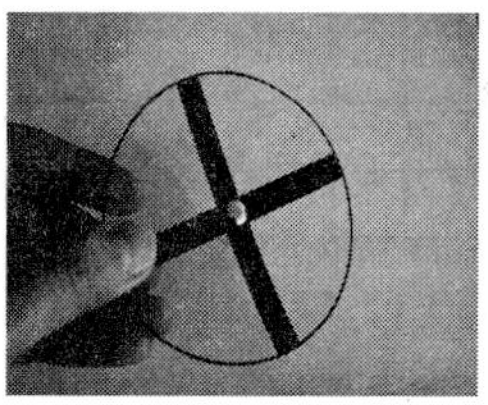	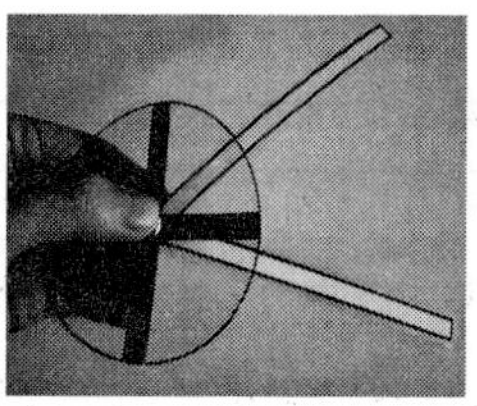	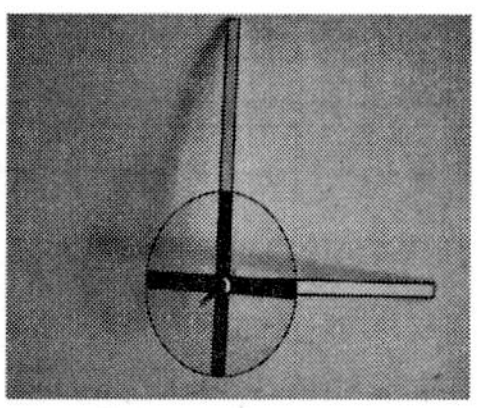

- 시계바늘을 한 바퀴 돌려보도록 한다.
- 두 시계바늘이 수평이 되도록 반 바퀴를 돌려보도록 한다.
- 두 시계바늘이 수평인 상태의 반이 되도록 돌려보도록 한다.
- 즉, 반의 반 바퀴를 돌렸을 때, 두 바늘이 이루는 각이 직각인 것을 알도록 지도한다.
- 직각은 어떤 위치 또는 방향에 있더라도 직각이라는 사실을 알도록 한다.

2.2 원과 원주율

면담 코드번호 : 2050
주제 : 원과 원주율 개념 : 지름 교규 : 컴퍼스, 자

- 종이위에 컴퍼스로 원을 그리도록 한다.
- 고정된 다리의 위치가 원의 중심이고, 중심에서 원주까지가 원의 반지름임을 알려준다. 즉, 컴퍼스의 두 다리 사이를 잇는 선분이 원의 반지름이며, 반지름은 무수히 많다는 사실을 알도록 한다.
- 자를 이용하여 중심을 지나는 여러 가지 선분을 그리도록 한다.
- 그러한 선분 중에서 두 끝 점이 원주에 닿는 선분을 지름임을 설명한다. 반지름과 마차가지로 지름도 무수히 많음을 설명한다.

면담 코드번호 : 2060, 2061
주제 : 원과 원주율 개념 : 원의 중심 찾기, 원주율 교규 : 둥근 캔, 실, 자

- 둥근 캔을 보여주고 윗면에 있는 원의 중심을 찾아보도록 한다.
- 찾을 수 없으면 캔의 윗면에 잉크를 바른 후에 윗면을 종이에 찍도록 한다.
- 종이에 찍힌 원을 아래 그림과 같이 두 번 접어서 원의 중심을 찾도록 한다.
- 이때 접힌 자국에 나타난 두 선분이 원의 지름이다.
- 지름을 자로 재도록 한다.
- 실을 이용하여 원둘레의 길이를 재도록 한다.

- 원둘레를 지름으로 나누도록 한다.
- 다른 크기의 캔을 이용하여 위와 같은 방법으로 (원둘레)÷(지름)의 값을 구해보도록 하고, 어떤 캔이든지 (원둘레)÷(지름)의 값이 일정하고, 그 값이 3.14 쯤 되는 사실을 알도록 한다.

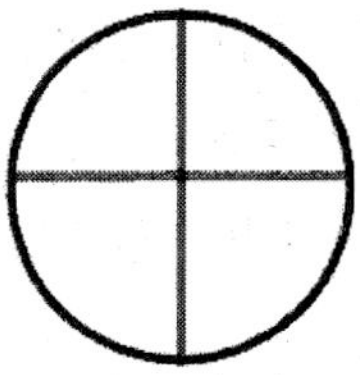

면담 코드번호 : 2070, 2071
주제 : 도형의 이동 개념 : 도형의 이동 방법 교구 : 모눈종이

- 아래와 같이 한 장의 모눈종이위에서 'ㄱ' 자를 상, 하, 좌, 우 또는 대각선 방향으로 여러 번 옮겨 보도록 한다.

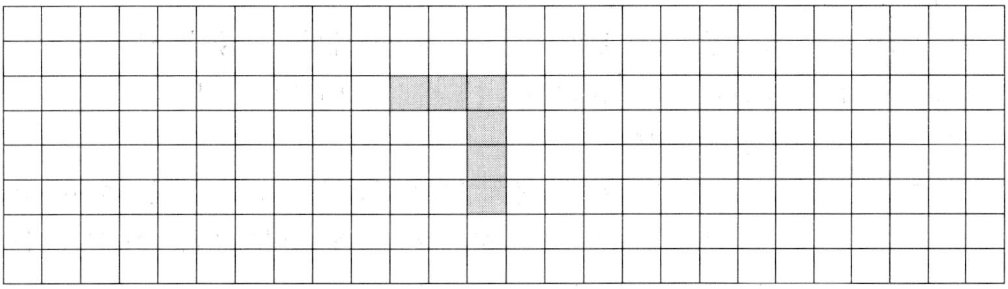

- 아래와 같이 한 장의 모눈종이위에 그려진 선분을 대칭축으로 도형의 뒤집기를 해보도록 한다.

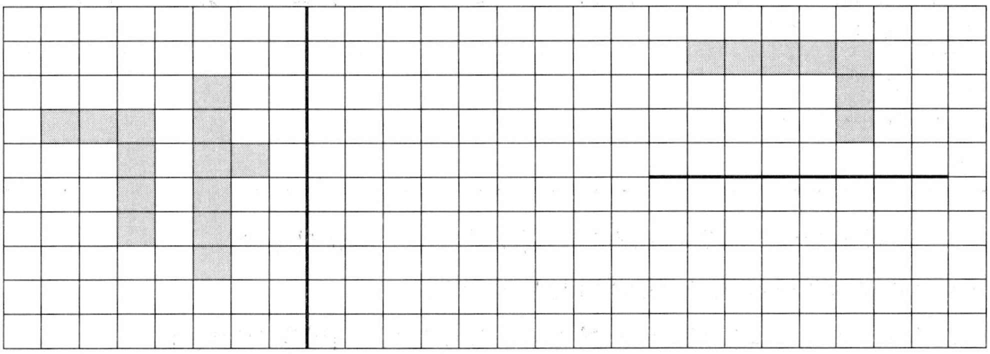

면담 코드번호 : 2090, 2091, 2092
주제 : 합동과 대칭 개념 : 선대칭, 점대칭 교구 : 모눈종이, OHP용 필름, OHP용 펜, 거울

- 투명필름 위에 도형과 대칭축을 본뜬다. 그리고 필름에 생성된 대칭축을 중심으로 뒤집어본다. 그리고 도형의 원래 모습과 본뜬 모습의 지점을 확인한다.
- 선대칭은 도형의 대칭축위에 거울을 놓고 확인할 수 있다. 대신에 대칭축 위에 놓은 거울을 볼 때는 도형의 모든 모습이 나타날 수 있도록 해야 한다.
- 주어진 도형과 대칭축(접은 선)을 정한다.
- 투명필름에 본을 뜬다.
- 대칭선을 중심으로 뒤집는다.
- 도형이 겹치는지 확인한다.
- 투명한 OHP필름에 유성펜으로 주어진 도형을 그리고 대칭축을 중심으로 뒤집기를 해보고, 그 다음에 대응점을 이은 선분이 대칭축과 수직으로 만나는지, 대응점에서 대칭축까지의 거리가 같은지를 확인하도록 한다.
- 점대칭의 위치에 있는 도형 그리기에서 점A의 대응점 A'을 찾을 때 반직선OA에서 선분OA의 길이와 선분OA'의 길이가 같아지는 A'을 찾도록 한다. 이때 기하판에서는 대응점을 이은 선분의 기울기를 생각하여 대응점을 찾아야 한다.
- 점대칭이란 180°회전대칭과 같다. 따라서 모눈종이 위에서, 문제에서 주어진 대칭의 중심을 꼭 누르고 180°회전하는 활동을 통하여 점대칭 도형을 그려보도록 지도한다.

면담 코드번호 : 2110
주제 : 평면도형 개념 : 삼각형의 높이 교구 : 삼각자, 추

- 삼각자를 책상위에 세우고, 삼각자의 꼭짓점에 실로 추를 매단다.
- 추를 책상위로 늘여 뜨려 책상위에 닿도록 한다.
- 꼭짓점에서 추가 닿은 책상위의 점까지가 삼각형의 높이임을 설명한다.
- 아래 그림과 같은 삼각형을 책상위에 놓고 꼭짓점에 실로 추를 매달아 책상위에 늘여뜨려 책상위에 닿도록 한다.
- 꼭짓점에서 추가 닿은 책상위의 점까지가 삼각형의 높이임을 설명한다.

• 평행사변형을 책상위에 올려놓고, 위와 같은 방법으로 평행 사변형의 높이를 찾도록 한다.

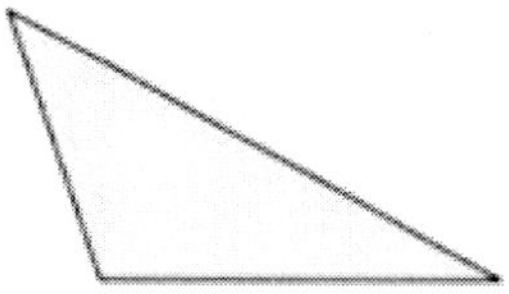

면담 코드번호 : 2140, 2141
주제 : 입체도형의 측정 개념 : 입체도형의 전개도, 겉넓이 교규 : 직육면체, 삼각뿔, 사각뿔 모양의 종이상자

• 직육면체 모양의 상자의 모서리를 따라 잘라서 다음과 같은 모양을 만들어보도록 한다.

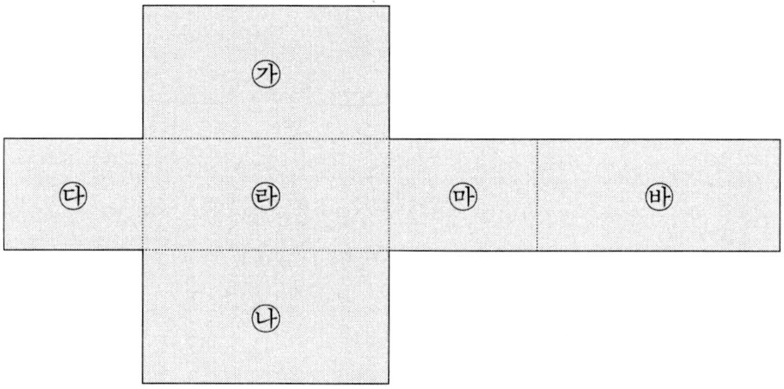

• 직육면체 모양의 상자의 모서리를 따라 잘라서 여러 가지 방법으로 펼쳐보도록 한다.

• 삼각뿔 모양의 상자의 모서리를 따라 잘라서 다음과 같은 모양을 만들어보도록 한다.

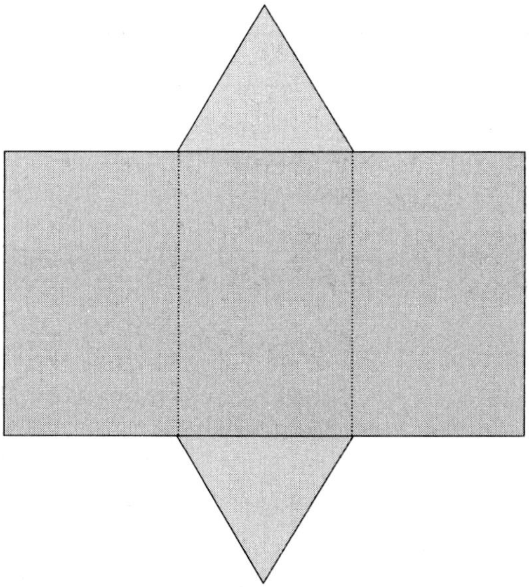

• 삼각뿔 모양의 상자의 모서리를 따라 잘라서 아래와 같은 도형으로 분리한 다음, 이 도형을 조립하여 삼각뿔을 만들어보도록 한다.

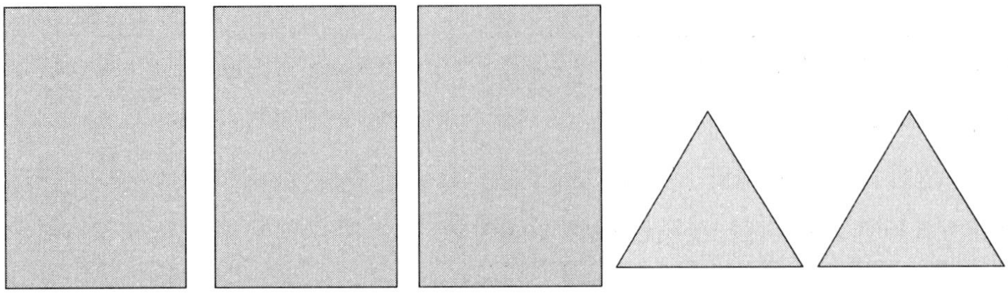

• 사각뿔(피라미드) 모양의 상자의 모서리를 따라 잘라서 다음과 같은 모양을 만들어보도록 한다.

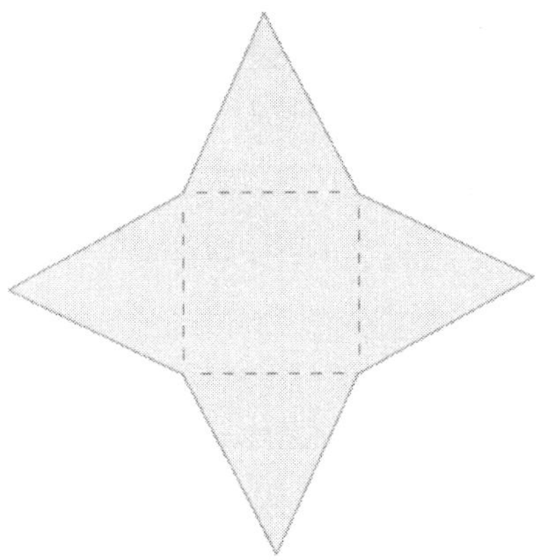

면담 코드번호 : 2180
주제 : 입체도형의 측정 개념 : 쌓기나무 교구 : 소마큐브

• 아래에 있는 1번 소마큐브를 보고, 서로 다른 방향에서 본 모양을 모눈종이 위에 그리도록 한다.

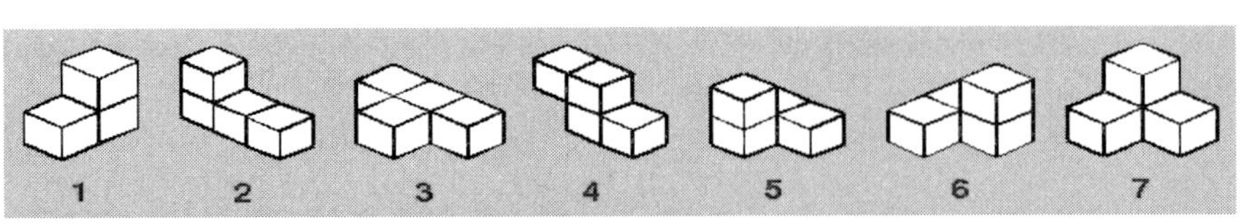

• 2~7 번 소마큐브를 보고, 서로 다른 방향에서 본 모양을 모눈종이위에 그리도록 한다.

• 소마큐브를 서로 다른 방향에서 본 모양을 모눈종이위에 그린 도형을 보고, 몇 번 소마큐브인지를 알아보도록 한다.

3. 규칙성 영역

면담 코드번호 : 3010
주제 : 규칙 찾기 개념 : 7로 나눈 나머지 교구 : 달력

• 아래와 같이 달력을 한 장 보여준다.

일	월	화	수	목	금	토
						1
2	3	4	5	6	7	8
9	10	11	12	13	14	15
16	17	18	19	20	21	22
23	24	25	26	27	28	29
30						

• 월요일의 날짜들의 공통점을 알아보도록 한다.
7로 나눈 나머지가 모두 3이다.

• 수요일의 날짜들의 공통점을 알아보도록 한다.
7로 나눈 나머지가 모두 5이다.

• 월요일의 날짜와 수요일의 날짜끼리의 관계를 알아보도록 한다.
–수요일의 날짜가 월요일의 날짜보다 2 더 많다.

• 각 요일의 날짜들의 공통점을 알아보도록 한다.
–7로 나눈 나머지가 같다.

• 위의 달력에서 11일은 월요일이다. 그러면 다음달 11일은 무슨 요일인지를 알아보도록 한다.
–다음달 11일까지는 30일이 남았다. 그런데 한 주는 7일이므로 4주가 지난 후, 2일이 더 지난다. 따라서 이번 달 11일이 월요일이므로 다음달 11일은 수요일이다.

면담 코드번호 : 3040
주제 : 정비례와 반비례 개념 : 반비례 교구 : 자전거 모형

- 아래 그림과 같이, 자전거의 발판을 돌려가면서 발판에 있는 톱니바퀴의 톱니 수와 뒷바퀴에 있는 톱니 수를 세도록 한다.

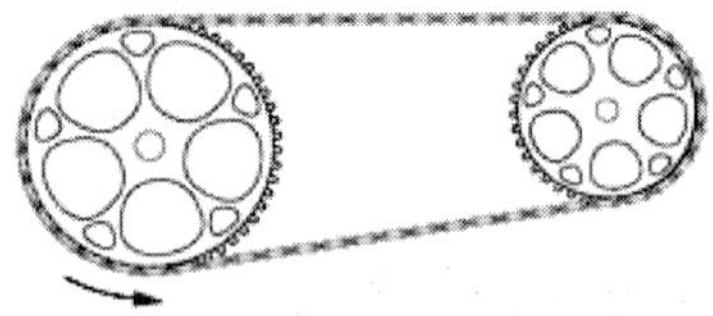

- 큰 톱니바퀴가 두 바퀴 돌 때, 작은 톱니바퀴가 몇 바퀴 도는가를 관찰하도록 한다.
- 톱니바퀴가 도는 횟수는 톱니바퀴의 톱니 수에 반비례한다는 사실을 알도록 지도한다.

4. 확률과 통계 영역

면담 코드번호 : 4010, 4011
주제 : 경우의 수 개념 : 곱셈 법칙 교구 : 지오보드

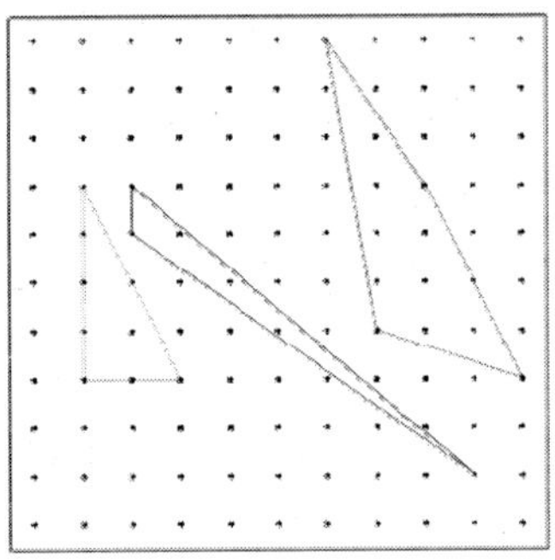

- 아래 그림과 같이, 고무줄을 이용하여 지오보드위의 두 점을 여러 가지 방법으로 이어보도록 한다.
- 지오보드위에 아래와 같이 세 점 P, Q, R을 정하고 고무줄을 이용하여 아래와 같은 길을 만들도록 한다.
- P에서 R까지 갈 수 있는 길의 가짓수를 알아보도록 한다.
  : 6가지
- P에서 R까지 6 가지의 길이 있는 이유를 알아보도록 한다.
  : $3 \times 2 = 6$

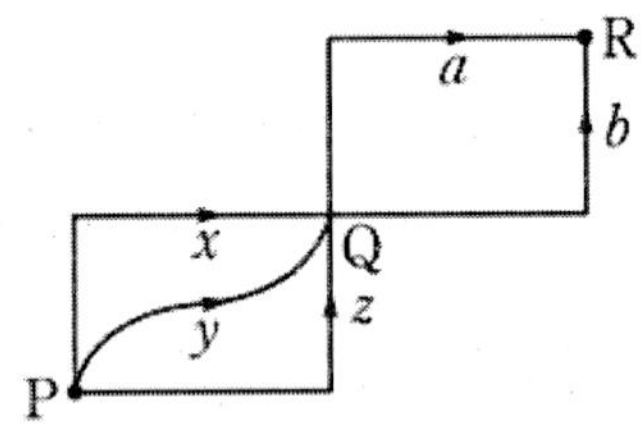

- 지오보드위에 세 점 P, Q, R을 정하고, 고무줄을 이용하여 여러 가지 길을 만들어 P에서 R까지 갈 수 있는 길의 가짓수를 알아보도록 한다.

면담 코드번호 : 4020, 4021
주제 : 확률 개념 : 가능성 교구 : 동전, 주사위

- 주사위를 던지면 몇 가지 수가 나오는지를 말하도록 한다.
  : 1, 2, 3, 4, 5, 6−6가지
- 주사위를 던지면 3의 배수는 몇 가지가 나오는지를 말하도록 한다.
  : 3, 6− 2가지
- 주사위를 던지면 3의 배수가 나올 가능성을 분수로 나타내도록 한다.
  : 6가지 가능성 중에서 2가지이므로 $\frac{2}{6}=\frac{1}{3}$
- 주사위와 동전을 동시에 던져서 주사위는 짝수, 동전은 앞면이 나올 가능성을 분수로 나타내도록 한다.
  : 주사위와 동전을 동시에 던지면
  (1, 앞), (2, 앞), (3, 앞), (4, 앞), (5, 앞), (6, 앞), (1, 뒤), (2, 뒤), (3, 뒤), (4, 뒤), (5, 뒤), (6, 뒤) 12가지 경우가 나올 수 있으며, 그 중에서 짝수와 앞면 나오는 경우는 (2, 앞), (4, 앞), (6, 앞) 3가지이므로 $\frac{3}{12}=\frac{1}{4}$

5. 문제해결 영역

면담 코드번호 : 5010
주제 : 표 만들기 개념 : 17g 달기 교구 : 모눈종이 등으로 만든 표

- 1g, 5g, 10g의 개수를 나타낼 수 있는 다음과 같은 표를 만든다.

1g	5g	10g	합계

- 1g, 5g, 10g을 합하여 17이 되도록 추의 개수를 적는다.

1g	5g	10g	합계(g)
17	0	0	17
12	1	0	17
⋮	⋮	⋮	⋮

• 모든 경우를 빠짐없이 찾기 위해서는 1g을 기준으로 시작하면 된다.

면담 코드번호 : 5030, 3060
주제 : 거꾸로 풀기 개념 : 15번 가져오기, 6리터 만들기 교구 : 바둑알

❑ 15번 가져오기

• 아래와 같이 바둑알 15개를 책상위에 늘어놓는다. 가급적이면 바둑알에 1~15까지 차례로 번호를 붙이면 더욱 좋다.

①②③… ⑮

• ⑮를 내가 가져오기 위해서는 그 전에 몇 번 바둑알을 가져오면 좋을지를 생각하도록 한다.

: ⑪번

• ⑪를 내가 가져오기 위해서는 그 전에 몇 번 바둑알을 가져오면 좋을지를 생각하도록 한다.

: ⑦번

• ⑦를 내가 가져오기 위해서는 그 전에 몇 번 바둑알을 가져오면 좋을지를 생각하도록 한다.

: ③번

• 지금까지의 규칙을 말해보도록 한다.

• 실제로 게임을 해보도록 한다.

❑ 6리터 만들기

• 먼저, 6리터를 만들기 위해서는 몇 리터를 덜어낼 수 있으면 좋은지를 생각해보도록 한다.

: 3리터

- 3리터를 덜어내기 위해서는 4리터에 몇 리터가 남아있으면 되는지를 생각하도록 한다.
  : 1리터
- 4리터 물통에 1리터를 남도록 하는 방법을 말하도록 한다.
  : 9리터 물통에 물을 가득 채워서 4리터 물통으로 두 번 덜어내면 9리터 물통에 1리터가 남게 된다. 그 1리터 물을 4리터 물통에 붓는다.
- 마지막으로, 6리터를 물통에 담는 방법을 말해보도록 한다.
  : 9리터 물통에 물을 가득 채운 다음 4리터 물통이 가득 찰 때까지 붓는다. 그러면 3리터만 붓게 되므로 9리터 물통에 6리터가 남게 된다.
- 비슷한 문제를 만들어 풀어보도록 한다.

면담 코드번호 : 5040
주제 : 비둘기 집 원리 개념 : 머리카락의 개수가 같은 사람 찾기 교규 : 바둑알

❑ **비둘기가 잘 때는 한 구멍에 한 마리씩만 잔다는 비둘기의 특성을 이용하여 해결하는 문제이다.**

- 바둑알 10개를 책상위에 놓는다.
- 바둑알 10개를 4줄로 세워보도록 한다.
- 바둑알 10개를 9줄로 세워보도록 한다.
- 바둑알 10개를 12줄로 세워보도록 한다.
- 바둑알 10개를 4줄로 세울 때와 12줄로 세울 때의 차이점을 말해보도록 한다.
  : 바둑알 10개를 4줄로 세우면 어떤 줄에는 3개가 있을 수도 있습니다.
  그런데 12줄로 세울 때는 최소한 2줄에는 바둑알이 한 개도 없게 됩니다.
- 사람의 머리카락의 개수는 15만개쯤 된다고 합니다. 백만 명이 모여 있다면 머리카락의 개수가 같은 사람이 있을까를 위와 같이 생각해 보도록 한다.
  : 백만 명을 15만 줄로 세우는 것과 같으므로 머리카락의 개수가 같은 사람이 반드시 있다.

면담 코드번호 : 5070
주제 : 공식(원리) 이용하기
개념 : 카발리에리 원리
교규 : 직사각형, 평행사변형 모형

- 가로가 10cm, 세로가 5cm인 직사각형을 그리고, 그의 넓이를 계산하도록 한다.
  : $50cm^2$
- 밑변이 10cm, 높이가 5cm인 평행사변형을 그리고, 그의 넓이를 계산하도록 한다.
  : $50cm^2$
- 직사각형의 넓이와 평행사변형의 넓이가 같은 이유를 설명하도록 한다.
  : 직사각형을 살짝 밀면 평행사변형이 되고, 모양은 변했지만 두 도형의 넓이는 같습니다.
- 이와 같은 원리를 아래의 그림에도 적용하여 생각해 보도록 한다.
  : 직사각형을 톡톡 건드려서 구불구불하게 만들어도 두 도형의 넓이는 같습니다.

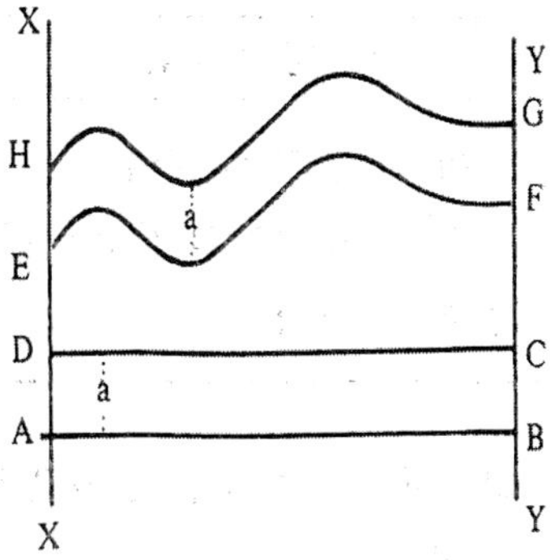

면담 코드번호 : 5080
주제 : 공식(원리) 이용하기
개념 : 실수의 성질
교규 : 정사각형 종이

- 정사각형 종이를 반을 색칠하도록 한다.
- 나머지 부분의 반을 색칠하도록 한다.
- 계속해서, 나머지 부분의 반을 색칠하도록 한다.
- 위와 같이 남은 부분을 계속해서 색을 칠해 가면 정사각형 종이를 빠짐없이 색 칠할 수 있는지를 말해보도록 한다.
  : 그렇습니다.
- 이 내용을 식으로 써보도록 한다.
  : $\frac{1}{2}+\frac{1}{4}+\frac{1}{8}+\frac{1}{16}+\cdots=1$

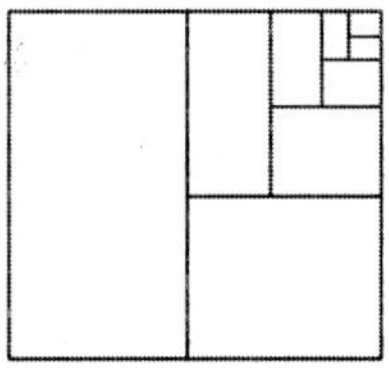

6. 게임

게임은 수학을 지도하는 데 있어서 유용하고 효과적인 부분이 될 수 있다. 학생의 발달 단계에 따라 게임을 사용할 수도 있지만 대부분의 게임은 비교적 구체적인 목적을 갖는다. 즉, 연습하는 목적에 적합한 게임은 이해의 발달 측면에는 효과가 없을 것이다.

학생들이 얼마나 빨리 문제와 답을 일치시키는가를 서로 경쟁하는 카드 게임은 재미있는 연습 활동을 제공할 수 있다. 물론 약간의 이해는 이러한 연습에서 발전할 수 있다. 이와는 달리, 아동이 연산 방법과 이의 성질에 대해서 생각해보도록 하는 게임은 개념 발달에는 적절한 경험을 제공하지만 연습의 효과는 거의 없다.

시중에서 구입한 자료나 적당한 시기에 사용하려고 교사들이 정리해 놓은 게임 목록에서 가르치고 있는 내용과 직접적으로 관련된 게임을 성공적으로 사용했는지의 여부는 가르치려는 개념과 기능을 발전시키고 연습하는 데 얼마나 기여했는냐에 달려 있다. 만약 수업의 목적이 새로운 개념을 소개하는 데 있다면, 학습자가 새로운 개념의 측면을 탐구하는 게임을 선택하면 된다.

나중에 설명할 '은행 놀이'는 새로운 개념에 소개하는 데 사용할 수 있는 좋은 예이다. 이 게임에서 학생은 열 개가 넘을 경우 하나의 묶음으로 묶어야 한다. 또한 이 게임에서 다양한 자릿값의 경우도 제시된다. 만약 게임의 목적이 연습으로 기본을 다지는 것이라면 시간 규제가 주어져서, 답을 알아내는 능력보다는 내용의 숙달에 중점을 두어야 한다.

6.1 범위

이 장에서는 다양한 게임이 소개되어 있다. 이 게임은 교실에서 폭넓게 사용하고 있으며, 또한 면담과 처방 지도에 유용하게 사용할 수 있다. 교사들은 각자 좋아하는 게임이 있지만 이 장에 소개된 게임도 좋아하게 되리라 생각한다.

이러한 게임들을 소개하는 목적은 면담과 처방 지도에 필요한 게임을 수집하는 계기를 만들기 위한 것이다. 이 게임은 교사들이 좋아하는 게임으로, 앞으로는 각자 경험을 통해서 만든 게임을 계속 수집하기 바란다.

6.2 게임의 안내

면담과 처방 지도에서 게임은 도입/발전활동과 연습활동/적용활동을 위해 사용할 수 있다. 다음 도표는 이 선택된 게임들이 어떤 활동에 적용되는지를 구체적으로 보여준다. 그러나 이 책을 읽는 교사들은 게임을 여기에 나타난 것 이외의 다른 측면에 사용할 수 있으리라 생각한다. 다시 말해서, 도표는 출발점으로 보아야 한다.

게임	목적	도입 / 발전	연습 / 적용
은행 놀이	자릿값	×	×
경매 놀이	개념		×
큰 숫자 만들기	자릿값	×	
문제 만들기	계산	×	
서부 총잡이	개념		×
집중 게임	개념		×
전쟁	개념	×	×
합계 놀이	덧셈		×
나홀로 게임	개념		×
카드로 식 만들기	수	×	
모두 덮기 게임	개념		×
삼십 일	덧셈		×

6.3 게임의 설명

◇◇은행 놀이◇◇

• 구성원 : 3~6명

• 게임재료 : 십진 막대, 각 참여자를 위한 현금 서랍, 주사위

• 규칙

1. 한 사람이 은행원이 되어 가지고 있는 모든 수모형(낱개, 십 모형, 백 모형)을현금 서랍 위의 배치한다.
2. 나머지 사람들은 차례대로 주사위를 던지고, 주사위에 나온 만큼의 수를 은행원에게 요구한다.
3. 현금 서랍의 규칙은 가능하면 언제나 낱개 열 개를 십 모형 한 개로 교환하는것이다.
4. 한 사람이 십 모형 열 개를 백 모형 한 개로 교환하면 게임에서 이긴다. 이긴 사람은 다음 게임에서 은행원이 된다.

• 게임의 예

경기자 A가 주사위를 던져 6이 나왔다.

현금서랍 A

백 모형	십 모형	낱개
		ooo ooo

경기자 B가 주사위를 던져 2가 나왔다.

현금서랍 B

백 모형	십 모형	낱개
		oo

경기자 A가 주사위를 던져 5가 나왔다.

현금서랍 A

백 모형	십 모형	낱개
		ooooo ooooo o

경기자 A는 10개의 낱개(1)를 1개의 십 모형으로 바꾼다.

백 모형	십 모형	낱개
	|	o

◇◇경매 놀이◇◇

- 구성원 : 수학 실력이 비슷한 두 명
- 게임재료 : 시계, 쪽 당 10개에서 20개의 수학 문제가 있는 문제지
- 설명

두 명의 경기자는 문제지를 대강 훑어본다. 그러고 나서 이들은 이 문제지를 몇 분 동안에 풀 수 있는지 교대로 말하면서 "경매"를 한다. 한 경기자가 자신이 풀 수 있는 시간을 말한다. 그 때 상대방이 그 시간 안에 풀 수 없을거라고 생각하면 "그러면 네가 해봐라!"라고 말한다.

도전한 시간을 시계에 맞추고 도전을 받은 사람은 할당된 시간 안에 문제를 다 풀기 위해서 최선을 다한다. 그 시간 안에 풀면 20점을 얻는다. (틀린 문제당 1점을 감한다.) 만약 시간 안에 다 풀지 못하면 도전자에게 10점을 준다. (틀린 문제당 1점을 더한다.)

연습문제
9*8=( ), 9*7=( ), 8*6=( ), 7*5=( ), 6*4=( ), 9*5=( ), 8*7=( ), 6*7=( ),4*7=( ), 3*9=( ), 6*9=( ), 9*9=( )

경기자 A : 나는 5분 내에 할 수 있다.

경기자 B : 나는 4분 내에 할 수 있다.

경기자 A : 나는 3분 내에 할 수 있다.

경기자 B : 나는 2분 내에 할 수 있다.

경기자 A : 나는 1분 30초 내에 할 수 있다.

경기자 B : 나는 1분 내에 할 수 있다.

경기자 A : 나는 30초 내에 할 수 있다.

경기자 B : 그럼 네가 해봐라.

- 게임의 예 : 시계를 30초간 맞추어 놓고 경기자 A가 문제를 풀기 시작한다. 경기자 B는 방해하지 않는다. 해답은 계산기나 답지로 확인한다.

◇◇큰 숫자 만들기◇◇

- 구성원 : 2~4명
- 게임재료 : 주사위, 0~9까지의 숫자카드 또는 스피너, 종이
- 규 칙
  1. 각 경기자는 종이 위에 사각형을 네 개 그린다. 이 게임의 목적은 사각형 안에 가장 큰 숫자를 쓰는 것이다.
  2. 첫 번째 경기자가 숫자 카드를 하나 꺼내든지 스피너를 돌려서 나온 숫자를 어디에 놓거나 쓸지에 대하여 결정한다.
  3. 모든 경기자가 빈칸을 모두 채울 때까지 경기를 계속한다.
  4. 가장 큰 숫자를 가진 사람이 이긴다.
- 게임의 예

1. 경기자 A가 4를 뽑았다.			4	
경기자 B가 8을 뽑았다.	8			
2. 경기자 A가 0을 뽑았다.			4	0
경기자 B가 9를 뽑았다.	8	9		
3. 경기자 A가 0을 뽑았다.		0	4	0
경기자 B가 9를 뽑았다.	8	9	9	
4. 경기자 A가 9를 뽑았다.	9	0	4	0
경기자 B가 3을 뽑았다.	8	9	9	3

경기자 A가 승리!!!

◇◇집중 게임◇◇

- 구성원 : 2~4명
- 게임재료 : 카드 두 세트, 한 사람은 문제 카드를 다른 사람은 정답 카드를 갖는다.
- 규 칙 :

1. 문제 카드와 정답 카드를 숫자가 보이지 않도록 엎어서 같은 방식으로 배열한다.

문제				답			

2. 첫 번째 경기가 문제란과 답란에서 카드를 하나씩 뒤집는다. 만약 두 개가 일치하면 경기자는 카드를 갖고 한 번 더 할 수 있다.
3. 만약 카드가 일치하지 않으면 모든 경기자는 그 숫자의 위치를 확인하고 그 카드를 다시 뒤집어 놓는다.
4. 모든 문제 카드와 정답 카드가 일치할 때 까지 게임을 계속 한다. 가장 많은 카드를 가진 사람이 승자가 된다.

사람 A (일치하지 않음)

		2+4					
					7		

사람 B (일치)

							12
	5+7						

사람 B 한 번 더 실시 (일치하지 않음)

				10			

사람 A 차례

◇◇ 모두 덮기 게임 ◇◇

- 구성원 : 1~4명
- 게임재료

아래의 예처럼, 각 경기자를 위한 숫자가 쓰인 판과 곱셈카드 한 벌. 이는 두꺼운 종이로 만들면 좋다. 경기자의 숫자가 쓰인 판과 곱셈 카드는 모든 앞면을 일치시켰을 때 쉽게 알 수 있도록 다른 색깔이어야 한다. 각각의 판에 있는 숫자들은 서로 달라야 하고, 숫자가 적혀 있어야 한다.

숫자판

36	14	8
81	72	32
35	15	64
20	12	9
24	56	18
5	36	54

카드

3×3	7×3
5×4	6×9
9×9	8×5
2×2	7×8

• 규칙

1. 각 경기자는 판 한 개와 카드 한 세트를 갖는다.
2. '시작' 이라는 소리와 함께 각 경기자는 숫자 위에 그 수와 일치되는 곱셈 카드를 덮는다.
3. 모든 카드를 정확히 일치시킨 사람이 우승자이다.

• 사용 가능한 다른 규칙

1. 판의 숫자가 모두 다르기 때문에 작은 그룹의 경우에는 빙고 게임처럼 할 수 있다.
2. 한 명의 아이가 나홀로 게임처럼 경기할 수 있다. 다른 카드와 초시계를 가지고 게임을 반복하면서 학생들이 자신의 기록을 깨는 것을 목표로 한다.
3. 이 게임은 덧셈, 뺄셈, 나눗셈에도 활용할 수 있다.

◇◇ 서부 총잡이 ◇◇

• 수학 실력이 비슷한 두 명, 심판 한 명

• 게임재료 : 플래시 카드 한 벌, 칠판(또는 화이트보드)

(플래시카드 : 수업 중 교사가 단어, 숫자, 그림 등을 순간적으로 보여 주는 빠른 파악 연습용의 카드)

• 규칙

1. 각 경기자를 위해 칠판이나 종이 위에 답을 쓰기 위한 공간을 만든다.
2. 심판은 플래시 카드를 위로 치켜들면 양쪽 경기자 모두 답을 쓴다. (분필이나 연필로 답을 쓴다)
3. 심판은 누가 답을 먼저 썼는지 판정한다.
4. 진 사람은 총을 맞은 것으로 가정한다.
5. 동점일 경우 아무도 맞지 않는다.
6. 한 경기자가 총을 여섯 번 맞는 즉시 퇴장하고 상대 경기자가 승리한다.

• 응용 경기

이 게임은 다소 변형할 수 있는데, 교사가 학생을 지명해서 문제를 내고 공을 던진다. 학생은 공을 받기 전에 답을 말해야 한다. 성공하면 그 팀은 점수를 얻고, 만약 답이나 공 둘 중에 하나만 놓쳐도 점수를 잃는다.

◇◇ 카드로 식 만들기 ◇◇

• 구성원 : 두 명

• 게임재료 : 1부터 10까지 적힌 카드가 각 네 장씩, 종이, 연필

- 규 칙
  1. 카드를 뒤섞어 다섯 장씩 각 경기자에게 나누어 준다. 중앙에는 카드 하나를 앞면이 위로와서 보이도록 한다.
  2. 각 경기자는 표면을 중앙에 있는 카드의 숫자를 만들기 위해서 식을 만들어야 하는데, 다섯장의 카드에 있는 숫자를 모두 사용해야 한다. 덧셈, 뺄셈, 곱셈, 나눗셈 그리고 괄호를 사용할 수 있다.
  3. 식을 가장 빨리 만든 사람이 그 판을 이기게 된다.
  4. 점수는 그 판에서 손에 가진 카드의 숫자를 합한 것이 된다.
  5. 150점을 가장 빨리 얻은 사람이 그 게임을 이긴다.
- 게임의 예 :

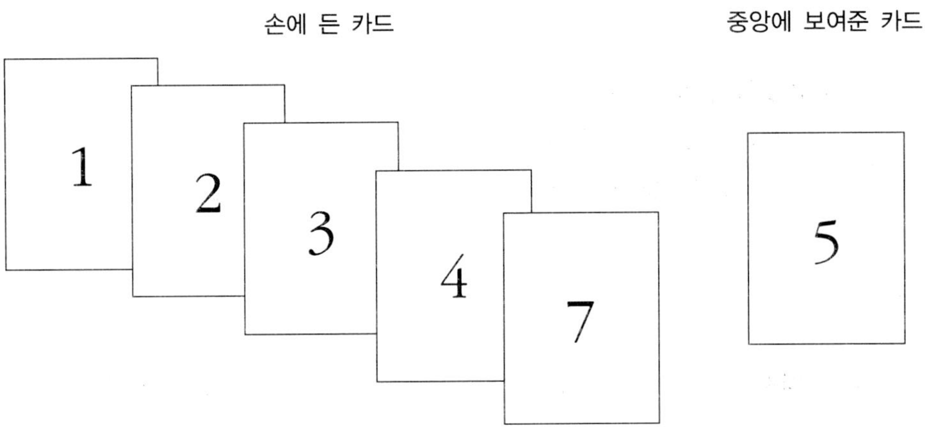

이길 수 있는 식 :

$7+4-1-2-3=5$

$2\times4+1+3-7=5$

$3\times7-14-2=5$

$7+4-(1\times2\times3)=5$

$42-(37\times1)=5$

◇◇ 문제 만들기(큰 숫자 만들기 응용) ◇◇

- 구성원 : 2~4명
- 게임재료 : 숫자 카드 (카드 한 벌) 또는 스피너, 연필, 종이
- 규칙
  1. 경기자들은 각자가 아래와 같이 여러 자리 숫자를 합하는 빈칸을 종이 위에 만든다.

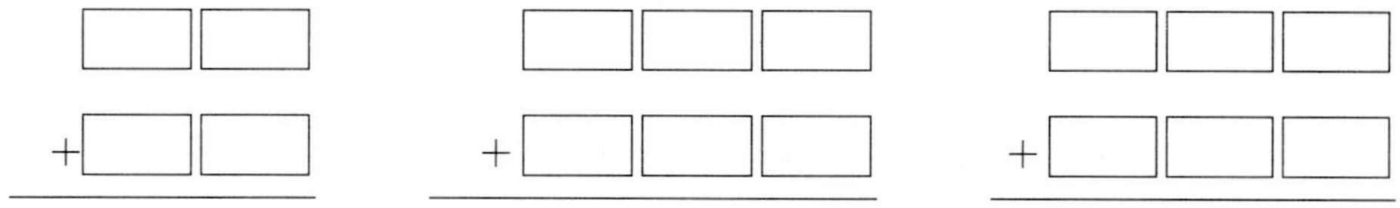

2. 첫 번째 경기자가 숫자를 뽑아 그것을 빈 칸 중 어디에 쓸 것인지 결정한다.
3. 모든 경기자가 자신의 빈 칸을 다 채울 때까지 경기를 계속한다.
4. 다 채우고 나면 이 숫자들의 합계를 계산한다.
5. 이 게임의 목표는 숫자의 합이 가장 큰 경우, 합이 가장 작은 경우, 합이 짝수이면서 가장 큰 경우 등으로 이 중 하나를 선택할 수 있다.

- 게임의 다른 규칙들 :

이 게임은 뺄셈, 곱셈, 나눗셈에도 적용할 수 있다.

답을 확인할 때는 계산기를 사용한다.

◇◇ 합계 놀이 ◇◇

- 구성원 : 두 명
- 게임재료 : 종이와 연필
- 해 설

종이 위에 가로와 세로 모두 네 칸이 되도록 격자무늬를 만든다. 각 경기자는 종이쪽지에 0~36까지의 숫자 중에 '숨은 숫자'를 쓴 뒤 다른 경기자가 볼 수 없도록 그것을 뒤집어 놓는다. 경기자들은 격자무늬 위에 한 줄로(수직이나 수평 또는 대각선)숫자 네 개를 더해서 자신의 숨은 숫자가 되도록 하면서 교대로 숫자를 써 나간다. 이때 상대방이 숨겨진 숫자를 만들지 못하도록 방해한다.

- 예 시

경기자 A가 24를 숨긴다.

경기자 B가 15를 숨긴다.

경기자 A

	8		

경기자 B

	8	1	

경기자 A

	8	1	
	9		

경기자 B

		7	
	8	1	
	9		

게임의 끝

4	9	7	
	8	1	
	9	0	
	1		3

경기자 B가 승리!

◇◇ 나홀로 게임 ◇◇

- 구성원 : 한 명
- 게임재료 : 플래시 카드 한 세트(앞면은 문제, 뒷면은 답)
- 규칙

1. 카드 한 세트를 잘 섞는다.
2. 문제가 위로 오게 해서 다섯 장의 카드를 나누어 준다.
3. 다섯 장의 문제 카드를 보고 이를 가장 작은 수부터 가장 큰 수까지 순서대로 배열한다.
4. 결과를 확인하기 위하여 카드를 뒤집는다. 이 때 숫자는 순서대로 있어야 한다.
5. 만약 결과가 맞으면 다섯 장의 카드를 모두 갖고, 또 다른 다섯 장을 나누어 준다. 만약 결과가 틀리면 그 카드를 카드 한 벌 속으로 다시 집어넣는다.
6. 경기자가 모든 카드를 모을 때까지 계속한다.

- 예시

1. 다섯 장의 카드를 놓는다.

5×1	8×6	7×7	6×9	7×8

2. 순서대로 놓는다.

8×6	5×1	6×9	7×8	7×7

3. 뒤집어서 순서를 확인한다.

5×1=5	8×6=48	7×7=49	6×9=54	7×8=56

4. 순서가 맞아서 다섯장의 카드를 가진다.

2×5	3×4	6×2	8×4	5×7

5. 또 다른 다섯 장의 카드를 놓는다.

◇◇ 합계 놀이 ◇◇

- 구성원 : 두 명
- 게임재료 : 종이와 연필
- 해 설 :

종이 위에 가로와 세로 모두 네 칸이 되도록 격자무늬를 만든다. 각 경기자는 종이쪽지에 0~36까지의 숫자 중에 '숨은 숫자'를 쓴 뒤 다른 경기자가 볼 수 없도록 그것을 뒤집어 놓는다. 경기자들은 격자무늬 위에 한 줄로(수직이나 수평 또는 대각선)숫자 네 개를 더해서 자신의 숨은 숫자가 되도록 하면서 교대로 숫자를 써 나간다. 이때 상대방이 숨겨진 숫자를 만들지 못하도록 방해한다.

- 예 시

경기자 A가 24를 숨긴다.

경기자 B가 15를 숨긴다.

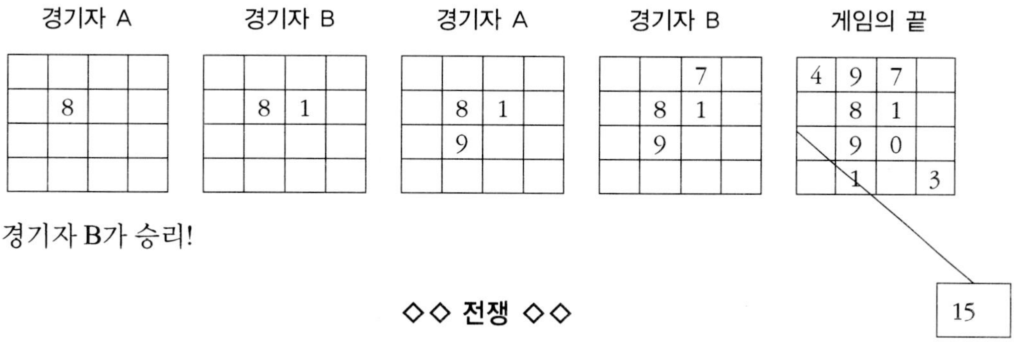

경기자 B가 승리!

◇◇ 전쟁 ◇◇

- 구성원 : 2~3명
- 게임재료 : 플래시 카드 한 세트, 분수 막대나 카드 한 세트

 소수판이나 카드 한 세트
- 규 칙
  1. 카드를 뒤섞어 모두 뒤집어 놓는다. (만약 답이 뒷면에 있으면 파일로 덮어 놓는다.)
  2. 각 경기자는 동시에 가운데에 카드를 한 장씩 뒤집는다.
  3. 가장 큰 숫자가 쓰여진 카드를 가진 사람이 다른 모든 카드를 갖는다.
  4. 만약 두 사람의 카드의 답이 같으면 전쟁이 시작된다. 양쪽의 경기자는 "이제부터 전쟁이다." 라고 말하면서 다음의 카드 세 개를 뒤집는다.
  5. 세 번째 카드에서 가장 큰 수가 나온 사람이 나온 모든 카드를 갖는다.
  6. 쌓아 놓은 카드를 다 사용했을 때, 다시 전체를 섞어서 경기를 계속한다.
  7. 시간을 미리 정해놓고 하거나 한 경기자가 대부분의 카드를 가질 때까지 경기를 계속한다.
- 예 시

	경기자 A		경기자 B
1.	54÷6	경기자 A 승리	64÷8
2.	27÷9	경기자 B 승리	6÷1

3. | 35÷7 | 전쟁 | 10÷2 |

1		1
2		2
3	4÷2 9÷9	3

경기자 A가 모든 카드를 가져간다.

◇◇ 삼십 일 ◇◇

- **구성원** : 수학 실력이 비슷한 두 명
- **게임재료** : 숫자 카드나 주사위.
- **규 칙**

게임 하나—구두로 경기하기—

1. 첫 번째 경기자가 1부터 6 중에서 어느 하나를 선택한다.
2. 두 번째 경기자가 1부터 6 중에서 또 다른 하나를 선택한다. 이 숫자를 첫 번째 경기자의 숫자에 합한다.
3. 경기자들은 1부터 6까지의 숫자를 교대로 선택해서 합계에 더한다. 한 경기자가 상대방의 합계가 31을 넘도록 만들면 이긴다.

게임 둘—숫자 카드로 경기하기(게임 1과 같이)—

1. 첫 번째 경기자가 카드를 뽑는다.
2. 두 번째 경기자가 카드를 뽑아 첫 번째 사람이 뽑은 숫자에 더한다.
3. 이 경기는 게임 1처럼 한 경기자가 상대방의 합계가 31을 초과하도록 만들 때 까지 계속한다.

게임 셋—주사위 한 개로 경기하기—

1. 첫 번째 경기자가 주사위를 놓는다.
2. 두 번째 경기자가 주사위를 90°로 회전시켜서 나온 숫자를 첫 번째 경기자의 숫자에 합한다.
3. 게임 1, 2 처럼 상대방의 합계가 31을 초과하게 유도하여 이것이 넘을 때까지 경기를 계속한다. 그러면 그가 승자가 된다.

참고문헌

교육학용어사전(1995), 서울대학교 교육연구소 편. 서울 : 하우동설.

김남희(1997), 변수개념의 교수학적 분석 및 학습－지도 방향 탐색, 서울대학교 박사학위논문.

박교식(1992), 함수 개념 지도의 교수현상학적 접근, 서울대학교 박사학위 논문.

박선화(1998), 수학적 극한 개념의 이해에 관한 연구, 서울대학교 박사학위 논문.

서울대학교 교육연구소, 교육학대사전, 하우동설, 1998.

장혜원 역, 끌레로기하학, 경문사, 2006.

Bachelard, G.(2002), The Formation of the Scientific Mind. Manchester : Clinamen Press.

Biographical Dictionary of Twentieth-Century Philosophers. London(1996) : Routledge. pp. 41-42

Boyer, Carl B.(1968). A History of Mathematics, John Wiley &Sons, Inc.

___________(1959) The History of the Calculus and its Conceptual Development, Dover Publications, Inc., N.Y.

Bruner, J.S.(1960), The process of education, Harvard University Press, 이홍우 역(1973), 브루너 교육의 과정, 서울 배영사, p.68.

___________, The process of education Reconsidered, Harvard University Press,1971, 이홍우 역, 브루너 교육의 과정, 서울 배영사.

Burton David M.(2007), The History of Mathematics, An Introduction,MacGraw-Hill Co., NY.

Brousseau, G.(1997), Theory of Didactical Situations in Mathematics, Kluwer Academic Pub.

Cajori, F.(1952), A history of mathematical notations, vol.2, The Open Court Publishing Co., Chicago.

Compayré G., Pestalozzi and Elementary Education, Trans lated by Jago,R.P.(1923), Thomas Y. Crowell&Co. Publishers, N.Y.

Cucker, F., Smale, S.(2001), On the Mathematical Foundations of Learning, Bull. of AMS, vol.39, no.1, pp.1-49.

Ewald William B.(1950), From Kant to Hilbert, A source book in the foundation of mathematics, Clarendon Press · Oxford, 1996. Bourbaki, Thearchitecture of mathematics, translated by Arnold Dresden.

Fischbein, E.(1987), Intuition in Science and mathematics, D. ReidelPublishing Co.

Freudenthal, H.(1973), Mathematics as an educational task, D. ReidelPublishing Co., Dordrecht.

_______________(1983), Didactical phenomenology of mathematical structures, D. Reidel Publishing Co., Dordrecht.

Gillings, R. J.(1972). Mathematics in the times of the Pharaohs : DoverPublications, Inc., NY.

Gulberg J.(1997), Mathematics ; From the birth of numbers, W.W.Norton&Company, New York, NY.

Gwinn R. P.(1990), The Works of Archimedes including The Method, Measurement of a circle, Encyclopaedia Britanica Inc.

___________(1990), The Works of Archimedes including The Method, On conoid and spheroids, Encyclopaedia Britanica Inc.

___________(1990),The Works of Archimedes including The Method, Quadrature of the Parabola, Encyclopaedia Britanica Inc.

Heath, T. L.(1990), The thirteen books of Euclid's Elements, Encyclopaedia Britannica, Inc., Chicago Univ. Press.

___________(1990), The works of Archimedes including the Method, Encyclopaedia Britannica, Inc., Chicago Univ. Press.

Hogg, R.V., Tanis, E.A.(1993), Probability and Statistical Inference, 4th Ed., Macmillan Publishing Co., 심정욱 외 역(1996), 수리통계학, 자유아카데미.

Katz J.(1993), A History of Mathematics. Harper Collins College Publishers. Kline, M.(1980), Mathematics and loss of certainty, Oxford, Oxford University Press.

_________(1990), Mathematical Thought from Ancient to Modern Times, vol.3, Oxford University Press, N.Y., Oxford.

Long, C. T., Detemple, D. W., Millman, R. S.(2009), Mathematical Reasoningfor Elementary Teachers, Pearson Education Inc.

NCTM(1989), Curriculum and Evaluation Standards for the School Mathematics. Reston, VA : NCTM, Inc.

_______(2000), Principles and Standards for School Mathematics, Reston, VA : NCTM, Inc.

Polya, G.(1957), How to solve it, 우정호 역(1995), 어떻게 문제를 풀것인가?, 천재교육.

Polya, G.(1962), Mathematical Discovery, John Willy & Sons Inc.

Polya, G.(1973), Induction and Analogy in Mathematics, Princeton University Press, NJ.

Piaget, J.(1971), Genetic Epistemology, Translated by E. Duckworth, The Norton Library, W·W· Norton&Company·Inc., N.Y.

Poincare, Henri(1946), Foundations of Science, Science Press, 448-485.

Rucker, Rudy(1982), Infinity and the mind, Bantam Books, pp289-317.

Seymour, D., Britton, J.((1989), Introduction to Tessellations, Dale Seymour Publications.

Sierpinska, A, The diachronic dimension in research on understanding in mathematics - usefulness and limitations of the concept of epistemologicalobstacle, in H.N. Jahnke, N. Knoche, M. Otte (Eds), History of Mathematics and Education : Ideas and Experiences, Göttingen : Vandenhoek& Ruprecht, pp.289-318, 1996.

Skemp, R. R. (1987).The psychology of Learning mathematics, Lawrence Erlbaum Associates Publishers.

Struik, D. J.(1987), A Concise History of Mathematics. New York : Dover Publication, Inc.

Sue Johnson-Wilder, John Mason(2005), Developing Thinking in Geometry, SAGE Publications Inc.

Szabo A., The beginnings of Greek Mathematics, Dordrecht, Reidel, 1978.

Tall, D.(1977), The foundationof mathematics, Oxford University Press.

Thom, R.(1971), Modern Mathematics"; An Educational and PhilosophicErrors?, American Scientist, 59, pp. 695-699.

_________(1973), Modern mathematics : Does it exists?, in Howson, A.G. (Ed) Developments in mathematical Education, Cambridge, Cambridge University Press, pp.194-209.

Toeplitz, O.(1963) The Calculus-A Genetic Approach, The University of Chicago Press.

Welchman-Tischler, R.(1992). Start with manipulatives : Cuisenaire Co. of America, Inc., White Plains, N.Y.

Whitehead, A.N.(1948), An Introduction to Mathematics, Oxford University Press.

찾아보기

| ㅇ |

| ㅈ |

김 용 태

고려대학교 이학박사
서울대학교 교육학석사
서울대학교 교육학박사 수료
현재 광주교육대학교 수학교육과 교수

초등수학의 진단과 처방

초판발행 2016년 3월 14일

지은이 김용태
펴낸이 오판근
펴낸곳 (주) 교우
주 소 서울시 동대문구 약령시로 8 교우빌딩 2층 (주)교우
전 화 02-925-2861 / **팩 스** 02-925-2860, **편집부** 02-925-2825
홈페이지&북스토어 www.kyowoo.co.kr / **이메일** kyowoo@kyowoo.co.kr

등 록 1994년 3월 24일 제1994-000013호
ISBN 979-11-251-0142-0 (13410)

Published by Kyowoo Co., Ltd. Printed in Korea

(주) 교우는 보다 혁신적이고 참신한 도서를 다양하게 기획하고 있습니다.
책으로 펴내고자 하는 아이디어나 원고는 메일로 보내주세요.
(주) 교우는 전과정을 책임지고 최선을 다하겠습니다.

값 27,000원

교우미디어는 (주) 교우의 Imprint 사입니다.
수학정원·과학정원은 (주) 교우의 새로운 브랜드명입니다.

잘못된 책은 구입하신 서점에서 교환해 드립니다.